总 主 编　李红权　朱宪

本卷主编　李红权　朱宪

近代蒙古文献大系

政治卷

◇ 第十一册 ◇

中华书局

目　录

今日蒙古急待解决之两大问题

巴占元　撰

引言

达尔文氏所说的"物竞天择，适者生存"差不多成了全球人士所供〔共〕信的了。近百年来帝国主义者之崛兴，极力充实自己之力量向外侵略殖民，这都是受达氏学说的影响。然我中华民族仍在梦中说他的梦话："我有四千年之光荣历史，有四百兆之强干国民，何怕其他民族的侵略呢？"此种迷梦经过数十年之刺激，仍然保留着。但受了九一八之当头棒后，才稍稍地苏醒过来，而醒来者也只不过是一部分罢了。

再回看我蒙古人民，仍在沙漠中过那原始时代的生活，哪能管得潮流不潮流呢。只不过日出而牧，日入而息，依牧畜而度生活，更是谈不到振兴与不振兴了。我蒙古不但是在迷梦中，而且在迷梦中早已就得重病了。年前内蒙自治之发生，也是由梦中感到病的疼痛而发生的呻吟。我蒙古今日最感受疼痛之病，莫如下面两种：

（甲）人口问题；（乙）生计问题。

现在就把这两种病态叙述于下。

人口问题

　　人口之多寡有关民族之强弱，尤其处于今日弱肉强食之惨剧中，人口较少之民族，必定被人口较多之民族同化而消灭。换言之，也就是弱小民族必被强大民族征服而吞并，这是自然淘汰的一定道理，无可讳言。我们再看欧美各列强，终日不停的提倡生育和改善卫生事业，这究竟为的是什么？不消说是为他增加人口，以图族强国富，永维持它的生命。然而我蒙古民族究竟人口增加了多少？民族强到什么程度？呵！说到这里，实在使我惭愧而害怕！我将最近贺氏北上实地考查的结果列表于下，就可明白我蒙古民族的情形了：

察哈尔盟旗人口的减少数

盟旗别	清初人口	现在人口	减少数目
察哈尔八旗	四六,五〇〇	二三,三四六	一三,一五四 〔二三,一五四〕
锡林果勒盟	八六,二五〇	三六,八〇〇	四九,四五〇
总计	一三二,七五〇	六〇,一四六	六二,六〇四 〔七二,六〇四〕

绥远盟旗人口清初与现在之比较

盟旗别	清初人口	现在人口	增减数
乌兰察布盟	三九,〇〇〇	四三,七五〇	增四,七五〇
伊克昭盟	二〇六,五〇〇	九三,一三三	减一一三,三六七
土默特旗	四五,〇〇〇	六〇,四三六	增一五,四三六
总计	二九〇,五〇〇	一九七,三一九	减九三,一八一

　　上面两表清初的人口合计为四二三,二五〇人，但在这二三百年之中，竟减少了一五〔六〕五,七八五人。在这很短的时间，就

减少这么多的额数，若照这样的敷衍下去，民族的前途就可想而知了。我们深深地研究一下，为什么加速了人口的灭亡率呢？好比一个得了病的人，他得这病的原因究竟是受了风吹，还是受了热呢？当然要先经医生诊脉后，才可以对症下药。我们所研究的结果，知道最大的原因是吃了清代毒药的原故。它为对蒙古的久远统治与防止我民族的繁殖，利用喇嘛教以柔化其民族性，〔紧〕奖励蒙古人做喇嘛加速人口之灭亡率。所以我们吃了他这慢性毒药，到今日造成不可挽救的病症。可恨哉，满清！可恨哉，满清！

除了最大的原因——宗教外，还有许多的原因，如生活之恶劣，卫生事业之缺陷，外族的同化……这些皆是人口减少之重要原因。不过其中最毒辣者，莫如喇嘛教。我们再以贺氏之调查做一个例子：

绥远蒙古喇嘛与蒙民之比较

民别	蒙民喇嘛各别数	蒙民喇嘛占全蒙民喇嘛总数之百分比
蒙民	一九七，三一九	八八
喇嘛	二七，二○三	一二
总计	二二四，五二二	一○○

上面所列的蒙民一九七，三一九，是包括所有男女老幼等皆在内。现在我们假定每五口中有壮丁一人，即以五除一九七，三一九，则得三九，四六三的壮丁数，比喇嘛的总人数只多了一二，二六○。今将喇嘛数与壮丁数相加起来，则为六六，六六六名，而喇嘛竟占了总人数百分之四十一，壮丁仅占百分之五十九。即十个男丁中则有四个出家当喇嘛的，也可以说是四个消费的，不能生产的。就照这样下去，民族的消灭还用列强拿着抢〔枪〕火来屠杀吗，自然而然的就会淘汰完结。你想这是多么可怕的事呵！

我们既然明白了病因，当然要对症下药的。病既利害到这样程度，我们医治他要分消极和积极两方面才能生效。

（一）消极方面要设法改善游牧生活，使渐次踏上文明之途。同时多注重卫生事业，如保送青年入内地，专门研究医术，当地多设卫生机关，按期给注射预防针等。这样实行下去则能减少人口之死亡。别方再极力提倡教育，第一必须要教授蒙文，使个个青年得到相当学识，使明了我蒙古之现状，生出爱国爱民族之心理，不至受了他族之诱引与同化。如此一方面能提高民智，别方面能免掉被他族同化。

〈（二）〉积极方面要破除迷信。我在前面已经谈过啦〔喇〕嘛教是我们蒙古民族最可恨的敌人，他的害处实在胜于毒蛇猛兽，所以我们必须要积极的废除它。破除的方法下面三种最有效：

一、各王公以及领导人员要以身作则；

二、自今而后绝对制止再充喇嘛；

三、各著名召庙内设立喇嘛初等学校。

我想只要能将上面三种方法实行了，人口之增加，民族之兴盛，是不成问题的。因为我蒙民知识浅薄，皆善盲从，又深信王公，所以王公若能以自身作起，绝对废除迷信，不信任宗教，我敢断定人民不用什么方法去唤醒，自然就会被我王公所感化，而摆脱迷信观念。别方面自今而后绝对制止青年再充喇嘛，若故违时，要受相当处罚。同时在各大召庙内设立喇嘛初等学校，使喇嘛自己觉悟。如此作去，实在是没有不成功的道理，人口自然会增加起来。换句话说，民族的强盛是指日可待的。

生计问题

上节所叙述的人口问题还比较松缓些，因为人口虽然减少的那样快，但是还要经过若干年后才能消灭完，而生计问题就不然了。

因为生计问题若是不能解决，在短时期内就能消灭尽。一个人若食、衣、住、行生了问题，而他的精神一定是疲弱的，他的寿数决对不会长久的。蒙古人过的是游牧生活，畜牧所需要的是水草和牧地，所以说他生活上起问题的原因，一定是由水草和牧地的缺乏而构成的。水草与牧地的缺乏的原因不外下面四种：

一、开垦移民；

二、连年亢旱；

三、兵匪骚扰；

四、国际经济恐慌，而影响于皮毛价格之低落。

自清代实行移民放垦已有数十年之光景，在这数十年之中，不遗余力地向牧地移民开垦。蒙民往后退，汉族人民往前进，所以牧场日渐缩小，蒙民生活要素，日渐缺乏，形成今日之严重问题。

又因近年来，天气多亢旱，水草因之而感缺乏，牲畜额数亦一天天的减少，因此人民的生活亦随之而受影响。

更自民国成立以来，内部多事，军阀纷起，因争地盘之故而互相厮杀。争执一爆发，即影响于西北。败军所经之处，当地人民必受其害。更因交通不便，一切运输全赖牲畜，故败军一至，必先搜找牲畜。但因察、绥牲畜有限，加以人民于败军未到以前便将所有牲畜藏昵〔匿〕深山，甚至隐于地窟，所以败军到后，感到当地牲畜之缺乏，只有深入蒙地，欺我可怜之蒙民，以强迫手段掠夺牲畜，有时全群赶去。你想蒙民一但〔旦〕失去了生活之依恃，他怎么能平安过活呢！不但受着官兵之掠夺，而且时时受着土匪之掠夺与欺凌，因此蒙民生活之艰困日甚一日。

除掉上面三〔四〕种原因外，其次还有一种，就是因为近几年来世界闹着极度的经济恐慌，中国已陷于半殖民地的地位。我蒙古为中国一环，当然也脱不了这种没落的联系。如近年皮毛价格之低落，也就是受了这种影响。

　　因为上面种种原因，所以蒙古人的生活，一天天地走上窘迫的路，而构成我蒙古今日之严重问题。

　　生活既然这样窘迫，那么怎样去挽救呢？所谓要对症下药，不然是不会生效的。关于解决蒙民生计问题，我们希望中央第一要按允许蒙古自治的原则去实行，如制止开垦、经济之援助……等。同时希望蒙政会诸公，必须要抱着一个"究竟为什么要自治"的观念。我想执政诸公，若能时刻存着这个观念，我蒙古定可不亡，而且必有进步。我们既然挂着自治的招牌，必须要名符其实。即是必须要做出"自治"的成绩，换言之，至少要比以前有进步，才能对得起扶我振兴的家长。

结论

　　综上言之，蒙古民族之危险情形已达极度。若再不谋挽救，恐难保得住我五大民族之足额。蒙古一旦灭亡，则中国便失其屏障，屏障既失，豺狼猛兽无阻而入，因之全部中华民族亦必为人吞食。所以蒙古之〈存〉亡，关系中国之存亡。我领袖诸公对以上两种严重问题，不可不注意一下。

　　　　　　　　　　　　　作于金陵蒙校，一九三五，四，一

　　　　　　　　　　　　　　　　　　　《新蒙古》（月刊）

　　　　　　　　　　　　　　　　　　北平新蒙古月刊社

　　　　　　　　　　　　　　　　　　1935 年 3 卷 5 期

　　　　　　　　　　　　　　　　　　（张煜珩　整理）

今后对蒙政策应取的途径

斐然　撰

被抹煞了的蒙古自治

我过去常说蒙古问题决不是难于解决的问题，可是它具有一种自动的独立的性质，这种自动独立性质的所在，就是为人所最易忽略的地方，于是有许多人说："蒙古自治是有背景，或者是蒙古特殊阶级急谋抬头的运动。"又有人说："就蒙古人民知识程度讲，或就所处的环境讲，均不到自治的程度。"总之这许多不同的见解，差不多都是对于蒙古自治皆不赞成，但时至今日，这些淆乱观听、颠倒是非的言论，早已不打自倒。蒙政会成立至今行将二载，在过去的两年当中，帝国主义的侵略，步步加紧，暗中的游说又无时或断，然而西蒙毕竟在虎口之下，挣扎着到现在。我觉得这的确是蒙古自治的最大成效。假如没有这统一意志，集中思想的机关——蒙政会，恕〔恐〕怕西蒙早已成为东蒙之续了。记得德王对黄部长曾有这样一句话："政府如允许蒙古人自治，我敢保无一人外向。"此亦足见蒙人意志之诚恳。过去环境怎样恶劣，而郑孝胥、赵欣伯之流，毫未发现。此更证明蒙人倾向中央之实际表示。如此，蒙古自治应当为全国同胞所共同拥戴，共同爱护。其实大谬不然，我们所听到的都是反对自治的宣传，所见到的书籍杂志都是恶意的攻击，到处找不到同情者。此种现象，实使关心蒙古和了解蒙古社会情形者，所深恶痛绝。因为那些无疑就是阻碍整个国家的统一，挑拨离间蒙汉的感情，推其用心之险恶，不啻置蒙古于不顾，即使整个国家也始终得不到一个共同团结一致对外的归宿。只要我们把蒙古的社会情形或蒙古人所受的痛苦来检察一下，即可以证明此种观念之错误。换言之，构成蒙古人痛苦的因素，就是形成蒙古问题的本质。

对于蒙古问题认识的错误

蒙古问题本具有一种弹性，大则可以影响国家的安危，小则立可消灭于无形，成败之机，要在当局是否能应付得宜。过去一般人纯本主观的成见，失掉客观的观察，只注意抽象理论的探讨，抹煞事实的背景；单顾目前部分的利益，忘却将来整个的幸福。不意此种荒谬绝伦的宣传，在国内又显然占有绝大的胜利。重以此故，蒙古问题之日形严重，亦愈发不可遏止。甚至现在这种思想在注意边疆事情的人们，仍然成为一种牢不可破的定律。其中有些人是对于蒙古情形根本没有明了；有的是根据部分的观察，去说明全部；有的虽对于蒙古情形略晓一二，但又为主观的成见所蒙蔽。总之他们都是不彻底的理论与不切实际的办法，以致过去对于蒙古发生下列的几种错误：

（一）认屯垦为开发蒙古的错误：移民屯垦虽然在中国是解决人口过剩、调剂民生的最妥善方法，但在蒙古，一方因为人民知识程度较低，又多富于保守性，对于由游牧而到农业社会，极不愿意；同时在国内认为蒙古有广大的草原，宽阔的牧场，又极适于耕种不过，于是这不仅由于理论的提倡，乃至积极的实行。过惯游牧生活的蒙古人，在开垦之区域内，骤然宣告失业，而与蒙人生活上以极大的不安。本来游牧生活在蒙人视为天经地义，所谓移民开垦无疑直接剥夺其生命，因之蒙人过去对于政府移民实边的政策，根本表示反对。在东北《蒙旗旬刊》十二期《蒙政末议》一文中曾有这样一段的记载："盖垦殖之益其利甚薄，蒙人亦闻之熟矣，于是择其可垦之地，披荆棘，除荒芜，阡陌既成，良田万顷，我蒙人以血汗经营之者，而一旦忽以荒地目之，勒令出放。余如可耕之地亦被入公有，而我蒙人无与也。以是我蒙人未开之地，不敢再事垦殖，恐踏上述之覆辙，而已垦者，积年辛苦付之东流，弃牧就农，竟无所依，冻馁堪虞，踏局难安，言之寒心！不知内幕者，复以蒙人不明大义见责，含冤饮痛为何如耶？"此为针针见血之谈。吾人站在客观的立场绝不反对开垦，但是要有更好的生活方法来代替游牧生活。因为过去在事实上皆是将游牧草原尽行开垦，而不能再与以其他的生产方法，一任蒙人之颠沛流离，坐受饥寒，于满清相形之下，未免有不足之憾。德王在百灵庙自治会议中曾云："满清时代，颇顾念蒙古……自革命后情形日劣，向来给予吾人之款项，现已停付，同时侵占仍时进行，中国官吏并封锁吾人领域，将吾蒙土地无代价的划分与华人。"的确，自民初以来，游牧地带日形缩小，而蒙人反对之情形，到处可见。乃政府昧于舆论之提倡，不加细察，且积极从事垦殖工作，遂结怨于蒙人。

　　（二）设置省县剥夺蒙权的错误：蒙人游牧生活，财产并无剩余，除供王公贵族之榨取，与维持家庭之生活外，再无其他消耗之资。省县的设置直接加重蒙人种种负担，如租税之征收，杂捐之增加等。蒙民生活本极简单，安堪此繁苛之聚敛。重以此故，无论其为王公、平民，生活莫不因之而低落。他如关于蒙汉两方人民之诉讼争执，亦往往流为不易解决之问题。平日两方冲突大多蒙人不能作主，必经省县两种机关，始得解决。其结果蒙人很少胜利，即公平允当的裁判，亦不可多得。这在蒙人精神上算是一种极大的痛苦。所以德王与黄部长的谈话中也曾说过："现在蒙古盟旗与省府的冲突不是由于双方感情不好，也不是民族间发现恶劣的情感。盟旗与省府之冲突，完全由于制度之不良，现在蒙古是一地二主，所以即便双方有良好之感情，因为权利关系必会发生冲突。"所谓蒙古一地二主，确是构成蒙古问题的主要因素，此制不改，则蒙古问题甚难有解决的希望。

（三）歧视和欺骗蒙人心理的错误：在内地一般人往往视蒙人为愚昧的野蛮的民族，而对于蒙人的诚实不欺的习惯，以为大可施其诡诈欺骗之技俩，如来往蒙地之商贾，多以少数之代价，换取大量之货物，沿习既久，蒙人深恶痛绝，不愿再与来往，蒙汉感情亦无接近之机会。他如以蒙人为浑浑噩噩不知不识，睥睨其文化之低落，不屑与之接近，造成两相仇视之壁垒，此种心理影响于蒙古问题之不易解决亦实深且巨。

已经失败了的对蒙政策

蒙古问题之愈演愈烈，坐事扩大者，完全由于过去政府对蒙观察的错误，而发生种种不适宜的政治上的设施。蒙人对于此种不适当的设施，无时不在反抗之中，惜下情未能上达，致为政府所轻视。故每至问题发生，应付失当，演成种种错误，使对蒙政策遂根本失败。兹述其要者如下：

（一）认武力为解决蒙事途径的失败：上面已经讲过，蒙古问题之所以造成，完全由于其本身所受的痛苦，使其有不得不如此之苦衷，然这是真诚的，坦白的，其间并无任何居心，乃一般黩武主义者不明真象，不辨是非，一味蛮横，出于武力解决之一途。其结果不能解决蒙古问题于永久，反更加重一层蒙人仇视的印象

（如呼伦贝尔事变及兴安屯垦事件）。所谓以柔克刚，乃不此之图，竟倒行逆施，遂致蒙事愈弄愈非。

（二）视笼络政策为消灭蒙人反抗唯一的方法：满清时惯用怀柔笼络政策，以结好于蒙古王公贵族，以使蒙众归服。彼时此种政策可谓确收实效，但沿至民国，仍脱离不了此种风味。不过现在虽尽量笼络，事实表现并未有任何效果，其原因在前清时大多数蒙人尚感觉不到切身的痛苦，而况他们生活又很安逸，自然对于一切政治设施不肯过问，可是现在多数平民无论在精神上、物质上都感觉极大不安，非但不能安逸，甚至个人生活亦有不能维持之概。王公贵族虽握有军政大权，可资笼络，而结果与平民福利相差愈远。

（三）以外交手段来解决蒙古问题的失败：过去对于蒙事之处理，差不多以外交手段来谋解决，而对于实际的直接关系，很少顾及。有的认蒙事之发生，纯非自动的，而原于外来的背景，从而处置失当，而遗无穷之憾。如民初外蒙事变时，本可直接解决，而一般人认为纯属苏俄操纵，于是订条约谋交涉，终未达收复的目的。苟当时深体蒙人苦衷，不出于武力压迫，如今日处理蒙古自治，或不致有当时的结果。

（四）为领袖终是安富尊荣：凡在蒙古稍有地位者，或为领导各种运动之巨头，当局即认为有拉拢之必要，乃不惜加以各种名义，只要不去活动就算足矣。殊不知领袖是群众的化身，有他产生的特殊背景，他只可以为群众谋利益，群众非为他而造机会，结果领袖只管享幸福，与群众实际的要求，则毫无裨益，因之反更引起一般人的名利欲望，以为能运动就可以作官，可以发财。此亦不能不说是过去的一点失败。

解决蒙事的新途径

由于过去对蒙认识的错误，应付的失败，则将来所应取的途径，必须改弦更张；否则一味敷衍必至于不可收拾的地位。一方我们有了过去的失败，可以作改革未来的借镜，同时要顾虑环境之转移，时事之丕变，而随时采取的对策。我们现时要贡献当局采纳者，计有下列各点：

（一）对蒙政策须远大：我们不要只看到目前的利益，须谋永远的福利，尤其是当局更应存一种统盘的、整个的、永久的打算，万不可为一般颠倒是非者所诱惑。即如此次蒙绥税收问题，本属国家行政问题，不幸竟有假借绥远各法团名义，到处宣传，谓蒙方不应设卡征税，此种现象殊堪惋惜。设长此以往，不但蒙汉感情终无好转之日，甚或更进一步而发生意外之变故，彼时信口雌簧〔黄〕、捏造是非者，将何颜以对同胞：盖作此种宣传者，皆本一己之私利，而不为多数人打算，苟当局缺乏敏锐眼光，为此所误，则蒙事前途真不堪设想！

（二）盟旗与省县的冲突，应谋彻底的解决：德王说："蒙古一地二主，所以即使双方有良好之感情，因为权利关系必会发生冲突。"这充分表现制度的不良，而有彻底解决的必要。同时二者皆为接近人民之机关，接触机会又非常之多，倘彼此权限不明白规定，则冲突之事在所不免。曩者蒙地专事游牧，自设省县以来，苛捐杂税，纷至盉〔沓〕来，蒙人莫不以此为苦，而许多行政事宜亦被越俎代谋，使蒙人敢怒而不敢言，致宿怨愈积愈深，愈不易解决。为长久之安全计，对此应与以彻底的解决。

（三）切实保障蒙民的生活：蒙民生活之所以发生恐慌者，实因在游牧区域土地尽行开垦，而农业基础又毫未建立，所有原来生产工具完全废弃，而新的生产技能又未能应用，以致多数蒙人失业，使生产量大有供不应求之概。其在维持原有游牧生活之区域，又因方法不良，一切墨守陈规，致所生产之货物，发生质的退化，量的减少，于是出口量也逐渐减低，而不能与人竞争，遂影响经济来源枯竭，蒙民生活不安。救济之方，在已开垦〔垦〕之地方，免除一切苛捐杂税，对于游牧区域应设法改〈良〉畜牧方法，尽量提倡改良品种，施行防疫等工作。此外于适宜地点酌设职业学校，训练生产技能，培植生活上必需之知识。

（四）要顾到多数人的利益：蒙古问题的主要原因，就是在大多数蒙人的痛苦不能解决，过去当局全认为少数人的鼓吹，这是大错特错。所以今后应当对于多数蒙人利益，务须顾到，不要单注意几位主角，极应避免满清笼络政策的意味，然后整个蒙古问题才有真正解决的希望。

（五）提高文化程度：蒙民知识谫陋，文化落后的结果，使生活不能改进，新思想无由输入，乃造成精神的堕落，物质的恐慌，进而至于民族意识的消灭。为挽救此种弊病，则提高文化程度亦所应取的途径。

总之，过去国人对于蒙古未能观察清楚，致发生种种的错误和失败，但这许多的尝试，都可以为我们未来的参考。以上所举的几种对策，希望当局能够彻底实行，而一方蒙古同胞本身亦要树立一种自我建设的决心，然后整个事业始能有进展。

《新蒙古》（月刊）

北平新蒙古月刊社

1935 年 3 卷 5 期

（丁冉　整理）

写在蒙委会黄委员长就职之后

当前年蒙古要求自治的时候，蒙藏委员会改组的消息一时甚嚣尘上，不知道因为什么缘故一直到了今天才能够实现，由此也可以看出中国政情内幕的复杂来！现继石氏之任者，为屡次出巡边疆的黄幕〔慕〕松氏，以黄氏的资格、经验，以及较为接近边疆的缘故，想边疆人士对于黄氏的荣膺大命，定必表示热烈的欢迎，同时对于黄氏的期待也要较为恳切。按中国目前的政界风气说，每当一位显要登台的时候，总要发表一篇"冠冕堂皇"的惊人计划，但说了之后能够实现的可是少而且〔又〕少，所以民众们对于要人的谈话，除酌量加以"折扣"外，仍然抱着半信半疑的态度，因为民众们对于这些"说了就完"的动人调儿听得有些儿发腻了！惟观黄氏的这次就职，却能一反政界的流行风气，所发展〔表〕的施政方针可以"质朴平凡"四字来包括，唯其是说的"质朴平凡"，所以更显得恳切动人，令人对他的谈话加以确切的信任。观天津《大公报》三月廿七日戴〔载〕黄氏发表谈话有云："……余因迭次奉命巡视边疆，较悉边情，此次新主蒙藏委员会会务，拟根据历史政策，及国家需要情形，实事求是去做！不敢云巩固边疆，只愿能先做到安定边疆的工作，不应仅使五族共和，五族一家，且应使跻于一体……"这些话我们相信是黄氏出巡边疆后的一点经验谈，而为蒙藏委员会今后奉为施政的圭臬的，同时我们又相信黄氏能"坐言起行",以促其政策的实现。说到这里,我们愿提出我们"一得之愚"来供黄氏的采纳。黄氏所说的"根据历史政策",因为没有详细的说明,因此我们很难断定其究系何指。惟经我们一再深思的结果,想黄氏所谓"根据历史政策"也者,恐怕不外乎是效法中国政府过去对边疆的"怀柔"办法,说干脆些,就是照旧要采取那种"拉拢"的政策。关于这种办法,在原则上我们是不赞成的,因为那不是彻底改造边疆的根本办法,但又因为蒙古边境的险恶,以及新旧势力的关系太复杂,为一时权宜的打算,我们虽然非难这种"守株待兔"的办法为不当,但对于政府这种不得已的苦衷,也不愿离开事实,过加责难,所以对于这一层暂不多论。至于说根据"现在国家需要情形",这个问题真是太广泛又太复杂了!而我们今天所愿意提出向黄氏讨论的,也恰巧正是这个复杂广泛的问题。我们都知道目前的中国,好像是一个"四门大开"的"破落户",迄现在为止,虽然中国内部的情形较前略有进步,而政府的地位也较前巩固了许多,可惜边疆的情形不但未能随国内的政情而好转,而且有"每况愈下"的趋势。因为外患是一天比一天的加紧,而我们的治边事业仍然是尚未着手,甚至于可以说连一个较为完善的"通盘计划"也没有。所以在这个时期负边疆重寄的蒙委会的责任越发是显得特别重大,而任其事者更应"小心翼翼"的慎重将事了。我认为要使边疆适合"国家需要情形",其范围虽极为广泛,其事业虽极为艰巨,但自有问题的"重心"在。假设执政当局能把握着这个"重心",则行之以渐,并不难达到这个预期的目的。不然的话,纵当局急于求治,克尽厥职,那也只好是如"治丝益棼","南辕北辙"而已!

　　这个"重心"是什么,说来倒简单得很,就是要首先"恢复民族间的感情",以此为基础,然后方能谈到其他的一切。据我个人观察的蒙古内部情形,以及我时常接近的一般蒙古青年们的思想行动，觉得他们在心理上有一种值得"大书而特书"的显著进步，那便是民族意识的勃然而兴了！这种民族意识的高涨，倘若当局能善为引导，使他们不致〔至〕于误入歧途的话，这可以说是整个中国边防的大幸运，并不仅限于蒙古自身的利益。这个理由很简单，中国向来是以"和平"手段对待任何民族的，而孙中山先生也曾告诉我们"国内各民族一律平等"及"民族自决"的种种遗教，蒙古民族果然真正的从"浑浑噩噩"的大梦里醒转来，认清他们自己的真实环境，这不啻便是在中国边防上立下了一些坚硬的基石！因此我们对他们这种民族意识的发达，不但不要表示怀疑，而且还要表示欣快，甚至说这是中央设法巩固边疆的好机会！所以政府要能设法和这些觉醒的蒙古人才们永远的一同站在这个时代的洪流里"携手前进"、"共存共荣"！最怕的是当局看不到这一层，而看到这一层之后，又表示一种怀疑的态度和心理，使这批民族意识高涨的蒙古人士们，因失望而愤懑，以至于误入歧途，那岂不是因为他们的觉醒反倒愈使政府与蒙古间的感情更加生疏吗？我记得民国二十年前东北蒙旗师范校长郭道甫先生在蒙校演讲时有云："……我蒙古民族亲日乎？亲俄乎？独立乎？抑永远在整个中国的局面下徐图发展乎？以我个人的见解，以上三条路都是走不通的，因为日俄都是宰割弱小民族的刽子手，假设我们要是不愿自投罗网的话，断不能采取那两种危险的路线。至于说到独立建国，因为本身条件的太不够，更足以自速其亡，所以最好还是在整个中国的局面下徐徐上进，以逐渐达到我们民族的复兴……"我认为郭氏的谈话既恳切，又坦白，为蒙古人所应当加以注意的！老实讲，因为蒙古民族有地理上、经济上、文化上的种种关系，都使我们够不上独立的条件，只要国内能获得平等，那么什么是我们不可以和其他的四大民族合作到底的理由呢？据我所知的一般蒙古青年们，他们差不多都对这层理由看的很明白，虽然他们有时候对政府的措施不满，说是政府在敷衍或欺骗他们，但他们都知道那不仅是中央对蒙古一处为然，即内地人民对政府不满者亦大有人在，因为整个的中国是在一种蜕变的"过渡时代"！不过我却不敢完全相信所有的蒙古人士都能和我所接近的蒙古青年们一样，是否不为那东邻所倡导的"蒙古国"三字所诱惑乃是一个极大的疑问！我们对于这一部分的蒙古人士（或者是因为我神经过敏，说不定一位受诱惑者也没有，而我也极端希望是能够这样），要使他们认识这诱惑我们的"卢〔庐〕山真面"，同时政府更应当将内地与边疆的密切关系，向他们加以详细的解释。我感觉到现在的一般帝国主义者灭人国家的方术的确是太进步了，他们差不多都采取着"欲取先与"的策略，日本之灭朝鲜，法之灭安南，以及俄国的"赤化"外蒙，都是采取这种令人丧身于不知不觉的"烟幕弹"方术，而被他们诱惑的又差不多都是些"血气方刚"、"求治太急"的赤诚青年。现在各帝国主义者，尤其是日本帝国主义者对于我们的侵略方法很明显的是一种"渐进"的蚕食政策，又为不劳而获计，先给你戴上一顶什么"建国"、"独立"的大高帽子，一旦待时机到来，便把你完全置于他肘腋之下，使你兴"悔不当初"的悲叹！简单些说，就是要把中国目前的"半殖民地"状态，变为若干区域的小殖民地，以便他们操纵把持，个〔各〕个击破，最后使得我们合演一幕"同归于尽"的悲惨剧，这是何等的狠毒可怕！

说到一个民族，固然应当独立建国，以达到完全自主自由的地步，但假设是一个民族与其他的民族在互助平等原则之下来"共存共荣"，也并不见得有什么丝毫的耻辱。观苏俄、南斯拉夫等，固无不是集合若干民族共建一国也。至于说到政权，虽然一时因种种的关系，某民族把持政权较大，某民族把持政权较小，要知道这都是国家内部的问题，并不足以构成"外向"的理由，所以凡是有识见的人们，无论外人怎样设法来诱引，他们总能权衡利害，避重就轻的！我所以要啰啰嗦嗦说这一番话的原因，固然是希望蒙古青年们不要因一念之差，误入歧途，但最重要的希望，还是政府能够观察到这一层，而设法使这些民族意识逐渐强烈的蒙古民众们，能对政府表示良好的感情，不致〔至〕于因失望而愤懑，以至于迫他们另寻出路！想黄氏屡次出巡边疆，对于边疆上民族的复杂情形以及外人势力的逐渐逼进，当然能了然于胸，而有所感触，今后正是黄氏施展长才的时候，如何能使各民族间消除过去的疑忌，而走向"跻于一体"的地步，我认为舍"恢复民族感情"外殆无第二条途径可寻了！因为我深切的了解，自蒙古自治政务委员会成立，蒙古人的民族意识一天比一天高涨，政府要于这"风平浪静"的当儿，善导其思想，解除其苦痛，使他永远能为中华民族的一员而为整个国家的利益来奋斗，千万不要再像从前那般的漫无计划，但演些"急来把佛脚"的无聊把戏，因为现已觉醒的蒙古青年们毕竟不能再像从前般的因政府的"怀柔"和"抚绥"而感觉到满足啊！

由以上的探讨我们很明显的得到一个结论，就是要使边疆适合"国家的需要情形"，应当加紧民族间感情的联络，但我们又如何才能达到这种目的呢？我的意见是：

（一）要解除蒙古人精神上的痛苦——我常看到近来有许多报章杂志上，对于蒙古人的各种陋习，往往是从事于夸大的描写，叫蒙古人看了简直有点忍受不住，据我所知的蒙古青年们差不多都有这样的感觉！固然说"是真假不得，是假真不得"，甚至于或者因为把各种陋习介绍出来，促进蒙古人的反省改革，不过要故意的夸大宣传，画蛇添足，并且有些时候含着冷调热潮〔嘲〕的苦辣味道，叫一般头脑清晰的蒙古人士们，又怎能不感觉到莫大的刺激呢？我认为这并不是"家丑不可外扬"的狭窄心理，乃是人类的常情。我们不是因为外人把我们的"发辫"、"小脚"宣传到世界去感到面子上不好看吗？不是曾向侮辱我们的国家"严重"的"抗议"吗？"己所不欲，无施于人"，"人同此心，心同此理"，又怎见得蒙古人愿意让人侮辱呢？我希望政府要能够设法加以取缔，不要允许这种的现象延长下去，我们固然知道写文章的人也不见得会存心来侮辱旁人，或者是仅为博读者一笑，但总以慎重为宜，因为我们不能对于我们自己的"弟兄"加以讥笑啊！读者们，千万不要以为我这是"吹毛求疵"，要知道他的影响是非常大的呀！

（二）要取缔奸商的不法行动——一般到蒙古去经商的人们，可以说是十之八九都是狡诈者流，他们都因为蒙古人的易于欺骗，所以便极尽敲诈的能事，不是讥笑他们脑筋简单，就是说他们愚昧呆笨，有时候在蒙人的头上总是好加一个"傻"字。诚然，蒙古人除一部分久游内地及一般知识青年外，在内地人眼光里看着他们总有些儿奇怪，但我们试要到中国内地的穷乡僻壤，那些被我们称作"乡愚"、"老赶"的人们不也是一样的愚陋得可怜吗？但因为这般奸商的夸大宣传，所以在中国人脑海里都印上一种"蒙古人易欺"的印象；而同时在蒙古人脑海里也便永远刻上一个"汉人可恶"的痕迹，所以蒙汉感情的恶劣大部分应让这些奸商来负责。我们固然知道这一批"拜金主义者"的奸商行动，只能代表他们个人的私人行动，不足以代表国人及政府对蒙古人的心理和观点，但那远处"漠北"的民众，他们是永远不会了解到这一层啊！因为政府的不加以取缔，说不定他们会迁怒于政府，我想以政府之力来取缔这般类似浪人的奸商，可以说是轻而易举，事无困难，只看政府肯做不肯做而已！政府不要又以为这是"不足挂齿"的小事一桩，要知道天下多少的大不幸都是由小误会而引起来的哩！何况又值此外人加紧挑拨的时期？！

　　（三）望黄氏能与蒙人切实合作——过去的蒙藏委员会素有"四川会馆"的称号，而石氏与蒙古人士情感的恶劣，可以说是前此所未有，彼此冲突，为时数载，以掌蒙藏大权的最高当局首先与蒙古人士来冲突，又安能望其能采纳蒙古人士的意见？对于政务的措施，又安能望其应付适宜，不致"隔靴搔痒"？此事关于个人间的恩怨者事小，而影响于边疆的政务者事大！何况内地人士，曾亲越边疆者究系少数，与其让他们都"滥充竽〔竽充〕数"的充满蒙藏最高机关，何若多任用些蒙藏知识分子，以便随时能听取边防人士的意见？我并不是说蒙藏委员会应归蒙藏人来自己管理，甚至我是一个连蒙藏地方的政务，都主张借重内地人才来从事开发者，不过就事论事，我想任用些对于边情毫无认识的人才，是不是能对边政措置适宜，那的确有请黄氏加以考虑的必要了！

　　以上三条，都是些琐琐碎碎的零星小事，而为政府与国人所认为不足一谈的，但"星星之火，可以燎原"，我们除希望黄氏不致河汉斯言外，同时希望能于最短期间见诸实行，如此则民族间的感情当能与日俱增，觊觎的外人便不难"黔驴技穷"而无所施其技俩了！我相信不但黄氏所希望"先做到安定边疆的工作"可以做到，即所谓"巩固边疆"亦不难有实现的一日了！总之，黄氏近年来屡次出巡边疆，目击时艰，感触必多，为历来掌握蒙藏大权者较为可以厚望的人物，想定能有一番作为以满足边疆人士的企望，吾人愿拭目以待！

一九三五，四，一，完稿

《新蒙古》（月刊）
北平新蒙古月刊社
1935 年 3 卷 5 期
（朱宪　整理）

外蒙古之历次政变及最近概况

黄成垙　撰

（一）外蒙古屡次政变之原因及其经过

清太宗征服察哈尔以后，遣使告捷于外蒙古，外蒙古于是向清廷报聘，清廷下诏定制，岁献白驼一头、白马八匹，是为九白之贡。康熙二十三年，土谢图汗攻扎萨克图汗，而夺其妾，三部内哄，又与厄鲁特噶尔丹有隙，故噶尔丹即于二十七年夏，逾杭爱山突袭其庭，三部数十万众，尽行瓦解，投降清廷。康熙帝抚绥其众，车驾亲征，抱〔报〕噶尔丹殄灭，返外蒙古民众于故土。复于乾隆年间，在乌里雅苏台设立定边左副将军，统辖漠北各部，汉蒙相安者，二百余年。同、光以后，用人失宜，蒙情日非。宣统三年六月十五日，外蒙王公等密议独立事宜，当经全体赞成，亲王杭达多尔济就以外部大臣名义赴俄密谋，并请以实力援助；到了八月中旬，突有俄兵八百余名络绎来到库伦，彼时驻库办事大臣三多闻讯大惊，当向蒙古结〔诘〕问，并商撤退俄兵问题，岂知毫无效果。至十月初十日，三多忽接到外蒙王公联名公呈及活佛扎饬各一件，宣言独立了。十九日活佛行登极礼，称"大蒙古国"，以"共戴"为年号，外蒙便与清廷脱离关系了。此之谓第一次外蒙独立。考其原因，不外俄国煽惑及违拂蒙情两种。

俄人煽惑手段有三：

A 利用宗教 俄属布里雅特人，与外蒙古各部的语言，并无隔阂，得以互通感情。且系啦〔喇〕嘛徒，无论男女，往往越境而来，群至佛前求福。俄人遂利用布里雅特人，多方进行，与蒙人交好，而笼络活佛，凡商人来货，无不贡献活佛，以顺其欲。

B 利用王公 俄人又为蒙古王公等，建造俄式房屋，所有室内设备，皆带俄风，王公等耳濡目染，久而遂尽染俄化。

C 利用财力 光绪二十六年，俄人葛罗脱获得土谢图汗境内之金矿开采权，俄政府又将十万卢布，散给王公，王公金钱到手，就此顺从。

违拂蒙情之处，亦有三端：

A 革去达赖名号 光绪三十三年，西太后因达赖阴附英人，谋为不轨，降旨革去名号，阁抄到库，活佛以下，战栗自惧，一时大有兔死狐悲之态，乃力谋反抗之策。

B 移民实边 清之季世，变法图强，于蒙古竭力提倡移民实边，蒙古王公，大起恐慌，以为此后，牧地日狭，数千年世袭之故土，难免不沦于汉人之手中，乃大肆反对。

C 创办新政 三多到库未久，而中央各机关督促举办新政的文电，急于星火，于是兵备处、巡防营、木捐局、卫生局、车驼捐局等机关，设立有二十余处之多，一切经常各费，责令蒙民供给，以致民怨沸腾，达于极点。宣统三年，外蒙独立，适值辛亥革命。民国改建之后，曾于民国元年起，即由我外交总长，与驻京俄使，一再交涉，直至民国二年十一月，订立中俄声明文件；民国三年八月，中、俄、蒙三方代表，在恰克图会议；民国四年六月五日，始由毕桂芳等，与俄、蒙代表，订立《中俄蒙协约》，中国仅在外蒙有宗主权之虚名，一切内政均不能加以干涉。民国六年，欧战正在兴高采烈之际，俄国突然发生革命，外蒙官府，看到了俄人势力，日形式微，是无足依恃的，乃迭次要求中国政府，派兵前往防边，都护使陈毅利用此种机会，一方面极力笼络蒙古王公，一方面极力增兵，以资镇慑，外蒙乃有撤治之议。民国八年六月十三日，西北筹边使徐树铮到库，规画西北边务，同时俄旧党谢米诺夫又想利用蒙古为根据地，胁迫外蒙，蒙人乃决计归政中央；十一月廿二日撤治命令颁布，外蒙取消自治归中央，为时仅一年。九年冬，谢米诺夫的余党恩琴，受了日本军火的供给，与蒙匪结合，由桑贝子旗来攻库伦。民国十年二月一日，蒙匪乘华军戒备疏忽之时，突将活佛劫出库伦；翌日俄军来攻，我军以兵力军〔单〕薄，库伦终于失守，陈毅仅以身免。恩琴入库以后，外蒙活佛即于三月廿一日，二次宣布独立，设立内政、外交、陆军、司法、财政五部，政权入于恩琴之手。蒙古国民党，于民国十年二月廿二日在恰克图开第一次国民党大会，三月十三日组织临时政府，驱逐恰克图的华军，受苏联的援助，于七月六日攻入库伦，将巴〔白〕党完全殄灭，由国民党继承外蒙古的政权，仍奉活佛为君主。民国十三年五月廿日，活佛圆寂，人民政府宣言，改外蒙古为共和国，举国民党本部长兼国民军总司令丹桑为首领；八月四日开第三次大会，决议勤劳者阶级之独裁，党的根据置在勤劳者阶级，党的势力，又趋重于左翼派啦。十三年十月三日，俄蒙缔结《电信联络协定》，"汝〔满〕洲事变"后，苏俄负担外蒙古军费十分之三，并在外蒙古作大规模的军事设施，深为蒙古国民党所反对。青年党与国民党形成〔同〕水火，各不相容。廿三年七月十一日外蒙古举行立国十周纪念，青年革命同盟宣言清党，把国民党完全驱逐，把国民党的首领噶其洛夫逮捕监禁，并将外蒙古改为外蒙古苏维埃共和国，外蒙古资产及中等阶级，受不了压迫，乘间南逃者不下二万余人，就是迪鲁瓦活佛所向行政院，请愿拨款救济的。

（二） 新旧的盟旗组织及行政区划

A　独立前的盟旗组织及行政区划

外蒙古在沙漠之北，东接黑龙江、辽宁两省，西通新疆、甘肃两省，北接俄属西伯利亚，共分喀尔喀和科布多、唐努乌梁海三区，喀尔喀分西路、北路、中路、东路四部，共四汗八十六旗。会盟方面，土谢图汗部二十旗，为中路，会盟地叫罕阿林。车臣汗部二十三旗，为东路，会盟地叫巴尔和屯。扎萨克图汗部十七旗，为西路，会盟地叫毕都里雅。赛音诺颜汗部二十旗，为北路，会盟地叫齐尔里克。科布多赛音济亚哈图左右两盟，十六旗，加以四总管之地，共廿旗。唐努乌梁海内分五旗。以上各盟，设盟长、副盟长各一人，管理各旗行政事务，各盟设副将军一人，管理军务。旗设扎萨克一人，其爵位有亲王、郡王、贝勒〔勒〕、贝子、镇国公、辅国公、一等台吉之分；扎萨克之下，设有协理台吉、管旗章京、梅伦章京、参领、佐领、骁骑校等职。乾隆二十七年始在库伦设立办事大臣，管辖车臣汗部落、土谢图汗部落；乌里雅苏台定边左副将军，管辖三音诺彦汗、扎萨克图汗两部落；科布多参赞大臣管理赛音济亚哈图两盟。外蒙自治之时，我国在库伦设立办事大员，乌里雅苏台、科布多、唐努乌梁海、恰克图等处，设立佐理专员，不过仅有宗主权的虚名，实际上与驻外国的公使、领事并无区别。迨外蒙撤治之后，乃将办事大员、佐理专员各署一并拨归西北筹边使节制。旋以徐树铮失败，西北筹边使撤销，陈毅改任库乌科唐镇抚使，库伦参赞，管理车、土二部，乌里雅苏台参赞管理三、扎两部，科布多参赞，仍管三音济亚哈图两盟，唐努乌梁海参赞，管理唐努乌梁海各旗，恰克图民政员管理恰克图商人事务。这是外蒙古两次独立前的盟旗组织及行政区划。

B 新部旗组织及行政区划

民国十三年，库伦活佛圆寂，外蒙政局，如之一变，各重要城镇，亦皆改易新名，例如库伦改为乌兰巴图尔，恰克图改为阿勒坦布拉克，改乌里雅苏台为吉巴胡郎图，改科布多为吉尔噶郎图。复于活佛故后，将王公、喇嘛特殊阶级，一律取销，盟改为部，部有〈部〉长，部之下为旗，旗有旗长，为地方行政之单位。旗长之权限，非常广泛，关于旗内秩序之维持，法律之实施，司法、征税、赋役之监督，无不为其权力所能及。旗之下设有左〔佐〕，佐之下设有巴噶，巴噶之下，设有十户，为地方自治之制度。以前四部落及科布多两盟，亦于一九三一年一月六日，改为以下各新行政区域。兹将最近外蒙人口分布状况，列表于后：

	部名	人口	面积	一平方粁之人口数
1	东部	七五，八〇〇	二〇二，九〇〇	〇·三六〔七〕
2	肯特部	三六，八〇〇	七五，三〇〇	〇·四七〔八〕
3	中央部	二五，八〇〇	一四九，三〇〇	〇·七〔一〕七
4	农业部	四一，九〇〇	六九，一〇〇	〇·〔一〕六〇〔〇〕
5	扣苏果勒部	六二，七〇〇	一〇七，二〇〇	〇·五八
6	后杭爱部	八三，二〇〇	五七，四〇〇	一·四四
7	前杭爱部	八〇，六〇〇	一〇七，七〇〇	〇·七四
8	扎布干部	五五，五〇〇	九五，二〇〇	〇·五八
9	杜尔伯特部	四四，八〇〇	八四，一〇〇	〇·五三
10	科布多部	四三，一〇〇	七七，九〇〇	〇·五五
11	阿尔泰部	三九，九〇〇	二〇七，一〇〇	〇·一九
12	南沙漠部	三九，四〇〇	一五五，四〇〇	〇·二四〔五〕

续表

	部名	人口	面积	一平方粁之人口数
13	东戈壁部	四〇,五〇〇	一六四,九〇〇	〇·二四
	合计	七六〇,三〇〇〔六七〇,〇〇〇〕	一〇,五三三,五〇〇〔一,五五三,五〇〇〕	〇·四八〔〇·四三〕

换言之，就是车臣汗部现已改称东部及肯特部、东戈壁部；土谢图汗部现已改为中央部、农业部、南戈壁部①；三音诺彦汗部落现已改为扣苏果勒部、后杭爱部、前杭爱部；扎萨克图汗部现已改为扎布干部、阿尔泰部；科布多，现改为杜尔伯特部、科布多部。

（三）　最近的外蒙状况

A　党务及政府之组织

外蒙古伪组织，亦称以党治国，一切权力，属于勤劳人民。人民授其权于国民代表大会，大会议员，是以部民、市民及军队代表组织之。议员数比例选举人数而定，以一年为任期，大约每年开国民代表大会一次，在代表大会闭幕时期，对大会负责者，为中央执行委员会。议员数最初为三十人，民国十四年开第二次大会时，决议增加为四十五人，每年开会二次。还有干部会议，就是常务委员会，由中央执行委员选十三名为常务委员；再由常务委员之中，选出议长、书记长、部长，各盟、部、旗、佐均有党部的组织，甚至某一地方有党员三员以上，即设党部一处，两个礼拜必行开会一次。至于党费，除由上级机关予以补助外，会费由党员自行负担，约分四等，即按其收入二百分之一、百分之一、百分之二、百分之三。国民党之外，还有青年革命团，亦是蒙古

---

① 表中作"南沙漠部"。——整理者注

国民革命党之一部分，普通以未满二十岁者充之，作为国民党的预备党员。不过青年团与国际青年共产党，有密切的关系。外蒙古共和国宪法第二十七条："政府以国务总理、副总理、军事会议长、经济会议长、总司令官、国务检查员、内务、外务、军务、财务、经济、司法、教育各部长组织之。"军事会议在军务部之上，是监督军事行动，为军事上最高机关。外务部兼辖邮政、电报事务；经济部，系于民国十三年由财政部分离，同时又设置经济会议。又在外蒙古之内防处，系直属于政府之机关，有绝大之权力的。兹将其政府组织列表于后：

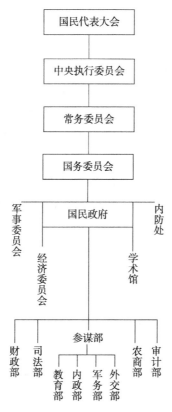

B　军事概况

一、赤军　苏联一方面，为防备外蒙古反苏运动；一方面，对日"满"政策，使极东军备巩固化，在外蒙古派遣军司令官，驻屯多数的赤军，其兵力约在五个师团左右，其主要兵力之配置地点，在由桑贝子至贝尔诺尔之南岸一带，经哈尔哈河至索伦一带。兹将其驻屯军队名称，及数目列后：

（1）库伦（为外蒙古的首都，又是军备上的中心点）

兵力　骑炮机关枪混成旅一万八千名、炮大小四门、高射炮七门、重机关枪一百卅架、轻机关枪二百四十架、唐克车八辆、铁甲车十八辆。

空军　以前的飞机场很小，只能容纳飞机十二架，最近大加修理，可容二百架飞机之大飞机房，刻已完成。

科学兵器制造所　一九三四年即去年三月廿六日，由耶里乌耶多木夫少将率扶〔技〕师三十余名到任。其他有陆军大学校、士官学校，收容学生三千五百名。

（2）桑贝子　桑贝子飞行场，向来常置飞机百架，可是地方住民，有的说四百五十架。最近库伦驻屯的赤军，大部渐次向桑贝子移动。

（3）克鲁伦河左岸车臣汗飞机场　配置有三十架爆击队。

（4）哈鲁仙庙至乌尔顺河下流右岸　有赤军汽车队及马巡队的派遣。

（5）还有贝尔诺尔附近的鄂特郭布渔场及依瓦勒布旺庙内驻屯骑兵旅团及步兵团。

（6）汗肯特　骑兵队五百、炮兵、步队、机关枪队、唐克车六辆、铁甲军数辆、新近〔建〕兵营及八十余蒙古包。

（7）乌里雅苏台　独立派遣军经理部。

（8）致吉安沙毕　一联队。

（9）额尔德尼昭　一联队。

（10）买卖城　兵营七，军需工场三，飞机场及陆军学校各一。

二、蒙古军　上述的赤军，是外蒙古的中心势力，蒙古军的各学校，都有赤军将校的指导。蒙军原有五万余人，现在义勇军日渐增加，已达七万五千余人。外蒙古实行征兵制，是人所共知的，每年八月间，对于全部满廿一岁之壮丁，加以检查，兵役是以二年为期。又于每年四月间，召集三十一、三十二、三十三岁的壮丁，施行三个月的军事训练。他的军队编制，是四小队为一支队，四支队为一兵团，每兵团兵力二千五百人，四兵团为一师团。外蒙军队共分五个师团。

赤军在桑贝子地方选拔优秀的外蒙青年五百名，施以共产主义的速成教育，以备将来日"满"作战时在兴安岭一带，作扰乱日"满"后方之用。

苏联对于外蒙，有军事互助之约定，必要时以布里雅特人组成之军队补充之。其他各界之苏联指导员七千余人，还有五百名的苏籍劳动者及为农业建设之苏联人民一千五百名，入蒙从事各业。苏联在外蒙古的各方面势力，不得不谓之伟大了。

C　教育概况

蒙古从来没有教育，通文字者极其少数。一九一一年外蒙独立，当时伪政府为努力于教育普及起见，在库伦设立小学校二、中学校一，活佛下过上谕，令饬各旗，最低限度设一处小学，并且派遣了几十名青年，在依尔库次克及特罗依次克萨夫斯克中学校留学。独立政府，虽然极力宣传，而蒙古民众对于教育却是五分钟的热诚，留学生又多中途中止留学归国，加以经济的不足，与就学儿童的不足，于无办法之中，国内各小学都陷于停顿的状况了。一九二一年，二次独立，首在库伦内务部设立附属小学校，一九二四年以后外蒙政府在买卖城（东营子）、乌里雅苏台、科布多、阿勒坦布拉克（恰克图）外蒙四部落的中心，及沙毕管辖区域内，设立小学。次依政府的学校建设案，于大的旗份设立一个小学，小的旗份，因经费的关系，可以和别的旗份联合起来，建设一个小学。校舍完全是蒙古包，其有正式校舍者，只有库伦、恰克图、满达里、乌里雅苏台、科布多、肯特部数处而已。

　　中等学校，现在库伦只有一处，该校有教员十八人、学生一百余名。专门学校一处，有库伦人民大学，为教员及司法官之养成所，修业期限一年，学生一百余名。此外有宣传学校，是特殊的学校，学生数三百名，学生无论男女，已婚未婚，不问年龄，由十四岁以上至四十岁以下，皆可收录；修业年限，速成科三年，本科五年；学生伙食、制服全由学校供给；卒业后依照上级党部之命令，作宣传工作。

　　以上各学校之教科书，多以苏联教科书翻译之，以俄语为最主要科目，所送留学生虽有俄、德、法诸国，而〈因〉外蒙古与苏联政治上、经济上的关系，多半送到列宁格拉都的实用东方语言学校留学。但是因为财力的关系，能受此等教育者，亦只限于有资产者，一般民众仍不普及。教育状况，若以人口上看起来，外蒙人读书识字对于全人口之比较数如下：

年度	读书识字之人数	对全人口之比较
一九二六	三〇,五七三	四·四七%
一九二七	二九,〇一五	四·一五%
一九二八	三四,一四八	四·八〇%

《新蒙古》（月刊）
北平新蒙古月刊社
1935 年 3 卷 5 期
（计麟　整理）

中央与蒙古应有的认识

作者不详

蒙古地方自治政务委员会第二次全体委员大会，自四月二十三日开幕以来，议决要案多起，如开发交通、举办实业、推行教育，俱为建设蒙古，巩固边防，刻不容缓之事。蒙古以旷野之区当国防之要冲，其需要建设，为任何人所不能否认。民国以来，频年内战，无暇顾及边区，及受九一八之重创，举国上下乃懔然于边防之重要，边政之不可不立事讲求。蒙古大部亡于日、俄，今硕果仅存之西蒙，其在国防上所处地位之重要，为任何其他边区所不及。蒙古地方自治政务委员会受命中央而设立，其所负使命之重大，又不问可知。年来该会在德王领导之下，筹划经营，虽云尚无甚大建树，而组织上要已粗具规模。迩来与绥省地方当局之税务纠纷一时虽极严重，然要乃双方感情上之偾张所致，与中央与蒙古之关系初无多大影响。吾人瞻望前途，为中华民族（包括蒙古民族）生存及福利计，以为中央与蒙古政委会两方俱应有一彻底之认识。即（一）中央方面若顾及蒙族之生存与福利而积极扶助蒙民，开发蒙古，解除其过去所受之痛苦，保障现在之生计，为整个中华民族之生存而建设蒙古方面之国防与经济，则蒙古方面于能自立自强后决不会背叛中央，脱离宽大仁厚之中国而依附异族。（二）蒙古方面应深切认识以一切均仍处于中世纪状态下之蒙古，决不能以自力而挽危亡，图生存。蒙族团结，蒙族奋发，俱所应尔，且极堪欣幸。然若抱持狭隘之民族观念，则以人力、物力所限，决不能达成自决自治之目的。欧战后之世界固为民族自决浪潮最高之时代，然旷观举世之弱小民族，于其争取独立、自由之挣扎中，莫不赖友好民族之提携扶助。中华五族同受帝国主义之煎迫，其生存或澌灭俱在一条生命线上，万无任何一族幸存之理。处此情势下，只有联合国内民族共同奋斗，共在中央领导之下作救亡图存之工作。蒙民方面不乏识见卓越之人士，蒙古青年尤多奋发有为之人才，想定能洞彻此理，将蒙古领导至于康庄大道。中央与蒙古两方诚能有此认识，而开诚布公，精诚团结，则一时地方之纠纷固不足虑，此次蒙政会所议决之多种要案不致徒托空言，即吾人所理想之蒙族复兴，亦必可指日而待也。以以上之见地，吾人极欢迎蒙政会全体委员于大会闭幕后入京参观，并与中央当局作开诚之商谈与规划，庶蒙政会之前途能见光荣之发展也。

《新蒙古》（月刊）

北平新蒙古月刊社

1935 年 3 卷 5 期

（朱岩　整理）

《俄蒙互助议定书》之史的探讨

张公荫　撰

一

自东北四省沦亡后，我国始注意边疆问题，不幸本年三月十二日，又有所谓《俄蒙互助议定书》之签订。此问题之发生，当然侵犯中国主权，影响中俄邦交，促成目下的严重时局。

吾人欲对此问题，作一历史的研究，则非对于苏俄侵略外蒙的经过，详为说明不可。关于此类材料，以前外交部谭秘书所著之《外蒙政治状况》英各〔文〕本，最有价值，惜乎此书出版过早，致近来许多外交上重要问题，未及载入讨论，殊为憾事。

本问题之大半材料，多译自上述书中以及最近报载，并参酌己见，拉杂成章，自问毫无心得，不过借以唤醒国人，共同努力奋斗！

二

最近苏俄以俄满边界，屡发生不幸事件，同时日军常有越过蒙境的行动，为防患于未然起见，遂不顾中国在蒙之宗主权，擅与外蒙订立《互助议定书》，共计四条如左：

（一）倘第三国对于苏联领土或蒙古民国领土有攻击之威胁时，苏蒙二国政府，应立事共同筹商已起之情势，并应采取为保护彼等领土及其安全所需要之一切步骤。

（二）苏蒙两国政府遇有立约者任何一方受军事攻击时，应互相给一切帮助，包括军事帮助。

（三）苏蒙二国政府默认任何一方之军队为履行第一条及第二条所规定之义务，互相同意驻扎于另一方之领土上，应于此种驻扎之需要停止时，立即自关系者之境内退出，为一九二五年苏联军队自蒙古民国境内退出之故事；

（四）本议定书以俄文及蒙文作成二份，该二份同等有效，本议定书自签字时起生效，并在签字后十年内生效。

自此项公约签订后，我国政府提出第一次严重抗议，谓民国十三年五月三十一日签订之《中俄解决悬案大纲协定》第五条规定："苏俄政府承认外蒙为完全中华民国之一部分，及尊重在该领土内中国之主权。"外蒙系中华民国之一部，任何国家自不能与之缔结任何条约或协定。兹苏联政府不顾其对于中国政府所为之诺言，而擅与外蒙签订上述议定书，此种行为，侵害中国之主权，违反民国十三年中苏协定之规定，毫无疑义云。

嗣准苏联答覆：以对于中国政府所提抗议亦不能认为有根据，议定书之签订与议定书内各条款均无丝毫损害中国主权之处。该议定书并不容许，亦不包含苏联共和国对于中国及蒙古人民共和国有何领土之要求。议定书之签订于中国及苏联共和国间及苏联共和国与蒙古人民共和国间至今存在之形式的或实际的关系，绝无变更。苏联于签订《互助议定书》，认为与一九二四年在北京签订之《中苏协定》，并无损害，且仍保持其效力，以及于将来。至于形式上是否有权与中华民国自治部分签订协定问题，兹仅须提及苏维埃政府曾与东三省政府于一九二四年九月二十日，在奉天签订协定，此事并未引起中华民国政府之任何抗议，且经其承认《奉俄协定》与北京协定有完全同等之效力。同时应予以注意者，苏蒙议定书并不反对第三国之利益，因其仅于苏联或蒙古人民共和国成为侵略者之牺牲，并不得不防卫自己的领土时始发生效力等语。

我国政府于接受苏联答覆之照会后，复提出第二次抗议，大意为苏联此次之举动，显然违反民国十三年之《中苏协定》。至所引证民国十三年在奉天所订之《奉俄协定》，尤不能作为先例。查该协定在未经该处地方当局呈经中央核准，作为《中苏协定》之附件以前，迭经前北京外交部于民国十三年九月二十五日、十月十一日先后彼时向贵国驻华大使提出抗议，并经中国驻莫斯科外交代表向苏联政府抗议各在案，嗣后协定经中央政府核准，完成法律手续后，始于民国十四年三月间通知苏联政府，作为民国十三年《中苏协定》之附件。此次事件，原为贵国违反国际惯例之不合法行为，经中国政府予以纠正，固不得援引为贵国有权向中国地方政府签订任何协定之先例云。

三

以上所述，不过为《俄蒙互助议定书》之内容与中国提出之两次抗议。至于就它的来源方面，作一种历史探讨，自须从苏俄侵略外蒙之经过着手。兹分 1. 外蒙宣告独立；2. 帝俄进一步侵略外蒙；3. 中蒙重再提携；4. 苏俄"赤化"外蒙；5. 一九二三年以后至《互助议定书》未签订以前的外蒙状况五项说明之：

1. 外蒙宣言〔告〕独立　前清沿用明朝旧制，关于管理外蒙政策，与各省大不相同。在外蒙设置唯一行政专员，名为都护使，意在保护蒙汉人的安全及奉行政府命令。但对于第二项职务（指奉行命令），并未履行。因为中国向来的习惯，对于属地，采取放任主义，任其自立法规，使其适合于各该地方环境，至于驻在乌尔嘎（即库伦）的都护使，实际上，等于虚设。

兹引证中日"朝鲜交涉"例子，便可明了中国对于属地，取一种放任态度。当朝鲜交涉发生，日本质问中国，中国答以对于属地内政，向不干涉，由此类推，对于外蒙，也是一样。设若中国对于外蒙的内政外交，随时过问，则外蒙对于中国，决不敢有反抗行动。当时外蒙王公，鉴于中国政府无能、汉蒙人民感情恶劣以及驻在该地都护使行为腐败之际，组织独立运动。其首领为蒙古民族布里雅特人（Buriates），此等人于日俄战争时，服务于俄国海陆空军，曾表现特殊技能。

此时中国正当辛丑〔亥〕革命，外蒙运动，更加有力。帝俄在表面上对于外蒙行动，甚表同情，多方援助，其实包藏祸心，而蒙人以智识有限，莫知底蕴。盖外蒙地虽不毛，早为三国逐鹿场所（北有帝俄，东有日本，南有中国）。

帝俄当局，以为哈尔滨大商埠，既在掌握之中，如能侵略外蒙，作为军事屏障，即可称强世界。但帝俄驻在西伯利亚军事领袖，对于外蒙独立行动，不表赞同。并谓帝俄应遵守国际公法，对于任何反叛团体，严守中立，不得予以物质援助，以表示对中国友谊，否则促成外蒙独立，为国际法所不容许，须受制裁。

外蒙王公、喇嘛于一九一一年七月，在乌尔嘎开会，即时宣布独立，曾派遣代表至俄，请其协助。当时蒙古领袖，其宣布独立的理由，措词不外乎攻击中国政府，破坏蒙古协定，中国安般，变更管理外蒙政策，是以不得不顺时应变，以求独立。中国以正在革命，无暇顾及，只有听其自由行动。同年十二月二十八日，外蒙选举呼图克图为总统。此次独立，除帝俄承认外，并无其他国家继续承认。幸中国内乱，不久平息，袁总统屡欲修好外蒙，

劝呼图克图向心中国，并说明：新中华民国的形成，系以五族为
单位，不分汉蒙界限；中国国旗，由红、黄、蓝、白、黑五色配
合而成，即是代表汉、满、蒙、回、藏；中国宪法规定，仍为
"中华民国五族彼此平等，蒙、回、藏所领土地，均为中华民国之
一部"。中国政府虽有如此诚意，但因呼图克图始终反对袁总统的
提议，不愿取销独立。

2. 帝俄进一步侵略外蒙　从外蒙宣告独立以后，未及一年
（即一九一二年十一月三日），帝俄即与之订立条约。此种举动是
否合法，已引起帝俄国内的一般激烈舆论。如果承认国际公法有
道德效力，至少于日常生活中，吾人须遵守之，然而帝俄此举，
就事实上说，违反国际规则，当无疑义，因为外蒙当反对中国以
图独立的时候，帝俄不但未严守中立，反予以物质上援助，吾人
引"英美战争"比喻，即可证明帝俄之不法行为。英美战争发生
的主因，是因为当美国南北两部冲突时，英国为南部造船，以彼
类此，则帝俄之承认外蒙独立，予以物质援助，对于中国，更为
不友谊行动，无可原谅。况且蒙古政治、经济，尚未发达，依照
国际法规定，新组织国家，须有巩固政府与强力军备，外蒙此次
独立，两种条件，均未具备，应为外国所不当承认，帝俄鼓吹其
独立而承认之，无非欲以该地作为"缓冲区域"，俾得对付中、日
两国。然而帝俄的用心，尚不仅此，欲效日本吞并朝鲜的例子，
最初承认外蒙独立，渐次的实行吞并，此种阴谋，早为中国所
揭破。

一九一二年蒙俄签订条约，包括下列数要点：

（A）帝俄人民在外蒙有居住及行动之自由权。

（B）帝俄有参加中、蒙商业经营之权。

（C）帝俄运货入蒙，享有免税之权。

（D）帝俄于外蒙得享有租地、垦地，开采木材、矿产、渔业

及筑造桥梁、渡船之权。

此外尚有于必要地方，得设置领事，及关于治外法权之详细规定，与夫发展外蒙军队，保护外蒙独立，共计有十七条之多，均为帝俄获得的特殊权利。

继此条约而起者，为一九一三年五月二十五日的《电线条约》，将建筑柯喜亚格七（Kosh-agatch）与科不多两地的电线权利，让与帝俄。（关于订立此条约，外蒙外交部长堪达清王（Khanda Chin-Wang）未与中国磋商，擅将此种权利让与帝俄，殊堪痛心！）

（一）帝俄邮电总局，对于条约上规定路线，供给费用与人工，但与〔于〕该路完成后，有完全利用及管理之权，作为交换条件。

（二）自本约签订后，关于柯喜阿〔亚〕格七与科不多间电线，该总局即当开始动工，外蒙政府，应予以建筑上之协助（如运输木材及必须原料）。

（三）该总局于沿路线上，认为有建筑台站及其他设备必要，外蒙政府，应指定适当地带，从事建造。

（四）外蒙政府，不得为自己利用而享有建筑电线之权，同时亦不得允许第三国享此权利。

（五）外蒙欲于其他地方，设置电线，必首先将建筑权，让与帝俄邮电总局。

（六）科不多与中国间电报费，每字须收俄币十五戈比，应以十戈比归帝俄邮电总局，五戈比归蒙古政府。

（七）蒙古人如充当电员，由邮电总局发薪，一切人员，系由该总局管理支配之。

（八）此条约满三十年后，外蒙政府得订立互助条约，赎回电线事业，但须给付相当价格，满五十年后，该电线之所有权，即无条件的归蒙政府所有，并无须支付偿金。

（九）关于管理及经营电线之方法，另以附加条款规定之。

就上项条约观察，蒙古独立，虽如帝俄所承认，实际上，因此丧失不少利益。中国鉴于自己内乱之未已，于一九一三年十一月五日，与帝俄交换文书，承认《蒙俄协定》，同时帝俄认外蒙仍在中国监督之下，其第三款为："外蒙政府，仍受中国政府支配，但外蒙为维持人民利益所施行的内政、商业等行为，中国不能干涉，并不得驻兵、移民于外蒙。中国政府，虽可派一代表，常川驻乌尔嘎，但可带随从兵士，仍有一定限制。"

吾人研究第三款之结果，帝俄一方面承认外蒙独立，一方面复认外蒙为中国领土。此种行动，为国际法上所不容许，盖一国既为他国领土，当不能与他国独立订约，但是帝俄仍用种种方法，曲解主权意义。《中俄协定》，详帝俄外交部长克库明斯齐（Knou-hensky）致中国外交部长孙宝琦书中，计有四条：

（一）帝俄承认外蒙为中国领土之一部。

（二）关于含有政治及土地性质事件，中国政府须与帝俄共同商议，订立协定，外蒙长官，应被邀请参加。

（三）依该条约宣言第五款规定，三方关系国举行会议时，应指定适当同会地点。

（四）自治外蒙所管辖地方，应包括乌尔嘎（中国安般驻在地）、科不多及乌里耶稣台（鞑靼将军驻在地）等处。

帝俄虽与中国订立上述协定，而于一九一四年复与外蒙订立《铁路协定》，致外蒙又将铁路建筑权，让与该国，共计五条：

（一）帝俄政府于外蒙所规定领土限制内，得享有永久建筑铁路之权。

（二）俄蒙政府于某一地方，需筑铁路，应联合考虑，共同决定之。

（三）关于建筑交×铁路，俄蒙政府应同心协力，其建筑费用，或以俄蒙两国政府公债充用，或利用私人资本均可。

（四）外蒙政府，如欲建筑铁路与帝俄边界铁路衔接时，关于该铁路建筑条件、财政、权利等问题，应由蒙俄政府共同讨论之。

（五）外蒙政府于其本国领土内，得利用自己资本建筑铁路，帝俄不得干涉，但如欲将前项建筑权让与第三国，外蒙为表示对帝俄友谊关系，应先得其同意，并考虑于不妨害帝俄军事与政府利益范围内，始得让与。

中国对于《蒙俄铁路协定》，极力反对，因有一九一五年六月七日中、蒙、俄三方在恰克图开会之举。兹引证塔氏（Tyau）言论，以供参考。塔氏谓："在当时条约上，虽有许多不适当处，但就中国给与外蒙以有限自治即可使其取销独立宣言一点言之，实已获得最大胜利。该第二条规定，外蒙应承认中国之宗主权，同时中俄承认自治外蒙为中国领土。"

塔氏谓中国已获得胜利，此点吾人不能否认，然而帝俄对于外蒙政治关系，亦取得监督权限。依该第五条规定"中俄两国承认外蒙对于含有工商业性质条约及国际条约，有缔结之权"，要知享有此项权利，仅限于独立国家，外蒙既为中国领土，如果享受此权，当然侵犯中国政治利益。又该第十二条"所有中国输入外蒙原料，外蒙不得征收关税"，实际上，此等规定，等于具文，因中国货物输入外蒙，如果缴纳内地税捐，中国亦可采取报复手段。又光绪七年贸易规则，外蒙如以外国原料，输入中国，经纳税捐，至于外国货物，输入外蒙，则未设有课税规定。是则俄货入蒙，自不负纳税义务。又该第十四条规定："如被告为中国人，原告为蒙人，则由中国驻在乌尔嘎各地长官审理之。如被告为蒙人，原告为中国人，则由蒙古衙门审理之。"是则中国法律，不能适用于外蒙。

关于蒙俄人民诉讼，依一九一二年十一月三日《蒙俄协定》第十六条解决之。该条规定："对于口头或书面契约，发生争议，双方当事人，应选择仲裁员处理之。如仲裁员不能解决，则交由混合法律委员会办理。"——该委员会有临时与永久两种：永久机关，设于帝俄领事驻在地，由领事与蒙古当局选择相当代表组织之；临时机关，则因案件随时发生而成立，由领事所派代表与被告所属地之和硕（Khoshun）王公组织之。该会判决后，不得迟延执行。如案件发生属于帝俄人民，由帝俄领事审理，属于中蒙人民，则由被告所属地之和硕王公审理之。

至于中俄两国人民案件，依三方订立条约之第十六条解决之。"凡中俄人民，于自治蒙古地方发生民刑事诉讼，依照下列规定办理：原告为俄人或原被告均为俄人，与被告中国人发生诉讼，帝俄领事或其所派代表当参加审理时，应与中国派驻乌尔嘎长官及其随从等，享受同等权利，如听取原告和俄方证人之陈述，及征求中国驻蒙官吏同意后，得询问被告和中国证人，又可考虑当事人呈递证据，要求重再判决，暨请专门家发表意见等。判决作成后，须与中国长官共同签名，至于执行判决，则为中国当局的义务。反是被告为俄人，原告为中国人时，其情形亦复相同。"此等条款一经规定，帝俄在外蒙的法权，于是砥定。此种现象，直到一九二四年五月三十一日《顾加拉罕条约》（Koo Kwahan）签订后，苏俄在中国享受之领事判裁〔裁判〕权，始宣告取销。该条约第十七条"苏维埃联邦共和国取销中国享受之领事裁判权"，此指俄人在蒙，须受中国法律裁判。

3. 中蒙重再提携　此次外蒙独立，帝俄曾声明中国如加干涉，当尽力援助，然外蒙因此丧失不少利益。当欧战发生，帝俄负担浩大战费，于是欲在外蒙各地，控制政治、经济，大事敛财，以图弥补。不幸一九一七年查尔统治倾覆，内乱频来。新政府成立后，又复开始"赤化"工作，行动激烈，引起外蒙反感。外蒙因受压迫过甚，遂愿归顺中国。中国乃于此时，一方面与外蒙王公、喇嘛随时谈判，一方面勾通内蒙王公，从中斡旋。外蒙经过内蒙王公的劝告以后，取销独立，中国于一九一五年，予以承认。

不料苏俄内乱，未久即平，外蒙恐其再来侵害，请求中国占驻该地，愿将特殊权利，让归中国，仅要求蒙人保有应用自己语言之权。中国徐总统，不但允许彼等要求，且依中国法律规定，汉蒙人民，享有同等民事权利。

中国政府因帝俄过去的侵略，获得深刻印象，于是拟如何方可巩固外蒙计划。于接受外蒙王公喇嘛请求后，于一九一八年宣告所有苏俄条约无效（并包括一九一二年《恰克图条约》）。此系片面宣言，依外交惯例，不合手续。然中国之出于此，甚为得当，其所持理由，谓外蒙既自动取销独立，则以前之独立宣言以及蒙王呼图克图与帝俄政府所订条约，当然不法，应为中国所不允许，故只一方面宣言，即可生效。中国为预防苏俄侵略计，于外蒙地方，首先改良乌尔嘎都会之行政制度。

4. 苏俄"赤化"外蒙　中俄对外蒙政治关系，自一九一八年起迄一九二二年止，共有三要点：

（一）苏俄对中国之政策。

（二）苏俄守旧派领袖谢米诺夫（Ctaman Semenoff）在赤塔附近之活动。

（三）中国政府与远东共和国之关系。

此三点为研究苏俄"赤化"外蒙的纲要，举者每以此为圭皋〔臬〕焉。

苏俄对中国态度，极表亲善，直到一九二七年为止。盖自此后，国民政府成立，反对赤俄，该国遂改变以前态度，仇视中国。

苏俄自革命成功后，即开始"赤化"中国，拟以外蒙为根据地，渐次进展。列宁政策，本以前帝俄对中国的外交手段，以博得中国人民欢心为主旨，于是表示该国的最大目的，在保护各国独立，以及使各国人民获得政治上自由平等，对于中国，拟归还帝俄政府所有不法取得中国权利。同时该国报载有将中东铁路让与中国，及修改以前威胁中国签订之条约等消息。

苏俄"赤化"中国运动，自一九二五年至一九二七年间，势力亦颇不小。然于中国方面，尚未发生若何影响。当时居在西伯利亚的俄人，自得着外蒙王公、喇嘛有"请求中国合并该地"之消息后，即警告外蒙，声明苏俄当局注重于一九一五年中、蒙、俄三方关系条约之实行。彼等遂在外蒙边界组织反叛团体，以谢米诺夫为领袖，即中国称为苏俄之守旧派。

此种运动，就表面上观察，为反对外蒙之依附中国。实际上，不过为谢氏一派欲在西伯利亚扩充势力。一九二十〔一〕年十月，当谢氏势力正盛之时，因远东共和国兴起，夺其势力。继谢氏而起者，为其右翼温〔恩〕琴（Ungern），侵犯乌尔嘎，已得胜利。苏俄鉴于外蒙之混乱状况，遂调驻川斯伯加利（Transboikalia）赤军，开赴外蒙，趁此时机，就该地建设革命政府，俾得支配外蒙。

当苏俄赤军开到外蒙时，故作虚伪宣传，谓此次行动，系徇中国驻在乌尔嘎地方长官之请求，镇压外蒙内乱。苏俄外交委员会复于一九二十年十一月十日正式致电中国，特为证明。北京外交部于同年十二月三十一日提出抗议，谓："一国军队，通过他国境界，即为侵害他国主权，苏俄电载各节，既非实情，则以后借口中国长官的要求，予外蒙以军事帮助，当为中国所不能原谅。"

斯时恩琴因善于战，于一九二一年二月一日占领乌尔嘎，消灭中国军队，并迎活佛（Living Buddha）为蒙古王公，宣布外蒙独立。自己则为军事顾问，其势力竟扩充于科不多、乌里雅苏台及库伦（Wang Kurin）等地方。

　　恩琴自以势力不弱，劝导人民，远征赤俄，不意赤军已于一九二一年五月，通过中国之土尔其斯坦（Tuskestan）领土，逼近楚呼极（Chungguehak）。彼与远东共和国红军在恰克图边界相遇，经战数次，即被赤军擒获，旋由苏俄军事当局审理后，执行枪决。赤军以此乱既平，在外蒙组织暂时人民革命政府，于中华民国领土上，实行苏维埃法令。活佛在名义上仍保留首长地位，但不许干涉民间俗事。此时康拉得卢多（Comrade Rodo）担任赤蒙政府之重要工作。

　　暂时革命政府组成后，旧蒙政府，即随之取销，其宣言，为旧蒙政府成立后，因受外界压迫，丧失自治，致中国取得特殊利益。最近复有白俄领袖恩琴的侵犯，驱逐中国军队，选举布札地克汗（Bozhdikhan）为王公，建立自治政府，并成立内政及其他五衙门。嗣因恩琴失败，蒙人势力薄弱，军队缺乏，时受中国侵害。于是波机地克汗及完干（Wangs, Khans）人民，要求苏俄援助，建立人民政府，躯〔驱〕逐加漫（Ghamens），夺回乌尔嘎云云。

　　蒙古革命人民政府于一九二一年七月，曾向苏俄要求于其敌人尚未消灭以前，苏俄不得撤退赤军，此点该国已予同意。同时赤蒙政府与苏维埃订立密约，共计九条：

　　（一）苏维埃联邦共和国与蒙古革命政府承认于各该国之领土上，彼此为唯一政府。

　　（二）两国政府，应本互助精神，凡组织团体、扩充军队、运输军械、兵士，有侵犯两国任何一方之行为时，各该国政府，负有不许其通过国境，及为此等行为之义务。

　　（三）两国政府，应互磋商，于认为有必要地方，得设置领事。

　　（四）两国边界问题，应由蒙俄混合委员会解决之。

　　（五）两国人民，居住于任何一国之领土内，无论民刑诉讼，须依各该本国法律处理之。

（六）两国进出口税额，须由混合委员会规定之。

（七）苏维埃政府，于外蒙设置免费邮电、交通时，负有供给必要材料之责，但须经特别邮电会议之认可。

（八）蒙古政府于蒙古领土内，有土地所有权，同时关于建筑铁路及供给土地修筑路线，须利用苏俄资本。

（九）本条约经过双方代表签订后，即发生效力。

苏俄原欲以种种方法，"赤化"外蒙，其施行步骤，以年长官吏必〔代〕替世袭的王公、喇嘛，消灭阶级观念，此外尚有蒙人研究班（Mongol Academg）成立，训练"赤化"官吏。为达到完全管有私人财产起见，制定各种法规，加重课税，扩充关卡，人民如有违反此项条例，须受罚金或没收制裁。革命政府，对于违反规则的人民，大加逮捕，甚或处以极刑，并于一九二二年八月将秘密警政制度，施行于乌尔嘎地方。

从前北京政府，屡欲控制外蒙，以阻碍殊多，未能如愿。此次外蒙痛恨苏俄之不法行动，有意归顺中国，中国遂决定驱逐苏俄在蒙势力，将此事授权于张作霖，使其向〔相〕机进行，不料张氏坐镇盛京，按兵不动。

5. 一九二三年以后至互助议定书未签订以前的外蒙状况 正当中苏为外蒙事件发生冲突之际，苏俄又于一九二二年派阿达菲岳菲来华，调解纠纷。岳氏抵哈尔滨后，发表意见知〔如〕下："西方各国，为谋政治、经济同盟及出路问题，奔走海牙、日内瓦之间，曾经过数次会议。至于东方各国，为求在国际上占重要地位，亦在扩充势力。中国为欲在国际间获得相当地位，须与苏俄树立友谊关系，彼此尊重主权。"继又说明该国政府的立场，在反对列强抱有侵略政策、资本政策及帝国政策者，因此曾引起驻华列强代表之不满。斯时北大校长蔡元培于欢迎岳菲时，曾述："欧洲社会、政治、经济之变迁思想，已深入中国人心，中国将由政治革命而引到社会革命，此次苏俄革命，可作殷鉴。"盖该国当初，原为政治革命，后自然趋向于社会革命。

苏俄代表拟根据一九一九年及一九二〇年加拉罕两次宣言，与中国开正式谈判。中国政府，主张苏俄须撤退驻蒙军队，方可开会。加以外蒙新政府征收苛税，遍设关卡，同时在乌尔嘎地方，有二千的中国农、工、商人被逐出境，大为中国所非难。

因上述种种事变，谈判既未成功，岳氏复于一九二二年十月三日，重述中国要求苏俄迅即撤兵一节，实属有碍两国边界利益，盖苏俄之不愿撤兵，系有不得已苦衷，因恐白俄利用中国领土，作活动之根据地。至于中国商人所受苛税待遇，应由该地方长官负责，不能归咎于苏俄军事当局。

同年十月二十七日外交部发表命令，对于白俄的暴动分子，解除武装，此事复经苏俄代表鄂查宁（Ozarnin）与哈滨道尹（Taoy-in）开会讨论。不料草案虽已拟就，苏俄当局对于中国地方长官驱逐白俄，认为实行不力。

嗣后中国外交部长顾博士致书岳菲，表示中国政府驱逐白俄，确已尽力实行，并声明欲求两国关系之密切，开会谈判，则须苏俄撤退驻军。

中国政府以急欲解决上述问题，采一折衷办法，拟将撤兵一节，让归会议时讨论。而苏俄代表又借口中东铁路事件，威胁中国，在异格雪耳（Egesheld）地方，以武力占领该路全部财产，并致书北京政府，要求逮捕该路委员长阿斯特罗莫甫（Ostroumor），谓其犯有"实施破坏"行为。岳菲因应日人加藤男爵（Baron Ga-to）之邀，不侍〔待〕中国答复，旋即离京赴日，遂得与孙总理在日开会，于一九二三年一月二十六日，议定下列各原则：

（一）总理主张共产法令及其制度，不合于中国现时情形，因此不能实行于中国。岳菲更进一步，陈述中国的主要急迫问题，在谋统一与独立，中国人民甚表同情于苏俄，并可依赖苏俄的援助。

（二）两国为表示态度明白起见，总理与岳菲对于苏俄致中国文书中之各种原则（系一九二十年九月二十七日的）彼此再予承认；同时岳菲复谓苏俄政府，极愿与中国谈判，取销查尔敦（Gsardom）要挟中国的条约（连中东铁路条约在内）。

（三）两国承认中东铁路问题，应由适当的中俄会议解决。不过依总理意见，对于中东铁路现状及两方的特殊利益，应暂时予以整理，尤其是两方当秉公平态度，处决事物，于开会时，邀请张作霖参加，已获得岳菲同意。

（四）岳菲又称苏俄政府对于外蒙，绝不鼓动其脱离中国与夫采取帝国主义政策。总理对于苏俄应撤兵一节，未力促其实现，因当时北京政府无能，恐苏俄撤兵，白俄乘机活动，酿成严重时局。一九二四年三月十四日，苏俄以加拉罕继任岳菲为代表，与中国代表王正廷博士签订条约。其第五条为："苏维埃联邦共和国为尊重中国主权，承认外蒙为中国领土，并声明苏俄一俟有撤兵条件实现——如撤兵期限及为两国边界利益，所采取之步骤，应依现条约第二条的规定，撤退驻蒙军队。"

上述条款虽已签订，然中国国务总理，通电各省督军、省长及各军军长，对于蒙案结局，发表声明于下：

（一）依中国政府的意见，所有蒙俄条约，一律取销。但苏俄代表，则主张外蒙与从前帝俄或第三国订有损害中国权利的条约，方可取销，而不承认取销蒙俄一切条约。但是以前蒙俄条约，系帝俄以外蒙为独立国所订的条约，与尊重中国主权相违反，因外蒙为中国领土，不得单独订立条约。

（二）中国政府的意见，主张苏俄应即时撤退驻军，苏俄则主张须俟某种条件经过正式会议解决后，方可实行。中国政府更进一步的要求，对于前述第五条，改为"苏俄军队应完全撤退，至撤兵须受时间限制及顾全两国边界和平等问题，交将来会议解决之"，换言之，该国军队的撤退，不得附加条件。

北平外交部复于同年四月一日请加拉罕对于"苏俄所声明撤兵一节"予以明白规定，不使其含有侵略意义的文字，最后始将第五条中之"条件"二字，改为"问题"，其文为"苏维埃共和国政府声明，一俟撤兵问题实现——如撤兵期限，及顾全两国边界利益所采取之步骤，即依照现条约第二条，立即撤兵"。

《中俄条约》订立一年后（一九二五年三月六日）苏俄大使通知北京外交部，说明该国因应蒙古当局请求，将所有驻蒙赤军，完全撤退。同时该国外交部长齐趣林声称"该国政府承认外蒙为中国领土，但外蒙为达到自治目的，于内政及维持独立等行为，中国不得干涉"。其实苏俄一方面与中国提携，一方面与外蒙勾结，致使外蒙政治组织，几与苏维埃制度相似。

一九二四年五月二十日，哲布尊丹巴呼图克图汗（Djeb-stiny Damba Hutukhtu）逝世，继承无人。外蒙虽宣布〈为〉独立共和国，并未选举总统，同年冬月制定宪法。

新兴蒙古共和国，仍与苏俄接近。为解决蒙俄边界纠纷，曾与苏俄交换乌尔嘎与莫斯科两地代表，并容许苏俄货币流入该地。于一九二五年蒙俄又订立铁路协定共计九〔十〕条：

（一）为改良外蒙交通安全起见，苏俄徇外蒙政府的请求，开始建筑乌尔嘎与赤塔间铁路。

（二）乌赤铁路的管理，为商业性质，建筑费四分之一，归蒙古政府筹措，四分之三归苏俄政府负担，但不得利用第三国资本。

（三）全铁路工程师，必须俄人充任，苏俄并有管理全线铁路之权。

（四）蒙人亦得服务于该铁路，但关于任用及职务方面，外蒙政府，无权干涉。

（五）沿铁路一百覆斯（Verst）以内，苏俄政府有自由买卖土地及建造房屋之权，并得开采森林、矿产。

（六）苏俄对于一切电话、电线、邮政机关，有完全利用及支配之权。

（七）苏俄货币，该铁路负有优先接受之义务。

（八）苏俄政府于该铁路完成后，负保护之责，关于任用人员，亦由苏俄决定。

（九）自该铁路完成之日起，经过五十年，外蒙有赎回权，但须偿还相当建筑费。

（十）经过五十年后，外蒙政府因经费困难，不能赎回该路，则自该路完成之日起，经过九十年，即无条件归蒙政府所有。

到了一九二七年，苏俄对于外蒙，不但施行"赤化"政策，并且以全副精神，鼓动青年加入赤党，其势力的扩充，可分五点说明：

（一）努力改良生产——激增皮革的生产，奖励棉花的栽培和创设优秀棉丝工场于库伦地方。

（二）交通——库伦与苏领威尔夫奈斯的航空，每日一往复。外蒙青年之从事于航空者，日渐增多。

（三）接济红军——［于］秘密接济关于中国红军之兵器、资金及被服等。

（四）指挥蒙古军备——七十万蒙人中有五万人服兵役，并养成反日思想。

（五）建筑方面——修筑铁路、建设兵站、设置飞场、训练干部、增加赤军等。

就上所述，可见苏俄对外蒙的野心。盖苏俄为欲渐次的吞并外蒙，不但修筑道路，并握有外蒙的军事、经济、政治等权柄。到了一九三四年十一月二十七日，蒙俄间更有所谓伸〔绅〕士协定（即规定关于避免及预防军事威胁，及倘有第三国攻击苏联或蒙古民国时应互相全力帮助）。

四

自外蒙宣告独立起，迄《俄蒙互助议定书》签订之时为止，其中经过期间，虽不过二三十年，但俄蒙关系，证之过去历史，其垂涎外蒙，由来已久，已非一朝一夕，要亦无可讳言。

苏俄对于外蒙，既积极施行侵略政策，如何复承认中国在蒙之宗主权？要知苏俄以为中国内乱未平，当无余力顾及边疆，即承认中国宗主权无关重要，况外蒙早已在其指导之下，一切政治设施，颇类似苏维埃制度，又何不出此堂皇言论。

然则此次苏俄违背前言，侵犯中国宗主权，擅与外蒙订立议定书，其故安在？说者谓苏俄鉴于日俄局势严重，迫不得已而出此，余意颇不以为然。盖日俄战事，一时尚不致爆发，且中国近数年来，所有长足之进步，果然中国武力，不足以保护外蒙，则当大难发生，尽可予以物质援助，又何必于示〔在〕征得中国政府同意以前，私与外蒙订立议定书，甘冒天下之大不韪，其请求中国原谅，其何乎可！

吾人推测苏俄政府心理，无非以中国势单力薄，非其理想之敌人，故拟予侵害，中国亦莫可如何。若日本者，与彼并驾齐驱，如不及早预防，终不免受威胁。果苏俄之心理如此，殊属可笑。盖中国正当极力图强，一日千里，苏俄遇事，须持慎重态度，否则有伤我方友谊，后悔无及！

为中国计，一方面应当继续抗议，促对方之反省，以获得法律上根据，异日进行交涉，较为顺利；一方面尤宜唤起国人，共同努力，实行三民主义，拥护五权宪法。盖政治修明，国防定〔充〕实，然后能力，自可远及边陲，外蒙属我，当无问题，否则此项复杂外交，终无解决之途径也。

《边事研究》（月刊）

南京边事研究会

1935 年 3 卷 6 期

（程静　整理）

绥远禁烟前途之展望

李琳　撰

绥远地处边陲，交通阻塞，外来文化不易直接传入；即间接受未〔外〕来文化之影响，亦因人民知识缺乏，对外来文化无法接受。独鸦片之一经输入，人民即学得种植之法，且种烟技术之精良不在他省之下。数年之中，吾省种烟嗜毒之人，遂成激增之现象！虽几经禁止，终未扫除尽净。迄至今日，仍不免种者自种，吸者自吸。

近四五年来，灾祸交迫：水旱成灾于前，盗匪扰乱于后，官吏贪污其中，致使农村破产之程度，日趋严重，人民之生活，日益困难。当此呼天不应，叫地无门之时，人民趁国家多事，政局未定之隙，遂找得一"饮鸩止渴"之法，以种烟。当局一则迫于内忧外患，无暇顾及禁止，一则利用大量烟税，以解决其财政问题，于是鸦片遂遍种吾省矣！

近一二年来，农民之收获尚属可观，奈因粮价之低落，竟至不可想像！农民深感非种烟则不足维持生活之困难，当局又见于烟税帮助吾省财政上之大，于是绥远之禁烟，又无实现之机会矣！此后种者由少种变为大种而特种！吸者亦以烟价之低廉，更增其吸食量，全省人民，几至完全黑化！吾人至此，始知孟子所谓"上下交征利，而国危矣"之言非谬也。

吾人据最近调查，绥远每年产烟约四百八十余万两，消耗量为一千四百四十万元，烟民达六十万，竟占全省人口（以三百万计）之五分之一。此六十万烟民匪特身体柔弱，精神萎靡；且为农村破产之绥远社会上之蟊贼，徒自消耗农民血汗所获之粮食。言念及此，使人痛不忍言！

夫鸦片之害，虽人所共见，然决非吾之寸管所可尽者。概言之：小则使吸者之身体损坏，家产尽没；大则非陷于亡国灭种而不止！

由此观之，禁烟乃目前刻不容缓之事，吾人对此焉得不重视乎？回顾绥远过去之禁烟，非自根本着想，徒加重各县烟亩罚款之数量（种者愈多，则其税愈轻；种者愈少，其税反重），当局以为加重其税，可使农民少种，殊不知种户日益增多矣！吾人自客观方面言之，此种办法，正为间接奖励种烟。此绥远过去禁烟之所以不能收效，予以吾人之教训也。

去岁六月，蒋委员长于南昌行营颁发《禁烟督察处章程》，及《严禁烈性毒品暂行条例》。数月之中，全国各地烟案之破获及运毒犯、吸毒犯之枪决者，几无日不见于报端；而绥省则公开种烟，自由吸食，此中国政治上之矛盾现象也！

本年四月四日蒋委员长复于武汉行营颁布禁烟、禁毒两项实施办法，限令各省市县立即成立禁烟委员会与戒毒所，务期六年之内，戒绝鸦片，两年之内，扫除毒犯。且中国代表曾于二月二十四日，在国联鸦片顾问委员会所报告之戒绝鸦片六年计划，该会对此，曾予以密切之注意，观此种种，政府果能不下最后决心以促其成功耶？

往年之禁烟，政府虽三令五申，而人民始终未变其置之不理之态度，视布告若白纸。自今春始，绥远之禁烟，由空谈而成事实矣，吾人于喜欣之余，望其从速成功！同时更不惜牺牲，从旁负劝导之责，以助其成功也。

　　吾人料定此次禁烟，决不至再蹈以前之覆辙，然其困难，亦属势所难免之事。兹举数端，望社会人士注意耳。

　　绥远农村破产，无法挽救，苛捐杂税未见彻底废除，而军、教等费，有增无减。本省财政尚成问题，每月以二十六万之多，供给山西。近年以来，若非烟税应付，此项巨款，将由何而出耶？此其困难一也。

　　今年自禁烟五年计划实行后，据一般农民之论调，谓政府故意绝其口食，此种论调，虽属荒谬至极，然吾人实际观察绥远农村现状，与粮价之低廉，若禁其种烟，则所获之粮食除赋税、杂捐……外，实不足以充其口食，此禁烟之困难二也。

　　本年由城市、车站、铁路、大道五里内不得播种，此固由近及远之办法，然城市、大道附近一带之乡村，常受军队过路之搔扰，往往竟将草料粮食一扫而空，若禁其种烟，其生活上势必受很大之影响，此其困难三也。

　　吾人并非因禁烟之困难，而反对禁烟，吾人所望者，仍在军政当局努力彻底执行禁烟之中，对以上三点困难，设法补救，务使一般农民不致饿死于禁烟之下，则幸甚矣！

　　若减轻人民负担于前，复兴农村于后，则禁烟问题之解决，可计日而待也。绥远禁烟前途实属乐观无限也！

五、二六《绥远社会日报》

《开发西北》（月刊）
南京开发西北协会
1935 年 3 卷 6 期
（丁冉　整理）

复兴蒙古应走之途径

班绍先　撰

元朝曾经统一欧亚，建立亘古未有的大帝国，现在我蒙古怎么一落千丈，而变成现在危急存亡的情形呢？试看后有赤俄虎视，左有暴日侵略，要不是被各列强监视——因为分赃不得妥洽的缘故，早被日本一口吞下去了。造成这种危机的病原，实因我蒙古文化落伍的缘故。我先祖虽然是建立了世界上从来末〔未〕有过的大帝国，完全是靠一时武力的扩张，充分表现我蒙族游牧之天才和能力，而诸主的思想方面却很幼稚。例如征服了一处地方，只知烧杀掳掠，对于建设，恐怕是潦潦草草。我们想想，一个国家无论是怎样的强悍，侵略多大的土地，若无优良的治理，何能永远的强盛下去呢？

现在试看我蒙族何常〔尝〕不仍然是文化落伍呢？民族的危殆日益紧迫，识者回顾过去，怵于现状，万不得不有所努力，痛改前人的非，从根本想办法去挽救蒙古。我认为最要紧的是以下两项：

（一）民众之唤醒

一个民族最重要的是人人知道自己对国家的责任。谚曰："民为邦本，本固邦宁。"可见唤醒民众是如何重要了。

（二）教育之推行

要想唤醒民族，增进民间的文化和提高人民之知识，非先从教育着手不可。对于今日情形严重的蒙古，应办、应速办之事，多至不可胜数，但效果最大，最有力，而最确当的，莫若教育的速办和教育普及的运动。因教育为国家之命脉，百年之基础，更为增进文化的良药，提高人民知识的妙法，唤起民众唯一无二的工具。故每观一国之教育状况，即可推知其社会情形。一国之文野的判别，人民知识之高下，惟视其教育发达与否，故教育普及之运动，为我蒙古现时之急务。我内蒙各盟旗学校办的极少，现在的蒙民，大多数皆未受到相当的教育。在复兴蒙古的过程中，无数应办之事中，普及教育何不速办呢？ 使的人民还敢叫醉生梦死吗?! 此时不我待而论也。办教育的工作，在过去时，并非我们一点也不讲，不过只是在略有文化的地方，设立几座小学校而已。就以土默特旗作个比喻吧，而土默特旗尚为我内蒙之文化中心地，浩浩全旗，只有初小五座，高小一座，而校中真正蒙民子弟约占六分之一。文化较高的地方，还是这样的学校少，其他各蒙旗更可想而知了。在这种情形下而欲得民族之唤醒，文化之增进，人民知识的提高，而将蒙古复兴，乃俟河水之清也。中央教育部已定今年为普及义务教育年。此次新运周年纪念，蒋委员长亦发表告同胞书，主张今后新运具体办法：1. 应实施民众训练与组织；2. 促进社会合作事业之组织；3. 应加紧各种社会教育之普及；并且提倡组织劳动服务团深入民间努力指导。民间教育界有工学团做教育运动——此事在东南一带，已有唤起民众广大的效力。以上诸件事吾人应积极实行。吾人很望我蒙政会负责诸公，趁此千载一时之机会，以及利用可能之方法和动员一切可用之人力推行之。其目的先求唤醒蒙民，增进其知识，能顺应潮流而生存，懂点事理，不至于使他民族予取予求，而我惟知糊涂允诺，令各列强随便欺骗；务使这些良民和一般青年男女、儿童，在短期间内识字，以做建立我新蒙古之根本。

　　中央现在正值巩固国防、努力开发边疆之积极工作中，而蒙古为中国边疆重要之门户，如果不将蒙古根本建设，一旦被日本帝国主义者全部拿去，吞并中国那简直是易如反掌，刀不血刃而将版图色易，故中央建设蒙古比建设内地还应看重点。

　　　　　　　　　　一九二五，四，三，抄于金陵晓庄

《新蒙古》（月刊）

北平新蒙古月刊社

1935 年 3 卷 6 期

（朱宪　整理）

所望于我蒙政二届大会者

王玉　撰

我蒙古僻处边陲，交通不便，文化落伍，北有赤俄，东有暴日，自外蒙入于俄，东蒙陷于日后，所余者，不过弹丸之西蒙耳，日人犹欲得而甘心，冀行其素所谓之满蒙政策焉，察东事变，其明证也。外侮日亟，国土日蹙，中央对于蒙人，向虽关怀，终因鞭长莫及，照顾难周，是以基于客观环境之要求，愿在中央指导下，实行蒙古地方自治，以固边圉。而或者不察，不曰有某国之背景，即曰有若何之野心，道路传言，谣诼繁兴。所幸国府当轴诸公，对于蒙情，早在洞鉴之中，且事实胜于雄辩，不久，群疑已解，于是我蒙政会，始于去岁四月二十三日诞生。迄今已届一载，但人言啧啧，咸谓无若何之成绩，既负蒙民嗷嗷望治之殷，复与外人以我为无能之口实，兴言及此，何胜浩叹！四月二十一日《大公报》短评载："蒙古自治政委会成立期年，而实际上自治之建设，未显若何之成绩，同时则关于蒙古消息，最近率多避忌，未得传播，故一方面，蒙古自治，似尚未能副国人之殷望，一方面，国人对于蒙事之注意，又无形中遭受绝大影响。……"又同月二十四日，天津《益世报》社评亦载有："西蒙为我国国防最前线，北有苏联之压迫，东有日本之窥伺，为当今西蒙最大之危机，在此种情形之下，我西蒙诸王公与中央应如何和衷共济，防患未然，使日人之计，无形消弭，实为切要之图。但目下蒙古政务委员会之一切工作，均尚在静止状态中，如是则成立蒙古自治政委会有何意义，亟待阐明……"由以上二报之寥寥数语看来，社会上舆论对于蒙政会印象若何，当可知过半矣。今者我蒙政会二届大会，业已开幕，甚盼对于自治前途，自此会后，划一新阶段，使整个蒙旗由自治而开发而建设，扫已往封建落后之弊，以达于进步繁荣光明之域，改变蒙民精神上、物质上之生活，使成一现代式之健全国民，在国家可因此而充实边地，增加国防之力量。同时再请中央加以指导，予以补助，慎勿会而不议，议而不决，决而不行，行而不果，使仇我者乐，爱我者悲，感想所及，略贡一得之愚。至于决定切实可行之方案，则端视夫本届我蒙会全体大会如何决定之耳。

二四，五，十一，百灵庙蒙政会参事厅

《新蒙古》（月刊）

北平新蒙古月刊社

1935 年 3 卷 6 期

（朱宪 整理）

蒙政委会第二届大会闭幕后

小月　撰

蒙古政务委员会第二届大会现已圆满闭幕，预料蒙古政务经此次大会一番决定，异日必有一种新的开展，这当然为关心蒙古问题者所乐闻。报载吴委员（鹤龄）发表谈话云："此次大会议决要案共有十二项，均系关于政治、经济、教育各方面：

（一）设蒙古自治讲习所，训练现在公务人员。

（二）百灵庙原有保安队改为保安教导队，训练各盟旗现有保安队官长，其组织按着国民军事训练法办理，期地方治安能以维持。

（三）筹备卫生院，办理助产、种痘及预防疾病等事项。

（四）办理实验新村。

（五）建筑文化馆，其性质与普通民教馆相同，但加入编辑出版部，刊印各种通俗刊物，推进社会教育。

（六）设立师范学校，训练师资而成立小学。

（七）创办生产合作社，已开恳〔垦〕处注意于农产之增加与改进，牧畜地方则谋改良办法，并创立小规模生产工业。

（八）贸易合作社，办理蒙地货物之输入与输出，其规模较消费合作社为大。

（九）成立信用合作社，其性质与银行略同，办理汇兑、储蓄等事宜，各种合作社资本，统由官民集资。

（十）设立公路管理局，修建公路，组织骆驼、汽车队，俾能便利交通运输。

（十一）成立电业管理局，管理各盟旗无线电及筹办电话、电灯等电气事业，但非营业性质。

（十二）驿站管理局之成立，因站台取消，其不通邮地方，则整理原有驿站，由各盟旗派迁〔遣〕马差传递公文。

最后大会并议决：（一）用全体委员名义通电表示拥护中央；（二）通电察、绥、宁、青等邻省，希遇事援助，能和衷共济。……"以上议决案，都是些切实易行的事，自与空涉理想者不同，而且也都是些建设新蒙古所必需的起码条件，吾人除希望负执行之责者能坐言起行外，并一述吾人之感想：

自蒙古要求自治后，虽然国人渐渐的注意到蒙古问题，但论之实际，国人对于蒙古认识的程度，仍然未曾得到令人满意的进步，甚至可以说仍然包涵着"猜疑"的成分在内。这并不是我凭空捏造，我很可以找出几件证据来：

前些日子我翻阅《前途杂志》，读到了方秋苇先生《日本侵略下之内蒙》的大作，我们知道方先生年来关于蒙古问题所发表的文章，散在国内各著名杂志者甚夥，我们虽然对于方先生的个人历史不大详细，但说他是一位注意边疆问题和研究边疆问题的人士，这大概不至于有多大的冒昧吧？他在这篇文章里有下列一段话："……日本对于西蒙的侵略步骤，是扶助亲善日伪的当局，组织自治政府，形成半独立局面，然后再与东蒙打成一片，建立一个完整的'蒙古国'，这个计划开始已久，在热河失陷时，即有相当的成效……"

此外我再介绍丁作韶先生的一段话，丁先生是现在对于社会科学极有研究的学者，而且曾经亲自到过边疆。他在四月廿八日蒙藏学校演讲时有云："……现在蒙古与中央的'离心力'逐渐显明，蒙绥税务纠纷就是一个很明显的例证。我们由此很可以看出德王等欲造成一个完全独立的局面来。"我们对于方、丁二位先生的见解，不愿加以任何的批评，因为将来的事实是会给我们一种答覆的。不过，我总觉得这种心理的存在，是一种不能相互信任的表示。我们虽然不能说方、丁二位先生的看法足以代表整个国人的观感，但却可以联想到国人抱此种见解者谅不乏其人，所以我觉得此次大会议决"用全体委员名义通电表示拥护中央"一项，倒是有实行的必要，而且我希望自此次通电发出后，能改变国人对蒙事的观感，和一新国际的视听；同时我又望中央与蒙古间从新建立一种"新"的关系，尔后再用不着发"拥护通电"来表白心迹。

至于说到"通电察、绥、宁、青等邻省，希遇事援助，能和衷共济"，亦为事实所必需。自蒙绥税务纠纷和平了结后，本以为蒙疆从此可以暂告粗安，不料又有许多不幸的消息接踵而来。据《世界日报》五月二日载称："宁夏省政府近于磴口县县属广兴源地方，建筑营房、堡垒，并设县政府临时办事处，意在巩固边防，就近处理民事，讵〔讵〕阿拉善旗突于附近二十里之牛局，及四坝地方，各派驻蒙兵四百名，横加干涉，将该项人员逐回，近更与当地教会，秘密结合，企图扩大事态，宁主席马鸿逵已函请该旗扎萨克达理扎雅从速撤兵，解除误会，惟截止〔至〕发电时止，蒙兵仍无撤退消息。"省边与蒙境的界线不清，难免有时发生不幸的误会，所以我希望蒙政会不但发一个通电就算完事，而能进一步的与邻省当局将彼此团结的"障碍"彻底清算一下，那么就不难达到"遇事援助，和衷共济"的地步了。不然，电文纵说得恳切和平，但究竟于事实何补呢？说完了这两点以后，以下再讨论一些关于此次政治、经济、教育的各项议决案的推行步骤：

此次议决之十二项要案，均为建设新蒙古上之起码事业，前面业已言之；不过，其中我有认为重要中之尤重要者，即第三项与第六项是也。我认为于可能范围内应力促其实现！

此理由甚简单："天然的压迫"是超越任何压迫以上的。蒙古人口的逐渐减少，以及减少速率又如是其大，的确是蒙古民族的致命之伤，而蒙古人卫生的不讲求，又为减少人口之重要原因。据美人拉丁摩夫妇由绥入蒙考察，归来后发表谈话云："……蒙古民族人口减少，为最大致命伤，据各学者观察，其原因有二：（一）喇嘛人数之增加；（二）花柳病之传染。蒙古民族抽丁为喇嘛，固可减少人口，但本人以为花柳病之传染，实为其致命伤。因花柳病对人口率之减低，其力千百倍于喇嘛。花柳病最初发现于美洲之红种，哥仑布发现新大陆，始将此病由美介绍入欧洲，其后由欧洲而印度，葡萄牙人始传染此病于广州，然后入中国内地。蒙古民族之染有此病，约在明朝年间，为期并不久，东省蒙人之与汉人同化者，其性生活入于正轨，人口率均较汉人增高，而婴儿死亡率则较汉人为低。故蒙人只要性生活合理化，虽有喇嘛，亦不至对于人口发生影响云。"拉氏之言，将蒙古人口减少之原因，说的非常详尽，不过我觉得除花柳病之为害外，而蒙古地方医药之缺乏，以及有少数迷信者，患病时，不注意于医法治疗，而只求喇嘛哔经，以致人民死于非命者，亦不知凡几。所以我认为欲解决蒙古目前人口的危机，除赶快"筹备卫生院，办理助产、种痘及预防疾病等事项"以外，同时并于卫生之常识及其重要性应极力设法向民众宣传，使民众渐渐的注意到卫生问题。不然，纵有各种卫生的设置，民众不知利用它，那不是等于"瞎子撑灯白费蜡"吗？况且因限于经济，纵能有各种卫生的设备，也不能遍设于蒙旗各地，岂不有"供不应求"之憾吗？所以当前最迫切的问题是：

（一）向民众灌输卫生的常识，渐渐的养成卫生的习惯。

（二）赶快造就蒙古医界人才，以求卫生事业的普遍发展。

（三）中央对于蒙古卫生事业及必需品（各种药类）应不惜与以人才上及物质上的援助。

能实行以上三条，则蒙古地方的卫生事业，才能逐渐发达，人口的危机才能逐渐解除。

关于第六项应赶快训练师资一项，笔者在本刊已再三申述，此次不嫌词费，对于此事之重要性，再加以详细的陈说，以便唤起蒙古人士的注意，而力促其成功。现在欲求一个民族的复兴，并不是仅仅的靠着几个特出人才所能济事，最重要的条件，还要看整个民众的知识水准如何以为断。荀子道："愚民百万，等于无民。"以蒙古民众目前知识的低落，不赶快设法与以常识的灌输，纵有少数特出的人才，热心于民族复兴的大业，但其如"孤掌难鸣"何？所以目前的蒙古教育，固然一方面要从事于专门人才的制造，奖励青年们留学内地或国外，但如何能普及小学教育，更属刻不容缓。我对蒙古教育的现状，觉得是一个不可解之谜，因为以蒙古偌大的领土，如许的民众，以及民众智识低落的那般可怕，反倒没有一个专门造就师资的师范学校，为异日推进小学教育的准备。我记得国立北平蒙藏学校，曾有师范班的设置，仅是初级师范，现在则并此初级师范也于民国廿年取消了，这不是一桩怪事吗？现蒙政委会第二届大会既有此项议决案，应赶快的付诸实行。我放大胆的这样说：将来新蒙古的能否产生，就要看小学教育的能否发展，所以"设立师范学校"一项，的确有使吾人加以特别注意的必要了！

总之，自蒙政会成立以来，因限于经济、人才，虽然尚没有赫赫之功，摆在国人的面前，但"精神国防"却从此种下了牢不可破的基础，望能经此次大会后，从事各方面的建设。惟以上所有议决案，因适在中央财政困难之时，蒙古本身又难筹措如许巨款，恐不易同时见诸实行，深望能将以上两项最重要者提前办理，其造福于蒙古社会，亦非浅鲜！吾人除盼望蒙政会委员们加倍努力外，更望中央能多加援助，以求新蒙古之早日诞生！

一九三五，五，廿

《新蒙古》（月刊）

北平新蒙古月刊社

1935 年 3 卷 6 期

（朱宪　整理）

蒙古的王公、僧侣与平民阶级

[美] 拉丁摩 著 侯仁之 译

本文初次介绍见本刊三卷六期拙译《蒙古的盟、部与旗》一文之引言，兹特尽先译出，作为"The Mongols of Manchuria"一书前六章之缩论。《蒙古的盟、部与旗》之以下数章，即将继续迻译，依次于本刊发表。

——译者

外蒙古的社会革命，一般人很容易轻轻放过，以为只是一种虚幻不实的宣传，表面上用无产阶级革命的新名词来掩饰，骨子里却是旧俄帝国主义的继续，仅欲扩张俄罗斯的势力到蒙古而已。内蒙古的民族运动，一般人也很容易轻轻放过，以为它的人口太少，天然资源太薄，社会制度又是野蛮时代的遗物，紧紧将它束缚起来，永远没有现代化和改进的希望。人都以为蒙古民族已逢末运；它乃是命中注定了要受俄罗斯、中国以及日本在满洲新"联邦"帝国（"Federative" empire）的瓜分与蚕食的。

具有类此肤浅而笼统的见解的人是如此之多，使我们不得不推测到蒙古的国际关系之调整问题在最近是很难得到完善的解决的。其实，蒙古的人口问题只是由于一种疫症——梅毒，而这种疫症并不难处置，只要有有效的公共卫生机关，马上可以解决，而且在外蒙古已经得到了确实的有力的证明，在满洲内的蒙古区域也已得到部分的解决。这样，蒙古人不久便可增加起来。至于天然资源问题，也不是没有办法。蒙古的人口问题与天然资源问题，皆不拟于此详论。唯拟对于蒙古的社会组织问题，加以解释，因为关心蒙古问题者对于蒙古的态度，将依据其对于蒙古社会组织的解释与认识以为转移。

认蒙古民族为野蛮的观念，乃是由于中西论者一种共同的偏见所致：以为凡逐水草、居毡帐的游牧民族，其文化必较定居村落中的农业民族低劣。在这一点上，共产主义的社会史观（Social interpretation of history）更较正确切实。文明乃是闲暇的产物，而自古迄今，闲暇则系于社会组织。凡一阶级能攫取其他阶级生产的财富而自得生活于安闲中时，文化才有可能；社会史观的最后理想，亦即其最为革命独到之点，即欲达到人人不相剥削而仍有闲暇享受的地步。

财富的如何生产以及闲暇的如何享受，皆无关紧要。最关紧要的乃是剥削之结果如何作用的问题。以马克思根据西方机器文明而创的无产阶级独裁观念，应用于蒙古人的部族组织，或似荒谬。但第一，如吾等姑定无产阶级的学说可以实行；第二，又因吾等也可以在蒙古史上发现相当于西洋社会中劳资阶级的阶级成分，则应用社会革命的观念于蒙古问题，非但不是虚妄，恐怕还要算最合理的。

吾人苟以此等眼光来检讨蒙古史，那么便可立时见到蒙古社会非但不是原始的，甚且已经演化到至为复杂的地步；蒙古社会乃是一个具有财富、闲暇与威力的社会。不过如欲明了蒙古社会的特性，必须时时涉及中国历史。其相互的密切关系，有如此者。蒙古民族史乃是一串首尾连贯的塞北民族兴替史中最后的一章，而此史之久远，盖可与中国史相埒。中国自从有史以来，据今长城一带地方的部族即屡见于册籍。自从长城有胚胎而形成，由片段独立的堡垒而贯串为连续无缺的防御阵线时起，异族的侵略便回环连续，自满、蒙、中国土耳其斯坦以及西藏等地络绎而至。在侵略中间的宁静时期，中国得以恢复长城边疆的统治时，中国仅能以互盟与贿赂的手段维持其统治权。意思就是说：塞北民族虽不入侵中国，而仍能对中国施以财政的剥削。各部族间的相互战争也达到了同样的结果。部族混合的胜利锦标，即是在略边的获掠中或中国的贿赂中攫得最大的一份特权。

如此，则一般的塞北民族史以及特殊的蒙古民族史，乃可以凝练成功一条简单的公式。一般言之，中国乃是一"殖民的"（Colonial）被剥削区域，蒙古则为剥削人的"帝国主义"者之根据地。诚然，中国社会上自有其各别的阶级史，和对内帝国主义的剥削之记录。蒙古社会亦自有其各别的社会组织。但就大体以及二者之相互的关系来说，则蒙古民族不得不称为优胜民族，而中国民族则为被剥削民族。

在优胜民族之内，阶级的对立渐失其严重与尖锐的程度，因为上下各阶级皆可自被治民族的财富上享受一种不劳而获的收入。贵族阶级是军队的领袖以及侵略与剥削的组织者，故得享受大部的利益、闲暇、财富与文明。但是平民所得，亦足使其安分守己，唯期于帝国主义制度之内努力上进，并不想打破此种制度，推翻其统治阶级。一般讲来，此不但于十九世纪的欧洲帝国主义之膨胀期为然，即于亚拉伯、蒙古、土耳其前后几次的大征服，亦莫不皆然（虽然，即在优势的工业国家中，如英国工业化的初期，下层阶级亦有受苦者。在征服的游牧民族中则无此等现象，但此一不同点，无关重要）。

沿中国长城边疆一带，征服之循环重复，朝代之废替兴隆，历数千年而其性质未变。此时期，王公制度遂形成一成不变的制度。平民对待酋长，敬之甚或爱之。即便是最凶狠的部族之混战，亦不足引起对于制度本身的憎恨，盖人人皆稔知：在部族混战之中，终必有众王之王出现，可以领导各小酋长作一致对外之征服（普通皆对中国），因此遂又另启一剥削、安逸与光荣的时代。至十九世纪满人入主中华时，此种制度已达其最后的表现。满人在入侵的初期，虽曾征服少数蒙古部落，但就大体言，蒙古民族仅可说是满人之自愿的同盟者。塞北大部武功，都是蒙古民族的功绩；同时又助成满清民族的塞南征服。蒙古人的生活甚为安逸，其游牧经济足以自给，凡日用衣、食、住的大宗物品皆可得之。其剩余产品则售与中国，以易布匹、丝、茶、米谷等奢侈品。其王公长自中国朝廷领得丝、银等等。部族自身又积屯米谷以备荒旱、瘟疫之年以及牛畜减少之虞。蒙人纳税甚轻，亦不像中国农民常受剥削制度之压榨。最后，彼等并有道德上之自信，自视为优越的征服民族，有获取的特权而没有给予的义务。

唯有一事阻止此种制度之继续重演。如果不是西方势力之东来，满清一代的寿命亦不过二三世纪而已；结果将因收入递减律（Law of diminishing returns）之铁则而崩溃。上一次征服的“投资”将于叛变苗起中消灭；汉人自主之朝代，将继以统治中国。塞北各族将又起一场混战，以产生英主而对中国作再一次之大侵略。

但西方海洋势力，突将此种循环过程破坏无余，再无恢复的可能。因为此种过程之得以维持，惟赖纯大陆性的军事势力与经济势力的作用。今通商口岸之兴起，即说明长城之所以衰微。蒙古制度因此乃受到了致命的打击。其部族组织虽尚得苟延残喘，但是已经与基本现实割绝，其活力早已丧失。活力惟能以侵略膨胀之战争恢复之；但蒙古征服既已不可能，则战争必赖国外之同盟。假如旧制度不能再继续，则必须有新制度以代替之。但此新制度又究竟如何？

在此须对于蒙古社会的形态，在满清一朝比较宁定的时期内（自一六四四至一九一一）凝结硬化的过程加以更详稳的检讨。在此期内，蒙古王公（其相互间的混战——选拔英才的战争，而非歼灭或臣服其他王公的战争——供给一种动力，对外作有力的征服战）由积极的民族领袖堕落为贪婪的、贵族的、享受特权的不劳而食者。蒙古参加满人剥削中国的所得，大部皆为之攫取。王公之领导、发动与负责的职务，俱已废弛，唯其习惯的权威仍残存于后。

不过蒙古人一般社会经济的生活，仍甚安逸。所以如果不是西洋势力之参入，则此静的时期将仍是活动期间之无关重要的休息期。但是西洋国家自海洋方面对于中国所施的压力，已将历史的动力倒转。西洋压力之直接、间接作用的结果，如铁路之伸张于内蒙以及中国军队武备之现代化。此等现代武器，蒙古人无从获得，因为一方面中国介于蒙古与海洋之间，他方面帝俄虽欲伸张俄罗斯之武力于外蒙古，却并不欲外蒙古有其自身之武备。

在此种历史命运陡转之下，蒙古王公阶级的作用已经失其时效。蒙古整个的社会组织，适于攻而不适于守；仅能在进取上产生一致行动，不能在防御上采取一致步调。于取守势时，各王公自愿单独行动，期以尽量保有一己之权威与特权。阶级利益之转为对内的，表现于部族内不同的阶级之间。因特殊阶级之存在，唯赖剩余收入之剥削与享受。又因中国已经不能再担负剥削，先前为特权民族中最下层之蒙古平民，至此遂变为被剥削阶级，负担现已失效之上层阶级——失效者，以其不复是民族膨胀的矛头而仅成为民族内部阶级剥削之金字塔的尖端。

至于上层阶级之剥削方式，在此不拟详论，仅举其荦荦二大端如下：第一，先有之中国朝廷的赠禄既然已经不可复得，遂不得不以重税代之；第二，王公庇护中国商人，助之对于本族平民作商业上的剥削，此外更与中国官吏勾结，染指于殖民土地交易中之利润。如此才能以本族之疆土实力为代价以维持其旧日一部分的社会权威。内蒙古王公（特别是在满洲境内的蒙人区）偶或有率领其部属对于中国的蚕食作武力的抵抗者，但是就先后所遭遇的失败与耗费而言，在在都可证明王公阶级之不足任保障民族利益的重责。阶级利益与民族利益冲突之日趋尖锐，即其致命的弱点。

　　僧侣阶级的势力，一部分补充王公阶级的势力，另一部分却与之相颉颃。一般人普通皆依据中国方面的通常解释，以为蒙古的喇嘛教乃是满清皇帝有目的的培植，期在以破坏蒙古人的好勇斗狠的传统性。然而这仅算得一半的真理。实则当蒙古人尚是统治中国时，便已采奉喇嘛教。其后，在中国的势力丧失，喇嘛教也曾一时趋于衰微。但是不久又以新的政治意义而重复兴起。蒙古人既被逐于长城以北，又开始部族混乱的循环。按往例来说，混战的结果，当又将造成新的民族之统一与对外的征服。在十六世纪蒙古部族的混战期中，喇嘛教的重要性迅速增加；由于王公阶级的推重，期以宗教上的声望，作为政治权威的后盾。内外蒙古以及西部蒙古（包括阿尔泰、中国土耳其斯坦以及青海区）的敌对王公莫不积极希望其家人获得宗教上的高位，因而得为活佛的现身。如此，则彼时的喇嘛教实际上绝不是一种软化势力（demili-tarizing force），而确实成为参加部族混战的一员。

　　假使此种政治、宗教的混战得以充分发展而达其自然的结局，结果将会成功一十分可畏的政教合一的蒙古帝国。但是趁着蒙古部族的长期混战，满洲民族却乘机而起。结果，满洲民族的兴起遂将蒙古部族的最后的统一预先防止。满人认清其自身的势力乃是基于蒙古各别部族之忠顺的拥护，而不是整个蒙古民族的拥护，因此，满清政策遂侧重于奖励个别王公的忠顺，而防止任何统一蒙古民族的势力（把这种势力疏导于较为安全的泄道）。清廷因此分割蒙古政治与宗教的势力，一面扶持喇嘛教的声望，一面又禁止王公家族的被选为活佛。僧侣与王公因此乃形成两个各别独立的上层阶级，彼此的权力由相成一变而为相斥。结果二者乃不能自动的合作，以达其共通的统一。

蒙古相互竞争的王公，于满清帝室下所享受之特权地位，已减削其征服侵略的欲望，而统一势力又被杜绝，故其数目有增无已，而旧有之选拔英才的竞争却不可复得。王公竞以资助见好于僧侣寺院。于每一部族内，王公与僧侣交互承认彼此的优越地位。更有喇嘛寺院，且自有其领地；其居民虽非喇嘛，却也认为活佛的"门徒"，而非王公的属民。

再者，因欲阻止产生最高教主的趋势起见，清廷则奖励寺院势力向下的扩张。各寺院的喇嘛数目逐渐增加，直至今日喇嘛之多几与平民相埒。严格的宗教纪律自然因此便不能维持。今日喇嘛教内大半都是虚行故事、昧于教义的愚信者，正直虔信的教徒、苦行的修道士以及学者与干练之行政家则为数甚少。喇嘛与妇女同居，已是司空见惯的事，不足为怪，甚且有置家立室者。不过寺院以内，尚仍不许妇女羼入。因此，喇嘛教不得认为蒙古人口增加问题上的严重障碍。假使在此种静的组织下，蒙古人的繁殖率如中国人之速，则最后蒙古亦必将发展成功相当于中国地主制度（landlordism）的制度。但事实上，土地乃是部族的共有物（庙地除外）——而非王公的私产。再者，部族的属地与庙地，在经济上的用途亦无不同。所谓私产，仅指牲畜而言，并不包括牧地。因此虽有税收，精明强干者也可由繁殖牧畜而致富，并无需投资于土地。贫穷者可先受雇于人，然后以工资购牛羊，仅事牧畜，数年内亦可达到小康的地步。社会上虽也有一种极缓和的奴隶制度存在——其实此所谓奴隶，只是一种世袭的长期雇工而已，但是因为没有人口过剩以及因失业而起的经济竞争，虽奴隶也可分享一般的安逸。最后，社会的财富没有注入外国市场之途径，其剩余的财富只有捐赠于喇嘛寺院。

但是既迫蒙古民族失其特权地位，而中国又开始自东南方北侵，同时帝俄之对外蒙古也自居于一种保护国的地位，于是寺院的势力一如王公的势力开始转向而变为对内的，对下的，终施之于一般的平民。僧侣阶级亦如王公阶级分裂为一区一域之忠顺者，而未能形成一种单一的利益。外蒙的僧侣也正如诸王公一样，协助中国商人以剥削本族的平民；内蒙的僧侣则以部族的土地拱手而让之于中国的殖民者。再者，僧侣阶级内部的分歧以及僧侣阶级利益与民族利益的对立也是一个致命的弱点，一如其为王公阶级的弱点无异。如此，所以蒙古的僧侣阶级与王公阶级可比拟于西欧的资本阶级以及中国的地主阶级；至于负担僧侣、王公特权地位（此原由蒙古参加满清对中国的剥削以维持）的平民阶级，则可比拟于欧西的劳工阶级以及中国的农民阶级。

自然，蒙古平民之无产化并非突然而起。蒙古民族所享特权，随满清势力的衰微而消亡。中国在蒙古的殖民以及蒙人的叛变，都已经在满清帝室倾覆之前开始。西方的压力虽自一八四〇而后即在中国日趋紧张，但其以可惊的速度传达至蒙古时，却远在以后的中日战争时期（一八九四—九五）。自此而后，西方压力迅速的增加，其所及于蒙古的效果确是一种真正的危机。及至一九一一年，清室倾覆之后，旧式的历史再不能重演，以借部族的混战而发泄其精力；却突然在民族关系以及社会经济制度上遭遇到一种崭新的势力。

目下的蒙古社会之分裂，必须就这次危机作背景而加以考虑才可。所谓一九一一年的蒙古革命，其实并非革命，也非叛变，只不过是正式宣述蒙古并非中国之一部分的历史原则而已。蒙古与中国的联系本是在满清帝室之下由人工而造成，满清既已颠覆，此种关联亦当然破裂。中华民国所谓有继承满洲对于蒙古的盟主权之权利的想法，就历史来说，全是一种无根据的结论。蒙古之不必依赖中国而能独立存在，已经是自古皆然的事实。

但是人不得以历史作借口而想回复到历史的某一点去。历史本是前进不已的。人或则承认历史之动的原则（dynamic principles）而回复到历史的某一阶级去，或者另起炉灶去开始一新的阶段。所谓一九一一年的革命并无多大成效，就是这个道理。蒙古人所企图恢复的历史动力，是循环的部族混战以产生部族的统一，对中国作重新的侵略。这不唯是蒙古民族的"典型"历史，也是东面满洲民族和西面西藏民族的"典型"历史。但这种动的回复已成为不可能，因为西方国家现在已经压迫到中国和蒙古了，蒙古再不能毫无顾忌的任意侵略中国的边地而害及西洋剥削中国的利益了。此外蒙古唯有两种办法：一则作为帝俄侵略中国的先锋，一则以社会革命的方式"清理"其自己的社会制度，因为老制度已再不能执行其使命与任务——完成对内的过程，这是在满清治下人工制造的稳定状态中便已开始了的。

蒙古作为俄罗斯侵略中国的急先锋，正与旧日的史实相符合。俄罗斯向亚洲的进侵早已开始，及至帝俄倾覆，东进失败，实际上受其荫护的外蒙古，遂亦不可避免的卷入了社会革命的漩涡中去。部族的王公既然仅只适宜于作进攻的领导，而现在的进攻又成为不可能，结果唯有让位于新的领导者。再者，僧侣的职务既与王公平行，又因蒙古社会并无中等阶级，新的领导者便只能出自平民。因此，如果说外蒙古社会革命的彻底与迅速是由于苏联的帮助，固然也未为不可，但是如果说这种革命纯系人工的输入，却与事实不符。这实在是蒙古社会中现实势力之作用的自然结果。至于革命后的外蒙以及革命后的俄国联合成功的新动力，是否仅只是封建的蒙古受帝俄的荫庇而向中国侵略的变相，现在尚难断定。

一九一一年外蒙的革命并没有伸张到内蒙；内蒙的政治独立之宣布也未能成功。先是，王公以及僧侣并不危惧羸弱新生的中华民国。再者，他们又染指于中国贸易的利润，一方还对俄罗斯的控制怀抱着一种朦胧的危惧。及至时间证明了民国虽弱而仍能以铁路与现代武器进逼蒙古的时候，蒙古行动的时期便一去而不可复得了。西洋以及日本在中国和在蒙古的利益，都永不会使内外蒙联合；于是蒙古的王公、僧侣乃成为蒙古失败的造成人。中国的政策则在一方面维持其社会的权威，另一方面又逼迫蒙古，使其年年放弃一部分的土地，作为殖民之用。

内外蒙古之潜伏的社会冲突，由一九三一年日本入侵满洲而达到了最高峰。因为内蒙一半现在已经为"满洲国"所控制，所以蒙古人在中俄之外更须考虑其对日的内外关系。日本势力自然须与俄罗斯势力相对，拥护保守的分子以与革命的力量相对。同时又自须与中国的势力努力竞争，期以转移王公、僧侣阶级，使之重新兴起而为民族的积极领袖；同时却作日本的联盟而不再为分散不定的傀儡，致对中国的蚕食不能作有效的抵御。

但是，如果王公、僧侣的声誉之恢复只是对于历史某一点的静底回复（Static return），结果一定不能满意，宛如在一九一一年的外蒙一样。日本的势力如想成功，便必须是动的（dynamic），膨胀的。它必须有充分的力量把被保护的贵族变作有统一希望的领袖；它必是进向全蒙统一的真正鼓动力，否则便是无谓的虚张声势。然而统一的意义乃是系于自由的联盟，而不是屈服顺从于一个异己的国家。因此种种，任何涉及蒙古的战争，其影响不仅及于中、日与苏俄的势力范围而使蒙古民族仅仅作为无能为力的牺牲者；这更将是蒙古民族自身内的阶级斗争。这种阶级斗争的激烈程度，将因反动势力在外蒙尚未完全歼灭以及革命势力在保守的内蒙也并非全无存在的原因而加甚。

　　我实不欲强附会阶级分析之说。但是我敢预测蒙古民族内部的冲突，一定会越法〔发〕露骨的表现为阶级的斗争，而且必须用阶级的斗争的看法来解释。与蒙古事件有关系的国家，也将越法〔发〕显明的出现为此一阶级或彼一阶级的护庇人。因此，即使是一个 amateur，他没有特别受过以阶级的见地来分析历史以及文明与民族间之关系的训练，可是也必须先去了解蒙古社会的阶级基础。

　　但是，此处同时也须指明，作用于蒙古事件之后的尚有一种强有力的历史的力量在，这全与社会阶级无关。此种力量即是全世界陆地势力（land power）与海洋势力（sea power）之平衡的更易。自有史起至欧洲船舶第一次出现于中国口岸止，不但蒙古的事件，即中国以及现为苏联的广大陆地区的事件，亦莫不受陆地势力的支配而决定。自哥伦布时代起以至十九世纪商业帝国主义之颉颃以及海军之竞争止，遍全世界的决定因子则是海权；蒙古与中亚的重要性，即因此而遮掩不现。

　　日本向亚洲之猛进，中国开发边疆举办建设的倾向，以及俄罗斯再起为世界强国之一，遂结束了海洋势力的时期。欧亚二洲日益受到地理连续性的影响，而蒙古之所在正去东西两极端的平衡点不远。因此，在蒙古的社会、民族冲突中，我们更可发现历史动力之促进，期在欧亚间寻得平衡，努力适应于一个海洋期的结束与大陆期的开始。

《禹贡》（半月刊）

北平禹贡学会

1935 年 3 卷 10 期

（朱宪　整理）

蒙"满"纠纷与日苏关系

方秋苇　撰

一　小引

自从满州〔洲〕事变以来，日苏间关系之发展，总是剑拔弩张；这不是单纯的日、苏关系，而是现世界两大范畴之不能调和所必然长成的事态。

在这个场合之下，要来分析"满洲国"与外蒙及苏联间的一些纠纷，不过是日苏关系交错之一面的说明吧〔罢〕了。关于这方面的事态，早在全世界的注意之中；并且有人说是："远东风云的测量器。"可是，现在的远东，仍在拖泥带水中发展着，所谓日苏关系，依然阴霾密布，黯淡无光！

要之，这种阴霾密布、黯淡无光的场面，往后下去——或者说是现在，已经有了透明的开展。然而这一个开展，却可以测量远东的前途，或者是不远的前途吧？不过这当中，还有许多玄妙的理由，现在只好将它"保留"起来。

二　哈尔哈庙事之件〔件之〕发生

除开中东路那件事之外，关于蒙"满"间的纠纷问题，当然要以哈尔哈庙的冲突事件最惹人注意。这个纠纷，算是日苏纠纷的一环，然而它底意义却包括日苏间纠纷的全面。在这里，有将其来由说明之必要。

第一，我们首先要知道的：哈尔哈庙是怎么样一个地带？它怎样会成为日苏冲突的前哨？

依据可靠的纪载：哈尔哈庙在贝尔湖边，东南河〔湖〕角上有哈尔哈河流入，贯串呼伦湖与贝尔湖之间有乌尔顺河，联贯以上两河流的还有一条小江，叫作查理兹河，居于三条河流与贝尔湖之间的三角地带，即是哈尔哈庙所属地域。这地方很少汉人往来，所以没有精确的里数统计。估计大约在海拉尔西南六百余里，甘珠尔庙西南二百余里，库伦正东一千七百余里，满洲里正南五百余里。这个三角地带，自从满洲事变以后，日本就非常注意，认为不仅是蒙“满”间的要塞，而且在日苏军事关系上，也有重大的意义，所以在甘珠尔庙驻守、经日本人所训练的蒙古军队，便是作深入哈尔哈庙的一种准备。就以这一点来说，关于这个地带，往后是会发生争执的。

第二，既然哈尔哈庙已被日本视为蒙“满”之要塞，将来在日苏军事上又负有重大的意义，那么，日苏间关于哈尔哈庙的冲突是不可避免的了！或者说，这个冲突形势如何构成？

事实上，关于哈尔哈庙的冲突已经开始，而且成为蒙“满”间重大的纠纷。据报纸所载：哈尔哈庙事件发生于一九三五年一月二十四日，有日本军事教官本多少佐，率领士兵十余名，与外蒙斥候队相遇，于是双方便发生冲突，结果日军死伤数名。到一月三十日，日方才由海拉尔派一大队兵去，将哈尔哈庙占领了。据日本及“满洲”方面的宣传，说哈尔哈庙应属于“满洲国”领土之内，决非外蒙地域，其所持之见地如下：

（一）"满洲国"兴安省与外蒙古之国界，系由数百里之哈尔哈河，与贝尔湖划作界线，去年（一九三四）该处洪水为患，由乌兰河发源之乌尔顺河，原由查理兹河注入，现已与哈尔哈河合流，因此该处成为三角洲；

（二）此三角洲由哈尔哈河决定国界言之，当然成为"满洲国"领土上之地理变化，亦系国界线哈尔哈河本流之移动。然蒙兵则以哈尔哈河向东北移动，以为此项三角洲乃外蒙之领土，而屯兵于此；

（三）然国界方面之河川发生变化时，当以旧有河道为界线，此为国际法上之大原则。是以该三角洲不属于外蒙者，其理明显；

（四）蒙兵为何称兵于此？盖以哈尔哈河经过之地点，即贝尔湖东北岸，乃冬季渔业有望之处，故侵入以图利耳。今忽由"满洲国"警察偶巡至此，发见蒙兵侵入情形，故发生此次之冲突事件。（一九三五、一、三十日，日本联合社电讯）

此项冲突发生以后，已引起苏联莫斯科当局的重视，然而日本外务省发言人则宣称："外蒙军队侵入满境一案，将由满洲国与外蒙直接解决之，苏联与日本均不致被牵涉。"同时广田外相亦于一月三十一日将哈尔哈庙事件致电日本各驻外驻领，略称："哈尔哈庙事件，系因外蒙兵侵入满洲国领土者，如外蒙确有诚意约定不再侵入时，日本政府当仍本事件不扩大之方针对付之。"而日本驻"满"大使馆，亦致电日本驻外使馆云："满洲与外蒙之境界，在满洲事变前，即已为世界所公认，然去年（一九三四）以来，外蒙兵竟再次不法侵入，发生暴行，因将其驱逐出境外。"在这几项声明中，充分表示哈尔哈庙事件情势之严重。

事情是不得不惹人加以注意的：日本对于蒙"满"之哈尔哈庙事件，为什么要如此"郑重声明"，而非常注视这种事态呢？

自然当中有很重要的原因：其一，日本声明表示哈尔哈庙事件与日苏之不受牵涉，很明显地是要抑压苏联对这事件有所动作，假如苏联为了这件事而与日本构成正面的纠纷，那么日本便会扩大宣传苏联向日挑战，将来它便不负战争的责任；其二，是表示"满洲国"的领土不受任何外国之侵略，而且日本为尊重"日、满议定书"起见，必要保障"满洲国""领土之安定"，而以武力对抗"任何威胁"的。因为这一点，站在日本的立场上去说，日本军队之驻扎满洲对于苏联及外蒙的战争准备，都是一种正当的作为！

三 "满"蒙纠纷之僵持

哈尔哈庙事件发生以后，一般人都推测说，苏联对于这件事将采取必要的行动，于是路透社的记者曾发出贝尔湖苏"满"军队冲突，及苏联飞机曾飞越过"满"境，在海拉尔附近村落上轰炸的消息。虽然这些传说，后来都被苏联塔斯社更正，认为"此种传说，纯系矛盾而恶意之造谣"，可是由此可知：外国报纸的记者，是如何期待着日苏战争场面之到来啊！

至于外蒙政府对于这件事的态度，亦是惹人注意的，据库伦消息，外蒙内阁总理兼外长阔敦曾发表声明说：

> 哈尔哈庙及其附近一带地域，自太古以来，即属于蒙古领地，从未经呼伦贝尔管辖。因此外蒙共和国，决不能同意日"满"军队之占领哈尔哈庙，并认日"满"两军侵犯国境之非法。一月二十四日哈尔哈庙事件发生以后，数日之间平静无事，及至一月三十一日午前八时，贝尔湖附近国境，警察队发现日"满"军之一部，以军用汽车数辆、兵骑五十作梯队阵形，自"满"境图越外蒙国境，该部队既占领科尔鄂博，复

向蒙古境内前进。然外蒙国境警备军，不愿以兵戎相见，故略示后退，示以冷静态度，为避免冲突起见，并未开放一枪一炮，现仅在诺林湖畔构筑防御阵地。外蒙政府为自国权益及恢复和平起见，已禁令国境警备队，不得私擅开枪，将来并不惜和平交涉。

外蒙政府发出此项声明后，二月八日"满洲国"亦答覆外蒙来电，声明愿与外蒙和平谈判解决边境冲突，并决定以下三项原则：

（一）交涉地点应从长春、满洲里或海拉尔中择其一；

（二）不容第三国参与交涉；

（三）交涉日期待外蒙回答后决定。

外蒙政府对于这个会议谈判的原则不加反对，但要（1）"满洲国"赔偿损失；（2）划清界线。至于会议的地点，外蒙则主张在库伦，因而这次事件的交涉就僵化了。当然的，蒙"满"间的交涉僵化以后，难免又不牵涉"第三国,"于是日本便出而向外蒙折衷，结果外蒙政府同意于五月二十四、二十五两日会议于满洲里，讨论哈尔哈庙事件（即蒙"满"边界问题）的解决。两方面出席代表如下：

外蒙方面：

军政部次长兼东边军长　　托布卡扪

"满洲国"方面：

兴安北省长　　凌陞

兴安北警备军司令　　乌尔金

外交部政务司长　　神吉正一

军政部员　　斋藤正俊

但事情是意外的。此项会议开始以后，截至六月二十九日为止，已经有了十次的会议。在会议开始，即遇着许多的暗礁，及不能协调的原因。外蒙是坚持"哈尔哈庙及其附近，依文献地图，明为外蒙之所有"为理由，结果因了"主权的争执"，使会议并无何等进展。并且在最近，因日本关东军测量员在海拉尔附近被外蒙兵拘捕事件，更使会议节外生枝，发生了严重的变化。要之，这一变化又是不可避免地要牵涉到日苏间的问题了。

四　苏"满"的国境问题

依据常识的判断，在日苏关系没有好转的时候，蒙"满"谈判是不会有单独好转之象。同时，现阶段的日苏关系又在错综复杂中演进，以往的事实不用说了，如目前在严重中的北库页岛的买卖问题，北洋渔业纠纷问题，事情已经证明不是能够用"外交方程式"所可解决的了。

然而站立在日本的立场上讲，所谓日苏关系下面的这些问题，都不过是"满洲国"国境的安全及若干权益的问题。因为这个缘故，假如"满洲国"的国境有了安全的保障，所谓日苏间关于北库页岛的买卖问题，北洋渔业纠纷问题，也就不难解决，或者不解决而自解决了。但是，关于苏"满"间国境的问题又是如何的呢？关于这一点，事情的经过是这样：苏联二三年以来在极东领土的军事防御工作，引起了东京及长春的注视，日"满"当局为防止苏联势力"越过满境扰乱"起见，曾于一九三三年之末，由"满洲国"外交部拟具大纲，准备与苏联划定国界，以防苏联军队之前进。惟此项交涉，因中东路问题的牵涉而搁浅，当然现在的时机更为成熟了。兹志"满洲国"对苏联所拟划定界线大纲要点如下：

（一）由西部满洲里至阿尔衮河，通黑龙江之乌苏里江及东部苏"满"国境线现况，大体根据一八六〇年《北京条约》；以后如《兴凯湖条约》（一八六一年）、《珲春界约》（一八八六年）、"春〔拳〕匪事件"（一九〇〇年）、《齐齐哈尔协定》（一九一一年）、《哈埠议定书》（一九二九年）。"满洲国"之见地，认为以上协定，均为当时中国被压迫而默认者，现在必要将以上协定加以改正。

（二）拟改正以上协定，其方法可分为两点：（1）根据《加拉罕宣言》，废弃旧俄帝政时代之诸旧条约，因此苏"满"国境，北至夫达诺鲍伊山脉，东至沿海洲达于日本海；（2）依据从来诸条约，大体之国境，先为决定，故在其范围内，须据他的协定，确认"满洲国"的境线。

以上诸条约的交涉，"满洲国"无疑的是袭取了中国外交交涉的权能，而与苏联交涉苏"满"国境线的问题了。假如这次交最〔涉〕，苏联接受的话，那么"满洲国"的国境线将自然地增大起来！据涉〔最〕近报纸所载，因苏联提出不侵犯条约，日本已着眼于苏"满"国境的解决。事实上，这个问题之交涉，将成为重大的交涉吧？

五　结尾

以上的事态，不过只是说明日苏关系交错之一面，但是这些关系的调整，从现今日本的雄姿看，从日本在满洲建立反苏壁垒的事实看，是很难以"外交方程式"作结局的。所谓"钢笔尖的反面是钢刀"，日本对于这个课程非常烂熟！

现在，从许多的事实看，已充分显现日苏对立形势在尖锐中发展着。刻下据报纸所载："满"苏双方哨兵仅隔一河，短兵相接的形势已经完成了！往后下去，难免不会有惊人的事迹发生。

总之，现阶段的日苏关系是在严重的事态中发展着，"钢笔尖的反面是钢刀",已证明这个世界是没有"和平外交"做结局的。

　　　　　　　　　　　　　　　　一九三五,七,八于上海

《新中华》(半月刊)
上海新中华杂志社
1935 年 3 卷 14 期
(李红权　整理)

察东问题之研究

张仪女士　撰

记者先后游历塞北，凡五阅月，计平绥线两个月，蒙古两月半，又两次过察东，约半月余，去岁记者曾应本报特约，撰作《出塞日记》，旋以奔驰漠北，音耗久疏，日记亦中断发表。际此察东军事紧急，关于该处之详情，必为读者所注意，爰将记者两度赴察东之观感，略述于后。

热、察、绥、宁　察哈尔与东之热河、西之绥远、宁夏原为整个内藏〔蒙〕牧地。过去自周秦以下，向为汉胡争逐之地，最近逊清康熙征藏〔蒙〕，确归中国版图。当时热、察、绥各设都统，以资镇摄。二百年来，热河为清代帝王避暑狩猎之园，蒙汉文化交通最早，汉人移往耕牧者镇〔达〕五百万人。察哈尔部草地广大，民性刚悍，故为政府骑兵军马之策源地。绥远有河套水利之宜，沃野千里，气温较高，故近百年晋省人民，不辞阻远前往垦殖者达二百万人。宁夏据河套之西，居蒙、汉、回三族，全省多林矿，土肥气暖。当清末外蒙受白俄之愚，屡树独立之帜，并勾结果〔东〕蒙哈尔沁部，于民国初年称兵南犯，直抵察哈尔南部。当时北京政府派段祺瑞等统兵北伐，仅将蒙兵驱回外蒙，然劳师耗财，死亡十倍，所谓功不补患也。民十年外蒙受赤苏之胁迫，成立蒙古国民政府，我国恐内蒙不察，再入彀中，遂将内蒙分为热河、察哈尔、绥远、宁夏四特别区。民十七国民革命北伐告成，再改四特别区为省治，以与中央增更密切之关系。自民二十年秋，东北沦陷，二十一〔二〕年春，热河继失，不旋踵而素称察东门户之多伦及沽源东南之二又区再被占领，于是内蒙西三省（察、绥、宁）又受摇动矣。

介绍多伦　蒙人呼多伦为东伦诺儿，汉人称为喇嘛庙，自来为内蒙宗教、政治、经济之中心。以其地居热、察之间，北阻沙窝，南屏大岭，地势高亢，山脉绵亘。左入热河可探东北三省；由热南折即直下幽燕；右通察、锡两盟，一望平垠；北可出外蒙，西可越绥、宁而贯通新疆。故多伦不特为漠南交通之锁钥，复握结集蒙族中心之权威。自民初辟为商埠，市长数十里，蒙汉杂居，人口逾四万，为内藏〔蒙〕最大之市场。日伪自夺热河，所以再占多伦者，盖以多伦之重要冠绝内蒙，若不得多伦，则难取察东，更无由囊括我内蒙也。

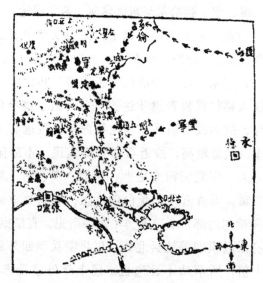

日军进攻察东形势图

双重对策　所谓双重对策者，即一为吞并西蒙三省，次则监视苏俄、外蒙是也。吾人既知日人之袭占多伦，便可推测其远大之野心，判析起来，只有两个对策，即先并内蒙，继制苏俄而已。盖热、察、绥、宁四省，初为整个内蒙之地。以热河东部之崇山峻岭，尚为渠武力占有，则迤西三省，尽无险可据之平原，安得不引起黩武者之垂涎再试其锋芒哉？日本以掠夺东北及热河后，尚嫌牧地之狭隘，不能发展其畜牧事业；又以察、绥、宁西三省屏蔽黄河，若不西奄三省，又不足以遥制华北，进窥中原。故彼占多伦后，两年来所处心积虑者，惟再向西三省发展为唯一急务，此乃前一对策所谓并吞内蒙西三省是也。

自日方并吞东北四省，继有西侵蒙古之决心，赤俄为保护其远东广大之属地及卵翼下之外蒙计，皇皇然不可终日，于是遂形成最大对立之仇敌。年来双方之剑拔弩张，大有一触即发之势。日本以赤俄富强远过于中国，故亟亟于防俄之对策。兹考其蚕食察东，以至进占整个内蒙者，盖即为防俄大对策之开端也。终日俄如一旦大战，俄越西伯利亚作万里远征，长蛇阵势，最忌中路遇截；万一首尾不救，其危可知。日本已洞悉其弱，特欲一气吞并内蒙，将陈师察哈尔极北之达里岗崖牧场一带，凭借其优越的地势，必要时且可伸至距离千五百里之西伯利亚铁道予以突击，或袭其西北千二百里之库伦，则作战胜券可操矣。

察东地理　察东地势，以沽源、宝昌、独石口、赤城为最要，即今日兵进犯之所在也。查沽源距多伦南二百里，两地素有唇齿关系，而沽源之险要，又在其东南之二、四两区。该二、四区南北长两百里，东西百余里，其境群山峥嵘，沟壑甚多，故形势甚为雄壮。且气候较暖，山产林木、蜂蜜、甜杏核、榆、麻菇、木耳之属甚富。至一、三两区地势稍见低平，而童山不毛，既无险阻，又鲜物产，惟居民耕牧尚宜而已。除二、四区外，一、三区尚有一万零三百八十二户，计四万六千九百一十口。面积东西宽一百十里，南北九十里。当民国八、九年时，地方平靖，全县约产良马万五千匹，牛万头，猪、羊更夥。每届中秋，关内商贾麇集于此，市场延至重阳，只一个月中之贸易，常逾数百万元。自民十三以后，关内多故，变兵多窜逐来此，沽源遂遭股匪荣三点及张锡元等之浩劫。十五年奉军、国民军交战，相持数月，全县为荡。嗣后天灾人祸，年年不息，二十、二十一两年抗日之役，杂军十五六万人，盘据沽、察〔宝〕、赤三县肆恶，甚为痛心！及五月间，日伪军西袭，沽县、宝昌两城同陷，人民死伤尤众。九月间省主席宋返任，于中秋前一夕将沽源收复，惟二、四区因外交关系，仍未收回。察东自遭伤乱，损失之大，比任何省土为甚。省军纪律甚优，一年来土匪绝迹，民生渐定，抚戢流亡，复兴可期。曾几何时，日军又至，吁嗟察东，来日大难，恐方兴未艾已！

宝昌居沽源城西北九十里，中途略有山路，余均平地。全境东北至西南长百五十里，横长八十余里，面积只及沽源之半；居民约七千余户，人口二万余。因年来岁遭兵灾匪祸，逃亡相接，与沽源所处之环境完全相同。

独石口距热河仅六十里，为察东长城要隘，并系察省门户之一，其险要不下于冀北之古北口。地分西东两栅，即东寨子与西寨子，亦名东栅子、西栅子。口南八里为独石城，城墙甚高，周二里，居民约千户。清季一度设厅，驻有重兵，现归赤城管辖。民国以来灾祸重重，两口倾圮，城久失修，一朝有事，已难资防御之用！

赤城地广人稠，在独石口正南九十里，中间尽是山路。长城环其东，黑水流其左，距热河只四五十里，一旦有敌自黑河进袭，赤堂〔诚〕有失，其南七十里之怀来、沙城，不堪一守；而平绥铁道即有被截之处。平绥道断，冀、察各不能救，则张坦〔垣〕必为敌人囊中物矣。

西侵由来 记者曾于来〔去〕夏及初冬，两次赴察东，因于察东略具认识。第一次由张垣、张北，东赴沽源、宝昌，折南绕热边走独石、赤城诸地；第二次由沽源、宝昌绕多伦，西走蒙古八旗而入锡盟。就管见所及，察东虽为我方蒙疆屏蔽，但不幸强邻之日，亦正以此故，用心已久。按之过去，日方曾屡向察省施用种种胁迫手段，其先由驻张之日本特务机关长官松井，向主席宋哲元氏有所要求，主张在长城之外概由日方设警，当为宋氏峻拒。日方继乃指使丰宁伪军，向长梁一带两度袭击，企图强占，讵均未遂所欲，乃有最近之动作！

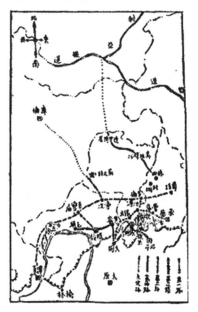

四路前进之趋势

窃尝默察日方所以亟图察东之原由，大约不外三点：

（一）东四省内部已见巩固，再求向西发展；

（二）察省驻军纪律良好，土匪肃清，人民生活安定，对国军感情日渐浓密；

（三）鉴我国防单薄之际，仍袭传统之侵略主义，希图一气吞并察、绥、宁西三省，以遂其南窥中原、北防苏俄之野心。

假定有失　今记者讨论此事至此，不得不假定二事：（一）日方如果获得察东；（二）日方如果更有企图，是则日方必然出于四路进兵之战略，所谓四路，即：

1. 南路由独石口、赤城攻怀来，截断平绥铁道之联络，即分南、西两路，南路守居庸关，拒我关内之援，西路直捣张垣。

2. 西南路由沽源、宝昌西侵，径取张北，以与南路军取得联络，成夹击张垣之势。张垣若失，彼即直取大同，以断绥远军之归路。

3. 西路由多伦西进，取察哈尔盟东八旗，乃循张库路占滂江及西苏尼王府（德王府）。更长驱西进，只六百里即抵百灵庙。此去折南四百里，便取俯〔得〕归绥；归绥既定，河套伊克昭盟各旗及宁夏等地，俱无抵抗可言矣。

4. 北路由多伦、林西两路发兵，多伦军越过东苏尼而北上；林西〈军〉先占乌珠穆沁而再西进，与多伦军会师察哈尔极北之达里冈厓，在此处专事防俄。假以极暂时日之经营，在日俄战中即有异军突起，以截西伯利亚铁道，并进占外蒙之库伦矣。

总之，依据记者旅行漠北地势所得之印象，按日方若果得察东，即将实现其四路进攻之计划无疑，同时苏俄为先发制人起见，或移外蒙骑兵，先占达里冈厓，果尔，则日俄或将因此而燃其大战之导火线于此，亦可未〔未可〕知。然则所谓察东问题云者，顾不严重已甚乎哉？

《国防论坛》（半月刊）

上海国防论坛社

1935 年 3 卷第 7 期

（朱宪　整理）

苏联侵夺之乌梁海

安伯奇 撰

（一）乌梁海之地理

在最近苏联外交部及贸易局的文书中，竟发现一从来未闻的"丹那茨瓦"国，在世界地图上，却遍找不着。但这一国家的存在却是毫无疑问的事。苏联已与该国互派外交代表，签订通商协定。其实这个小国，就是蒙古毗邻的乌梁海。

现在我们所急求明了的是这个国家的民族、人口怎样呢？兹录苏联某什志于一九二六年的统计如下：

民族名称	人口（人）	喇嘛僧侣（人）
邦罕	一三，六二七	一七二
乌拉罕	一六，五五九	七八〇
伊葛姆斯克	一〇，六〇〇	二六六
卡葛姆斯克	八，五三〇	三八七
赤身阿尔	四，九四五	三二〇
托富基努尔斯克	二，〇一五	一六
合计	五六，二七九〔六〕	一，八〔九〕四一

这里所列的，是属于土著者，即蒙古人。除这土著民以外，尚有俄人一万二千名，这是近年所移殖过去的。他们在这里，以其

文化知识的高深，处处是居于领导与主宰的地位。其他外国人就完全绝迹了。汉人也是没有的。

乌梁海的位置是在中央亚细亚的北部，东北界苏联之密努西施克及奥伊兰特自治州，南接外蒙古，东与布列亚特蒙古、苏联共和国密接。这样，它是完全处于苏联领土之包围内。所以乌梁海也就完全"赤化"了，虽然它还是游牧经济的时代，不能建立像苏联的无产阶级专政，但因为苏联的政治影响，牧民大众却成为无产专政的中坚。

乌梁海的面积，达十七万平方粁，比较欧洲的比利时、瑞士、葡萄牙的领土，都要广阔。其人口密度是很稀薄的，每平方粁仅四十一人。苏联政府因为这一地域的人口太少，正奖励移民。不过乌梁海在形式上还是一个独立的国家，并不是包括在苏联共和〈国〉之内，而受苏联的深刻影响，那是不待说了。

除苏联以外，乌梁海国家亦与外蒙古人民共和国发生正常的国际关系。虽然他们是同样的属于蒙古种族，却是各自独立。

这一共和国系由五十四村团，百八十九村及七百三十号而成，地方的自治区划，就是行政单位。一切行政组织的内容，悉依苏维埃制度。

（二）　乌梁海之富源

土民的游牧经济，这是历史的、地理的关系，所以便决定其主要产物为狩腊〔猎〕品，如狐、栗鼠、獭、白貂、黑貂等等。这些高价皮毛的兽类，多在天山山脉、阿尔泰山山脉及其他山岳地带猎得。各上述各地带内，尚有石棉、菱苦土石、岩盐、煤炭等各种矿物，现在积极开采者仅砂金而已，开采人为苏联国立银行分与苏联国运金矿业托拉斯合办，系用最新式的科学技术从事开采，工人均为土著民族，除工资而外，可分红利。除矿产外，地方主要产业为牧畜与家畜，其总数在一九二九年约二十万头，现在达三十万头以上。经营农业的人，占人口总数的四分之一。农耕的方法，还是原始的、人力的。惟最近一二年，苏联正劳〔努〕力助其科学经营的发展。农牧兼营的家户有二千八百户。农牧最盛之处为邦罕及乌拉罕民族之地。房尔地方诸民族，则从事于驯鹿饲养与狩猎，常在萨箕山脉求草源地，以资游牧。

产物大多输入苏联，而从苏联换得工业必需品。近来苏联拟在该处创立一个大兽皮工场，以制造当地出产的兽皮。这里的游牧民族也是以茶叶当为饮料，历年均从苏联购入。和外蒙古亦有贸易关系，但数量很少，而仅限于牧畜类。

（三）乌梁海被侵之历史

乌梁海近年的历史，即帝俄与〔与帝俄〕、苏联发生密切关系的历史。这原来为中国的领土，系满清政府所统治。但因为中国领土辽阔，鞭长莫及，不能驾御，所以乌梁海全境有的为蒙古王侯，有的为箕尔罕活佛、三音诺音〔颜〕汗、乌里维斯〔雅苏〕台驻扎之将军所分割统治，各成独立区域，不相统率，亦不相征伐。清廷的宗主权，仅有名无实。迨清廷退位，中华民国成立，乌梁海遂名实其〔俱〕脱离中国。苏联的"赤化"入侵，全境浓厚布尔塞维克主义的空气，现在形式上虽为外蒙古的藩篱，实则已与"赤化"打成一体了。

当二十世纪初头，住居密奴新斯克①的俄国商人萨佛茵基，曾详细调查乌梁海的社会、政治、经济诸状态，将其结果报告财政

---

① 似即前文的"密努西施克"。——整理者注

大臣克罗孟济，并提出殖民政策。于是帝俄政府乃订发展乌梁海的重大计划。于一九〇七年，派遣奇亚基诺夫为乌敏斯基的监察官，奖励俄国移民，企图使全部乌梁海成为帝俄的殖民地，结果在中部一带最富庶之地，便成为俄人的部落。而奇亚基诺夫则掌握统治权，蹂躏乌梁海土著人民。

乌梁海土民因不堪帝俄政府的压迫，亦曾群力作殊死的抵抗。然而枪械〔械〕固不利，且大多以弓矢为作战工具，这自然不能抵敌帝俄新式的步骑队伍，结果只引起俄人的大批屠杀，烧毁，掠夺，而终于是悲惨的屈服下去了。俄皇竟乘机借口保护侨民，派往大批军队，实行军事的统治。帝俄商人在母国武力的扶助之下，俨如王侯的权力，囊括一切游牧经济的利益，而土民则终日不得一饱，还要受鞭挞，处罚。这是乌梁海最悲惨的时期。帝俄政府因土民抵抗力的薄弱，竟一不作二不休，更进一地〔步〕，强制地把乌梁海隶于西伯利亚爱尼僧县的管理之下。一九一〇年，又令克利阿里夫为乌梁海的监督，指挥军队，掌握一切实权。自此以后直至一九一七年苏联十月革命，乌梁海便在帝俄政府的铁蹄下，痛苦地呻吟着。

（四）　俄国革命与乌梁海

俄国革命对于乌梁海的影响是很大的，这不但在俄国统治的历史上划一新时期，即在乌梁海的发展上，亦值得大书特书。当俄国一九一七年二月革命爆发的时候，乌梁海亦正如俄国的其他地带，经过复杂的曲折的变乱。首先是克伦斯基改良主义派的势力所笼罩，曾在乌梁海首都阿尔斯克召开大会，通过打倒俄皇的口号。但是改良主义者的克伦斯基派既不敢提出民族自决的主张，又不能坚决否定剥削的政权，乌梁海土民还是没有获得真正的解放，对于克伦斯基派的信仰，便渐渐的淡泊，终至站在剧烈反对

的地位。同时俄国革命的另一派——布尔塞维克在乌梁海的势力却
急速的增长。在各政府机关的乌梁海人，亦全部倾向布尔塞维克。
于是随着布尔塞维克在苏联的成功，乌梁海也就变为布尔塞维克
的统治了，真正的"赤化"了。

十月革命后，即一九一八年三月二十一日召开代表大会，乌梁
海的政治情势，便踏进布尔塞维克的本格，在该大会所发表的
《告乌梁海民众书》中，曾有这么一段语重意长的话：

> 吾国去年十一月七日废止所谓民主主义的临时政府，而建
> 设由劳动者、农民、士民代表所组织之苏维埃政府，以为国民
> 之权利机关，临时政府之官吏，已全被剥夺，而以苏维埃政
> 〈府〉代之。兹为使乌梁海地方人民之强化，在三月二十
> 〈一〉日之代表大会，选举乌梁海地方劳动者、农民、士民代
> 表，参加苏维埃政权。此苏维埃权力的新执政者，当处理俄人
> 及乌梁海混合之事务，以中央政府之人道的命令为规范，竭全
> 力以拥护乌梁海民众之权益，摧毁剥削制度，打破阶级不平。
> 乌梁海民众们！苏维埃政府决无干涉乌梁海人民内政之意图。
> 关于民族自治与言论、结社、宗教之自由，将无条件加以全部
> 承认。对新民众政权之乌梁海人民，最后应措置的态度，苏维
> 埃中央政府务必予以善意的指导。

这里告诉我们说，苏联政府将畀于乌梁海民族以自治独立之
权，无意编入苏联版图之内。但是不尽乌梁海实为独立自主，而
地理的密切，历史的创造，思想的薰陶，经济的相互关系，在在
都是与苏联不能相离的。

（五）从桃色转化为赤色

乌梁海"赤化"的又一重大的转机是在一九二一年八月中旬，

以苏联政府为背景，在巴西亚地方召开的第一次国民大会。出席者有乌梁海各区代表数百名，苏联方面为西伯利亚特别革命委员会代表十八名，外蒙古人民政府亦派代表三名陪席。这次大会在乌梁海历史具有极重大的意义。

苏联代表在这次大会的主动的地位，那是不待言的。首先是西伯利亚革命委员会首席代表萨佛伊诺夫报告开会宗旨说：

在此次大会中，只有自由选举组织之国民革命政府，才能导国民于自由之路。深望代表诸君，详察各种事态之重大性，制定充分满足乌梁海国之一切制度，以期获得重大的功效，而使乌梁海民众在升平安乐之景。

大会的主席为巴特拉阿，前系乌梁海王侯，而现则思想维新者。大会所通过的议案，最重要者则按照苏维埃条例，组织最初的新政府。当选举赤身阿尔族出身的巴利尔为乌梁海国人民委员会委员长，又选任邦罕族出身之蒋姆巴伯及乌拉罕族出身之巴特拉阿等为各部部长。会议将闭幕时，并采用《苏联共和国宪法》，以制定《乌梁海国临时宪法》，这是一九二六年正式宪法的前稿。但这样组织起来的新政府，恰巧〈与〉苏联临时政府当初一样，亦不免有反动分子潜据政府要津，起先还不大表明，迨实践上施行新政策时，政府内部便显现很大的矛盾与斗争。但其结果，将〔终〕于被激烈分子所驱逐或杀害，政府便绝化〔对〕地从桃色转为赤色了。

乌梁海国中央政府，亦属一党专政。政府须接受党的训令、指令，受其领导。而党的内容亦布尔塞维克化。党员大会的权力高于一切，经其所决定者，无论高级的政府机关或党机关，均不能稍加更易。各地方政府机关，均有党团的设立，发生核心作用，并监视一切嫌疑分子，如王侯、土豪、富农、地主等。

乌梁海的一切组织的特征，的确是完全苏联化了。近年来更模仿苏联的五年经济计划，全国上下劳〔努〕力生产，期以人力征服自然，成为近代化的区域。

从一九二一年乌梁海成立独立共和国，迄今已十有四年。在这十四年间，"赤化"的程度，已达无远弗届的顶点。从游牧经济时代而飞跃为"赤化"时化，这就是乌梁海的特性。

（六）苏联统治乌国的难点

乌梁海虽有开国十四年而受苏联一直的卵翼，但苏联的统治不是没有困难的。这是由于乌梁海内部阶级成分的特殊及其经济阶段的幼稚。例如在地域内，就有三种不同的人民：

（一）有半原始的游牧民，知识既固陋，而且成性凶悍〔凶悍成性〕，仇视外人，不可理喻，亦难以威吓。

（二）有从事牧畜及农耕为衣食者。这部分的知识虽比较发达，但其了解社会、政治、经济的飞跃进展阶段还是不可能。

（三）佛教僧侣占人口的过半数，迷信极深，思想简单，其潜势力尤大。

因而对这些民族，要贯输以近代工业最高时期的无产阶级与社会主义，实无异"对牛弹琴"。他们不仅不能了解，而且是常常采取极端仇视的态度。在〔这〕种困难，在苏联及乌梁海国政府也并非不知道，于是现在他们乃极力进行开化工作，普及教育。效果如何，让将来的事实去证明吧！

《大道》（月刊）

南京大道月刊社

1935年4卷1期

（李红权　整理）

日本帝国主义铁蹄下的蒙古

孙飞 撰

　　狮子夜吞月，可汗朝点兵。兵符一以下，千里不留行。壮士得兵符，中夜起秣马，秣兵〔马〕望天明，长啸大旗下。

摘自蒙古古军歌一首

　　在成吉思汗领导下，蒙古骑士，像暴风雨似的，度着战争的、掠夺的、游击的生活。当时强大飘忽的威力，曾震撼过整个世界，虽然因计划的浮动，环境的影响，阶级的形成，宗教的迷信，在当时已潜伏下今日蒙古衰亡落后的种子，但历史将不会使人们忘却那蒙古巨人——成吉思汗的英雄事业。

　　公历一千二百〇六年，成吉思汗，集合所属部落，在敖嫩河畔为盟，作统一全世界的宣誓。俟后他统帅着沙漠中的铁骑，纵横欧亚二洲，二十年中，中央亚细亚、俄罗斯南部、中国北部、印度、波斯……各区域，都踏践在他的马蹄下。直到他在甘肃六盘山逝世而后，他的子孙，自元世祖忽必烈，以至元太宗、定宗、宪宗，更继续着他的事业而进展，除却南下中原，征服中国全部，而且太宗还从里海攻陷莫斯科、卞赞、基辅而侵入波兰、匈牙利。帖木儿更远征土耳其及印度，军威所至，所向披靡，许许多多的种族、国家都在蒙古健儿的面前颤抖。

　　以至朱元璋崛起民间，把蒙古人的统治地位推翻，君临封建的中国的元顺帝，只有率领他的圣子神孙，及其忠驯的臣民奴隶，回到那荒凉偏僻的塞外故乡，更作氏族制的部落首领。固然他们并不曾忘情再入中原，但时代已消失了蒙古族如成吉思汗、帖木儿们可以活跃的性能，并因明太祖、成祖的对蒙古的经略，给以频屡的强有力的打击，于是一蹶而不能复振。

满清时代，爱新觉罗皇朝，对蒙古所用的策略，较之明朝，更为阴鸷而技巧，今日日本帝国主义，我以为还在因袭着使用此策略，我人且略言其概要：

一、把蒙古封建王公，引到北京，为其建立府第，优加赏赐，给他们以优越的虚荣的物质生活。金珠、子女的炫示，声色犬马的诱惑，使其安于骄奢华贵的习惯，销沉他们较为远大的政治兴趣。

一、极力提倡喇嘛教的信奉，使全部蒙人，毫无反抗的安于简单、原始、贫困、压迫的现实生活，忍受着今生的痛苦，而追求着来生的、死后的安乐。

一、提高喇嘛的待遇及威权，使蒙古人家庭中的青年男子纷纷充当喇嘛，以期减少蒙古人口增加率，以至渐渐的消灭。并且规定喇嘛不纳税及尽其他义务，除了念经诵咒而外，还站在万能的权力立位，支配人民的一切生活事项，如葬祭、婚嫁、教育、诉讼、医疗……等。人民除受喇嘛精神麻醉而外，还有供奉他们特殊生活的义务，无论什么财物，甚至女人的初夜贞操，都虔诚地向喇嘛奉献。

一、以兵力远戍库伦、桑贝子、乌里雅苏台及各重要地带，会同为政府豢养着那专门压迫与剥削蒙古人民的喇嘛及王公暨其所属。监视并镇压蒙民大众对现有制度的怀疑愤慨以至动摇或反叛。

这些刚柔并施、恩威同用的方策，居然使智识文化，因经济环境而落后的蒙古人民，甘心滞留在半原始的生活姿态中，一切都在固步自封，诚惶诚恐地归为臣服。

　　然而时代之轮，把整个世界推进到另一阶段，以神明华胄、天朝上国而自相矜许的中国民族，自鸦片战败而后，开始门户大开，为欧洲民族所宰割。甲午战败而后，毗邻中国的大和民族，更加冷酷地以中国为其刀俎上的鱼肉。

　　辛亥革命的号角，吹醒了中国各民族，在沙漠中天幕下昏睡的蒙古人民，已经有一部分感到求新的憧憬。民国政府，虽标榜着五族共和的口号，但对蒙古所用的政略，仍沿用废清的方策，封建的王公制度，依旧保留，喇嘛的特殊权威，亦未加以减削。直到今天，我们知道，还是由王公们掌握着内蒙的政权，由班禅、章嘉等几尊活佛，去以宗教余烬，做所谓宣慰蒙民的工作。

　　在各帝国主义者，以各种方式进攻下的整个中国，逐渐沦为半殖民地的落后国家，中国国防最前线，环护着中国本部的各部边疆，自然首先成为帝国主义国家的牺牲品。内外蒙古，更无可逃避的尝试那刽子手的利刃。

　　首先侵略蒙古的，我们知道是与蒙古接壤的俄国，虽然成吉思汗建立大蒙帝国时，俄国曾为其版图之一部，但是蒙古民族的活跃，久已成为历史的陈迹。雄踞欧亚，睥睨全世的沙俄，最初本想向地中海方面发展，故与西欧各国，作过数世纪的不断的战争，结果不能如愿以偿。继之又树立东方不冻港的目标，结果又为新兴的日本所战败，于是帝俄惟有以全副精神，积极向蒙古方面发展。

　　自一七二七年，《中俄恰克图条约》之定立，形成俄国对于东亚领土野心之发凡。经过不断的努力，由经济而进为领土侵略，逐渐积垒成俄国在蒙古的势力，直到一千九百十一年，在帝俄宿将教唆煽动之下，呼伦贝尔，首先对中国悬挂了叛旗，继之外蒙亦宣布脱离中国。

　　北京政府，乘俄国大革命之机，亦曾派遣〔遣〕徐树铮为西北疆〔筹〕边使，兼西北边防军总司令，统帅所属，长驱而入库伦。蒙古独立的气势，遂又以布里亚特蒙古的乌路夫爱吴加司库（贝加尔湖东岸）为中心而发动，在该处召开全蒙各地代表大会，远在绥远、科布多、乌里雅苏台……等处，均派有代表，参加斯会。并在呼伦贝尔附近，以斯密约诺夫将军为背景，而在大乌里等处，编成蒙古军队。我们不要忽略，当时并派遣使者，向日本乞援，虽然当时未必适合日本国策，故日本未曾大规模的出兵，但其军人方面，已跃跃欲试，而终于出兵后贝加尔。

以后因直皖系军阀混战，皖系失败的结果，徐树铮去职，陈毅代之，驻在库伦，那长川为日人保护着的，帝俄遗孽谢米诺夫将军之党羽巴伦温克路，遂于一九二〇年十月，率所属兵士三千人，就中大多数是车臣汗蒙古人，经大乌里经〈桑〉贝子而入蒙古，翌年二月，占领库伦。对中国商民，施以大规模的屠杀，边防军团长高在田及其部下沿俄蒙国境，而逃往满洲里，外蒙古遂在向〔苏〕俄援助之下，再行独立。

经过时间的演进，外蒙内部的变革，自一九二四年三月，外蒙的偶像领袖哲布尊丹巴呼图克图逝世后，当年七月，正式成立外蒙共和国，十一月召开国民大会，制定苏维埃式政纲。

直到今天，外蒙已奠定了相当的基础，成为苏联之一部，中国对外蒙，惟有名义上还自认有宗主权罢了。

与外蒙唇齿相依的内蒙，自外蒙独立以后，在中国国防上的重要性，更加重要，同时，日本对内蒙的窥伺，也日渐凶恶。

震骇全世界的日相田中义一密奏中所云："日本欲征服世界，必先征服中国；欲征服中国，必先征服满蒙。"自九一八事件发生，继承田中遗意的日本军阀，已公然揭开了这政策的序幕。包括在东北四省中的内蒙卓索图盟、昭乌达盟、哲里木盟，及呼伦贝尔……等处，渐次地为日军所劫夺，然而，这不过是开始，而不是终了。

回溯北京政府，承认二十一条时，已经给与日本以侵略蒙古的成功暗示，其第二条照会所开之要求：

一、日本国臣民，在满洲及东部内蒙古，任便居住往来，并经商工业生意。

二、中国政府，允将南满洲及东部内蒙古各矿开采权，许与日本臣民，至拟开各矿，另引〔行〕商定。

三、中国政府应允下列各项，先经日本政府同意，然后办理：（一）在南满洲及东部内蒙古，允准他国人建筑铁路或为建筑铁路，向各国借款之时。（二）将南满洲及东部内蒙古各项税课作抵，向他国借款之时。

四、中国政府允诺，如在南满洲及东部内蒙古聘用政治、军事、财政各顾问、教习时，必先向日本政府商议。

这些条件，把东蒙古的命运，已经早为决定，到九一八遂正式地敲起了葬钟，整个东蒙，离开他母亲——中国的怀抱，埋葬了他与中国的关系。

我们不要忽略，日本军阀，会以同样的策略、手段、条件、密约，来应付西蒙古呵？——假如这不是杞人忧天的话。

诚如美国人欧文路易马司（Owen Leuimors）所云："戈壁沙漠，为内外蒙古部族上及地理上天然区划，更为好革命的北部蒙古人，及南方与东方的保守蒙古人之天然分界，兴安岭南走，环于戈垦〔壁〕沙漠之东部，其间宛如横腹，有天然之牧场，便利的交通，沟通内外蒙古，如果据有兴安岭，即可左右内外蒙古。"

日本军阀及其御用的野心家，早已看清此着，故自劫夺东蒙古，占据兴安岭一部以后，一天也没有忘记对外蒙、西蒙，为进一步的侵略。

我们肯定以远东防赤宪兵自命的日本，无论若何，不会放弃对苏联的进攻，而且无论如何，日苏战争，决不能免，问题只在战争爆发的时间迟早，现在他们双方已经尽全力的作准备工作。当这战争爆发时，我们更肯定日本会更惨酷的侵略中国，纵使中国再具体的投降，这战争的怒潮，也得波及整个中国，蒙古更将尽先受战神的洗礼。

有人曾估计过日苏一旦发生战事，则战线将由堪察加角起，沿海岸南向，经库页岛、黑龙江至海参威〔崴〕，再由图们江口起，北向绥芬河达兴凯湖，沿乌苏里江直至伯力，由伯力转西向，溯黑龙江经同江直上黑河而上抵满洲里，再经呼伦贝尔池、索伦，延长至于热河、察哈尔边境。在这大弧形战线中，双方当各有攻守重心。东线则如库页岛、海参威〔崴〕、兴凯湖及伯力等地。北线则如沿黑龙江的瑷珲、满洲里、呼伦贝尔等地。西线则如多伦及库伦等地。而日方因为种种客观情势，所以在东线利保守，在北线利弛张，西线利速战。

吾人以为假使日苏战争时，若认为日本只想占领海参威〔崴〕、乌苏里等要塞，便能决定胜负，那简直是滑稽的推想。姑无论苏联在各该处，已经有安全防御的准备，日本不见得能越雷池一步，即使可能，那不过是局部战术，决不能使苏联屈伏。将来对日方较为有利的战场，大约必在蒙古。因为平原作战，无论败退是谁，那不过是战术的退却，随时有集团反攻转败为胜的可能，至若侧面攻击，却能给敌方以致命的巨创。因此，日本对苏联的侧面攻击区域，无疑是与西比利亚邻近的外蒙，暨与伪满洲国邻近的内蒙。

再说，近年以来，苏联在沿海洲及满洲、朝鲜一带边域，已配布极巩固的国防工事。在海上，美国的阿拉斯加半岛（Alaska）与苏联底什佛半岛（Deshnef）已有了相当的军事上的联络。在陆地，苏联正在准备建筑贝加尔阿穆尔铁路，与西比利亚铁路平行。美国的阿留申群岛（Aleutian）的荷兰港（Dutch Harbor），与苏联堪察加半岛（Kamchtka）之卜鲁巴甫罗斯克（Petropvlovsk），在必要时亦可取得良好的联络。这个东以苏联，西以美国为假想敌的日本，当不能不顾忌及此。何况在东三省作战，以普通军事常识而言，大兴安岭一带，山路崎岖，峰峦起伏，森林密布，不易行军，苏联在上述地带，已预有准备，届时苏联的铁骑，当可任意驰骤，而日本士兵，没有山林战的充实经验，在苏联强大的空军爆击圈内——日人所引为畏惧的——精悍的陆军，尤其是著名全世，现在更多新进步的哥萨克骑兵的进袭之下，日本本部、朝鲜、满洲，当易罹重大的损失。如以蒙古为向苏联侧击的战场，在广大平原，作集团战争，日本踪〔纵〕然失败，损失当能较小。而且从内蒙的多伦，溯多库汽车路线，直趋外蒙的首都——库伦，更溯库伦至伊尔库次克的大道，直趋贝加尔湖，截断西比利亚铁路交通，使苏联前卫与后防的联络，发生动摇，这在日方，我以为是颇为得计的。

我们不妨再引一位美国军事专家的估计，作为有力的参考。

前任美国西比利亚远征队司令加拉维斯（Mal. Cen. Wilams. Graves）在其所著《日本挑衅将如何》（If Japan Fights）（《时事类编》二卷十九期，马润庠君译）文中，很客观的估计日苏战争时的双方战略，而且指出蒙古在此战争中之重要性，现在节录原文如次：

　　……日本很想将战事的范围，限于东三省、蒙古及西比利亚一带，其目的系想使日本三岛之城市及人民，脱离战争的危险……如果日本占领外蒙古，那么，日本对于西比利亚铁路及西比利亚之东西二部的天然防线，其射击距离，自然是较为接近，为了这一个缘故，苏联是绝不会让日本伸张其势力于外蒙的，因为日本伸张其势力到外蒙古以后，所有贝加尔湖以东的西比利亚，将尽为日本所支配了。至于西蒙古，就经济方面言，系为中国人的势力所支配的，但是因为这个广大的戈壁沙漠（Gobi Desert）分成内外蒙古二部，属于外蒙古的蒙古人，则在苏联的势力支配之下。尤其是在一九二一年以后，当红军枪杀著名暗杀犯人士丹伯（Bavon. Sternbeng）的时候，这个士丹伯氏，自白俄军队崩溃以后，即行与其随从自西比利亚逃至外蒙古库伦避难，但卒为红军擒获枪杀。

许多研究远东情势的人，深信将来日本会取道外蒙古以攻击苏联，但是内蒙古之张家口以至外蒙古之库伦，其距离几七百里，如果日本由这一方面移军前进，这实在是很费力的，张家口与库伦，固然有公路可通，但这一条道路，大都经过戈壁沙漠，如果由这一方面进军，只须走到半路，即行感到饮料与食物的供给困难了。军队之运输，必须用车辆载运，据记者个人的估计，由张家口至库伦，费时十日，如欲运输一千名军队及辎重物品，必须用七十辆车辆运送，因此，任何一种有力的军队，由这一条路前进，必定需要许多车辆及时间。在另一方面，红军由西比利亚至库伦的路线，则较日本军队由张家口至库伦的路线为近。日本军队的武力根据地，或许是在乌得之背后，以便军队动员持〔时〕，能为充分的防御。而且日本至戈壁沙漠之中，其背后将会被人袭击，这种危险，我相信日本的军事领袖，是不会冒昧赞助的。……日本人对于战争一事，是很小心的，如果明知不能获胜，而故蹈战争之危险，他们似乎不会有此必要。因为日本知道苏联不会作一个侵略者。但是日本人——指在记者执笔的时候，此为四月三十日，正计划着在蒙古行动，根据记者所认为可靠的消息，日本在东三省境内，其所储藏之飞机、汽油，为数大约在二百万加伦至三百万加伦之间，其目的系预备作轰炸蒙古及西比利亚东部之用……

　　虽然加拉维斯认为日本进取蒙古以资进攻苏联为失策，但日本已在事实上毫无犹豫地执行这个战略，我们可以从九一八后日本对这未来的大战场，蒙古所作的准备工作上看出来。

　　首先应检阅一下已被日军占领的东蒙古一带现状，我们会颇清楚的看到，日军及其工具伪满军，正在以雄厚的兵力，精锐的武器，在作彻底肃清东蒙境内的民间抗日势力的工作。对已渐不为国人注意，而国内报纸，与日"满"异口同声的所指为的"匪"即义勇军性质的武装组合，正在作大规模的扫荡，虽然我们的坚苦卓绝、孤军苦战的义军，还在此仆彼继的斗争着。同时日军更嗾令儿皇帝以虚荣的世爵，册封蒙古王公，继续其先世爱新觉〈罗〉皇朝所用的羁縻政策，利用封建残余的蒙古贵族，加深对逊清所谓深恩厚泽的回忆，而且施以煽惑，挑拨汉蒙间的恶感，力谋扩大伪国版图，以种族关系，进而作东西蒙合并的号召。以及奖励蒙古青年，赴日本留学，造成奴化教育的人才，纵容白俄余党活动，以便作进攻苏联的先锋。这些情事，还不过是消极的作法，积极行动，即在呼伦贝尔等处，训练蒙古军队，尤注意骑兵的组成，在兴安区王爷庙地方，设立兴安军官学校，专收蒙古学生，以日人担任教练，该校已有学生二百余人，在加紧的受着新式军事教育，预定二年毕业后，即以之为军事干部，分别派赴绥、察、甘、宁、新等蒙古部落中，组织军队，宣传日伪政策，以及胁使未对日伪降伏的蒙古王公，脱离中国，宣布独立。另外更在东蒙开辟公路、如由打虎山、通辽至库伦，至多伦等路，由朝阳至赤峰，至凌源之轻便铁路，在迫近察哈尔的朝阳、凌源、承德、赤峰、凌南、丰宁等处，建筑飞机场，布置强有力的军事网。

　　去年十一月廿八日，伪组织发表蒙政部官制，把从前所设管辖东蒙的所谓兴安总署，改为蒙政部，日伪当局，认为此种设施，实系确立一极重要的治蒙方针，以为今后号称一百五十万之蒙古民族，自此即可完全归其统治，这策动侵略全蒙的最高机关，我们似应有较详的了解，兹将伪蒙政部及伪兴安省官制及伪省官吏之改动，概举如下。

伪部官制第六十八条："蒙政部大臣掌理关于实行旗制地域内之地方行政，警察、土木、卫生、农林、畜产（除关于马匹事项）、水产、矿山、商工、教育及宗教之事项，并监督兴安各省。"第六十九条："蒙政部置左开职员：司长三人简任。理事官八人，秘书长一人，技正二人，编审官一人，事务官七人，技任三人，均荐任。属官五十四人，技士九人委任。司长承大臣之命掌司务，理事官及事务官，承上司之命掌事务，技正及技佐承上司之命掌技术。秘书官承大臣之命掌机密事项、特别命令事项。编审官承上司之命掌教科书之编纂，并教科书教材及教化资料之审正，属官承上司之指挥，办理事务，技士承上司之指挥，从事技术。"

该部之偏傀〔傀偏〕部长，仍由蒙王齐默特色木丕勒充任。所属官吏，次长为日本人依田四郎，总务司长为日本人关口保。民政司长寿明阿，伪兴安东省长额勒无，兴安南省长业喜海顺，兴安北省长凌陞，兴安西省长扎噶尔，至伪部内之机要、编审、技术等重要职员，皆由日人把持。

隶属"蒙政部"之下，"兴安各省"官制，亦重新规定。全文共十四条，略述其较为有重要意义者：

第一条　兴安各省公署，共置左开职员：省长四人，参与官四人，厅长八人，理事官四人，秘书官四人，事务官二十人，属官七十六人，技士四人。

第二、三、四、五条阐明省长之隶属关系及其职权关系，从略。

第六条　省长指挥监督省内之兴安警察局长、旗长及县长。省长认为兴安警察局长、旗长或县长之命令或处分，有违背成规，妨害公益，或侵犯权限者，得取消或停止之。

第七、八条略。

第九条是说明参与官以次各职官的职权关系：参与官是"辅佐省长参划机务，并承其命掌事务"。这个挟省长以令百僚的参与官，当然是日本人充任，从他的职权上看来，可知伪省长不过是"政由宁氏，祭则寡人"的儿省长而已。

第十条、十一条、十二条说明省公署之〔二厅〕总务、民政二厅的权限，就中较可注意的是民政厅掌管的事项：（一）关于监督地方行政事项；（二）关于赈灾及救恤；（三）警察及地方自卫；（四）土木；（五）土地；（六）农林、畜产、矿山、工商及水产；（七）教育、宗教及礼俗各事项。

第十三、十四条略。

至各伪兴安省所管辖的区域，亦有所变更。虽然东蒙古的疆界，即蒙人自身，亦未尝有确切的判断，但现在日伪已强为划分，计：伪兴安东省，辖喜札戛尔、阿荣、莫角达瓦及巴彦各旗。伪兴安南省，辖库伦（原锡舜库伦、喀尔喀左翼及唐古特喀尔喀各旗之区域）、科尔沁左翼前、科尔沁左翼后、科尔沁左翼前后中、科尔沁右翼、扎赉特各旗及通辽县之区域。伪兴安西省，辖巴林左右翼、兑〔克〕什克腾、翁牛特左翼、奈曼各旗及开鲁之区域。伪兴安北省，辖索伦、新巴尔虎左右翼，陈巴尔虎，额尔克纳右翼各旗。

此次改制，凡属于旗公署者，一律施以旗制，自吉林郭尔罗斯前旗，以迄吉、黑两省之四旗，于本年三月，受日人唆使，选派代表，向伪满当局，要求施引〔行〕旗制后，现已逐渐实行。同时在蒙族〔旗〕施行征兵制，以图扩大武装势力，为进击苏联、侵略中国西蒙的先头部队，每旗最低度，须有五十名至一百五十名的壮丁应征。这些强悍诚笃、工于骑射而头脑简单的东蒙壮丁，将在日人指挥下，为冲锋陷阵的工具。

在战略上看来，日军取得蒙古，势必更进一步的并吞与热河接壤的察哈尔，扼紧了内外蒙交通的咽喉，巩固其假想的西部战线，在他认为还不必即以军事方式占领察哈尔全部以前，但对察东，却一点不肯放松，以多伦为中心，逐渐扩大其威力。今年春，在通车而且通邮之后，从沽源发出的炮声，可证实其野心的发展，所谓察东事件是这样：

在沽源县境的长梁、乌泥河、南北石柱子、永安堡、四道沟一带，被日人指为是热河丰宁县辖境，应为"满洲国"领土。当时对察省当局，提出两点要求："一、请将沽源县属第一区地方长梁等村，划归热境。二、请中国军队，撤至长城线以西。"伴随着这条件的，是日伪军队的向前推进。一月二十三日，日伪军竟在东栅子一带开炮轰击，虽然当时所争的区域内，已经并无国军，但确无抵抗力的徒手人民，为其炮火所死伤者不可胜数。中国当局，虽依然保持着和平镇静的一贯精神，日伪军却毫不客气的前进。一月廿六日，日武官高桥，约定注〔驻〕察外交特派员岳开先、战区整理委员会常委朱式勤交换意见，会商办法，军事行动，却不曾在"杯酒联欢"中停止。廿七日进占东栅子，已超越日军所指的长梁、乌泥河，双方外交式的折冲，因我方主会议地点在北平，日方不允，而发生争执，廿八日日军忽退出东栅子。廿九日日武官高桥向我方提出关东军对和平会议的三项原则，我方已不坚持会议地点之在北平，而约定二月二日，在日军驻在地的大滩举行会议，届时在大滩日军司令部的刀光剑影下，举行所谓和平会议。俟后据北平军委分会宣称，大滩会议的口头约定解决办法是："察东事件，原出于误会，现双方为和平解决起见，日军即退回原防，二十九军，亦不侵入（一）石城〔头城〕头子、南石柱子、东栅子（长城东侧之村落）之线，及其以东之地域。所有前者二十九军所收热河民团之步枪三十七枝，子弹一千五百粒，准于本月七日由沽源县长，如数送到大滩。"

察东事件，就这样轻描淡抹的和平解决！原属沽源总辖的石头城子等村镇，不仅中国军队，绝对不能前往，即警察亦不能驻守，当时日方欣然同意，事后伪满的国境警察队，并指各该地为"热河丰宁县第六区"，把上列各地又改了名称，均按日军军官的名字改称，以纪念他们"皇军"的功绩：

一、南团子改为谷团子（日谷支队长）

二、小厂（即永安堡）改为永见堡（日联队长永见俊德）

三、石头城子改为石井堡（日队长石井）

四、长梁改为林田堡（日队长林田）

五、乌泥河改为松田堡（日队长松田）

六、北石柱子改为岩仲堡（日参谋岩仲）

七、二合堡（即开包怀围州）改为松井堡（日驻张家口特务机关长松井）

其余小村名称虽依旧，但较重要的山险、要塞四处，亦被改称，断木梁东方高地，改为斋藤山（日少尉斋藤在此阵亡），西方高地，改为松田山（纪念日队长松田战功），西北高地，改为阵笠山（日兵阵笠在此阵亡），中部高地改为永见梁（纪念日联队长永见战功）。

中国由此事件损失的，似乎不只是这个村镇的区区领土，我们应该认清，这并不是日人所宣称的地方事件，而是日人夺取西蒙的初步的具体表现。

至哈尔哈庙事件，我人认为较察东事件，其意义尤其重大，这件事的起因、发展，以至告一段落，都可暴露日人对整个蒙古的阴谋，尤其反映着日苏的矛盾，渐趋尖锐。

前文曾说到日本在东蒙设立与〔兴〕安四省，除了已说过的各种设施，而且在所谓伪满国境，设立"国境监视所"，树立帐幕，设官一人、警士数人，完全由日人充任。所谓国境监视所，显系对外蒙古的侦查尖兵，外蒙对这卧榻之旁的侦探，自然不能不设法加以驱逐。因此，类似哈尔哈庙事件的冲突，最近二年来，已层出不穷，依据天津《大公报》的列举，可见其梗概：

一、去年——民国二十三年，二月中旬，外蒙兵至毛敦哈西亚得"国境监视所"，强迫日人撤退。

二、三月中旬，外蒙兵至乌蒙呼都克"国境监视所"，强迫日人撤退。

三、三月下旬，外蒙兵至夏拉伦哥尔布置哨兵，占领渔场。

四、八月中旬，蒙人迭鲁本与日人石泽澄于十五日在巴印知雷附近猎狩，为外蒙兵绑去，监禁于塔穆斯克司令部。

五、八月下旬—八月三十日，哈尔哈庙活佛及其从者，在右翼庙〔镶〕蓝旗，德尔保真，为外蒙兵掳去。

六、十一月上旬，外蒙兵至伯伦迭斯"国境监视所"，将日人驱逐。

七、本年—民国二十四年，一月二日苏门诺里根庙之喇嘛僧五名，马三十匹，在新巴尔带〔虎〕左翼正白旗第一该尔附近，为外蒙兵捕去，拘押于塔穆斯克监禁。

八、一月八日，外蒙兵五名，至乌拉坎加"国境监视所"，强迫日人撤退。

九、一月九日，外蒙兵至哈尔哈附近，驱逐"国境监视所"之日人，占领欧米里亚多奥保。

十、一月二十一日，外蒙兵至芬德兰"国境监视所"，强询附近日兵派遣队情况后退去。

十一、一月廿四日，驻阿尔善之日军本多少佐，率部下十一人，赴哈尔哈庙侦查，乃与外蒙兵冲突，日军死濑尾中尉及兵士一人，中士一人受重伤。

根据上述的调查，可知日军与外蒙的冲突，日渐加强，哈尔哈庙事件，于是辩证法式的发生。

本来东蒙、外蒙，都是中国领土，以前中国政府，为该二部划界时，仅仅泛定为平分贝尔池，其东则以哈尔哈河为界，但哈尔哈河之流入贝尔池，并不平分，即日人现所谓之三角地带。外蒙兵于去年三月，已将该地带占领，本年一月九日，外蒙兵十七人，占领哈尔哈河北距河约一万公尺的哈尔哈庙，一月二十一日，又驱逐了芬德兰监视所的日人，驻海格〔拉〕尔的日军闻讯后，乃派其本多少佐，前往侦察。二十三日本多住阿尔善新巴尔虎左翼旗公署内，二十四日率其中尉濑尾及士兵九人，亲往侦察。到达芬德兰"国境监视所"时，外蒙兵已退出，本多为继续侦察，故仍继续前进。及距离哈尔哈庙约二百米突时，已发现外蒙兵尚在庙内。于是双方开枪，日方的濑尾中尉及军士一人阵亡，中士一人负重伤，所余日军，势已不支，又接得大队外蒙古骑兵，由哈尔哈庙南之夏那驶来的消息，本多于是向阿尔善退却，以急电报告驻海拉尔的日军军部，从来以造谣生事为惯技的日人，好容易找到这个题目，于是张大其词，在各新闻纸上，发表情报，宣称夏那方面，有苏联赤军若干名，塔穆斯楚克方面，有苏联飞机若干架，仿佛苏联向日本挑衅，而它们双方的战机，大有一触即发的情势，全世界的观听，尤其是我们中国，都在注意着此事件的进展。日方并虚张声势，立时把驻昂昂溪、满洲里的日军，全部开到海拉尔。驻在哈尔滨、沈阳、热河的日军亦纷纷向北动员，驻海拉尔的千余名日军统由和田指挥，二十五日到达阿尔善，形势好像十分严重，当时新巴尔虎右翼旗长，出任调停之责，二十六日下午五时，致函哈尔哈庙的外蒙兵，请求撤过哈尔哈河，外蒙兵的答覆，是将这请求的信，转致其军营所在地达姆斯克达姆，

俟次日答覆。到二十七日，并无回音，二十八日，外蒙兵以滑稽
的姿态，把原信退还，封口已拆阅，但未作任何回答，二十九日
此情况到达阿尔善，三十日和田只好率队亲往，当晚出发，一夜
约行五十五公里，及抵哈尔哈庙时，驻在该处的十七名外蒙军人，
早已于当日拂晓，先行退却，庙中只留下晨餐的线迹，及日军阵
亡者的死尸。日本皇军，惟有以聊以解嘲的方式，在庙顶高悬了
日"满"国旗，奏凯而归，留下一篇蒙汉文两列的文告，贴在庙
里，文告上说：

　　　　一、贵军须急由满洲国领土撤退，务须先退至哈尔哈庙
以南。

　　　　一、贵军撤退后，拟在夏那东侧，隔开哈尔哈庙，实行细
部交涉，是以须向该地派遣使者。

　　　　一、贵军须允诺今后不再进出哈尔哈河以上，倘不应时不
得已将行使武力，但责任完全由贵军方面负之。

　　　　一、满洲国军，在本交涉中决不取战斗行动。

最后是"康德二年一月三十一日，兴安北省警备司令官和田"的
署名。

　　这文告较之屡次对于中国的书面文字，总算还恭顺有礼，新兴
的外蒙，是不畏惧日本的，从这以日军为儿戏的小动作上，可以
想见。

　　日本外相广田，因此事件，于一月三十一日，致电其各驻外使
领，略谓："哈尔哈事件，系因外蒙兵侵入满洲国领土发生者，如
外蒙兵确有诚意，约定不再侵入时，日本政府当仍在事件不扩大
之方针对付之。"

　　同日再电各驻外使领，则谓："一、三角区域为满洲国领土，
显系事实；一、哈尔哈庙事件，系满洲国与外蒙自治政府间问题，
与苏联军并无关系；一、我方虽希望作局部地方和平解决，但外

蒙军不表示诚意，仍不撤退时，则日满联合军，不得已将继续讨伐……"

同日，日本驻"满"大使馆，亦致电各驻外使馆："满洲与外蒙之疆界，自满洲事变前，即已为世界公认，然去年以来，外蒙兵竟渐次不法侵入，发生暴行，因将其驱逐境外。"

这些外交上的词令，颇可显见它们对外蒙仇视厌憎而无可奈何的情绪，回想从前，日未〔本〕虚造中村大尉的死耗，而借辞出兵东北，造成沈阳事变。前数月因藏本书记官的失迹〔踪〕，于是日本又举国若狂，把战舰罗列下关江面，即拟炮击南京，但在哈尔哈庙事件中，日人并没从外蒙方面，得到半点便宜。除了决定在伪兴安北省西部与外蒙接境地带，增设"国境警察所"三十八处，作以壮声威的表示，可是穷荒大漠，给养困难，只能驻有少数日军，而外蒙骑兵及游牧民族，依然时常对日方有"老实不客气"的举动。

最近日本又令伪国与外蒙，商榷于本月中旬，在满洲里开始谈判，其交涉内容，据可探悉的是：

一、哈尔哈庙，由外蒙方面射击事件以后之情形。

二、确定哈尔哈庙满蒙之界址，以订明"国界"。

三、应连络将来之交通，由满洲、外蒙、协定一切。

日方这"黔驴技止此耳"的交涉，我人当能预测其结果，日苏间的矛盾，决不能消失，同时伪满与外蒙的冲突，也不会减少，未来的像哈尔哈庙事件的再演出，是随时可能的。

自这事件以后，引起一班人对外蒙古的注意，尤其是日人对外蒙的研究，更加狂热，伪国的报章杂志，也在风起云涌，以外蒙为研讨的中心。事实上日本自称为资本主义国家反苏联十字军的先锋，对与同苏联站在同一体系立场的外蒙，自然是认为劲敌，同时外蒙必然的与苏联成为联合战线，与日本抗争。我们且鸟瞰一下外蒙的现状：

在西比利亚的邻居，喀尔喀及额鲁特蒙古人们生活中最重要的事变，就是旧制度的崩溃，与苏维埃共和国的建立。

一九二四年，外蒙的神道政治领袖哲布尊丹巴呼图克图，死于库伦，其所领导的僧侣政权，也随着他死亡而崩溃。本来一九一二年外蒙初次独立时，外蒙人民，已经有些不能再把政权，交给宗教领袖的表示，但当时僧侣的势力，还甚为强大，企图反对他们的力量，还不能健全成立。为了脱离中国的前提，外蒙人民，遂以活佛为中心而团结。哲布尊丹巴仍居最高统治地位，经过渐次的思想的变革、内部的斗争、苏联的指导、丹巴之死，给了反对神道政治的人们以方便的机会，喇嘛们政治上、经济上的特殊地位与政权，于是被时代之轮，碾得粉碎。

一九二四年六月十九日，蒙古外交部，正式把宣布蒙古共和国的照会，交给苏联全权代表瓦西列夫。

据日本《边强〔疆〕支那》所载：去年苏联代表加拉罕，与外蒙古代表吉他儿，更代表两国政府订定一种密约，大概是说：

一、外蒙古共和国，由苏联政府的斡旋，加入第三国际。

二、加入了苏联及第三国际的一切国家，必须完全承认外蒙古成立后的新国家。

三、在俄蒙两国内，不许存在彼此敌对的团体。

四、在俄蒙两国，各设军事的防备，若有战争的场合，两国采一致的行动。

五、外蒙古苏维埃政府，须承认苏联政府的邮电建设事业，而且承认它是两国的共同组织。

六、外蒙古必须援助远东的军事施设。

七、外蒙古的建设权，特别是张库铁路的敷设权，必须让于苏联。

八、俄蒙两国间的出入税率，不得超过其他协定税率。

九、本条约在一九三三年七月十日批准。自该日起即发生效力。（转录自《新蒙古》三卷一期）

这密约的是否订定，或即如原文，因为日人长于造谣，所以未敢置信。但外蒙与苏联的一切关系，是最密切亲近的，大约谁也不能否认。同时大约谁也不能否认的，是外蒙现在较之从前，已经有了长足的进展，无论经济上、文化上，都在走上新的阶段，而显著着光荣的成绩。

日本军阀的近年行为，当然给外蒙以有力的威胁，我们看一九三四年三月，外蒙国务总理兼外交部长阙敦在国会的报告，他说："日本侵吞满洲后，继行进攻外蒙，国防紧急，全国应一致动员，以应付非常时局。"同时为军事上的指挥便利起见，废去革命军事委员会，以陆军部长为国防军总司令官（按现由吉米柴德充任）以期军令统一，并在外蒙各地，并且遍地实行征兵制。由此可知外蒙朝野对日本的准备。

再据日本边疆问题研究所调查，在外蒙除驻有庞大的苏联红军外，蒙古军从来号称五万，现在因有义勇军的召集，总额达到七万五千名，蒙军征兵每年八月，实行一次，所有年满二十一岁的壮丁，皆受检查，合格者充任兵役二年，又每年四月，召集年满三十一、三十二、三十三岁的壮丁，实施三个月的军事教训，其编制是这样：

一、全体共分三师团，每师团分四兵团。每兵团数额为二千五百名。

二、每兵团分四支队。

三、每支队分四小部队。

据近来消息，蒙古军队又重行整顿，大概如左：

独立骑兵团　　一

　　独立骑兵联队　　一

　　国境守备骑兵联队及中队　　　若干（?）

　　炮兵大队　　　一

　　溜弹炮中队　　　一

　　瑞尼呀加农中队　　　一

　　装甲大队　　一

　　飞行中队　　一

　　自动车输送队　　　一

　　此外又从桑贝子住的蒙民中，选拔"青年优秀分子五百名，施以速成教育，大概派遣他们到兴安省一带，企图扰乱日满军的后防……"

　　另外，我们再看一下满洲里日本领事馆的调查。

　　一、库伦有蒙古红军一军团，一军团分三师团，一师团分三联队，一联队分三大队，一大队分二中队，二中队之兵员数为一百三十六名，战车二辆，飞机八九架，装甲列车多数（实数不明）。

　　二、桑贝子有第五、第七两联队，驻骑兵约一千名，有山炮六门、大型野炮二门，枪均带枪刺，每兵五十名，有苏联制苏吉式轻机关枪，此外各小队兵（三十六名），每队有重机关枪一架。

　　三、克鲁伦河南岸（与桑贝子相对）山中之凹地拉斯地方有火药库一所，及高射炮一门。

　　四、罕汗吉驻有蒙古兵五百名，各种兵器俱备。

　　五、达姆瑞克布拉科驻蒙古兵六百名，各种兵器俱备。

　　六、约克吉尔庙，驻蒙古兵百五十名，各种兵器俱备。

　　七、一九三四年五月令二十一岁至二十四岁之青年，施行征兵检查，九月十五日，已完全入营。

　　据《大公报》记者的判断，认为："此项数目，颇不确实，其俄友某君，于一九二九年，曾至库伦及桑贝子。斯时蒙古之正规军，已不下五万人，战车二十余辆，飞机在库伦有十四架，桑贝子有二十二架。桑贝子且筑有飞机格拉库。与上记数目颇歧异。"

这报告或许含有政治情感，而且现在已一九三五年，距一九二九年，已六年之久，外蒙当然不会仍无进步。那末，我们再看最近《字林西报》的哈尔滨通讯。该报述说某外人旅行全蒙古各地，近从库伦归来，报告他此行所得的见闻，节译如下："外蒙全部，现正在作战准备中……从前作运输用的骆驼大队，现在已差不多绝迹，代替骆驼的是新式载重汽车，大部分来往的汽车上，都满装着军用物品。同时外蒙全境的大道，不论干线或支线，都已修筑完全。由张家口到库伦，沿途大路，一切皆甚为完善。所需的桥梁，亦已架设，沿途全铺着沙土，载重车经过，可保无虞。昔时该段大路，常常在修理当中，现在因重运输事业，可以常年经过，通行无阻。沿途有三处汽油站，以备汽车在该处增加燃料，其中一处有一工厂及存车库，内藏有大批运货汽车，途中并有一所无线电台，在大道旁有飞机场及飞机降落站，沿途各站，均有五十名上下之卫兵守备保护。库伦已变成军事中心地点，在库伦稍加观察，即对该地发生边境要塞的印象，终日所见，均衣着戎装的军人，穿旧式的长袍便服者非常难见。距库伦六十公里处，建有完善的兵工厂，似该处至库伦，途中极其平整，该厂每天出产的弹药数量上，颇有可观，并附有修理各种军用器械的大型工厂。该工厂内有工程师、专家及经验丰富、技术练熟之工人。该工厂并附有一极有力的发电厂，距该厂的四公里，有一小村镇，驻有各种军队，因为任何时间，均不允许外人入内参观，所以外人也不能断定该村镇中，储存有何种军用品。在库伦近郊，约九公里外，有两个飞机场，较小者系作商用，其大者则作为军用，在这军用飞机场中，有极大飞机库、工厂、电力厂、无线电台及营房。库伦虽然距离中国与满洲的边境甚远，但该城人民，形势上非常紧张，好像非常时期，即在目前的一样。由库伦通多诺湖的大道，是外蒙各重要大道之一，现在该路商业运输已停止，但建筑完善，作军事运输之用，往来不绝的载重汽车，所载之物，最多是水泥，因为不准任何人行近该路，所以这路上有何动作，不能明了。大批军用品，如步枪、机关枪及弹药箱等，每天在该路上，不断的运输，此项货车，都有军队为护卫，有时以铁甲车伴同押送。

发生战争时，蒙古方面，自知有颇难防守的危险性，故沿伊尔库次克之后贝加尔湖的边境，已建筑有坚固堡垒的连索，很明显的，是准备第一条战线不能固守时，即以此为第二条战线⋯⋯"

此上所译该外国旅行者的报告，在报上发表时，恰在哈尔〈哈〉庙事件发生时期，所以该文最后更说："就以上看来，苏联正在各方面，逐渐增加其力量，而作战争准备。自两周前，蒙古边境事件（按即哈尔哈庙事件）发生以来，关于外蒙的一般消息，无从详细探悉⋯⋯"就本文看来，外蒙正在极度兴奋的行程，作充实攻守力的迈进，可无疑义，但日本决不会因外蒙的已有准备而稍戢其野心，亦可由反苏联的前提决定。

我们看，日本把哈讷路展筑至黑河，而怀远、索伦等线，亦将展筑至满洲里或海格〔拉〕尔，这些铁道的积极修筑，无疑地是在企图着包围外蒙的车臣汗部，首先进击该部之克鲁伦。同时日本之占据多伦，自然也是准备循多库公路，向库伦推进，进攻土谢图汗南部。

至于外蒙究竟军备如何，我们认为上述日人所报告的不见得忠实，那外蒙旅行家所〈述〉不甚详尽。国人已经渐渐的把外蒙，消失在善忘的记忆中。白云梯去年在蒙古调查归来，仅仅宣称"外蒙现有飞机三百架，驻扎张库线内外交界"，就此一端，不难推想出外蒙现有的武装力量。笔者所知，在民国十四年，外蒙已有大批青年，在莫斯科受政治训练，及在红军大学受高级军事训练，在伊尔库次克苏联之骑兵部队中，受新式治兵训练者，至少有数百人，布里亚特蒙古，已在苏联受有政治军事训练之青年，在外蒙各机关部队服务者，为数甚多，近年具有时代的知识及技术之人才，逐渐增多，迥非内地人幻想着的蒙古人的冥顽不灵、简单落伍，更非在北平、张、绥所见到的那般昏愚颓废的王公总管，麻木不仁的僧侣喇嘛，所能伦比。

库伦、桑贝子、克鲁河左岸、黑新庙、乌尔顺河右岸、根盆帖、乌里鸦苏台、次金司比、阿尔帖尼兹乌、买卖城以及与伪满接境的各地方，都驻有强大的新式的蒙古军队，而且还有苏联红军协同防守。其边境地带，除陆地上有密布的尖兵哨、机关枪掩体外，每三四百步，即筑有苏联式堡垒，各堡垒间的地下，更掘有交通沟，以资联络。

库伦设有陆军大学、军官学校、航空学校，许许多多的青年，在学习近代战术。最近外蒙当局，并拟征集健全英勇的壮丁五万人，组成蒙古军团。

库伦与恰克图间以及内外蒙交界各处的长途军用电话，已经通话。全蒙的汽车，都归政府统制，库伦兵工厂，正在努力的扩充，各种新式的武器战车，外蒙亦无不备有。

检阅了已与中国脱离隶属关系的外蒙古及东蒙古，我们再看看现在还隶属中国的西蒙古——察哈尔十二旗、锡林果勒盟七旗、（绥远）乌兰察布盟六旗、伊克昭盟七旗、土默特独立旗、（宁夏）阿拉善独立旗的现状。

以上各处，在日本劫夺多伦，延有察东而后，其孕育着的危机，已日趋成熟。日本对各该地所用的策略，大概第一步想用武力侵略，我们不要忘记二十二年夏天，日军及伪满军队，胁诱少数蒙人，随军出发，屡次以剿匪为名，从承德、多伦之西，向与热西毗连之察哈尔、锡林格〔果〕勒各盟旗进袭，作得寸进尺的企图。当地蒙民大众，突然看见日伪军的侵入，莫不惊骇万分，深刻地留下愤慨憎恶的印象。日本军阀的整个计划中，容或当时觉得没有立即占领全部西蒙的必要，所以又变更策略，而改用利诱方法，不过察哈尔十二旗，因接近内地，开化较早，一般蒙民，还保留着内向的心理。锡林格〔果〕勒盟，虽智识较落后，但对日人，亦存着甚深的疑惧，不敢公然作具体的接近。而且该盟西部之德王，正在呐喊着"蒙人高度自治"的口号，日方一时也不见得能即收利诱的实效，于是日方又用断然手段从事多方的扰乱，在锡盟东北部，邻近热河的乌珠穆沁左翼，锡盟正盟长，蒙王索诺木拉尔布的王府中，强架无线电台，并派有日人，长川驻其府中，俨然以主人自居。同时在锡盟之东部贝子朝喇嘛庙内，亦强架无线电台，留庙日本人八名，东蒙古人二名，及来自北平之老旗人两名，长期住庙，并在该庙设立伪国特务长官公署，与多伦的组织，大致相同，以旅居张家口多年之日人盛岛为长官（盛岛在张家口之住宅，在头儿沟沙河路。其妻为华人，原籍为张家口北三十余里之万全县人），担负军事、外交、侦查、谍报各项重大使命，其部属自廿三年夏季，在西蒙各旗，逐渐活跃，一方面分批到西蒙各旗，调查山川地形，测绘军用地图；一方面到各王公及喇嘛驻在地，替伪国宣传，当年九月初，并由贝子庙特务长官，派日籍文武官吏并"满"蒙军人十余名，分乘汽车十余辆，驰赴滂江德王府，要求德王谈判，企图在德王府东，设立无线电台及所谓华北医院。这些事虽已成明日黄花，但日人之处心积虑，可见得已非一日。

尤其我们不要忘却的，是热河失陷以后，一度风传那位在内蒙载有势力较有野心的某蒙王等七人，在日本顾问提携之下，乘日本军用飞机，飞往长春，当时日人胁迫他们承认三点：

一、西蒙古宣布独立。

二、东蒙古各蒙制〔旗〕归法王，不再属伪国管理。

三、伪组织以友邦关系，充分接济或扶持此项计划。

在这危殆迫切的情势中，南京政府，亦曾鉴及，所以有某部长等的北赴蒙旗，力图宣抚。因种种情势，日本的计划，未能立即实现，但蒙古高度自治的原则，终于为国民政府所许可。

自蒙古地方自治政务委员会成立以来，百灵庙遂成为内蒙的政治中心。不久，政府又派北平军委分会代委员长何应钦，兼任内蒙地方自治指导长官，直至今天，何氏并未躬赴蒙古，去实行指导的职权，百灵庙统治着的蒙古自治，也颇不易使人有一新观听的成绩，比较引起国人注意的事件，便是蒙古过境税争执问题。关于此问题，我人应注意其内在的症结，本来察、绥二省辖境，大半系属蒙地，改省以来，蒙旗与县治的界限，并未划清，征税方面，亦极杂乱。货物经过蒙境，蒙方常常征收所谓"护路捐"，私家转运商人，自深引为苦，至公家运输，则因有军队护运，故尚未发生争执。直到本年二月间，蒙古自治当局，在蒙边设卡，于是形成蒙绥间剑拔弩张的形势。起因是为甘肃一带的"特种货"，价格极低，绥省当局，从事此项贸易，已非一日，获利当然不薄，遂引起蒙方的眼热，二月八日，适有大批特货，运经蒙境，蒙兵遂加以扣留，绥方遂派王靖国部二团，前往以武力索取。纠纷因之发生，蒙方并乘机提出设卡问题，绥方以向无成例，坚决反对。

事件发生后，绥军与蒙古守备队，在黑沙坨、乌泥乌苏、白烟山、岱庙一带相持，形势异常紧张，双方均派代表在北平呈诉上峰，并会同察省关系方面，磋商办去，蒙方提出两项要求：一、开入蒙境之绥军王靖国部，从速撤退。二、准许在察、绥蒙境设卡。经过长期谈判，外间发生许多蒙绥冲突的传闻，而事件本身，到今日还没有开明的解决。

这类事件，我觉得颇可予日人以可乘之机，依据去冬某处情报，日人已拟就侵蒙二年计划，实行派员赴滂江、乌得、百灵庙等地，调查矿产、商业、农业、水田、狩猎、牧畜及工商等货物交易，企图确立其产业开发方针，伪国实业部，并在承德设立临时产业调查局，实行调查蒙古产业，其计划的狠毒，可见一斑。

事实摆在面前，截至现在，日人迫使华工，日夜赶修之朝阳至承德，与朝阳至赤峰之两条铁路，及赤峰、承德、多伦间之公路大体地均已竣工。正在修筑中之汽车路，从多伦至经棚线，计长四百八十华里；从承德至多伦线，计长五百二十华里；从多伦至赤峰线，计长四百六十华里。此外尚有多伦至张家口线、多伦至古北口线、多伦至宣化线。这些路线完成后，我人稍一展阅地图，便可知不仅西蒙古，甚至西北半壁河山都带有危险性。

前文曾约略提到多伦在整个蒙古地理上的重要性。日人自劫夺该地以后，即以之为中心，大规模的经营布置，如邮政、电话、无线电、飞机场等，已有甚为完善的设备。在多伦设立的伪察东自治区行政长官公署，内部设有参谋、指导、行政三厅。每厅各设二处，统由日本人自治指导官中导荣方，指导施行各种计划，察东长城线以东地区，及察北额尔纳哈旗、乌珠穆沁旗，均强被划入自治区内。现任伪长官之李守信，并兼任伪察东特别区警备军司令，其司令部亦设在多伦，下设参谋、副官、军需、军法四处，将察东伪军，改编为两个支队，共骑兵二团、步兵一团，任刘继广为第一支队长，尹宝山为第二支队长，李景珍、陈生、王振华、丁其昌等分任骑兵团长，鲁文广、景德泉分任步兵团长。另编一团为自治长官公署卫队，由杨允山兼任团长。最近驻多伦的日军，又与驻某地的日军换防，因在察东的日伪武力，不敷分配，更将热河伪第七军〈陈〉静修部陈景团调赴多伦，杜志强、赵寿垣两营分驻大梁底、榆树沟各处。这些日本军阀的狗，人类前〔历〕史的丑类，正在日本指挥下，忠驯地作清道夫的工作，而打扫着未来的蒙古战场。

这被人们视为僻处边塞的弹丸小邑——多伦诺尔，在经济上看来，内蒙货物的出口，只有二处，一为由多伦经赤峰而至葫芦岛，一为由多伦经张家口而至天津，这二条贸易路线，都以多伦为中心，日本当然要竭力发展前者，而压迫后者，以控制内蒙的经济命脉。在军事上看来，多伦将成为日本在蒙古用兵的大本营，现在则威胁着与苏联一致的外蒙古，与我们整个的西蒙及西北各省区，一旦有事，进而作对苏联、对外蒙的进攻，对西蒙及华北、西北各地的侵略，均将由多伦出发。

关于日本侵略西蒙的最近具体姿态，可以〈从〉下述的情报中观察：

日本在察东、热西的蒙古盟旗，已以旗为单位，开始各旗公署的组织，锡林果勒盟之额尔哈纳旗一部，亦被划入热河某旗内，旗公署之组织，各分三科六股，三科为总务、内务、警务，六股为总务、会计、行政、文教、财务、保安。三科六股以外，并各设审判厅，除厅长为蒙人，其余各科长、股长，均为日人。每个旗公署，仅旗长一人，由蒙人充任，参事官、副参事、自治指导官、指导官各一人，亦均由日人充任。本年三月下旬起，热西、察东之各伪族公署已次第成立，隶属于多伦伪察东特别区自治指导长官公署之下，这种春蚕食叶的办法，已经积极的进展。

其他如人类所必需的食盐，日人也在蒙古实行垄断。自从日本在承德、赤峰、多伦成立盐务署而后，即收买多伦北三百余里盐池所产之蒙盐，最近并派大批官吏，如伪承德盐务署长大冢三次郎等，率领盐商，经多伦赴锡林格勒盟内之喇嘛营子、长都河等处，以及乌兰察布盟、察哈尔部各地，调查蒙盐，强行收买，并勒令各地蒙人，赴多伦向伪盐务所登记，盐商赴多伦伪盐务署交税，伪满财政部，且公布办法五项：一、运输蒙盐，须有盐务机关发给之采运证。二、收买蒙盐，概依赤峰盐务支署所定价格。三、收买蒙盐，须缴固定之盐税。四、盐商须以一定价格贩卖。五、不依上述规定者，以私盐论。虽然蒙古郡王多尔济，曾为此事赴平请求当局向日方交涉，但现今中国与日本的交涉，又能得到什么效果，何况正在中日亲善与中日经济提携期间！

尤其不可忽视的，是日人对蒙民牧畜事业的企图统制，及派遣僧侣到蒙古活动的事业。

最近日人在多伦大梁底，设华兴垦牧公司，以纪绪年为总理，在沽源设立信记垦牧公司，以张达珠为总理，办理察东一带之各地垦牧事项，同时强迫蒙人，凡有牛羊马群者，均须到各该公司，缴税〔纳〕赋税，否则不许再作牧畜事业。沽源二道渠，近更发现日人丈量田地，居民甚为惊恐。我们要知道蒙民经济的基础，那完全以游牧为生活的盟旗，固纯然是以自然为对象的自给经济。那已过渡到农耕的盟、部、旗，亦未形成一个整个的民族经济，到处仍以外围环境为标准，而施行一种小地域的部落的自然经济。这种贫乏脆弱的经济基础，如何能禁得住日人这种现代型独占资本所操纵打击，以畜牧为生命线的蒙民，这生命线已被日人把握紧了。

其次，我们认为宗教是民族的鸦片，蒙古人民颇难自拔的主因，即在沉醉喇嘛的经咒中，而苟延岁月，过去废清对黄教的推崇，喇嘛的优遇，已经给那些蒙古人民，留下甚难救药的内在创伤，日人近仍沿此故技，屡次派遣日本僧侣，赴蒙古各部落，以研究调查为名，而牢笼笃信佛教的蒙民。去年八月间，已开始此项活动，日方曾派僧侣八人，由东京赴百灵庙，晋谒德王，作实际联络，结果虽不知，但这与欧洲帝国主义国家，自中国海禁大开后与鸦片、炮舰同时来华的传教师，是具有同一的意义，他们是在宗教的掩护下为侵略蒙古的前哨尖兵呵。

综之，日人对蒙古所用的进攻手段，已经日渐狠毒。同时日苏间的矛盾，亦日渐深刻。蒙古将踏着东北的后尘，而走向毁灭之途。蒙古这个名词，将会在战争中，成为历史的回忆。为了生存，为了正义，内地及蒙古的人民大众，不要忘却内地人民，自汉唐以来，已与蒙古种族发生复杂的、血缘的关系，无量数的内地居民，身上都在交流着蒙古的血液。因此，扩大民族斗争路线，反对日本以各种方式进攻中国本部及蒙古，反对帝国主义战争，这是我们的共通使命。

在日本帝国主义明争暗夺之下，具备着宗法与封建两社会的特征之蒙古兄弟们，当危殆存亡迫于眉睫的今日，我想总应认清我们的共通要求：是对外打倒帝国主义，对内肃清封建残余。全中国各种族，都须稳定此联合阵线。

记得九一八事变时，日军以东蒙古人，组织军队，进攻洮南、通辽、开鲁，当时人数虽不多，而甘心为虎作伥的蒙人，却牺牲着鲜血和头颅，换得日本所谓"攻开哪个地方，就给你们在那地位〔方〕组织自治政府"的欺骗。

不要再受那屠夫的欺骗吧，在死亡线上勉强生存着的蒙古弟兄们！我们不要忘了挺起腰来，为了我们自己，我们要艰苦的斗争呵！

到过蒙古的人，大概听见过在黄沙白草、天高月小的蒙古帐幕中，那些在马上过活，和风沙搏战的蒙古女郎们，奏着四弦的胡琴同马头琴合奏的音乐，她们那不施脂粉的玫瑰色面颊上，在浮动着庄严的微笑，她们在高唱着蒙古从前的战歌，那苍凉激越的声音，会告诉你以蒙古将来的命运：

马首入刃林，死士吞活人，

　　　　马首尘埃舞，生人驱死士。

　　　　嗟彼土室人，智短神亦昏，

　　　　上天天无梯，入地地无门。

　　　　我命如猎犬，你命如狐兔，

　　　　兔走不及林，你走不及墓。

　　　　战场风猎猎，日落风凄凄，

　　　　嗟彼土室中，勇士儿女啼！

　　　　………………

　　你看，在一望无际的大漠中，那任重致远、忍苦耐劳的骆驼，虽然在严厉的驼夫鞭策下，正低下头在喘息流汗，但是光明在前面，它们正向着光明的前路进发。

　　　　　　廿四年五一节，在上海一个亭子间中写成

　　附告：因笔者出身的缘故，本文立论，侧重在军事方面，所以不免有挂一漏万的地方，自己在不能满意的心情性中，谨向开明的读者致歉。

《国防论坛》（半月刊）

上海国防论坛社

1935 年 4 卷 1 期

（李红权　整理）

蒙古与中国

铁君　撰

　　谁都知道，蒙古与中国是有着悠久的历史上的关系，蒙古在中国的地位上是重要的，蒙古的开发与中国前途，尤其是有着重大的关系。然而追究其原因，则多瞠目不知所对，仅云如此如此而已。从前，开发西北的呼声，一时全球震动，继而百灵庙事件发生，更哄动一时，各报章杂志，充满了照片与文字；蒙绥税务更发生纠纷，亦因而引起一般人注意，而有所讨论。但，风起云涌，仅嚣尘于一时。现在，除本刊而外，什么蒙古问题，早已丢之于九霄云外去了。

　　所以我认为，现在提出这个问题，而讨论蒙古与中国的历史观，蒙古在中国地位上的重要，蒙古的实况，以及蒙古的开发与中国的前途，实有着相当的意义。不过，时间及篇幅所限，仅能略述其大概。

一　蒙古与中国的历史观

　　蒙古这个名称，非种族名，而系一部族名，是在纪元十二世纪中，在外蒙古敖嫩河流域游牧生活一小部族的名称。这个部族，把住在其附近的部族，逐渐并合蚕食，进而征服中央亚细亚，愈趋愈成为大部族，由其不同姓和氏的部族混合起来，遂变为所谓蒙古种族的大种族名。这个部族的首领，就是世界著名的英雄成吉思汗。自是而后，虽合原有牧地及被征服地方，概被以蒙古之名，但仍未以此为国号。洎元世祖忽必烈致书日本国王，曾自称为大蒙古国皇帝；十七世纪初，蒙古察哈尔部林丹汗致书满洲太宗，又自称为蒙古国王，致其自鞑靼改建国号为蒙古，其最初事实与时代，则终莫能详。要之，蒙古之为国号，不过值对外时间尝用之，在事实上，不仅无此国号，即地名亦未尝有，当时中国称该部落等为夷狄。

蒙古种族的大指导者是成吉思汗，他创设大蒙古朝，而成为蒙古大帝国的始祖。其后第三子窝阔台即帝位，承其父志，兴兵伐金，并合金帝国。窝阔台死，子贵由立，未三年又死，此时即位者系窝阔台之弟拖雷的长子蒙哥。后南方征伐中，蒙哥死于合洲〔州〕的钓鱼台（今之重庆），于是忽必烈即继之而立，奠都于燕京，国号曰元。于是蒙古族遂入主于中原，君临中华，时在一二五九年。蒙古灭亡南宋，支配了全中原，乃一二七七年事。在忽必烈时代，蒙古不但支配了全中国，就是缅甸、安南，由暹罗至南洋的苏门答腊及爪哇等地，亦被所征服而年年朝贡。唯此强大帝国，到一三七○年，遂因不出聪明领袖，及皇位继承问题，教权反凌政权，财政困难，统制政策不良等问题，而宣告瓦解。明朝兴起，虽逐蒙族于离散，而英宗尚被在张家口外开设幕营的瓦剌的也先扣留十〔一〕年，其间纷争亦在不少。

当满洲人勃兴，称帝国号清之前后，散在于内蒙古的各部族，亦尚继续各自的行动。后清太宗立，遂于一六三六年，袭击察哈尔，败死林丹汗于该地。次年，睿亲王降服了林丹汗之子额尔克果尔汗，而收编其部属，移迁于义州。于是内蒙古的各部属，各会合于一地，奏请太宗号为博克多彻辰汗，而自愿为其部属，是时乃一六三六年。内蒙古与清朝的关系，在太祖和太宗之间，便告成立。到康熙二十七年，外蒙古被噶尔丹袭击，其后亦皆受清朝的保护，此则一六八八年事。康熙对蒙族，曾亲自召见，以示优好，而遂其连蒙却汉之目的。所谓清对蒙之愚民政策等，皆不外乎此目的，尽量挑拨蒙汉之恶感。自十七世纪初叶至十八世纪中叶，两者的关系，一步巩固一步，蒙古民族服从于满清，而萎得其利。民国以还，一仍其旧，未见大改，百灵庙事件时，蒙古王公尚表示决对服从中央。

二　蒙古在中国地位上的重要

假如蒙古之于中国，毫无关系，或有关系而不重要，则蒙古问题，尽可不谈，何必浪费纸墨，且政府又何必加以重视？是可知蒙古之存在与否，蒙古之开发与否，实与中国前途皆有莫大关系。兹不揣冒昧，仅略述蒙古在中国地位上的重要三点于下。

（一）经济方面

这是蒙古所以重要的最主要问题。蒙古地大物博，人口稀，人所共知。但有人谓："地虽大而多荒地、沙漠地，不能牧畜或耕种"，盖此皆为億〔臆〕测之谈，不足为凭。不知蒙古农耕之地固少，而游牧之处实多，每年毛皮出口之价值，已达数十万元以上。至于物博而无价值之说，更无庸论，只证之金矿及煤油足以招致苏俄、日本之垂涎，即可概知。再人口稀少，更有移民之必要，于经济上利益更大。故可谓蒙古为中国经济上一条命脉。

（二）国防方面

唯其因为蒙古在经济上有上述之重要，所以才为苏俄、日本所垂涎。苏俄之尽量煽动蒙古独立，日本之满蒙政策，皆不外乎以攫取蒙古为目的。且蒙古之地势，北临苏俄，东邻日本，为亚洲之中心，更为列强之所必取。故蒙古在国防上，颇形重要。如蒙古为苏俄所得，则中国尽将"赤化"，陷蒸人民于水火之中，而世界会因之变色；如蒙古为日本所取，则将以之为进攻苏联之根据地，而世界大战一起，中国会被蹂躏殆尽矣。所以，中蒙成为一体，而巩固国防，实为必要。

（三）移民方面

移民西北之呼声，早已甚嚣尘上，故移民蒙古，当为重要之问题。且蒙古亦为移植最适宜之地。谁都知道，中国现在的大患有三多，即兵多、匪多、游民多。他们都是不会生产而只会消费的分子，或是不安分而捣乱的分子，三者互相为因，迭相成果，遂弄到这种社会紊乱，民生困苦，国势凌夷的状况。然要之，亦不过"饭碗问题"，即可谓民生问题。关于这问题之根本解决，我以为"到蒙古去"才是正当办法。当然，这"到蒙古去"，是有利于蒙古，价〔使〕开发事业，并不能如过去移民西北之多为狡猾官吏、商人，强梁军队、盗囚，而仅有害于民众。这移民是有计划的，有办法的；这移民是一举而两得的，既可免除彼等之为害内地，又可开发边疆，充实国防。所以，蒙古之在移民方面，亦颇为重要。

其他蒙古在中国地位上重要之点尚多，要不过不如上述三点为更重要而已。

三　蒙古的实况

前曾略为提及，蒙古是一个地大物博，人口稀〈少〉，交通不便，宗教盛行的一块地方，然而究其实况若何，则多不能对，不知此实况之明了与否，与开发时有大关系，与中国前途，当更不无关系。不过，这里所谓实况也者，仅能就以往所知，略述其大概，而供参考，若条条逐一述之，列图表以表之，则时间及篇幅又有不所及。要不过了然其趋势而已。

吴龢先生曾在其所著中述及蒙古之人口与地大云："蒙古以沙漠而分为内外两部，在漠南者为内蒙古，在漠北者为外蒙古。内蒙古在清末改为热河、察哈尔及绥远三特别区域，今更改为新省。惟外蒙古以外于漠外，隔离中央较远，统治不易，又以受苏俄之诱惑，时时叛乱谋独立。在政府既不忍其受苏俄之诱惑，以自陷于苦境，然实亦无策以使其内附，与内蒙古同其待遇；故此地域占有一百六十七万方哩，人口二百六十万之外蒙，不能与中国真成为一体。境内大沙漠横亘，一望千里，寸草不生，人口密度每方哩不过二人至三人，即除大沙漠而计人，其密度至多亦不过每方哩十三人耳。以之与内部十八省人口密度相较，相去不知几何？据竺可桢先生论江浙二省人口之密度统计，江苏人口密度，每方哩七百三十二人；浙江人口，每方哩六百零三人，为世界各地人口密度之冠。"又据夏口汪翔所云："一百三十六万八千方哩，人口约三百万。"如此，蒙古面积及人口之多少，既无正确详细统计，只能就其大概而论及地大人稀而已。致〔至〕于物产之丰富，仅就黄金一项，即足概知。近今苏俄常夸耀于世界，谓苏俄所产黄金占世界百分之几，白金占世界百分之几，其实黄金泰半购于蒙古阿尔泰，白金半购之于蒙古乌梁海及唐努山（金矿产出表从略）。致谓蒙古尽为沙漠，皆不毛之地，此又为億〔臆〕测者，不知除大沙漠外，均为可耕可牧之土，如色楞河、克鲁伦河等流域，土壤均极肥沃，唐努乌梁海及科布多一带，则更可从事农业。全境大河流贯，交通利赖。

蒙古交通，甚为不便，不特轮船、火车无，即汽车路亦仅两条。张库路长九百里，库恰路长二百九十里，外蒙古除此二汽车道外，仅恃驿站交通，以库伦、乌里雅苏台及科布多三地为中心，分布各地。其交通之不便亦可谓极矣。再者宗教方便〔面〕，喇嘛教深入民间，人民只知诵经念佛，对一切事业，多毫不过问，故欲求蒙古开发，对此迷信之铲除，实应特别注意。

凡此种种，皆开发蒙古时所应注意者也。

蒙古之开发与否，即国家民族存亡之关健〔键〕，开发则可存，否则必将亡，言之虽若太过，实际却是如此。现在蒙古王公与中央合作，绝对服从，成为一体，共谋生存，则蒙古之开发，实更有必要！

《新蒙古》（月刊）

北平新蒙古月刊社

1935 年 4 卷 1 期

（计麟　整理）

敬赠蒙藏毕业同学

孤影　撰

暑假到了，各校举行典礼的新闻，接连不断的送入我的眼帘。据我个人所知，于今年暑假应为毕业的蒙藏学生，北平蒙藏学校有初中一班，南京蒙藏学校有高中一班，合计起来不下五六十人。我愿意趁着这个机会来贡献几句话，以为欢送的赠言。不过，我也是一个尚未出校门的学生，对于"人情世故"自是"莫测高深"，当然说不上有什么较高的见解，但"愚者千虑，必有一得"，今天不过把我所目睹耳闻和偶尔感想到的，和诸君商讨一下，借以表示表示我的贺意而已。

以蒙藏需要人才的迫切，以国家危险到这般的程度，诸位能以按步就班的将自己的学业告一段落，就蒙藏地方上言，就个人的前途上言，都不能不说是一件值得令人庆贺的事情。除有一部同学赓续上进，从事深造外，大部同学眼看就要脱离那清静幽雅的学校生活，和那平日被我们所咀〔诅〕咒的黑暗社会实地接触了。所以有些人想到自己的毕业，不由得要发生"一则一喜，一则一惧"的感觉，喜的是自己学业已经告一段落，惧的是自己是一个初出茅庐的学生，对于这茫茫的社会，不免有无路可走之感，虽然说蒙藏人才缺乏，不至于有"毕业即失业"的危险和恐慌，但在个人的内心中，总不免要四顾茫茫手足无措的，这也就是我所以要和诸位谈一谈的动机所在了。

　　说到毕业的意义，并不是个人学业已告完成的意思，仅不过是求学程序中一个阶段的结束。换句话说，初中毕业，是初中课程的告终，而高中课程的开始。甚至于大学毕业了，你也不能说你的学业已经完成，因为学问是没有止境的，"做到老，学到老"更是一句颠扑不破的至理。因此我们可以说学问是永久没有"毕业"的日子的！诸位于毕业之后，不要因此而感觉到满足，要于工作之外，还要继续不断的矢志于学术的研究。我时常听见一般蹈〔踏〕入社会的同学说："在学生时代，才能安心的努力用功，一旦步入了社会以后，再想念书也不可能了！除需要致力于本身工作外，尚得致力于社交工作因为'多一个朋友多一条路'。不然，时时有被挤掉的危险，哪还有工夫去读书呢！"其实这些话都只有片面的理由，甚至可以说没有理由！我们试看古今中外的成事伟人，我们差不多都把读书看作"家常便饭"似的，一天不读书便觉得非常难受。黄鲁直有言："士三日不读书，便觉面貌可憎，语言无味。"假若我们把读书看作一桩有兴趣的玩艺儿，以至于渐渐的养成读书的习惯，则随时随地，无不可以读书，甚至于不读书便觉得难过了。况且社会本身也不啻是一个学校，有些人是"老粗"出身的，但因为在社会上跑了若干年，而把学问造就得有声有色者，可以说是多而又多。因为在学校里所学到的东西，有时候和现实社会是格格不入的；唯蹈〔踏〕入社会以后，才能体验出人生的真滋味，认识了社会的真面目。在这个时候你努力苦修得来的学问，才是"学以致用"的学问。再者进一步来说，诸位均是受过中等教育的人了，对于基本的知识已经有了相当的基础，去研究高深的学问，是不难有门径可寻的。连拿尔斯道："辛勤者，所以进成才之路也，一步进一步，有说不出的妙境，此辛勤人所获之恩赐也。"你只要肯干的话，是不愁莫有成绩的。我固然知道一个人在社会上社交是一件麻烦而且重要的事，但是本身不健全，就是你多么擅长交际，也不会得到旁人的信任的！这是我愿贡献的第一点。

我常听见有些人说："在现时社会里忠实人是没有出路的！"是的，提到忠实两个字，的确有点不是目前处社会的法宝了，我拿这两个字来奉赠诸位，也不免有被人称为"书呆子"之讥。因为你假设太忠实的话，社会便不免有许多诸葛亮玩弄鲁肃一般的来玩弄你的，那你不是甘被人利用了吗？所以现在的处世秘诀，是"内方外圆"的一套把戏，而不是忠实待人所能济事的。诚然，在这"人心险于蜀道"的社会里，是不免忠实人要吃亏的。不过假设我们为要保持我们青年学生的本色，而不忍与旧社会"同流合污"的话，我们除对人对事一律忠实外，还有第二条办法可想吗？富兰克林说的好："Honesty is the best policy。"人只要做事光明正大，待人如己的话，是无须乎鬼鬼祟祟的。严格些说，因为社会是一种黑暗的、狡猾的，才需要我们忠实，我们才更应当忠实！这不但是保持自己不为社会所同化，同时也是要借我们这枝生力军来感化他人以至于转变社会风气的！况且只要自己做事光明正大，即便不幸吃亏于一时，但最后的胜力〔利〕，究竟是属于我们的。这个理由很简单：耍巧弄假，只能骗人于一时，一旦秘密被人揭穿了，再永远不会被社会所欢迎了！孔子道："言忠信，行笃敬，虽蛮貊之邦行矣。"你们不应叫社会的洪炉来溶化你们，消毁你们，你们要联合起来，造成社会新风气，树立社会新道德，使得社令〔会〕上增加许多活力，边防上增加许多闻〔斗〕士，这才是我们青年应有的本色哩！此外蒙藏亟待开发的事是那般繁夥，边疆情形危机到那般地步，只有掏出良心来忠实苦干，才会有办法！"油滑"之辈是不会担负这份重担的！这不是高调，这是"新青年"与"老世故"的不同处，也是热血青年的应当注意处！

"大智若愚"，同志们，努力呀！这是我贡献诸位的第二点。

人没有一个理想的目标，就好像"盲人骑瞎马，夜半临深池"，那是最危险不过的。不过千万不要理想过高，因为理想越高，有时候失望也就会越大。我常看见有些初出茅庐的学子们，觉得自己是满腹经纶，人莫我若，一旦得志，固然是不可一世，偶尔失败，便又痛诋社会万恶，人心险诈，觉得有"英雄无用武之地"的气概，甚至由消极而颓唐，而变为社会上的堕落者。有些人一出学校门口，便想地位崇隆，报酬丰厚，不知社会上的高位置早已挤得水泄不通，难以插足；即便侥幸得到了，也不免有手不应心，愧莫能胜之苦。所以对于较高的位置能得到手与得不到手是一问题，而得到手之后能否胜任愉快，也需要自己加以审慎的考虑的。我有 M 和 D 两位朋友，前年一同投考邮务员，因人数过多的关系，结果均名落孙山。后来 M 劝 D 一同再投考邮务佐，D 坚决不肯，非投考邮务员不可，M 君自考中邮务佐后，现在薪金逐月增加，已能得到和邮务员差不多的薪金，而 D 君则仍徘徊岐〔歧〕途，无路可走。推其原由，无非是 D 君理想过高所致。所以我敬劝诸位，"要立志做大事，不要立志做大官"。有些人抱着"宁肯失业，不就小事"的态度，殊不知"行远必自迩，登高必自卑"，这种自命不凡的心理，最足以招致失败的。现在社会上高等流氓的多，固然一方面因为社会组织的不良，无法容纳这许多新分子，而个人的理想太高，也是重要的原因之一。我希诸位于返里之后，只求有事可作，和这件事对我兴趣、志愿的如何；至于职位的大小，那是无关轻重的。这是我愿意贡献的第三点。

以上三点，都可以说是老生长〔常〕谈，在诸位看了，一定要摇着头说："俗不可耐。"不过，我觉得这三件事，都是大部分刚毕业青年易犯的毛病，我并不敢因其"俗不可耐"而搁置不谈，因为真理是不会因"俗不可耐"而抹杀的。

方才所谈的，均属关于个人范围以内的事情；以下我再谈一谈蒙藏两大民族的密切关系，以及诸位应当精诚团结起来，以为蒙藏同胞的首倡！以蒙藏两民族所处的地位论，以及人情风俗论，均不难发见其共同之点，而证明这两大民族有唇齿相联的密切关系。论宗教，则大部分人民均属信仰黄教；论生活，则均为不大开化的民族，尚停滞在牧畜时代的生活状态中；论所处环境，内则文化落伍，宝藏未开，外则敌人侵略，在在堪危；说到地理，则彼此壤土相接，包括中国的整个边防。就各方面而言，蒙藏青年的责任是何等重大，蒙藏青年又应如何站在一条战线上共同奋斗呢？政府设立蒙藏学校，将蒙藏两大民族的青年，聚首一堂，切磋琢磨，彼此借此同窗共砚的机会，自不难发生深厚的感情，亲切的友谊。最可怕的，是一旦毕业分离了，便尔东我西，各不相顾！据我个人所知，南京与北平蒙藏学校的学生，向无畛域之见，又因为远道来学，举目无亲的缘故，彼此更能常常保特一种浓厚的友爱，所谓"学校家庭化"，只有在这蒙藏学校里才可以真正发现的。我唯一的希望，就是诸位要把在学校里的友爱精神，不要因彼此的别离而瓦解，要作到"在学校是同学，在社会是同志"的地步，彼此要把手紧紧的握起来，共同努力于整个国家边防的工作！同时更要将诸位在学校时代的互爱精神，介绍给蒙藏的父老兄弟姊妹，一变而为两大民族联络的铁索，那样，不但数年来彼此相处的友谊，不难发扬光大，而对巩固边防上，亦不难轻而易举，众志成城！过去蒙藏毕业的同学，人数不为不多，唯因联络乏术，致不能收互助之效，这才是一件莫大的憾事！我盼望自诸位开始起，再不要蹈前此的覆辙了，这是我贡献诸位的第四点。

此外，我要特别提出的，便是不要贪恋内地的繁华，再不愿回到那一鬼〔块〕落伍的乡邦去！这种"流廷〔连〕忘返"的习气，不但是对不起国家栽培的至意，和蒙藏父老企望的深心，就是对于个人职责上说，也是不应当如此的！

完了，祝诸位前程远大！

一九三五，八，一

《新蒙古》（月刊）

北平新蒙古月刊社

1935 年 4 卷 2、3 期合刊

（朱宪　整理）

汉、蒙两族联合之必要及其方法

郝之御　撰

凡是一个大国，其中绝不能只含有一个民族，美国、德国是联邦制，民族固然很复杂；就是英国，他含有英格兰、苏格兰、爱尔兰三岛，民族是显然有别的。我们国里号称五大民族，现在有人把苗族也列进去，成为六大民族，这正可以表示我们国的伟大，不足为怪的。

再研究一下，为什么某几个民族，会联成一个国家呢？就可以发现一件事，就是凡是包含在一个国家里的民族，皆有他们的共同点，共同点分成下面的几种：

（一）人种上相同；

（二）地理上关系密切；

（三）生活上关系密切；

（四）自卫和抵抗上利害相同；

（五）彼此提携利于发展。

就第一个条件说，所以黑种人很难和黄种人联合成一个国——英国和印度，美国和印第安人，那不是联合，那叫做侵略。就第二个条件说，所以亚洲民族不会和欧洲民族联合成一个国——侵略除外。就第三个条件说，往往海边上的民族，要和大陆里的民族联合以各满足其需要。就第四个条件说，所以才有美国、德国等等联邦。就第五个条件说，所以英、苏、爱不能分立；奥、匈一定得合并。

我们国里是五族共和，五个民族联合的原因，当然也由于上述的五种。虽然有些是历史上的关系，然而造成历史上关系的，仍然不出于上述五种原因。所以我们只要说出上面五种原因来，历史上的关系，就自然包括在里面了。

我现在所想说的话，固然是在五族——或者六族——的大联合，而尤其注意的，就是蒙、汉两族间的联合。因为我是生在中国北部，是蒙、汉两族接触最多的地方，民族的联合自然从蒙、汉两族来做起，较比方便一点，而且也较比切实一点，所以我才写出这一篇文字来，希望两族的青年，共同注意。

蒙、汉两族同在中华民国之内，这就是我们必需联合的一个主要原因。除去这个原因之外，就拿上面所述的五种原因来考察一下，也是没有一条不是以联合为适当。就（一）来说，汉族原是从西北迁居到中原的，当然和蒙古民族同出一源。就（二）来说，彼此同住在一块大陆上，并没有高山大川做天然的障碍，关系可算得密切了。就（三）来说，蒙地太冷，农作不方便，中原人务农作，畜牧业不发达，蒙人游牧为生，业工商自然不容易，中原人工业原料的皮毛骨角，又多半要取给于蒙古，在生活上说，简直是相依为命，谁也离不开谁。就（四）来说，更是显而易见的了，假如叫异种人占了中国，我们蒙古同胞，自然要受人的侵害和压迫；假如异种人要占了蒙古，中国就无可依傍，也非亡不可。古人说的"辅车相依，唇亡齿寒"，就是我们两个民族关系的情形。就（五）来说，那就更对了，我们两个民族是患难弟兄，大家要扶一下，彼此都过去了，两个人一撒手，跌倒一对。彼此各用所长各补所短，汉族比如是雅典，蒙族比如是斯巴达，希腊所以强盛的原因，就由于这两族的互相提携，我们两个民族如果互相提携，还愁中国不强吗？

　　两族联合的方法是什么呢？第一就在去掉语文上的障碍；第二要互相认识和了解；第三要有永久的组织，现在详细的再说他一说。

　　第一去掉语文上障碍　只要是距离略远一点的人民，语言文字上当然有一点儿不同，算不得什么；只要肯互相学习，障碍自然就去掉了。就拿外国语文来说，英、法、日、俄的语文，我们彼此都学的会，难道说彼此的语文，彼此就学不会了吗？大部分人民所以言语不通的原因，完全是为不学，自然会不了。

　　不学的原故，不能完全归咎于人民的懒惰，没有学的机会，也是一个原因，并且是很重要的原因。我们如果想学学别的外国语文，买书容易，找先生也容易，甚而至于弄一部无师自通的读本，问问人念念，也就行了。我们想学蒙文，就比较的难了，第一没地方去买书，南方不必说，就拿北平说，厂甸里各书店里有的几种蒙文书，皆是不适于初学的诵读，一种是《蒙文字汇》一类的东西，胪刊了多少单字，有用的无用的掺杂在一起，纵使念熟了，也和念字典一样，不能活用，也是妄然。一种是《三合便览》一类的东西，那完全是为清朝考翻译用的，也不能当读本用。至于《蒙文三字经》、《蒙文千字文》一类的东西，那简直是笑话，当初不知道谁干的这种傻事，这种限字限韵的东西，翻成另外一种语文，怎么能够适〈用〉？当然我们犯不上念他。我打听了多少人，才知道北平的北池子有个蒙文书社，找到蒙文书社，才买到一部《蒙古语会话》，是按照着近代会话书的体裁编的，有单字，有成语，是一部很适用的书。而且有一件最可称赞的事，就是书里的蒙古字完全是用铅字活版排印的——前清的蒙文书皆是木版雕刻的，近代的蒙文讲义和蒙文字汇一类的东西，皆是石印的——用铅字铸蒙文字母，恐怕这还是第一次，所可惜的是，营业不怎么发达，简直快停止营业了，据社里人说，早已停止印刷，所有的书卖一部少一部，这不能不叫人扼腕的。

说到请蒙古语文的先生，就更不容易了。我从前学蒙文，是和一位蒙古郡王德色赖托布交换教授的，他是内蒙敖汉南旗的郡王，人极忠厚，而且说的一嘴挺漂亮的北平话。他教我蒙文，我教他汉文，互相教了有一个月，他就回旗了，我止于认识了几个字头，现在还没有找到一个相当的先生。

回过来我们再想想，我们蒙古同胞要想买汉文书，请汉文先生，恐怕也有同样的困难，或者还更厉害一点。同舟共济的两个民族，语言文字上有这么大的障碍，彼此纵使相亲相爱，也词不达意，这是什么现象？

要想去掉这种障碍，我们最要紧的工作，就有下面的各种：

（一）编辑浅深各种的蒙文、汉文读本，用低价出售，使得两个民族的人民，可以互习语文。

（二）在北平、张家口、绥远，印行两种文字的报纸、刊物，叫蒙、汉人民皆能阅读，皆能发表意见，联络感情。

（三）翻译汉文书报成蒙文，供蒙人阅读；并由蒙文专家多写蒙文创作，以供两族人民阅读。

（四）在本刊内开辟"蒙文阶梯"一栏，仿照"英语周刊"和"日文与日语"的例子，按期讲授蒙文，定可唤起世人注意，而增加读者的兴趣。

（五）各地蒙、汉人民组织友谊谈话会，或者是组织俱乐部，日常无事，就可以去互相谈话，既练习了会话，又可以增加民族间的情感。

（六）在北平、张家口、绥远等等地方，请求当局补助，多设民族语言学校，使两民族的人民，可以得到好多学习的机会。

如果把这六样一件一件都办到了，两族人民的语文自然可以互相达意，而没有障碍了。

第二互相认识和了解　两族人民不常接近，是不能互相认识和了解的大原因，所以彼此之间，常为了言语风俗的不同，而发生了误会。往小里说，彼此怀着鬼胎，自然不能精诚团结；往大里说，竟会因此生出大乱子来。所以使得两个民族互相认识和了解，这是我们的第二个重要工作。工作的方法，大约有下面各种：

（一）组织两民族的旅行团　蒙古风景的壮大，内地风景的秀美，各有各的独到。现在舟车交通方便得多了，应当由两民族间的先觉分子，发起结团旅行，领导着两民族的男女老幼，互相游览。这样一来，大家接近的机会多了，自然觉得也没有什么差异；同时彼此的风俗言语，自然走往同路上，更可以促起民族的合作。

（二）互相选送学生　青年人的感觉和记忆，皆比成人来得敏锐，容易了解别人，容易模仿别人，同时也容易感动别人，所以互送学生，实在是一件要事。选送的方法分两种：一种是在蒙古各地小学毕业的人，选送到内地来进中学；一种是内地边政系的大学生和边疆师范的学生，在毕业以前，至少得派到蒙古去住一年或者两年。内地学生到了蒙古，由熟悉蒙古事务的教师指导着，也要过着蒙古同胞一样的生活。蒙古学生到了内地，不必限制他一定得入特种学校，应当随他自己的意思，投考各同等学校，万一功课里有几门不能及格，应当开补习班，让他们补足了。这样一来，两族学生聚在一起，自然会生出一种亲爱和团结的诚意来，解除误会的力量最大，而且最稳当。

（三）提倡民族间的结婚　异民族结婚，是改良人种的最好方法。现在世界上的大民族，多半是几个民族合并的，所以称做复杂民族。而单纯民族，可大半成了不振作的民族，如非洲的黑人，美洲的红人，日本北海道的虾夷，皆是一些好例子。异民族结婚所以能改良人种的原因，因为各有所长，各补所短，自然日趋于优秀了。蒙古民族的健壮，是天下皆知的；汉族也有汉族的长处，如果能彼此通婚，不但能把隔阂全消除了，同时还可以产出好的国民，真是一举两得的事。

以上三条，是彼此间互相认识，互相了解的基础工作，只要一提倡成了风气，就可以永久不生疑忌之心了。

第三要有永久的组织　两民族间结合，不是一时一地的事，必定要历久不渝，才可以显出团结的精神，而收团结的效果。所谓永久组织，可以分为下面各种：

（一）于蒙、汉学生皆有的地方，设立民族青年俱乐部，备有图书和运动器具，以供平时的消遣；并可在那里常开游艺、聚餐、演说会等，以资联络。

（二）教育部和各地教育厅、局，应当设专员，管民族教育的事，并且要注重到民族普及教育。

（三）北平、张家口、绥远、大同这些地方，应当开办蒙、汉文合印的报纸，并编辑两种文字合印的刊物、图书等。

这三条办到了，两个民族当中，就仿佛有条链子穿着一样，很不容易生裂痕了。

鄙人是渴望汉、蒙两民族联合的一个人，而且认为这是救国的一条大道，愿意把这一篇文字发表出来，如果海内同志有赞成我的意见的人，我们可以在本刊上讨论；或者按照我的地址，直按〔接〕通函，也是很欢迎的。如果我们借着本刊的力量，竟然能成立了一个民族间的联合，不但是国家的幸福，并且也是本刊的一种成绩。

鄙人所购的《蒙古语会话》，是施云卿先生编的，是汪印侯先生印的，汪先生就是铸蒙文铅字的第一个人，据说现在在南京。这两位先生是值得我们注意的。

同时我还要申明一句，我不但盼望蒙、汉两族联合，就是新疆的回族，西藏的藏族，青海、云、贵各地的各种民族，我以为我们皆有联合的必要；因为本刊是注重蒙古，所以我先就蒙、汉两族来说。

二十四年八月十七日天津

《新蒙古》（月刊）

北平新蒙古月刊社

1935 年 4 卷 2、3 期合刊

（李红菊　整理）

论英下院讨论内蒙事件

张景韩　撰

溯自东蒙沦陷起，中经西蒙的自治改革，以迄于最近止，其间虽经国家当局与国内人士，对于蒙事，有过多次的注意与研讨，但迄未闻国际方面有若何的动议也。乃近据伦敦消息：英国下院，于七月一日开会讨论内蒙事件，并由诺克斯爵士建议，认为蒙古民族情绪的复活，实属异常重要，请外长令北平英国大使作一报告。而贺尔外长对于此项建议，已允加以考虑……云。

际此国际政局扑朔迷离，外交动向务趋利己的现状下，吾人对于英下院的此项举动，在积极的意义上虽无如何重视的必要，但在消极的一方面自不能不加以论究之。良以英下院之此举究系同情于蒙古民族情绪的复活而发动？抑系基于自身的利益而著论？更系由于外交策略之所需要？或系基于其他目的之要求？皆有加以详细说明，以明其究竟而测其真意的所在之必要故也。

据吾人所知，在世界几大列强中，其在华之政治的与经济的利益较为巨大者，固然应属英国居第一。但其在满洲与蒙古——尤其是蒙古一方面，实在远不如日俄两国，互有密切的利害关系也。以是英帝国主义者，从未有直接的为蒙事而有所积极的活动；即或有之，亦不过间接的为保护其长江流域的利益，以及防卫西藏的特权为其主要目的而已。

今试举具体事实数则以明之。

一八九八年帝俄借口德国的占领胶州湾，与夫有权敷设铁道至山东西界，出而强租旅顺、大连，并要求旅、大到哈尔滨的南满铁路，得与东清铁路相衔接，而得到满洲政府之允许；更于此年，同意满洲政府，向道胜银行借款，用以修筑由保定到汉口的铁路；且要求该行有权承办正太铁路；因于是年，即借款六八〇万两，定二五年为偿还期限；设到期不能偿还时，则铁路即归该公司管理等。这事件发生后，英国乃出而表示异议。因而除与满洲政府缔结《关外铁路借款条约》，用以切断正太与京汉铁路的联络外，更接引帝俄的有权建筑京汉路线，而又要求天津、镇江间，山西、襄阳间，九龙、广州间，浦口、信阳间，以及苏、杭、宁波间等铁路的建筑权。以是，英俄两国，就此乃正式步入于利害冲突的境地。但未几两国于一八九九年缔结了《英俄协定》。由此协定则"长城以北，为俄国修路范围；长城以南，得〔为〕英国建筑范围，互相承认，不相侵害"。于是满洲、蒙古，遂全部形成俄国势力范围，而英国从此殆与蒙古几不发生任何关系了。

其后，蒙古与满洲，虽然基于《英俄协定》排除英人于蒙古、满洲之外，而完全成了日俄两国竞争角逐之场，但犹不能不时时顾及此老大的帝国之动态也。故此，在一九一二年，日俄两国密约成立之后，俄外相萨佐诺夫乃有英伦之行。结果，俄国卒以西藏的权利让于英国，以为交换蒙古的条件，而得到了英国政府的满足和欢心。从此，英国之不问蒙古事件者，殆已廿载有余矣。

此系英国对于蒙古方面，同俄国竞争角逐的原委，亦即英国在蒙古方面以往所发生的关系也。吾人据此可以了解英国在蒙古方面，早已无何利益关系之存在，且已不问蒙事者多年。但为何际此欧洲问题，尚在错综复杂，意阿争端走到剑拔弩张的局势下，来讨论内蒙问题，而重视内蒙问题呢？这不能不有其原因与意义。今试加以说明之。

吾人在此，不要陈陈相因的来翻旧账，也不要人云亦云的来叙述日俄两国在蒙古方面的势力之消张〔长〕，更不要赘述英日两国在满洲已往的经济利益之冲突，而只就与本文有直接关系的各方面加以说明，并指出其要点就够了。那末，就先从日本方面说起吧。

日本对于华北的注意有下列的事实可资佐证：

第一，对于华北重要铁道的投资。据铁道部财务司所编的《国有铁路债款分类总表》，截至二十一年底为止，本息合计，平汉、平绥、胶济三路所负日债共达日金七六〇，五八九，二七四元，而平汉、津浦、平绥、胶济四路，所负日本料债，合计共有日金一二，二五七，一五八元；美金二，〇二九，八一〇元；银两三〇，九二八两；银元六，五九四，八五六元。这不言而喻，华北重要铁道，都是日本投资的对象。

第二，便是所谓保证"战争原料"的供给。这不消说，主要的即是棉花、羊毛和矿产与五金以及粮食等。凡此所需的原料，在河北、察哈尔、绥远等地，都是应有尽有，质量特别丰富。

第三，就是市场的垄断，与日货的倾销。这用不着多说，只就天津进出口贸易总额而言，就可以明白。据统计：

一九三一年	一九二一年
日本　八千一百万海关两	日本　五千二百万海关两
英国　二千万海关两	英国　一千三百万海关两
美国　四千七百万海关两	美国　四千一百万海关两

日本对于华北贸易的若此迅速之发展，实是其他国家望尘莫及的，因而也就是其他国家所最惊嫉的了。

英国是具有世界规模的国家，他在中国的经济利益和政治作用很大。但是，这在中国具有庞大规模的英国，自从一九三一年日军侵入满洲以来，其势力已大受打击。这就是：满洲石油贸易的停顿，榆关以外军队演习的被干涉，长江流域英货销路的被剥夺，以及台湾海峡与汕头、海口的渐受日本势力所操纵等。

上项事体，固属英国很痛心的事件，但使其于痛心之外更有令其坐卧不安者在。这就是日本的对于华北与蒙古之积极经营和进取是也。英国，在中国的最大利益与最所重视的是华中与华南，更与日俄竞争角逐，坚不稍让的则有新疆与西藏。英帝国主义者为要确保其上述等地的利益与特权，则直接间接凡有威胁其权益者，莫不痛恶务绝，即起争逐。以故，不独借款二三〇万磅〔镑〕与满洲政府以修北宁铁路，用以切断正太、京汉铁路的联络，以减损俄国势力，一如上文所述外，复曾有借款一〇〇〇万两于山西商务局，用以开采矿山，六十年内采矿全权归其办理之要求。且对于河南豫封公司亦结有同样的条约。由此，吾人可以充分明了，英人对于在华利益如何重视，更知道日本的积极进攻华北，使英国感受到如何不安的程度了。此其一。

根据一九一二年《日俄密约》，虽曾以俄之不侵害英国在西藏的权利为交换蒙古的条件，而得到西藏权利的保障，但此数十年来演变之结果，已竟〔经〕走到新的阶段，而有新的冲突发生。由此新的问题之发见，不独俄国前之所谓"不侵害英国在西藏的权利"之诺言不能有所保证外，即其交换而得的"蒙古"亦大部分非其所有矣。以是，今日日本之积极经营蒙古，实予英国在新疆、西藏两地权利以莫大之威胁。此其二。

有此二者，则英国对于日本的今日各种谋划，不能即此坐视，乃事之必然者也。然在英日将如何？这又是一个极费筹思的问题。良以英国对于日本的态度，素极模棱，且其各党意见，又复参差不一。代表兰开夏纺织工业的资本家，因为英国纺织品的市场渐为日本所夺，故力主反日；但是，代表金融资本和重工业的资本家，对于日本的态度又完全相反，他们希望同日本合作，向满洲投资，利用日本在满洲与华北的军事行动，向日本输出军火。在政府方面，因此两派资本家的意见争执不下，因之对日的外交方针迄无决定。

虽然如此，英国两派资产阶级的对日态度近来颇有接近之可能，因而英政府在兰开夏的压迫之下乃有"英国决不迁就日本，损害自己的利益"的声明。同时在军人方面，更有明白主张抗日的，如斯末资将军在去年皇家学院讨论国际问题的时候公开演说，谓："过去的英日同盟是错误的，未来的英国政策，只有同美国联合。英国对美的关系与英国自治领土有深切的联系，两国偶有不和，足以招致极大的损失。一切的政策如果忽视了这种事实，足以为害全帝国……"

这种意见不仅代表南非联邦和加拿大的意见，而且是一部分英国舆论当时的反映。可是这种舆论反映，到日今又如何呢？不消说是因为日本对于华北与蒙古的积极经营而增长了。

这种伴随日本的急进政策而强大化了的英国反日情绪，究竟能否决定其政府的对日政策呢？这则只有以英美两国能否联合一致为转移了。在此英美两国尚未能走到完全一致的期间内，则英国的对日政策当不出乎下面的原则，即是：在可能容忍的时候，则取沉默旁观的态度；在日本过于积极的时候，则直接间接发表声明，提醒注意而已。

基于上述原则，则吾人对于英国下院讨论内蒙事件，可得结论如下，即是：英国下院直接出面讨论蒙古事件，即系对于日本在华北和蒙古——西蒙方面，积极活动，已经注意之表示。也就是间接提起日本注意其权利的方法。以是，所谓蒙古民族情绪的复活实属异常重要的话，直不啻谓某方进取情绪的紧张，大有注意及之的必要也。果尔，则令北平使馆作一报告之举，方有意义之可

言。此非曲解他人善意之谬见，实以在此损人利己的集团经济与
外交大为盛行之今日，孰能为弱小民族出而一申公理乎?!

《新蒙古》（月刊）

北平新蒙古月刊社

1935 年 4 卷 2、3 期合刊

（李红权　整理）

对察省事件的看法

文羽　撰

自一九三三年五月《塘沽协定》后，华北全境已随时随地感受日本威胁，然吾人方以内乱未平，国力不足，故欲忍辱负重，师越王事吴之故智，目前颇不欲与之计较，乃不图日本帝国主义者欲望过奢，穷兵黩〔黩〕武，縻〔靡〕有止期。察哈尔省，近又在日本军人炮火侵略中矣。据近日京、沪通讯，热西日伪军二万，飞机数十架，铁甲汽车百余辆，炮数十余门，分二路向我察东进攻，一路由大宁至长梁乌泥河，攻击沽源县城，一路由大阁镇至柞子，攻独石口，投弹甚多，人民死伤无算。据一月三十日本埠专讯，日军虽旬日来调兵运输备极忙碌，然和平亦未绝望。日本希望在大滩或在古北口、张垣择一处开会交换意见，闻我中央政府已指示察宋（哲元），谓此系地方事件，对参加代表，可由察军及热日军派员交涉，但不签任何协定云云。

吾人以为察哈尔省事件虽在紧张中，必不致若何扩大。何以言之？盖日本于前年占我察东多伦，迄未交还，去年又占我察东沽源之二、四两区，其借口为该两区在长城线，应属伪境。沽源共分四区，二、四两区在沽源东南部，即独石口之东南至与密云、怀柔两县接界之处，第三区在县之西北，第一区在县之南部与东南部。东南一部有十余村庄，约当该区面积之半，介于多伦二、四两区之间，重要村庄为马村、北石柱子、南石柱子、永安堡、四道沟、明沙滩、乌泥河、小干沟、狐狸沟、长梁、井儿沟、义合成，与热西丰宁县之大滩接界，日方现又借口此十余村庄属〈丰〉宁县，应划归伪境。日方此种要求之原因有五：（一）为沟通多伦至沽源二四两区之交通。（二）为巩固多伦至二、四区长城线之整个防线。（三）为巩固热西防线，因大滩与民〔长〕梁各村庄之间，有一高坝，一上一下，共为二三十里，一片荒凉，向无人烟，日军不能在坝上设防，一旦有事，我军一过此坝，大滩即不能守，故日方在军事上言，必将坝西我之村庄全部占去。（四）为以此等村庄为根据，招收察东土匪，以备扰乱察省，并作热西屏障。（五）为由多伦向察东贩运毒品。日方拟每年向绥、察两省贩运白面二百万元，故数月以前松井即不断向察当局要求：（一）划界，将上述各村划入热境。（二）察东我军退至长城线以西与以南，长城线以东与以北由日方设警。宋哲元谓察东只负守土责任，若欲划界，请日方与我中央及北平当局交涉；至于上述各村，均属察省，日方如欲强夺，可自为之，若欲我方随意让出，决不可能。松井又要求允许日军在上述各村行军，宋亦拒绝。两月以前日方乃作扩大宣传，声言将取军事行动，实多系虚声恫吓，良以日本吞我四省，尚未消化，若遽将察省强占，势必至惹起他国侧目，日本必不出此也。故吾人可断言日本对此次事件，当不致重以对东三省手段对察省也。

虽然，今日之日本帝国主义者，其政权已旁落于军人之手，其内阁已等传话机，而军人中之骄子，又为少壮军人派，此稍悉日本政情者，类能言之。彼辈好大喜功，自以为建国以来，人莫我敌，不费吹灰之力，而得数省之地，居然中国莫敢与抗，列强未有与争，事之便宜，孰有逾此，倘果悉力以犯，我国固无如之何，然则记者究有何项保证，肯定日本之不暴动哉？

《砥柱》（旬刊）

长沙砥柱旬刊社

1935 年 4 卷 4 期

（李红菊　整理）

"国"境及外蒙

[日] 山本实彦　著　洪炎秋　译

满洲里之对立

在"国"境虽说是午后八时，可是残阳还是赫赫地照遍像海一样的广大的草原。由那个可以使人联想到日本的三笠三山的，平滑的图尔伯利智山带吹下来的大陆风，吹得极其爽快，连站在小山冈上的步哨兵的面孔，也显出和蔼来。仅仅隔离七基罗的八六号待避驿的建筑物，就可以分别出"国"境的那边；右边是苏联的营舍，眼下有日本前卫勇士的墓，"满"人的墓，白俄人的墓，一点一点可以指呼出来；左边则有苏联领事馆的赤旗，隐在茂密的森林中，很小地在那里飘摇翻覆。待避驿和小山冈之间，有中俄发生纠葛时所掘的濠堑，看来令人发生搜〔搔〕抓创口之感；F氏并为说明，成吉斯汗的城壁，还在夕阳阴影之下存在着。英雄之梦，随着蒙古包征伐欧亚两洲，以铁骑蹂躏十万数千里的他的面影，还是历历摆在眼前。不过曾经印过他的足迹之地，曾经送迎过他的山河，虽是旧态依然，却没有可以永久表彰他的文化的纪念塔；但是虽然如此，谁可以拿他来和建筑万里长城同样加以冷笑呢？他的灵魂，至今对于蒙古人，还是凛然如生。冒着零下四十七八度，好像要把耳朵吹落的寒风，肃肃然由鄂嫩河发出的时候的威风，可以贯彻到全蒙古民族的灵魂的骨髓里，绵绵传统下去。

历史只是一场梦。活的壮大的对立，却展开在眼前。我在数日前和昨日，曾经看到留下"跟着赤旗，卷土重来"的豪语，而退出八六号驿的那边的他们之一群。悲痛的颜色，泛出感到激情的目光——"国"境不管何时，都是个使人心胸发生无限鼓动的地方，是个使人痛心于黄白民族发生藤葛的关隘。无论你如何思念，要以和平和文化为一生的事业；无论你怎样发誓，不使脱出人道、和平等的轨道；一旦为了心底强烈涌出的祖国爱，便要把一切掩盖下去了。在北满各驿站看到连穿的靴也没有的忧惨的白俄人的时候，谁也不能不爆发出"不强是不可的……"的意欲。看到战栗于茫无涯际的旷野中的驿站的寒威之下的好几万壮士，我便把在母国耽于政争的那些人们的面貌，描画于空中。我曾一瞥过华北、察哈尔、绥远；又曾在哈尔滨、扎兰屯、海拉尔、新巴尔虎、满洲里、达赖诺尔湖地方，接触其自然和人物；在返回日本之归途中，也走过西水罗、土里、图们一带的地方；在漫延于国境地带的几多的民族的兴奋之中，曾经作了若干的思索。由国境地带来见闻这被称为西藏以上的秘密国的外蒙古的动向，更感到甚深的兴趣。我们先把外蒙背后有苏俄，外蒙内部有他们的组织以及血和汗，遮断了我国（指日本）势力的前哨的实状，写一写吧。不过他们的活动，极其严密，要把握其实体，很不容易。虽然也有些人为外蒙的经济的穷乏所压迫，受不了政治的强压，连铳带剑，逃进内蒙——即"满洲国"来，这些人虽也能谈到政治和军事的片鳞只爪，但关于组织的全般，财政、外交的大观，则不能明了。我曾经遇见过由外蒙首都库伦逃出来的中国人，也碰见过日本妇人。又和他们的主脑者（累次三番）讨论哈尔哈问题的"满洲国"全权亲自谈过，还能知悉、想像他们的机构及风貌之一般。这些全权是在满洲里驿头的火车中起卧的，真所谓起卧于敌人的虎穴中。他们完全站在唯物史观来主张。这边则以五族共和为骨子，以"王道"主义为根抵〔柢〕。当然免不了柄〔枘〕凿不入，无从一致。在十几次讨论之中，他们有一人得病归回库伦。我（指日本，下同）全权系以达霍尔族的老英雄凌陞（参议贵福之子）为中心，布里雅特族的乌尔金将军为辅佐；对方则以哈尔哈的俊锐而在莫斯科受教育的珊模（外蒙军政部次长，中央执行委员）为总指挥，以土库森（外蒙中央执行委员）和丹巴（军团长）为偏裨，均显出相当的手腕。我在后面要说到哈尔哈族、布里雅特族、达霍尔族等；在内蒙达霍尔族文化最为进步，他们系以海拉尔为中心，而在那一带游牧的。在外蒙则哈尔哈为其中心，为其精锐，为结成库伦中央政府的核心。内蒙文化的第一人者和外蒙的精萃的角逐，实是历史的活剧。不过这里所谓内蒙，乃是除去属于中华民国的锡林郭勒盟（察哈尔省）、乌兰察布盟和伊克昭盟（绥远省）；所谓外蒙，则是除去唐努乌梁海共和国这些部分的短兵相接。外蒙的政治中心是赤都库伦，而内蒙的政治中心在什么地方呢？是"新京"吗？百灵庙吗？海拉尔吗？时代的潮流已渐渐使内蒙趋向统一了。内蒙到底要怎样统一，对于外蒙要用什么样的状态去应付呢？这实在是本世纪里头一个可刮目而看的问题。并且这也是决定"胜利属于共产主义的蒙古呢？还是属于日本主义呢？"的一大问题。

"国"境监视

我访问满洲里的"国"境监视所之日，稍有一点风。可是乃是温度六十八度的适于散步的气候。并且监视长又说是和我同乡，所以为我讲了好些关于监视所生活的有趣的故事。正好这个时候是中饭的时候，热稀酱汤的气味，饭蒸盒的香气，强烈地刺激我的鼻孔。监视长的S氏说："不来一碗吗？""谢谢"，辞退了后，看见日"满"人很亲密地一块吃饭。海拉尔方面所出的马铃薯的好菜，也很惹人注意。虽在这黑暗的穴窟中，这一天也可说是和平的日子；和气霭霭地谈笑了二三十分钟。拴在岩下的四五蒙古马的嘶声，使人感到已是夏季了。有了这一幕的好的舞台背景，他们也有生命的愉悦吧。北方的夏季真短，好的季节，不过屈指之间而已。以外的日子，都非受到飒飒吹来的蒙古风的光临不可。可以把你耳朵吹掉，可以使你放尿冻冰的阴惨的日子，是继续不断的。在这风里，穿起皮衣，而就"国"境警备之任，并非寻常之事；尤其是在刮风之夜，整晚上不得不把奇怪的幻想，浮在眼前，以待天亮；在这黑暗寂寞之前，忍了一天，又过十日，一直三月一年地忍耐下去的努力，实是一件苦事；对方则躲在对面的山阴，这边一动，那边也随之而动，我们用马去警备，则他们也乘马沿线而驰，只有这一种每日紧张的劳动，可以散散郁闷。小山冈到"国"境为五百公尺——"国"境到他们的守望所也差不多五百公尺——在这一千公尺地带，以及由小山冈至八十六号待避驿的七基罗距离的地带——无论何时，都收在望远镜双管之下，虽是一只牛的行动，也要成为问题。真的，像豆一般大的他们一群的动作，也都看得见。映在镜头里面的武装恣〔姿〕态，左驱右逐。自朝至晚，是这样过下去；自春至冬，是这样过下去；只要这里还是"国"境，就是五年十年，也非这样过下去不可。磨剑擦铳，喂肥马匹，把炮垒造坚，把濠堑挖深，整兵经武，半世纪来都是这样紧张睥睨，互相对峙。为什么而对峙？为和平呢，还是为战争？一到了"国"境，所谓民族啦，国家啦，这一类的问题，无时不支配我的脑筋。S氏指着那边森林里面翻转的旗告诉我："在那边现出的，原是赤色中学的校址，现在则在那里开哈尔哈会议。"我并不在这里谈论哈尔哈会议有怎样的重要性。不过同是蒙古族，而竟分成两半，他们的背后，又各拥有伟大的势力，以互相争斗，对于这个壮观，和其将来，终不免累次三番地加以默想。

"国"境之夜

用汉文和蒙文所写的"欢迎满蒙代表"的欢迎门的装饰，已经有一半以上为风雨所打掉了，写的文字，也褪了色，令来来往往的人们，发生一种荒废之感。太阳落后不到两小时，公园已没有人迹。在满洲里晚上的街中，辚辚而响的马车，也慢慢绝踪，"国"境之夜，已完全寂静了。在中国人理发馆刮脸的两个年青的人的嘴巴，在窗外一看，更令人感到一种异国情调。好像新近才开张的一家面铺里面，有日本兵士在那里歌唱的蛮音，稍可打破四围的寂寞。我今天晚上，很希奇地独自一人雇了马车，在这不甚宽敞的"国"境街，绕了一周。海拉尔的街道，泥泞而多尘埃，无论怎样看来，总令人有蒙古街之感；这里的街道，宽度既广，房屋的排列，又是欧罗巴式，地很高燥，是个俄国人气味最浓厚的地方。前者人口超过三万，所以相当繁华，这里则不过一万人左右，非常安静，很适于居住。今朝我在拂晓的时候起床，到了"国"境之街去散步，头一趟便碰到满载札赉诺尔煤炭的货车，用七匹马拉着，由白俄驭者驾御，很老实地步行，此外还看到一个十五六的小孩，驾着三匹骆驼走去。又碰到好几次白俄的驭者，他们都不用鞭子鞭挞牲畜。如果是中国人或日本人的话，一定要在他们屁股上头，使劲痛打，使它发出声音。不但此也，由靠近郊外的他们的家里，牛马成群，一个人也不跟着，几十匹几百匹排成队伍，缓缓到牧场去，这种充分的训练，令人感佩莫名。在

"新京"之夜，沉沉入睡的时候，也还可以听到门外鞭打马车的声音，不断地响；一看到被鞭的地方，毛也秃了，肉也掉了，悲惨的样子，令人心伤。我由街上回旅馆洗澡的时候，不禁把这桩事情常绕于心。对于马加以虐待，已算不好了，一个国家在显示势力澎胀的时候，对于被支配的民族，而加以威压，岂可以说是正当吗？鞭子的味道，虽畜生也是懂得的，只要使它晓得你手上有鞭子，也就可以了。如不管什么时候，都要发挥鞭子的实力，则一人不过只能使役一匹的牛马而已；假使你只是用右手执着鞭子，而养成它们的感情和理性，则无论是十匹二十匹，一个人都可以同时加以驱使。我在蒙古和这边看见的牲畜，都是自己能够到牧场去的，是能够自治的。这一点点的妙处，我民族非领会不可。我们应当晓得，舍弃匹夫之勇的时期已经到来了，这是我们非觉悟不可之秋。我们须向比较高的正义的把握迈进上去才是。

我在旅行地时时听到"法匪"这一句话。不管这个那个，都要用法律去束缚原始的民族，这样只是惹他们厌恶而已，并没有什么实效，约法三章，虽是简单，却方便易行。在这"国"境间，单是警察，就有领事馆警察，蒙政警察，宪兵特区警察，路警，国境警察，警备队等等，五花八门，令人一惊。这不单由财政之点看来不合式，如果不设法统一，恐怕说不定要惹起什么意外的麻烦。我曾经到过达布斯诺尔的盐湖去，那里有中国人的官吏监督制盐，可是制好的盐，蒙人一把两把地抓走，满不在意。官吏一加制止，则谓："这不是我们的土地所出的吗？我们素来是用这湖水以配食品的。你们随便跑到我们的土地来制盐，而一点也不给我们，有这道理吗？"由此以后，就没有法子再在此地制盐了。这是不折不扣的实话。蒙古的土地渐渐开拓下去，则他们长久之间所从事于牧畜的山河，必定有许多成为村邑，成为都市。在那时候，他们对于土地的观念，更要认真。譬如哈尔哈的问题，即可以表示他们有识者间对于土地和国境的观念，已很重要地栽植下去了。在这以先的土地问题常因为以为他们并不定住，即加以占领，遂产出重大的错误。他们虽不定住，虽非菜圃，虽不像中国人和朝鲜人那样，围起墙壁以标明所有权，可是他们是拿它作移动放牧地，和自己的生活有直接的关系。自然的广野，虽说没有所有主，可是如果没有这些草原、河山，则牛、羊、马等，都没有法子放牧了。要统治蒙古确不是一件容易的事情。我常常想，蒙古的土地所有权问题，比之国境问题，还要麻烦。我以为一切的计划，都须顾虑到他们的境遇，如果法律过于苛细，只是徒增他们的苦闷，终必至于使他们对于数百年来所爱住的土地，也没有法子住了。

三河地方的问题

在俄"满""国"境最饶有兴味的，是三河地方。发源于兴安岭支脉，西流而注于构成西部"国"境的额尔克〔古〕纳河的根河、得尔布尔河、哈布尔河的流域，直径约六十余里的地带，叫作三河地方，现今成为北满特种的存在，惹起很大的注意。这一带的白俄系的人，将近六千人，俨成一白人王国，既饶兴味，又孕育有将来的许多忧惧。现在赤俄系统的人，也陆续渡河进来了。不过他们十中之九，是罗马诺夫朝没落的时候，为祖国所驱逐的民族，看到了这块肥沃的黑土，便五户十户地集合来，遂成这一个大集团。在现时世界各地流浪之中的白俄人中，说他们的生活最为安定，也无不可，其中的首富，有二十万圆的财产，各人所纳的税，也都不少。他们集团地迁入的时候，为一九一七——一九二〇年。他们的住宅，虽说多是木架铅顶，可是比到汉人和满人的农民生活，终胜一筹。他们的大部分，固然是赤俄之敌，可是他们的胸中，似乎都抱着"不愿为亚细亚人所支配"的思想。不过话虽如此，却也并不是对于日本和"满洲国"的统治，有所反抗——他们的本心，似乎是不管现在不管将来，都愿意和政治脱离。我们不要忘记，他们把我们日本民族称为"卡罗特卡·诺仪"。这句话的意思是"短腿的小子"，含有轻侮的意味在里头。不过我们也不要因为有了这种讥讽，便加以敌视。"如果日俄打仗，他们是不是愿意立在前卫?"对于这一点的认识，是错误不得的。我们不要忘记，纵使他们和我们站在协同战线，他们真实的意志，还是以"回避战争!""离开政治!"为标语。沿着三河地方和乌尔隆格河、蒲尔塞河而生活的苏维埃人民和他们的交游关系，极其亲密，对于秘密贸易的取缔，也很困难，潜伏这里的"赤"和对岸居住的"赤"的政治的交涉，要加以取缔，也不容易。所以将来国境上最须警戒的地方，以此为主要。

这三条河都很急流，根河上流的伊图里河和马勒克塔的上流，有五百人左右的雅库特族，以狩猎维持生活；克勒都尔河上流，以庆吉勒山岭为中心，乌罗种族把它作为根据地，所以三河上流在民族上也很饶兴味。雅库特族和白俄人的关系，并不算坏。他们狩猎所得的东西，都是用最便宜的价钱卖给三河地方的白俄人。

离海拉尔约二百四十里的地方，有奈拉穆图。这里和海拉尔有电话相通，为日"满"政治的中心，他们白俄在三河的中心为大拉寸克，人口约有五百；上乌拉根和上库力，则白俄的人口较多，但这些部落也不过是六百人或七百人的集团。

有一件可忧的，是他们把天然森林采伐净尽。那边的白桦密林，大抵已斫完了，现在斫下的痕迹，依然存在，很可痛心。日常的食料以面包、牛乳、乳制品和鸡卵为主。牛马的屠宰虽不多，而猪羊则宰得很多。住民的大部分，多目不识丁，大拉寸克、库流骤、图布洼、上库力诸大部落，虽也有小学校，但学生的数目，都不过二十至三十五六人而已。既没有教科书，也没有文具，和边陬蒙古族的三家村书塾不相上下。近来三河地方因为在政治上、国境上、军事上都惹起很大的关心，他们对这事极其讨厌，所以近日很有人另外寻觅第二的三河地方。他们认为第一候补地为以越过哈仑阿尔乡的哈巴奇河、札伊河、库尔毕达河，查伊河为中心的布特哈右翼旗的深山中。他们喜欢选河边，喜欢移动到自然林的深山中。这好像朝鲜的大田民族一样，他们并不受任何人的劝诱，自然而移去。我对于这一桩事，很感到兴味，我推想十年后，朝鲜民族要以牡丹江为中心，实现一大都会；同时也对于他们在这流域要怎样去开辟，很为关心。

　　沿着离大拉寸克百十八公里的额尔克〔古〕纳河，到"国"境走去，有伊茨巴式的吉拉林的小而美丽的街。听说是和"满洲国"的图们市一样，是靠着做秘密买卖而成立的街市。由海拉尔乘牛车去，须要十五日至二十日，骑马而去则三日半便可走到，现时因匪贼很多，致不能依照预定去。渡过幅员一百二十公尺的额尔克〔古〕纳河，便和苏联的乌罗即、鄂诺惠斯基、乌斯即泻浦良卡相对。这犹之乎风趣不同的大黑河和伯拉戈寸斯克的互相对立一样。由吉拉林沿着吉拉林河上去，约十五公里的地方，有吉拉林金矿。

　　以三河地方的肥沃的十九部落为中心去研究，很有兴趣，因为这里有复杂的军事上的问题和人种上的问题；由"国"境看来，比大黑河、满洲里、图们等地，更饶兴味。

札赉诺尔湖（呼伦池）

　　我因为要研究"国"境地带的草原的特质，所以在呼伦贝尔地方最大的湖的札赉诺尔湖，作一探胜。由满州〔洲〕里至湖之间约六十几公里，这一带尽是茫茫的草原，一棵树的青色也看不到，也没有人家，这一天只见到一个蒙古包而已。将近包的时候，有六只和熊一样的蒙古犬，追着我们所坐的汽车叫吠。此外则水天一色，苍苍茫茫而已。空中则有云雀叫唤，大地则有栗鼠横过汽车路而跑。湿地生长柔软的藓，藓的上面有逐水草的他们所留下的马粪，和满满的苍蝇。下车想在有水的地方洗手，则水滑如油，有水虫数匹，顿生不快。蚊军则绝不客气，在头、手胡咬。遥望外蒙，则只看到黑黑的丘陵而已，其他的目标，一个也没有。我想草莽英雄所蹂躏的鄂嫩河，定在那边，凝视下去，终看不见有像河畔的景貌。"山河之隔"，这总在百里以上，自然是看不见的。对于被新巴尔虎的正黄旗和镶白旗所包围的这一个湖，他们有好些令人恐怖的故事奇谈。湖的总水面积为一，一〇〇平方公里的椭圆形，水色很黑，不是个令人起好感的湖，湖的对面，有像黑云的东西，那大约是外蒙的山。克鲁伦河大约是由那黑云之下流出来吧。在那河沿有桑伯斯的都市。赤色人们在那里筹谋种种可怕的计划。在这边的岸，芦苇之中，只有一个满洲石油的试掘所，孑然存在，此外则民家一家也没有。在这为神秘所包围的原始的湖上，有试掘所的煤烟，很细地在流动着。湖都不深，冬天又不凝结，所以大鲤和鲇鱼等，终年可以获到。一月至二月之间，湿地也能冻冰，所以狼群跑到湖汀来。我由此地向着有包数百座的札赉诺尔的地方进去，以视察他们放牧的状态，再从石炭采掘所疾驱而出札赉诺尔之街。他日打算另写一篇札赉诺尔纪行。

旗长会议

我为要加深我对于蒙古的认识，所以就去看一看七月十八日在札兰屯所开的"兴安东省"的旗长会议。"东省"分为喜扎嘎尔

旗、布特哈旗、阿荣旗、莫力达瓦旗、巴彦旗等五旗。兴安岭以
北之地，为被成吉斯汗垒壁所围绕的索伦、成吉斯汗、大河湾、
札兰屯，再加上博哈图的名邑。省长额勒春为会议的主席。他与
其说是蒙古人，毋宁说是近乎汉人，不过在颧骨特为挺出这一点
上，和日本人一样，是一个蒙古型。外貌虽很温和，不过因为是
由骑士成长来的，所以终有点敏锐的地方。额君之右，有日本人
参事官的Ｎ独眼龙侍着，左邻则为总务厅长巴君，坐得很端正。
因行政区划的关系，由喜扎嘎尔旗的布旗长开始，一个挨一个地
细述各自区域所发生的事件，以及牛、马、驴、羊的饲养数目，
所以在旗域内大体的事情，都可明了；其中最饶兴趣的，是他们
的服装，也有蒙古服，也有中国服，也有洋服；同时所用的言语，
也有用蒙古语的，也有用中国语的，混难〔杂〕而用，煞是一个
特有的风景。五人之中，有三个旗长是用蒙古语，布特哈旗长用
中国语，莫力达瓦特〔旗〕的鄂君，则中国语和蒙古语交错互用。
我以为蒙古人总不会雄辩，可是一征于旗长会议的经验，乃觉得
不然。例如巴彦旗的卓君，滔滔不绝，是个可以压倒满座的雄辩
家。至于服装方面，如哈尔哈会议的蒙古代表，把头发梳得光光，
再穿上一套潇洒的西装，无论由哪一点看来，都和日本人相同。
旗长的待遇，和各省的县长同额，月薪由一百九十五圆至四百五
十圆。蒙古民人，大抵没有定住的家屋，可是一到了旗长这种地
位，大概就有定住的房屋。他们只在广漠的草原和沙漠地牵牛而
行，或放牧马羊，生活至为简单。就是火车的旅行，也只带上一
条毛毡，再用一条绳子捆上，不管哪里，都可以去了。一般蒙人，
既不栽种菜蔬，也不想食菜食，不过他们已深于阅历，日本人所
吃的，他们大抵都吃得来。我和他们一块吃过"辩当"（系用盒子
装饭菜，以便外出时吃用者），一块喝过中国茶，一块坐过火车。
其举措和大和民族一无所异。不过由大体看来，他们的知识程度，

绝不能和日本的地方官吏比肩。他们蒙古族，没有商贾气质，不懂算数，有的连自己所饲养的家畜的数目，也不晓得。由此看来，今后纵使授以科学教养，但到底能发展到什么地步呢，实在是个疑问。据"康德"元年五月末所调查，兴安署之内，就学儿童数在初级者，为二千三百九十一名，在高级者，二千六百十名，合计五千零零一名而已。此外虽还有十九旗，五县的报告未列入，但全体的就学者数，当也到不了八千名。兴安署及其他的内蒙人的数目，正确不很知道，大体上有四十五万人。外蒙共和国，有的说其有五十五万，有的说其有七十万，大约估定其为六十万左右，就差不了多少。至于内蒙古人，在热河省，察哈尔省，绥远省，数目也很有可观；只就兴安四署而言，便有四十四万。此外有汉满人三十二万五千余人。四省的面积，为二十八万四百六十八公里，分为一市，廿四旗，二县的行政区域。

新巴尔虎大平原横断

离海拉尔郊外约有三里的地方，有小的沼池。这里有好些蒙古包，围在包外有狡猾的中国商人一群，正在作种种的交涉。他们是想要截住由几千里的奥地，屯载羊毛于蒙古马车，要到海拉尔去卖的蒙古人，叫他们用廉价卖给他们。蒙古人常常上他们的当。因为上了当，被人榨取，遂不得不老过贫穷的日子。他们赶了好几十里地的牛，只博得几文工钱，回来后竟是欢天喜地。被雇去赶货车的雇人，一天所得的不过二角至二角半银，就须在砂尘的平原跑走终日。他们世故极浅，没有优胜者应付社会的险恶风潮的智慧和狡猾：乃是个具备生活落伍者所具备的种种条件，为原始的质直者。他们的排他的偏狭性质，似乎是运命要把这个民族的展开性加以限制的。我想到这里，不觉发生无限的同情，无限的悲悯；不过个个的同情，对于将要倾倒的民族，能发生什么效力呢？但是我们也不能断定他们已陷入绝望的深渊。如果有好的指导者，假以优攸的岁月，则恢复成吉斯汗和忽必烈的时代，也有几分希望。不过现在的时代，单靠武勇，对于国家和民族，也无足施救。我昨夜九时过，接到 T 中佐的电话说：如果愿意到甘珠尔庙①和哈尔哈庙去，连汽车也可替我预备，我十分高兴。我想像到立在茫茫草原上的爽快，想像到八百年前骑士们所驰骋的原始的草原，不觉令人神往。可是实际上则道路非常之坏，凸凹很甚，完全说不上汽车道，加以司机的是粗暴的白俄，汽车又用得很旧，正在发愁是不是可以达到目的地，忽然颠播一下，把头撞到车顶，痛楚难堪。我时时叫痛，而乐天家的运转手则满不在意，啊啊大笑。他是个今年才十九岁的白俄人，和这样的满不在意的运转手一块旅行，是很愉快的，可是他的粗暴，令人辟易。我把他的不在意的神气，乐天的态度，和默默排他的样子，和常上中国商人的当的蒙古族互相比较，两方都是下级劳动者，被榨取者，无知无识之人，可是白俄人世故颇深，有积极的劳动的气魄，只是没有贮蓄思想，不耐长期勤劳。

　　由海拉尔的郊外，经甘珠儿，而到外蒙，这里有几十里或几百里的地方满开了万年草，为平野的一种装饰。这草开花似野菊而不艳，虽不浇水也可以拿到日本去而不至于枯槁。唯这种花蒙古人如果拿到家去，便视为不吉，是个被嫌恶的花，可是在我们寂寥的旅人看来，却是个慰安。

　　我们的目标，在于电柱。把通到甘珠儿的电话线的电柱，为唯一的指针，疾走下去。在这没有道路的平野上，每时要走三十英里，车体的动摇，可以不言而喻。

---

　　① 后文又作"甘珠儿庙"。——整理者注

甘珠儿庙

　　在新巴尔虎草原之中，突有甘珠儿庙的建筑物，像龙宫一样，在那里出现。看到的刹那，真是令人惊异；在这样荒凉的地方，而竟有这么伟大的庙宇存在，实在不得不起不可思议之感。离海拉尔的街市，约有一百英里，把一切俗界的诱惑，完全隔断的这一所理想的喇嘛庙，对这些耽于读经三昧的三百多个大小喇嘛，极其适合。由场所的超越看来，日本的高野山、比睿山，均不过像个玩具，而且存在于诱惑之中。我如果能够在这里住上两三年，默想下去，或者可以留些有价值的东西给后代。四周绕围了一丈左右的土墙，最后的殿，是个可收容七八百人的本堂，以此为中心，还有七八所僧堂。土墙之外，有收容三百多喇嘛的房屋。在这庙里有一位叫作 M 氏的日本人，是九州帝国大学毕业生，到这里来研究喇嘛，我很想看看他，恰好这一天他到离这里五六里地的旗公署去，没有在家。据说再三四十分就可回来，因要等他，就在这附近散步。

　　他到了日暮骑马回来了。年龄是廿七岁，在庙里已快到一年了。和他到庙里看了一遍，对于其规模和结构，也不用怎样描写，因为这庙和别处的庙一样，只是规模特大而已。建庙的材料，似是乾隆皇帝布施的，这当然是一种怀柔蒙古的政策，也是个引导蒙古入于灭亡的方法，是阿片的代用品。这庙每年一回，自八月五日至十六日，有大规模的祭典。在这个时候，有一万人以上的信徒，携包而来，这个没有人烟的草原，顿成闹市。在这祭典时期，此地也立有家畜的市场。

　　我们一块到 M 氏的屋子去访问，有好像喇嘛的使用人二名和小啦嘛一名跟着来。他们每天吃一次羊肉，而对于用茶砖混合的牛乳，则一天喝好几次，每次约一升半至二升。M 氏让我们试喝，我觉得不大高明，可是同行的 H 和 O 两位，则连喝两三杯。据 M 氏所谈，这个庙是内蒙数一数二的名刹，有最高权限的喇嘛一名，其下有司执行机关的喇嘛三人。这些人持身谨严，未尝犯过戒律。对于教义和经文，不得冒渎批评，所以不能有所进步。此处的小僧，每月各领五圆，而饭须自管，很为有趣。他们之中，有富裕的人，有牛到五百匹、羊数千匹之多，因为在习惯上，长男须当喇嘛，不管愿意与否，非当不可。他们与其当兵，无宁愿意作喇嘛。这庙的经常费，每月规定四百五十圆，终不足用，余额以信徒的喜舍补充。

哈尔哈之夜谈

这是在距外蒙仅仅十余里的新巴尔虎警备驻在所里的四叠（叠系日本炕席，每叠约六尺长，三尺宽）小房间中，和两个警备员，一个留学生，共衾同枕谈了一晚上的话。

这些人们，对于哈尔哈庙和哈尔哈川很知道。对于外蒙兵越境而来的贝尔诺尔湖也极明了。这个湖，有很多的四五尺长的大鲤鱼和其他的鱼，因为蒙古人不渔钓，不吃鱼，所以湖里满满是鱼。可是苏俄人很好鱼，日本人和中国人也同样爱吃鱼，因此从来无人顾到的这个渔场，此刻外蒙方面和属于"满洲国"的新巴尔虎旗方面，也都视为重要，自是以来，在国境上利权所介在的这一块地方，遂成为国际纷争之根源。哈尔哈庙在这个时候，可称为宝物的东西，一件也没有。因为库伦成为赤都的时候，佛像七分八裂，被各方拿走，所有躯体、手足、头部，都被分段，人于商人之手；一百圆二百圆地拿去卖。"满洲国"还没有屯重兵于海拉尔的时候，住〔在〕克鲁伦集中了好些苏俄的飞行机、爆击机，以及外蒙的军队，因此此地也就有人狐假虎威起来了，库伦至克鲁伦之间，有外蒙所仅见的道路，已经完成，汽车交通之频繁，称为外蒙第一。

这一夜和东京帝国大学言语学科出身的 H 氏，谈了一整宵。他住在这里的小学校的寄宿舍，以此为中心，到各处去进行他的研究，可是这旗的旗长，因为顾虑到某国的势力，不许可他。"满洲国"成立已三年了，可是外蒙"国"境旗长们的心理，还不那么单纯。私在第二天，和 H 氏到小学校和旗公署去参观。旗公署系模拟蒙古包的圆形建筑物，约有日本三十叠左右的大小，十八名署员。H 氏好像是跟他们学习言语学上的各种东西。小学校用日、"满"、蒙三种言语教授。有两个教师，像书塾的办法，教师显出难涩的样子。儿童则由七八岁至十六七岁都有，计三十二名，编成单级以施教，全部住宿、寄宿舍中。我很想研究研究教师们的心理，可是没有时间，大约他们现在对于日本的立场，日本的实力，是有了解的。无论是小学校，无论是旗公署，到处都挂有成吉斯汗的像，想来是引此以为荣的。

成为问题之一的哈尔哈河，系沿着外蒙和新巴尔虎的国境，进入大兴安岭的奥区，成为哈勒欣河，在这深谷中，有名的哈仑哈勒欣温泉即在那里。离"国"境不远的地方，有个幽邃的圣地，这里白桦密生，有鹤和七面鸟，群生于此。苏联人、外蒙人，以及中国人，都老早就垂涎这一块灵地。现时有汽车路通到海拉尔，当天即可以达到。关于这个灵泉，蒙古人有种种离奇的传说。他们对于这里的三种浴槽，有种种的信仰。对于住在浴槽里的许多蛇群，也加以神格化。浴槽里还有许多的鱼。他们都以连衣服下去洗澡为原则，看见日本人赤身入浴，目有奇怪。这灵泉的交通被断绝后，外蒙人大感失望。

贝尔诺尔湖地方，冬季降雪极少，为降雪期最适合的牛羊放牧地，所以外蒙的百姓，常常于冬季越境来此过冬。总而言之，哈尔哈河、贝尔诺尔河〔湖〕，以及哈尔哈庙一带，做为农牧地极有希望，所以斗争也就随之而起；唯这却不是个局部小问题，乃是内蒙和外蒙的重大问题，又为日本和苏联两国将来的重大问题。拿这里作为"国"境地带来研究，作为农牧地来研究，或者作为内蒙、外蒙的民族的方面来研究，虽和三河地方意义不同，却都是件有兴味之事。(待续)①

《新蒙古》(月刊)

北平新蒙古月刊社

1935 年 4 卷 4、5 期

(李红权　整理)

① 未见后续刊载。——整理者注

蒙古生产合作社组织大纲

作者不详

第一条　本社定名为蒙古生产合作社，直隶于蒙古地方自治政务委员会。

第二条　本社以集合群力经营生产事业为宗旨。

第三条　本社设左列各部场：一、总务部；二、牧场；三、农场；四、工场。

第四条　本社设社长一人，承蒙古地方自治政务委员会之命综理社务，并设左列各员，分任各项事宜：主任一人，场长三人，技师名额量事务繁简定之，事务员二人至五人，助理员名额须视事务之繁简定之，书记二人至五人。前项社员由蒙古地方自治政务委员会派充之，主任、场长由社长遴员，呈请蒙古地方自治政务委员会派充之，技师由社长聘任，事务员、助理员、书记由社长委任，均报蒙古地方自治政务委员会备案。

第五条　本社牧场先求马、驼、牛、羊等畜产之蕃殖，以后次地改善其品种。

第六条　本社农场应注重森林、园艺之实验及推广，并请求已垦地方农产物之增加及改善。

第七条　本社工厂先设缝纫、印刷、土木等当地应用各科，以后次第增设毛织、制革、炼乳等加工当地原料各科。

第八条　本社应注重劝导各盟旗普遍举办适合当地情形之生产

合作社，并对各社尽量协助指导之，但不至〔是〕统属和〔的〕关系。

第九条　本社及各场各项规则及计划均另订之。

第十条　本社开办费由蒙古地方自治政务委员会拨筹一半，并呈请中央补助一半。其经常费由蒙古地方自治政务委员会发给，其收益亦解归蒙古地方自治政务委员会。

第十一条　本大纲遇有必要时得修正之。

第十二条　本大纲自公布之日施行。

《新蒙古》（月刊）

北平新蒙古月刊社

1935 年 4 卷 4 期

（朱宪　整理）

外蒙叛离之史的检讨

汉昭　撰

一　由条约上观察中俄在蒙古势力之消长

我国与俄国缔结关于外蒙最初之条约，系在雍正五年（一七二七）之《恰克图条约》，由此条约划定中俄间自恰克图至唐努乌梁海西北之端沙弼奈岭（Shabin Dabang）之全外蒙北部的境界线，即定唐努乌梁海为中国之领土。且因康熙二十八年（一八六九〔一六八九〕）之《尼布楚条约》中，曾规定两国人民，得互相于任何地域，往来贸易，致于管理上颇感不便，纠纷时滋，故于《恰克图条约》中，规定恰克图及粗鲁海冈为两国互市商埠，许两国人民自由贸易，此外一概不许。

第二次为咸丰元年（一八五一）之《伊犁塔尔巴哈台条约》，虽与外蒙古无直接关系，但规定伊犁及塔尔巴哈台为无税贸易区，许设俄国领事馆。

第三次为咸丰八年（一八五八）之《天津条约》，除规定最惠国外，更因两国政府间之通讯及供给北京俄国正教会所需之用品，故两国共同出资，经营北京恰克图间之邮政。

第四次为咸丰十年（一八六〇）之《北京条约》，规定开新疆南路之喀什噶尔为与俄通商地，许置俄国领事馆，且许从恰克图至北京贸易，意即于恰克图至北京途中之库伦、张家口等处，可营另〔零〕星买卖。又许俄国于库伦出资自建领馆，地基及牧场可向库伦办事大臣商酌给予。因此条约，致俄国西伯利亚地方官吏，得直接与黑龙江省、吉林省将军交涉，俄国、恰克图〈官〉之国境官吏，得直接向理藩院之恰克图〈官〉员，交涉关系境界之事。

依雍正五年之《恰克图条约》，举凡关于境界、商埠、通商以及逃犯等公文往来，如属中国送往俄国者，须经管理土谢图汗察珲多尔济，及恰克图贸易之丹津多尔济签名盖章，如由俄国送来之公文，须由俄国之边疆官吏署名。但于乾隆二十三年（一七五八），及乾隆二十六年（一七六一），因商定东部之边境，设蒙、满、库伦大臣各一，而库伦办事大臣与恰克图之俄国知事往来文书，伊犁将军与西伯利亚总督往来文书，交涉西部之边境，致开俄国边境之官吏与驻在边境之中国官吏，得以直接办理关于境界之交涉，俄国借此，更便于扶植势力。库伦之俄国领事馆，系于同治二年（一八六三），得库伦大臣之供给地基而建成。此外尚许可俄国商人如携带俄国边境官吏之详记前往目的地、人数、买卖之物名、统率者之姓名等项旅行之许可证，以二百人为限，不论何时均可往中国通商；然依文中条文所载，只谓限于通商区域。

第五次为同治元年（一八六二）之《北京陆路通商条约》，规定两国边境百里以内为无税区域，几恢复雍正五年《恰克图条约》以前之状态。此约更规定俄国之小商人得于蒙古设有清廷官吏之地，无税经商，于未设官吏之蒙古各地，如有俄国边境官吏之许可证，亦得通商无阻。又规定俄人于张家口贩卖商品输出，抽税率较普通关税减少一半。

依此条约，则两国边境百里以内，互为无税区域，然于宣统元年（一九〇九）俄国拒绝我国之要求，单方废止远东无税输入之制，然我国则仍须遵守同治元年之条约，天下之不平，莫甚于此，盖条约之维持，本系乎力量耳。关此问题，直至民国元年（一九一二）俄国通知我国谓，《伊犁条约》之有效期间为十年，同时宣言至一九一三年一月起，废止百里境内之无税区域规定，并附言：对于中国之废止无税区域毫无异议，但我国即废止无税区域，仍不能征税，谓系抵触俄国之无税贸易权，强词夺理，已至极矣！

同条约所规定之陆路通商路线，自恰克图及尼露金斯克经库伦、张家口、通州至天津、北京；且许对于俄国输入天津之货物，照普通关税减税三分之一，于张家口得酌留运津货物总数十分之二销售，税率亦得照普通关税减三分之一。迨至同治八年（一八六九）依改订《北京陆路通商条约》时，于张家口销售货物之数额并不限定十分之二，但将减抽三分之一税率特典废去。

第六次即为光绪七年（一八八一）之《伊犁条约》，于此条约复确认国境百里以内无税区域，更规定于蒙古各地不论清廷有否设置官吏，俄人均得无税经商之权利。此外更规定不仅由恰克图及尼罗〔露〕金斯克输出之俄货得以享受减三分之一减税特典，不论于俄国任何一地输出，凡经张家口、东霸〔坝〕、通州输入天津之货物，及由俄国输入甘肃肃州之货物，均得享受减免输入税三分之一之特典。

且许于肃州之嘉峪关及吐鲁番设置领事，更约定于科布多、乌里雅苏台、哈密、古城（孚远）、乌鲁木齐（迪化）等处贸易发达时，得商诸中国政府设置领事。然关于建造领事馆之地基问题，俄国曾引援咸丰十年（一八六〇）之《北京条约》第五条所规定，即俄人得自建住所及喂养牲畜之地，其地基得由库伦办事大臣酌核办理之条文，而强谓俄人具有土地购买请求权及所有权。

按《伊犁条约》于我国颇为不利，且条文多两可之词，致开日后纠纷之端。如认可俄国于蒙古及新疆等处得无税通商之一点，依俄国之解释则认为不论何种货物，不论何处制造之货物，均得无税自由输出入，故于宣统二年（一九一〇）于塔尔巴哈台设立伊塔茶务公司，但我国则认为得以享受无税通商者，以在外国制造之货物为限，而茶系中国产，故茶公司之设立，予中国产品打击，中国断无自愿增加旁人与本国产品竞争力之理，后于宣统三年（一九一一），中俄两国为此问题，纷议不能决，成为悬案。

他若设立领事馆一点，亦多纠纷，因俄国认为某处之贸易已经发达，则可设立领馆，而中国则认为并未发达，不允设立，所谓发达云者，其程度系主观判断，故颇难一致。

有清一代，中俄间有关于蒙古之条约，以光绪十八年（一八九二）之《电线条约》为最后之条约。互约于五年内中国架设北京、恰克图间之电线，而所需材料概由俄国商人供给。

宣统三年（一九一一），外蒙第一次叛离后，俄国曾先后与中央政府及外蒙缔结协约，谋完成其统治外蒙之野心。

俄国直接与外蒙缔结之协约，第一次为民国元年（一九一二年十一月三日）之《俄蒙协约》，此约可谓外蒙之卖身契。盖自缔此约后之外蒙，事实上已成俄国之属邦。观其议定书所载，俄国除依以前中俄条约及习惯，获得之种种权利、利益外，更得莫大之利益与权利（注一）。继此协约而起者，同年又有《开矿协约》之缔结，内容系外蒙允许俄国自由开采境内之矿产。一九一三年一月十一日，更与西藏缔结《蒙藏条约》，规定相互承认独立，于内外之危难，互相援助。后于民国三年（一九一四）又与俄国订立《铁路协约》。此外，尚有《电线协约》之缔结。由此俄国获得外蒙全境内之铁路建筑权与电线架设权。今年六月又有《军事协定》之传说，该约规定由苏联供给外蒙一千万金卢布借款，作为扩张军备及设立赤塔与乌尔加间定期飞行之用，外蒙政府则负担下列三项义务：（一）决不妨碍苏联在东亚方面之共产宣传；（二）外蒙军队须增加苏联军事教官人数；（三）必要时，苏联军队通过外蒙境内，应予以便利。此项协定，不啻默认苏联在彼认为适宜时，即可占领外蒙之权利。由此可知，外蒙政府，仅负虚名耳。

（注一）约文见刘彦《帝国主义侵略中国史》。

与中央政府缔结关于外蒙之条约，第一次当〈属〉民国二年（一九一三年十一月五日）在北京交换中俄声明文件，俄国承认中国在外蒙之宗主权，中国承认外蒙古之自治权。由此声明后，第一次《俄蒙协约》反因此得以成立，中国在外蒙之移民，反因此而受限制，所得仅空虚之宗主权耳。是后北京政府又以照会声明：一、俄国承认外蒙古为中国领土之一部，二、关于外蒙古政治、土地等交涉事宜，中国先与俄国协商，外蒙古亦得参与。于是中国在外蒙之设施，又受限制。

嗣于民国三年（一九一四年九月八日）至民国四年（一九一五年六月七日），在恰克图经长时间之讨论，始成立《中俄蒙协约》二十二条。约中要旨："中国承认蒙古有自治权，俄国承认中国在蒙有宗主权，外蒙亦承认中国有宗主权。外蒙政治上之条约，俄承认中国有缔约权；经济上之条约，则外蒙有自由与国外订立之权。俄国在外蒙有领事裁判权，中国在蒙有监视外蒙自治政府之权。中俄入蒙之货物，均不得征收关税。凡关外蒙政治问题，中国须与俄国商酌办理。"

此约订后，中国依监视外蒙自治政府之权利，即遣派陈箓为库伦大员，旋又遣军队，赴蒙剿匪；此时中国切思挽回权利，而俄国则惟以此为惧。故是年（七月三日）又与日本订立第三次协定，以共合支配远东之局势相约，尚有攻守同盟之密约。此时中国处于日俄两国交迫之下，更有"国亡无日"之忧。幸民国六年（一九一七年），俄国大革命爆发，中俄关系由此一变，中蒙关系得有转机。于民八（一九一九）政府派徐树铮收复外蒙，不幸昙花一现。至民国十年（一九二一）苏联红党又借故攻入库伦，外蒙又二次叛离，成立"国家"。自此时迄今，外蒙仍在苏俄操纵之下。

上述各约以外，尚有民四（一九一五年十一月六日）关于呼伦贝尔之《中俄协定》，地虽属黑龙江，而其关系实因外蒙，故并述于此。

呼伦贝尔于民元亦仿外蒙而独立，政府派兵平之，俄国出而居间调停，因订此协约。按其要旨，以呼伦贝尔为特别区域，由大总统任命总管五人，予以与各省长官同等之权限，境内所有收税，概归地方，境内如有变乱，地方政府不能平定时，北京政府得通知俄国而后，遣派军队，入境平乱。

以上所述关于外蒙部分之中俄条约，如恰克图之《中俄蒙条约》，已于民八（十一月二十二日）以大总统令取消；呼伦贝尔之《中俄协约〔定〕》，已于民九（一月二十八日）以大总统令取消；雍正五年之《恰克图〈条〉约》、咸丰元年之《伊犁塔尔巴哈台条约》、咸丰十年之《北京条约》、光绪七年之《伊犁条约》及其他中俄协定，均以民九（九月二十三日），停止俄国使馆待遇，大总总〔统〕令颁布后，效力随而消失。

现在中俄间条约之存者，仅民十三（五月三十一日）与苏联缔结之《中俄解决悬案大纲》协定十五条。其有关于外蒙之条文，录之于左：

苏联政府，承认外蒙为完全中华民国之一部分，及尊重在该领土内中国之主权。苏联政府声明：一俟有关撤退苏联政府驻外蒙军队之问题，即撤兵期限，及彼此边界安宁办法，在本协定第二条所定会议中商定，即将苏联政府一切军队，由外蒙撤退。

自此协定后，虽有中俄正式会议之传，但迄未实现，自九一八后，更不可期于最近焉。

二 俄国谋蒙之策略

由上述可知，每与俄国订约一次，俄国总攫得一部分利益以去，反之，我国即多损失一部〈分〉权利。而于蒙古土著，更不择手段，诱惑贿买，如利用布里雅特人拉拢蒙人。按俄国有一部民族，即布里雅特人，系属蒙人，其言语、习俗与外蒙无甚区别，且信仰同属喇嘛教，俄国即利用布里雅特人，作拉拢蒙人之媒介，以售其怀柔之策。俄国知欲使哲布尊丹巴呼图克图归顺，非怀柔不可，故不独利用布里雅特之喇嘛教徒，且使驻于库伦等领事，甘言诒诱活佛，赂买大喇嘛与王公之欢心（参阅 Sehulemann：Geschichte des Tibetischen Lamaismue，Aeexaden Ular：Un Empire Russo—Chinais），如《蒙藏条约》之得以缔结，即为有名之俄国喇嘛杜尔俭夫（Dardjeff）之从中拉笼。杜氏即为布里雅特人，此系俄国名，其本名为萨蒙维奔。他若因探险西藏而得名之齐比可夫（Xybikof），亦为布里雅特人。

他若当义和团乱时，事实上与蒙古毫无影响，然俄人即利〈用〉此机会，思染指外蒙。时北京至恰克图之电线已成，由中俄两国人管理，不意突然停收各报，商业亦停，金融杜绝。驻扎库伦之俄国领事西西马立夫，劝告居留于外蒙之外国人，退入俄境，外人均坚信大乱之将至，退入俄境，蒙人亦不知究为何故而如此混乱与紧张，正惊骇间，俄国之电报局或传拳匪由张家口杀戮掠劫，向外蒙进行，蒙人不知此为俄人之虚构，益加恐慌。俄领对此如小说之危急，愿派兵协剿，依蒙人之恳请，急电恰克图调于一月前早已预备，就备居于布里雅特之哥萨克四百人，于发电后三日即已来到。俟哥萨克兵到后，所谓拳匪将入蒙古之风传全消，于是蒙人认为俄人系救彼苦难之恩人而感之（见 Alexander：lbid xxl—xxIV）。

　　于拳匪乱时，库伦领事为保护留存于库伦之二百万银卢布，于居留地四周筑坚固之外壁，且筑炮台。蒙人认此系对付将由张家口窜入之拳匪，而汉人认为此系防御蒙古土匪而筑，俄领事则任人猜测，以寻常外交家不敢为之方法，从事于使外蒙脱离中国之工作（见同上书 xxIV）。

　　俄国之手段，宛如常见于如西欧小说中之恋爱手段，故意虚构事实，以市恩显勇，而使对方感动。

　　蒙人坠其计，故曾遣代表至圣彼得堡，请其援助蒙古独立。俄政府因此曾给予数百旧俄式（Bordan）枪，于是蒙人增加俄国驻库伦领馆之守卫二百人，更托俄驻中公使苛罗斯多维次（Korostowetz），干涉北京政府在蒙古之行动，北京政府以其干涉内政，拒绝其要求，而俄国示意蒙人，如日后蒙人因独立而发生战争，俄将为有力之援助。故后当宣统三年（一九一一）事变发生，在库伦之中国官吏，尽被驱逐。据俄人马依思克（Maiski）所述："一九一一至一九一二年之蒙古独立，为俄人所指使，人尽知之。"实为正确之自白（见 George Cleinon Neu Siberien）。

　　俄国他方更利用金钱，自王公手中攫得权利，如科尔沁部右翼前翼〔旗〕之扎萨克郡王乌泰，于光绪三十〔四〕年（一九〇四），借中俄道胜银行二十万卢布，光绪三十六〔二〕年（一九〇六），借中东铁路公司九万卢布，连本利共计三十万两，不能偿还，后得东三省总督徐世昌之协助，借大清银行四十万两，以偿欠款，此为通晓之一事。

　　由此可知，俄国谋蒙之处心积虑，筹划精详，而我则麻木不仁，处处为人所算，安冀外蒙之不被人拨弄而叛离乎！

三　外蒙叛离时之中俄交涉

中国自中日战后（一八九五），国势日蹙，政府于国事力图振刷，故于治蒙方法，亦一改旧观，更感于"蒙民生计，以游牧为主，但最近数十年来，蒙古益形贫弱，对于强邻东侵，实无防御之力，不可不乘此时，讲求变通之策"（注）。

注：见光绪二十七年（一九〇一）张之洞、刘坤一《请改对蒙政略》。

盖清代最初二百五十年间，治蒙向取封锁政策，尤忌蒙人与汉人接触，故严禁汉人之移往，即于赴任蒙古之官吏，也不准携带眷属，其严有若是，他若垦植，更为不许，宁将沃土弃如荒地。于此情形下，不仅俄蒙边境可任俄国之排布，即于全蒙之进取，亦较便易。然至清末，方针突变，不独广招垦民垦殖，且计划便利通蒙之交通，与训练蒙民，成置新兵。凡此积极经营国土之政策（注），俄国视之，不啻俄于蒙之势力，将被驱逐，且其本土之西伯利亚侧面，亦将受威胁，有使与沿海州失去联络，至东进政策遭受重大打击，故在俄国不得〈不〉先发制人。

注：详可参阅谢彬《蒙古问题》第六章。

同时俄自日俄战争，受挫于日，对于吾东北及高丽之侵略，已不可能。为俄国计，或敌视日本，准备复仇，或和日本妥协，提携并进，以期平分东亚。据事实之昭示，俄人采取后策，先后与日缔订《日俄协定》两次（注一），当民国元年（一九一二）日本桂太郎曾去俄国订有第二次《日俄密约》，约定以内蒙、南满划归日本之势力，而北满、外蒙划归俄国之势力范围（注二）。同时当中日战后（一八九五年以来），因中国之修筑铁路热，引起英俄外交之剧烈争执，嗣后两国妥协，于一八九九年缔订《英俄协定》，约定以扬子江流域为英国之铁路建筑范围，长城以北，则为俄国之铁路建筑范围，互相承认，不相侵害。

以上为俄国谋蒙，于外交上之布置，即以权利饴日、英，俾减少其经营外蒙之阻力。

注一：第一次《日俄协定》订于光绪三十三年（一九〇七），其目的在于彼此尊重领土，与既得之条约上的权利，消除双方误解之原因，以谋二国之弃怨修好。第二次《日俄协定》，订于宣统二年（一九一〇），其目的在保护两国于中国之既存权利，且互相协助排斥第三国之侵犯。

注二：见王勤堉《蒙古问题》四一面及五七面，商务。

俄国因外交之成功，不复有掣时〔肘〕之忧，益得一意进行使外蒙离叛中国。考俄国主张外蒙脱离中国之最露骨表示，当推宣统二年（一九一〇）以后，中俄两国间之《伊犁条约》修改问题。《伊犁条约》系订于光绪七年八月，届宣统三年（一九一一）七月二十五日满期，按约如欲改订，应于满期之六个月前预先知照。我国以《伊犁条约》损失太巨，如自由贸易免税权、家屋建筑权、土地所有权等，皆为各国条约所无，亟应修改。此外更因俄人借约任作种种越约行动，亦应于修改时，加以限制；如俄人于蒙俄交界处采木捕鱼、于伊罗河沿岸开垦、于车臣汗部牧地采金。他如依《伊犁条约》之规定，凡俄人通过新疆之卡伦时，必须备有写汉、蒙、俄三种文字之护照始可，但因《伊犁条约》无"于护照上应注明到何处"之规定，故俄人携此护照，往来于漠南、漠北各处，毫无限制，政府于之，无法制止。俄人小行商更携只有俄文之护照，由条约上并未规定之小径入境。再如依《伊犁条约》之规定，凡俄国馆事之旅行及递送公文等，可利用蒙古及天山南北路之台站，但俄领滥用此权，随意征发台站之驼马。以上所述，皆为俄国越约之较大者。后政府于宣统二年（一九一〇），特设俄约研究处于外务部，将《伊犁条约》之应行修改及限制者，分别讨论。又派部员二人，赴蒙视察陆路通商情形。同年于伊犁、塔尔巴哈台，设立伊塔茶务公司，资本六十万两，系官民合办，且授伊犁将军长庚，"茶专卖权"。盖此不啻将俄人利用无税贸易权而自中国商人手中夺得之茶贸易权，重行争还。又设塔城皮革公司、伊犁皮毛公司、制革公司，均为官民合办，凡此皆所以抵制俄国者也。又于俄人有土地权、借地权及家屋建筑之阿尔泰，于一九〇八年从科布多划出，成为一独立区域，是则阿尔泰，成为条约限制以外之区域，不受条约之限制，俄人之各种特权，乃无形取消，且可令俄人于该地之既有权退还。

俄人鉴于中国日思恢复主权，充分准备修约，乃于宣统二年十二月提出对于蒙事之要求三十五条，当时政府未与交涉。俄遂于宣统三年正月十八日，提出最后通牒凡六项（注），内容非常苛刻，直接要求将蒙古、新疆割让于俄。

注：要求详文，可参阅林唯刚《俄蒙交涉始末》。

综摘照会之内容：第一，为俄国得于与中国邻接之国境内自由征税。按同治元年及光绪七年之约，均确认互于国境百里以内为贸易无税区域，故俄国之单方扩大自由征税权利，实为背约。且俄国于宣统元年（一九〇九），业已将百里内之无税贸易取消，实行自由征税，外务部曾提抗议。第二，为设置领馆问题。照《伊犁条约》，俄国于既存领馆外，尚有于科布多、哈密、古城设立领馆之权利，惟俟商务旺盛时，商得中国政府同意后，始得设立；但俄国认为迫于当时情势，将自由执行，且认于离科布多尚距五百里之承化寺，亦有设立领馆之必要，实为无理之要求。第三，为俄领事裁判权问题。照约，俄国于中国全境内，本有于行政及司法上之治外法权，今更要求于民事诉讼，须由中俄组织混合法庭审判。第四，为贸易问题。要求中国政府，不得设置与俄人于蒙古及天山南北无税自由贸易之权利相抵触之组织。第五，为土地与家屋所有权之确认问题。盖当时一般地方官吏，对此权利之主张与俄领事相反，故俄要求确认。第六，为中国官吏须确认俄领之职权，不得拒绝会审。

当时外务部覆文于二月二十日送出，关于六项要求，除于无税贸易问题及设置领馆问题，为有条件的承认外，其余诸问题均明白承认或默认。然于无税贸易问题，因依照条约，科布多等三处，必俟商务兴旺时，始能设领馆，同时设领馆后，关于伊犁等处之无税贸易，随亦取消，由两国协议，改订税率（见《伊犁条约》十二款）。今俄要求设立领事，则商务已兴旺，商务既已兴旺，则不能免税，盖二者不能并存，吾外务部之据理与争，固言顺义正。然俄国非要求承认彼之主张不可，即设领馆，而无税贸易权仍然维持。于设置领馆问题，外务部覆文之语气，亦甚和平，认为如设置领馆之条件完全时，当可实行，换言之，即须与《伊犁条约》相符时，即可实行。俄国于此有条件的答覆，认为不满，此后于二月二十七日，有第二次要求，三月九日有第二次答覆，三月十四日有第三次要求，三月十八日有第三次答覆，均为关于设置领馆与免税问题之交涉也。而吾外务部于无税贸易，与设置领馆不能并存一点，仍力争之。于是俄又以自由行动，为威胁中国完全承诺之手段，其时东三省各处警电纷至，均云俄兵纷纷南下，东铁沿途居民，闻有俄人定期宣战之讯，异常惊乱，驻外各使，亦有电到京报警。于是政府大骇，限期之前一日，卒至屈服，于是惊天动地之交涉，告一结束。此后仅为手续上之问题，即商讨条文，使之具体化也。旋于六月任命陆徵祥为修改条约谈判委员，于七月到俄京，俄亦任命驻日大使马莱维西，为俄方修改条约委员，于八月开始谈判。于谈判开始时，即传俄方怀疑中国无修改之诚意，故当时陆氏虽提意见书，俄方不能满意。翌年（一九一二年九月六日），俄国训令驻京公使，向民国新政府，提出关于延长中俄《陆路通商条约》之有效期限，及撤废国境百里以内之无税区域之文书，意谓俄国希望废止国境百里以内之自由贸易特典，因此地带昔为无人之区，今已村落繁密，此特典之存在，殊非适宜，且关于此问题，悬而未决业已十年，亦殊不便，故俄国方面将自明年一月十四日起，废止此项特典云。当时中国适值革命初定，政府忙于善后，未能即予答覆。是年九月俄国即以未接答覆为理由，自动宣言延长一八八一年之《陆路通商条约》，撤废国境百里以内之无税区域；但问题仍未解决，直至民九《中俄协定》后，始因条约之无效而解决。（未完）①

《开发西北》（月刊）

南京开发西北协会

1935 年 4 卷 5 期

（朱宪　整理）

---

①　查此刊尚有第六期，但未见续文。——整理者注

外蒙的最近情势和"满"蒙关系

[日] 村田孜郎　著　　洪炎秋　译

一　库伦的最近事情

因了在满洲里所开的"满"蒙会议，纲〔刚〕要放出亮光的外蒙古，后来因该会议的停顿，又使这个秘密国仍旧成为秘密国埋没下去了。外蒙政府近来所行的共产的压迫，很是厉害，一面对于反抗者由内防处加以弹压；一面对于国境通过者严密取缔，极力警戒，以免国内事情，泄漏于外，锁国政策，更加严密。但是近来关于外蒙的诸问题，纷至迭来，日"满"和俄蒙的关系，愈为纷纠错综，刺探外蒙古所秘藏的现状，既属必要，又饶兴味。左边所记，为库伦最近的事情，在研究锁国后的外蒙古变迁的经过上，相信是个好材料。

（一）库伦市的现状

外蒙首都库伦的总人口，现在约四五万，比之张家口，稍为少一点。其中苏联邦人约一万，中国人约四五千，其他则全属蒙古人。市的外廓，系为没有树木的秃山所围绕，市的南侧有河流。

苏联邦人大都居住洋式家屋，中国人则居住中国式的固定家屋，蒙古官吏和有产阶级虽也居住于准中国式的固定家屋，但大部分的蒙古人则住在"包"内。

市中水井很少，而且不适于饮用，所以多用河水。不过洋式的水井，也能涌出良水。

市的东西约有十中国里，南北约有三中国里，系亘在东西的一直线街。中国人的劳动者，约达两三千人，集聚于通到库伦西北的买卖城的道路的出口附近。

气候为大陆的，冬季约半年，相当的冷，夏季则不很热，旧历四月可脱绵袄，而穿夹衣，十月冻冰，翌年四月解冰。

物价很高，中国货约当蒙货的七成，其概况如左：

白米（一布度）	六·〇〇元
绵布（一尺）	六·〇〇元
衣服制造费	二〇·〇〇元
绵（一斤）	五元至八元
洋面（一斤）	〇·三〇元
火酒（一斤）	三·六〇元
白干（一斤）	四·六〇元
洗澡费（一次）	男一·〇〇元 女一·五〇元
理发（多在澡堂）	一·〇〇元

此外俄国烟草（十枝一包）三角二、四角，以至一元五角；中国的哈德门牌和红锡包等也有卖的，都非常地贵。

（二）军事方面

库伦市内，现在并没有苏联军驻屯，所有军队，都属于外蒙赤军，唯平均每一连的蒙古军，约有苏联的将校一名，作为指挥官在那里服务。据巷间所传，库伦附近的山地内，屯驻有苏联的军队，其实苏联军支部队所屯驻的地方，乃是东方克鲁伦和库伦买卖城之间。

蒙古兵系骑兵，在离库伦市街的东方约四中国里的兵营内，数达二三千人。

在蒙古兵营附近，有飞行场一所，有格纳库一列，每个格纳库可收容两三机。飞机军用和旅客用的，合计有十七八架，每日除试飞以外，还有使用落下伞等等猛烈的演习。上述飞机的操纵者，都是苏联邦人。

无线电台设在兵营附近，系中国政府早先所设的。蒙古兵之中，近时有很多在苏联邦受过军事训练回来的。

最近搬入库伦的新兵器，也不在少，每天市上，总有五六架的飞机在那里飞，其中有最新式的优秀机。此外虽也有装甲汽车约二十台，坦克车十余台，高射炮约二十门，可是关于探照灯和毒瓦斯的设备则没有。汽车在前年（一九三三年）购到约一百二十辆作为军用外，普通用的约有一百辆。至于蒙古兵的服装，也和苏俄同样，穿用黝黄色的军服。

（三）产业和经济方面

A. 工业：库伦市的西南部，有工业地带，那里有织布工场、制靴工场、皮革工场，可是没有面粉工场。这大约是因为面粉乃是由苏联邦输入的缘故吧。职工大都是苏联邦人，蒙古的男女虽也有到那里工作的，可是大部分都不过是从苏联人学徒的。

B. 矿业：在库伦市东南约六十中国里的摩斯机地方有煤坑。现在有苏联工人约二百名，中国工人约百名，唯蒙古工人则很少。库伦附近所使用的煤炭，系有烟煤，冬季的市价每布度（合一百二三十斤）约四元五角。

C. 林业：库伦东方约二三百中国里有大森林地带，产生松树，可供建筑材料之用。因此库伦附近，薪炭颇为丰富。

D. 农业：白菜和其他农产品，都是中国人所耕种。

E. 商业：在库伦集散的主要物产为皮毛，所出的以羊毛、山狗毛、狼皮等为最多，都是官营的，只有小买卖可以允许一般人做。煤商组织有工会，澡堂则征收如下列的税金：

| 营业税每年一回 | 二五〇元 |
| 所得税每年二回 | 二五〇元 |

一般的物价很贵，也不容易买到，唯苏俄人所吃的白面包，则颇丰富。

F. 金融：库伦有蒙古银行，系苏俄国营银行所出的资本，营业管理的人，全是苏俄人，尤其是经管日常现金出纳的，更非苏俄人不可。

中国货币如现大洋之类，完全被驱逐于市场外，不见影迹。

中国人以山西人最多，通俄、蒙语言的很多。

阿片有中国人和蒙古人吸用，唯价钱很高，一般都是秘密吸用，并没有公开的烟馆。

（四）　政治方面

中国人和蒙古人，都因税金和其他的征发，很被榨取，对于现政权都表不满，可是只有饮恨吞声而已，大家也没有什么办法。

官厅的吏员，虽表面上为蒙古人，而实际上则由一部分少数的苏俄国人的官吏，垄断一切的权力。关于现状，有如下述：

（甲）家畜类的征发：库伦的蒙古人，除却官吏和商人以外，大部分依然从事于放牧，他们对于其唯一的财产家畜类的征发，最感痛苦。

（乙）反日本帝国主义的宣传：这个宣传很盛，不管是俄文新闻或蒙文新闻，无不大挥毒笔。此外对于中国的水灾、旱害、共产军的捷报，也极力夸大报道，为反中国的宣传。

（丙）内防处的活动：内防处和苏俄的"国家政治保安部"（ΤΠУ）性质相同，有绝大的权力，为一般住民所最怕。其干部指导员，尽是苏俄人，处员约有二百五十人，其中有蒙古人二十人，中国人三名。这些中国人，也都是由莫斯科来的共产党员。外蒙政府为要实施共产化，不择手段，极端压迫有产阶级，对于一定以上的财产收入所有者，课以高率的税金，强制征取，如不服从，即投入监狱，一日只给一次的黑面包，以缩短其生命；渐渐施行征取财产，因反抗而被虐杀的，等于日常茶饭事。因此蒙古人的家畜所有数，也日渐减少，最高的所有者，也不过马五十匹而已，所用的姑息手段，是将一定以上的家畜，用他人的名义作所有主。这种对有产者的压迫，对于苏俄国人，也一律施行，在三年前，苏俄国人的有产者，也都遭遇到国外放逐的运命。

（五）教育方面

现在的教育，已经很向上，蒙古的少年人，差不多已经没有不识字的了。

在库伦有小学约十校。四五年前，无论老幼，均使入学，现时则只限于少年的人，男女共学，毕业期间为六年，成绩优异的则送到莫斯科留学。中学有二校，大学一校。教师为苏俄国人和中国人，施行共产教育。

（注）依照别的调查，则谓库伦附近的教育施设，为国民小学二校，收容人数二百五十名，其他各地有三十一校；国民学校一校，收容人数八十名；国民大学一校，收容人数三十五名；补习学校一校，收容人数六十名；军官学校一校，收容人数十五名；宣传学校一校，收容人数三百名。

（六）文化方面

（甲）电灯和电话在共和政府成立时，马上安设。电灯比张家口还亮。

（乙）新闻和杂志，蒙文、俄文都有。此外还有书店，旧新闻则多供贴壁之用。

（丙）自去年起（一九三四年），所有库伦街市商铺的招牌，都将俄文的去掉，而换以蒙文。

（丁）娱乐机关，则广播、无线电相当发达，市民的大部分都是听者，唯放送都用蒙古语。

（戊）剧场也相当发达，中国戏、俄国戏都有。在中国戏中，蒙古人（国民党员）所演的新剧，多带有宣传革命的性质，技术很幼稚，唯影响颇大。

（己）设有俱乐部，为中国人和俄国人的娱乐机关。至于蒙古人方面，则经营有国民俱乐部。中国人俱乐部，系工会所经营，由库伦的中国人每月的积立金（一元至一元半）以作维持费，里面有台球、茶点等设备；俄国人的俱乐部，则为带楼的剧场式建筑，苏俄的有声电影，时时在那里演映。

国民俱乐部则属于中央党部，建筑为圆形，宏壮美丽，可收容数千人。可充大集会、讲演会、音乐会、演剧会等类之用。据说建筑费需数十万元。

（庚）没有公娼制度，市中暗娼则很多。电影和澡堂，中国式、蒙古式、俄国式均有。

赌风甚盛：麻雀、牌九、包等都有。

蒙古人好赛马，很为盛行。阿片已如前述。最近蒙古人乘自行车的也很多，其数达三千辆。

二　外蒙情势点描

（一）政府和现阁

外蒙共和国通称蒙古人民国，正式名称为蒙古革命人民国。

外蒙的议会，有大议会，其权限类似各国的议会，除却王公、贵族、喇嘛不算，一般的人民，都有选举代表的权利。另有小议会，则类似阁议，权力比大议会更为广大，小议会的议长为国务总理，同时又为外蒙行政的最高机关。经过一九三〇年的左倾运动和一九三二年六月的改革时期，政府的组织和阁僚，均有几多的变迁。一九三五年三月小议会任命左列阁僚，以至现在：

国务总理兼外交部长	银准
小议会议长	阿尔蒙
第一副总理	邹伊巴尔山
第二副总理	地弥图
牧畜农务部长	图布真
教育保健部长	蒙霍
商工邮电部长	威微倍多
司法部长	准图伊布
内防处长	南撒莱

右列阁僚之中，银准、阿尔蒙、邹伊巴尔山、南撒莱等，都是当过建国以来国民党干事或其他党部的要职的。第二副总理地弥图系生于一九〇〇年，在斯茨赫巴多尔隶下活动，赤军占领库伦后，隶于文得尔义尔（军政部长，一九三〇年乌兰固木反乱镇定之际战死），在克鲁伦方面，因驱逐温逆伦军而出名。一九二三年末为骑兵学校副校长，一九二五年为该校校长，一九二六年留学俄国，一九二九年回国，为联合军学校校长，一九三〇年为军事

会议议长，一九三二年任现职至今。

（二）蒙古革命国民党

外蒙共产党称为蒙古革命国民党，普遍略称为蒙古国民党。国民党自建国以来，即为外蒙古的指导团体，执全外蒙的牛耳，党本部虽直接受苏联共产党的指令，但自一九三二年的改革以来，党在表面上，已离开国政之指导，而将国权全部集中于政府。又在一九三二年，将和国民党对立的蒙古青年党，全党合并，举行一次大清党。自是以来，在库伦设置全党中央执行委员会，统辖各旗的执行支部，现今对于外蒙诸行政，还有绝对的势力。党本部自然要受第三国际的指令，蒙古革命国民党中央执行委员长，是由布里雅特人哈绿喜斯射尔巴充任。

（三）人民对共产党的关系

现在在外蒙古的不具者、残废者，可受政府的扶助，以营生计，学生在毕业后也能够就要职，所以对国民党表共鸣，唯一般人民则对国民党不抱好感。他们对于蒙古人的信仰中心加以压迫，加以排击，所以人民的怨恨，相当深刻。此外还有王公、贵族、啦嘛等，被共产政府削去势力，财产被收归国有，表面上不得已装作服从，内心则反抗之念极切，两三年来各处所勃发的暴动，即是这种现象的表面化。

（四）外蒙的苏联军备现状

苏维埃俄罗斯在外蒙所有的军备，大略如下面所述，今后还似有扩充的模样。至于外蒙的苏联军备对于日"满"有什么用意呢？这可以由他们把外蒙军备中心置在克鲁伦一事，十分窥知。在外蒙的苏联兵力，现在大略如下：

总兵力约五师，统率于苏维埃的军司令官，大都配置于克鲁伦至布伊尔诺尔南方一带。

A. 库伦

兵力——骑、炮、机关铳混成兵一万八千名，炮四门，高射炮四门，重机关铳一百三十架，轻机关铳二百四十架，战车八辆，装甲汽车十八辆。

B. 克鲁伦

空军——据说各种飞机约有一百架，附进克鲁伦河左岸，车臣汗飞行场，约配置有三十架的爆击队。此外库伦驻屯的赤军大部队，正续续向克鲁伦移动，本年七月中，炮兵旅团（有六英寸炮四门，三英寸炮四门，载重汽车二十辆）已达到克鲁伦。最近离克鲁伦六俄里的地点，飞机场已完成，飞机数台在那里准备。又附近于"满"蒙国境之地，据说计划要设置军卫戍地。以此地为中心，在"满洲国"和内蒙北境，设置骑兵队和汽车队的巡逻兵。

C. 达姆斯克斯姆

本年七月中，因海拉斯丁戈尔事件，"满"蒙关系发生纠纷，达姆斯克斯姆到达了赤军三师。其编成为骑兵三团，炮兵一团，最近还有该地驻屯的赤军第一师移驻于多鲁伊克·扫斯克。又七月中在晋狄林戈方面，增派骑兵一团，和豆战队①一营。

D. 买卖城

兵营七，军需工场二，还有飞行场、格纳库和陆军学校。

E. 乌里雅苏台

对于独立派遣军有赤军经理部。

F. 西部国境地方

正规军指挥官二千二百名分驻于乌灵撒布至海喜多鲁淮之间，

---

① 原文如此。——整理者注

戈尔芬巴音至霍伦地斯之间，有屯驻地十处，乌戈姆尔和达姆斯克各有兵五百名，野炮二十门，坦克车五辆。

（五）　乌得的近状

乌得位于内外蒙古的境界，为张库通路的重要地点。内蒙古张库通路的北端，察汗乌谋庙至乌得之间，道路良好，汽车和载重汽车的通行很容易。自察汗乌谋庙北行一百二十中国里，即到外蒙的乌兰霍多加，内外蒙古的国境，即在这中间。

在乌得的德华洋行事务所，所用的固定家屋，有苏联人男三名，女二名，儿童一名，蒙古语都很能说。从事于运输的骆驼，有二百单位，有称为"达拉加"的班长，只有"达拉加"可以到德华洋行去，其他的人，则不能进屋里。所定的规约极其严重，货物一到，即有蒙古兵前来，调查讯问货物的量数以及使用人的住所、姓名等。货物则积载于距乌得北方六十中国里的货物积载所。

国境通过者的检查，也极严重，外来的人，绝对不许和蒙古兵或乌得在住人谈话。乌得电信局可直接和库伦通信，滂江和乌得之间，有德华洋行专用的电信。

三　满洲里会议和外蒙古

（一）　外蒙古的外交的地位

在和哈尔哈及海拉斯丁戈尔事件互相关联的满洲里国境划定会议上，外蒙代表曾经声明，外蒙共和国，乃是完全的独立国；又承认外蒙古的，有苏联邦和乌梁海，前者且互相交换过大使。但是实际上外蒙乃是破弃中国的宗主权而独立的，所以她的独立，可以随便解释。在这一点上，为苏联外交上的大弱点，而在日"满"的外交上，则为极有利的条件。满洲里会议上，"满洲国"代表对于"外蒙是否独立国"这一点，全未提及，乃是有见而然。

苏联统制指导外蒙的外交，在满洲里会议上，更属显而易见，海拉斯丁戈尔事件一发生，更使苏联统制外蒙外交复杂化，渐渐暴露其弱点。这事件一发生，日"满"和外蒙之间，即须直接交涉，这是触及苏联最痛的地方。"满洲国"侧所提议，作为该事件解决案之一的相互交换设置代表这问题，外蒙侧即借口未承认外蒙的独立，不能交换代表，依然主张设置国境委员会，这不外是把外蒙处在苏联统制之下，不能自由发挥独立国的权能的丑态，暴露出来而已。

（二）外蒙代表的"满洲国"观

外蒙代表把"满洲国"和中华民国视同一律，对于"满洲国"的建国精神，毫无理解，对于"满洲国"所基于"王道主义"而持的"亲善态度"，常报之以骄傲。这当然是为苏联的宣传所蒙蔽，如主席桑谋尚且如此，其他可知，由这一点便可以推知外蒙国内国务总理银准以下诸要人的动向和其态度之如何了。

他们基于共产主义的解释，以为"满洲国"乃由于日本帝国主义的侵出而形成，日本对于外蒙，也正试行资本主义的侵略。这实是因他们已成苏联的傀儡，为共产主义的俘囚，要使他们领略"满洲国"的"王道精神"和日本主义之如何，自然需要相当之努力和日子。

（三）国境调整委员会设置之筹备

如上所述，外蒙代表对于日"满"的认识不足，和苏联的压抑作用之结果，会议开幕后，虽互二十余回的讨论，终不得要领，更加会商之半途，又遇海拉斯丁戈尔事件之勃发，愈使折冲陷入困难，"满洲国"侧所提的交换常驻代表的最后的提案，也因他们的顽迷和苏联的阻挠，不能接受，一时濒于决裂。后来两国代表间对于设置"满"蒙国境调整委员会的意见，渐趋一致，遂以此为机会，两国代表为向各该国政府商议起见，即离开满洲里。上述关于设置国境调整委员会的具体折冲，当可在近中开始，至于交涉地点、代表角色，以及其他必要事项，规定由外蒙方面向赤塔驻扎的"满洲国"领事通告，于是"满"蒙会商的第一出，即由此开幕。

（译自十月号《支那》）

《新蒙古》（月刊）

北平新蒙古月刊社

1935 年 4 卷 5 期

（李红权　整理）

对于蒙古青年的几点贡献与希望

鄂尔顿巴图儿　撰

"现在世界上渐渐的注意到方兴未艾的蒙古民族了。这种注意不是有第二个成吉思汗出世再能去统一欧亚，也不是蒙古民族永久像这样的消亡，而是蒙古已经站上了危险的战线！它是两个世界的东方渡桥，也就是第二次人类大屠杀的导火线！而且也是因为蒙古有了可怕的青年，他们是给了觊觎蒙古的帝国主义者们一颗当头炸弹！它〔他〕们是俱备了祖先的精神血魄！而且也是现代新世界上的先锋！它〔他〕们已经踏上了最前战线！"这是苏俄某文学家夸赞蒙古青年的话。一个国家民族的盛衰都是青年们要负有相当责任的，这是一般的公理。我蒙古外受了世界潮流的影响，内受了黑暗势力的压迫，当然是要有许多青年觉悟了而去救蒙古的，这也是一般的趋势。我想如果没有《凡尔赛条约》束缚，绝对没有当今之希特拉来硬干，如果没有被德、俄、奥三国瓜分的波兰，绝对没有而今的毕苏斯基将军。今之蒙古青年所要干者，乃是"自卫生存"。我想忠告我一般蒙古青年们！赶快觉悟，要有点血性才好！

我个人没有什么政治主张，更谈不到什么学问，因为我是一个蒙古青年，所以我将我所想到的意见贡献出来，作我们青年同志们一个参考。我觉得凡事情从小做到大，从个人做到公共，比较来得妥当，而一般空洞而抽象的理论是无益的。所以仅将下列几点比较容易做得到的事情提出来与大家讨论，同时希望读者们指正。

一　蒙古青年与命名

以往留学在外的青年们的姓名大都失去了原来的蒙古姓名。固然姓名是代表人的符号，叫什么也可以的，不过我觉得一个人的姓名，是代表一个民族精神，而是有文化的意义存在的。例如蒙古民族勇敢善战，崇拜英雄，所以蒙古的男子叫做巴图尔（英雄之意）的很多，女子有爱美的观念，所以一般蒙古女子多称为某某琪琪格（花之意）的。我们失去了蒙古姓名的青年们，应当恢复起来才好。如果用外国文写的时候，将原音译出何尝不可以，如某某"巴图尔"，如某某"琪琪格"也很时髦了，也就和日本之某"郎"，俄人之某"夫"不是一样的时髦吗？同时也可以代表你是蒙古人。我们不要看轻了这一点，莫名其妙的姓名对你也没有益处，用蒙古姓名对你也没有害处的。

二　蒙古青年与婚姻

婚姻问题是个人的终身问题，有了好的爱侣终身是幸福，否则是痛苦的。所以这个问题值得我们研究一下。我们要知道我蒙古青年现在责任之重大，讲恋爱而将自己的责任牺牲了岂不是等于自杀。蒙古青年打破国界结交异性是谈不到的！内蒙古现在不像外蒙古那样，将青年男女们一对一对送到外边留学，可是我们应当以农业区之青年，去嫁娶游牧区之青年，使生活习惯都能有沟通。如果留学在外的青年们能够和王公的小姐、公子们结婚，那更是有意义了。这样以〔一〕来，不但是解决了个人的婚姻问题，而整个家庭的改革，社会的改造，都赖此原动力去推动。

三　蒙古青年与技术

以往一般蒙古青年尽学些半通不通的抽象理论，不但是成了一个四肢不勤、五谷不分的寄生分子，而且将自己原来的精神都丧失掉了，这是多么不幸呀！此次蒙古自治，第一个困难问题，就是技术人材缺乏，甚致于电报收发员都没有，其他的事业更可想而知了。

欧美的学生们除掉他们所学的学理外，他们个个人都知道技术的运用，如开汽车、打电报都是他们普通的常识，所以欧美的大学生，每年暑期去替人家做工，如驶电车、接电话等，得到的钱够他们下年度的学费，这是多们〔么〕有趣呀！所以外国人个个都好的原因就在此。我蒙古青年同志们，要注重技术的训练与学习才好。如极简单之打电报、开汽车等，在暑期就可以学会的，这一点很重要，做起来也不难，每个青年应当具备一种技术方有价值。

以上三事不过是极简单的问题，而且也是极容易做得到的。此外蒙古青年们，应当有组织、讲公理、守秩序。尤其是我们要认清我们的责任是什么，我觉得一个国家无论是一个民族或数个民族所组成，必须先从民族单位去做，然后国家才有希望。要想使中华民族复兴，必须先复兴各个民族。要想复兴蒙古民族，应当先使蒙古民族有组织。蒙古青年同志们要认清这点。我们要将分裂的蒙古统一起来，走向正义大同之路。现在蒙古的环境如此恶劣，被人家压迫，为了不要为朝鲜之续，其责任在我们了！

现在我们的敌人已经注意我们了，如果我们有血性的话，现在我们要硬干！我们要晓得戈壁沙漠虽大，兴安岭虽高，如果我们俱有祖先所赐予我们的血性，我们应当什么都不可怕！

《新蒙古》（月刊）

北平新蒙古月刊社

1935 年 4 卷 5 期

（朱宪　整理）

西公旗纠纷的教训

孤影　撰

自蒙古政委会成立以来，一般人对于蒙古民族的观感，都发生了极大的转变。自蒙古要求自治之日起，素不为人重视的蒙古民族，竟唤起了举世的注意，中外人士的赴蒙地实际调查者，更是一天多似一天。这不能不承认是蒙古民族开始抬头的表示，而值得我们为蒙古前途一贺的。

不过，我们要打算使蒙古民族永远的受人重视，进而在世界上占有相当的地位，那么就不能以得到自治的机会就算满足，我们要利用这自治的机会做出一些成绩来，叫世人看一看。

我现在愿说一说此次西公旗纠纷所给与我们的教训。我认为处此内忧外患交迫的局势下，蒙古再长此的多事，不但是有关蒙古本身的兴替，且是整个西北国防的隐忧。为彻底消弭蒙古纠纷计，我愿做如下的建议：

（一）关于中央方面者　当蒙古开始要求自治的时候，中央曾有设蒙古自治指导长官公署的决议，同时并发表何委员长（应钦）为指导长官，以赵戴文氏副之。揣政府当局的用意，无非是因为政府远在南京，对蒙政会有鞭长莫及之感，又因蒙古人才缺乏，对于自治的进行，端赖政府大力的辅助，所以特设指导长官公署就近处理一切，以利蒙古政务的进行，兼收蒙政会与内地联络之效。但是到了现在，虽经蒙古人士的一再呼吁，而该署设立的消息，仍然是杳如黄鹤，而且在名义上担负着指导长官（因为何氏虽屡次请辞，并未得到政府的允许）的何委员长离平南下已经有数月之久了，迄今尚没有北上的消息。所以每逢一件纠纷的发生，因消息迟滞的关系，总不免稽延时日，发生种种不利的影响，如这次的西公旗纠纷，就是一个很好的例子。蒙古地位现在越发重要，何况又加上"共匪的窜扰西北"，增重了蒙古危机的严重性呢？因此无论站在任何的观点，指导长官公署的设立皆有其必要。政府假设不是在心理上先已放弃了蒙古，对于这件事是不能再继续的置诸不问了。以下我再一谈该署设置的地点和人选：

（A）关于人选方面　如指导长官一职，何委员长（应钦）坚辞不就，一时又找不到适当的人选时，那么最好请副指导长官赵戴文氏代行其职权，并罗致凡与蒙古有相当关系及与蒙人交谊素笃者从中辅佐一切。如察、绥两省当局及平津卫戍司令部宋哲元氏，察省委萧〔萧〕振瀛氏，军分会委员何兢武氏，均可由中央给一适当名义，在该署中赞助一切。如此则积极的可以指导蒙政会政务加紧进行，消极的也可以预防蒙古任何纠纷的发生。若是不幸发生了任何的纠纷，也可以就近秉公处理一切，不至于像目前这样的遇事张惶漫无头绪。

（B）关于设置地点　为见闻较切与指导便利计，最好能在距蒙政会较近的地方设置该署。所以我主张在绥远与张家口二处中任择其一，因该两地为直接与蒙古交接之区，消息既灵通，与蒙人交接的机会也多，无形中对于两民族间精神上发生了深切的联络，尤其地方政府和蒙政会，可以免掉许多无谓的隔阂，较比设置在较远的北平要好得多多。

（二）关于蒙古方面者　自蒙政会成立后，国人对于蒙古民族意识的增进，都表示极端的欣幸。自要求自治之日起，蒙人都能牺牲小我的意见，为整个蒙古的前途利益着想，现在虽然不能说已经到了"精诚团结"的地步，但最低限度也可以说已没有什么显明的冲突。国人对于蒙古人士的这种觉悟，没有不表示相当敬重的。

　　蒙古民族衰弱到这般地步，已经是够惨痛的了，假设不赶快振作，还要发生无谓的纷争，那么蒙事的前途还堪设想吗？望蒙古负责者要认清责任的重大，把"兄弟阋于墙，外御其侮"两句话千万不要忘记！同时望每次蒙政会举行时，所有的委员们都要出席参加，借收"集思广益"之效。

《新蒙古》（月刊）

北平新蒙古月刊社

1935 年 4 卷 5 期

（朱宪　整理）

对于蒙政三届大会之感想

吴斌明　撰

蒙政三届大会即行开幕，吾人瞻前虑后，感触万端。回忆当时提倡自治之先进，其缔造之艰难，经营之不易，饮水思源，能不感慨之。自蒙政会成立于兹，瞬经年余，对于教育、实业及其他建设诸端，成绩若何？蒙众得到多少利益？无待我人词费，想政委诸公及有识之士，内心不无遗憾者。溯其原因，不怨执政者之无能，实因环境之不佳有以致之耳。

盖云委员长，年高德邵，素孚众望；德秘书长有胆有识，坚苦卓绝，具备领袖之条件，一年以来，整躬率属，积极苦干，其秉政之精神，至堪钦佩。而对于政治之效率，所以不能有长足之进步者，管见所及，其要点有三：

一、政费竭蹶　查蒙政会之经费，每月由中央规定拨发三万元，仅够按照预算数目，开支内部人员之生活费，其本身既不能设局征税，又不忍加重蒙民负担，财政竭蹶，困难万状，无米为炊，其何以堪？况蒙政开创，自治胚胎，建设事业，经纬万端，在在舍款莫举。有人以成绩不佳，责难蒙政会者，平心而论，亦属过苛之词。

二、团结松懈　查蒙政会成立以来，识见高超之王公，以为际此蒙疆多事之秋，非精诚团结，无以挽救蒙族，屏藩国家，屈己从人，亦所甘心；其眼光狭小者，挟持私见，各行其是，虽受人愚弄，破坏分裂，在所不惜。故蒙政会政令，不能普遍行施各旗，致使建设计划，每多扞格难行，教育、实业之成绩，未见若何表现。其病基于团结松懈，事权不统一，瞻念前途，实深浩叹！

三、人材缺乏　查蒙政会内部人员，鸿才硕学，深谙政治者，固有其人；而阘冗无才，办事轻疏者，亦在所难免。年少之人，其病在勇敢有余，经验不足；年老之人，则遇事畏缩，得过且过。甚至老辈讽刺青年，做事幼稚；青年反讥老辈，思想陈腐。合而言之，对于政治有经验，办事肯尽责者，实居少数。虽有勇往直前之人，碍于政治机构不佳，费力多而成功少。若不改弦更张，为事择人，其政绩不彰，自在意中也。

比者大会召开，各委远道跋涉，联翩莅止，济济一堂，共策进行，蒙政似有一番新开展。余忝属蒙籍，望自治之完成，若大旱之望云霓，际此嘉会，难安缄默，聊供刍荛，希政委诸公垂察焉。

夫"为政不在多言，顾力行如何耳"；又云"有治法，尤贵有治人"。每读斯语，实获我心。考中国实行会议制以来，其利固可集思广益，其弊在议而不决，决而不行。国民政府成立后，历届大会议决案及宣言，其内容之意义，未尝不善，徒以不能见诸实行，致国事败坏至此。盱衡蒙政之现势，各委如不精诚团结，恐亦不能逃此例外。故吾望于政委诸公者，不在会议之形式，而在会议之精神，其精神为何？即实行决议案是也。如在会发言盈庭，各执一是，闭会将决议案，置若罔闻，对于自治建设事业，毫无表现，辱我蒙人无自治能力事小，贻误整个蒙族前途事大。各委多系盟旗领袖及国府要人，负有复兴民族之责，谅能坐言起行，实事求是，使此会议有相当之价值，挽此颓势也。

虽然，一、二两届之决议案，多而且善，其已实行者，恐不及十之三四。今番会议，欲不蹈以前之覆辙，使蒙政日起有功，须具备左列数端：

一、确立整个计划 无论作任何事业，欲求其成功，全恃步骤、方法。矧事关蒙政，更须有整个之计划，逐步实施，率尔操觚，必致偾事。昔句践图强越国，预定十年生聚，十年教训之策。今苏俄欲与列强争衡，做到前五年计划，又欲完成后五年计划。盖非如此，不足以充实国力。在计划未完成以前，决不敢轻于一试。故蒙政会苟欲完成自治，屏藩国疆，须先缜密规划，树立整个之政策，始不至有初鲜终。盖羽毛不丰满者，不可以高飞，此乃事有必至，理有固然也。

二、各旗接受政令 蒙族自元亡以后，幅员辽阔，部落纷歧，各自为政，不相联属，以致教育不兴，实业莫举，一般蒙众，不识不知，尚过游牧时代之生活，非特国际大势毫不明了，即国内情形亦属茫然。长此以往，纵人不亡我，亦必自趋于淘汰。兹者幸蒙国府扶植弱小民族，成立蒙政会，为各盟旗自治主脑机关，予以团结之机会，各旗之政教领袖，为大局计，为蒙族计，应当放大眼光，摒除私见，勿以意气相互倾轧，致使因小失大。惟有竭诚拥护蒙政会，接受一切之政令，按照本旗实际情形，实施大会历届决议案，致力建设事业，而今而后，蒙民庶有豸乎？

三、罗致人才 自来"得人者昌，失人者亡"，汉刘邦以能用三杰，而成帝业；楚项羽因不用范增，而致失败。蒙古先祖成吉斯汗，虽以武力彪炳中外，而其知人善用，实为成功之母。耶律楚材辽人也，而不以辽亡见弃，一切开国大计，多所规划，故能纵横欧亚，建立伟功。蒙政当局，今欲步其后尘，惟有握发吐哺，延揽人材，各旗学士，尽可罗致幕下，勿使人有弃才。如有专门技术人材，亦不妨"楚材晋用"，以增进政治之效率。盖首领虽有干才，亦须左右之人以为助，所谓"众擎易举"、"孤掌难鸣"者，正此谓也。

四、裕筹财政 为政之道，财力为先，一切建设，舍款莫属。

今蒙政会仅赖中央每月补助之三万元人事费，而事业费分文无着，建树成绩，安望进展？欲完成自治，殆岌岌乎难矣。今后推行庶政，第一先决问题，须财政有办法，然后始能谈及其他。此次召开三届大会，据闻以教育、实业为主要讨论案件，事固甚善。若财政无相当办法，终属空谈，故裕筹财政，为最迫切之要图也。

以上建议四点，虽卑之无甚高论，然能切实施行，诚为发展蒙政之主要条件。盖整个计划，如能确立，自有一定之施政方针，不至遇事茫然，失掉重心。各王公如能接受政令，当免一切障碍，顺利进行。如能罗致人才，自可群策群力，增进政治之效率。如能裕筹财力，一切建设事业，自当迎刃而解。至教育如何振兴，实业如何举办，保安队如何扩充，各委之历届提案，计划详尽，当可覆按，无烦赘述也。

虽然，现蒙政会所处之环境，如裕筹财政，殊属匪易。盖蒙民生计维艰，无加重负担之力量，如强行勒派，有失自治之原意。若在盟旗设卡征税，又以各方借口反抗，难成事实。倘每月内部人员，分领三万元之经费，无所事事，未免轻视蒙人。且当此边防吃紧之时，实非计之得者。此所望于中央竭诚补助建设费者一也。

复次，蒙绥密迩，应遇事互助，尤其蒙政自治，发轫伊始，更当竭力扶植，俾短期内完成，共同巩固边防。奈今春因蒙政会在各旗征收建设费，以及现在之西公旗事件，似有未能相见以诚，实深遗憾！回忆中央过去疏于顾及蒙疆，兼以疆吏不善运用政治手腕，致使外蒙古被苏俄利诱威迫，侵略以去，孰不为之痛心？今如不慎，必蹈前之覆辙，同归于尽，殷鉴不远，当善处之。此所望于邻省当局竭力成全蒙政会二也。

综而言之，蒙政会应本"自责"、"自愧"、"自惕"、"自励"之心理，充实力量，以求建树之绩效。中央及邻省，应具扶助弱小民族之态度，使其有运用自治之机能，庶可挽此危局，俾跻于郅治之域，岂特蒙族之幸，抑亦大局之利也。吾既以此时生此国，义不容默尔而息，兹当蒙政三届大会开幕之时，不避嫌怨，拉杂书此，知我罪我，听其自然而已。

《新蒙古》（月刊）

北平新蒙古月刊社

1935 年 4 卷 5 期

（朱宪　整理）

蒙古在远东的地位与局势

志雄　著

在这黑暗笼罩一切地，远东今日的局势，外表上似乎很平静而明朗，可是内部的设施，却已布满了全部的亚洲。在这隐密的暗云起伏无定的现在，虽作起微小的风波，即可引起远东全部的不安，以至于地崩天裂似的大爆炸。在那孕育危险性底交点下的蒙古，不久将来那惨酷无仁道的大屠戮，一旦爆裂，直接能领受着的有我无他吧！彼时不但蒙受重大的蹂躏和影响，而且能注定吾们生死的关键。吾们若想为应付那未来惨酷的争战，而谋事后的余生，则必改除自己内部腐陈底社会，使其最短期间内，展启他面，俾得新天地、新社会出现，以供睹世人的视听。尤其在这物质文明，科学万能底今日，吾们暂时虽不能创造发明新的工具，亦应运用他人的发现，来改造自己的简陋。蒙古质的方面虽没有阿比西尼亚那样的众多，而量的方面却不次于黑面头的健儿们。吾们为民族而奋斗，给祖先复旧业，俾使数百万同胞们，逃脱出那万恶的苦境，而安置于百摇不动的磐石之上，这是吾们唯一的愿望，亦是吾们努力奋斗的目标。

蒙古环境是异常复杂，而带有多角形地结交点，这逐角点的底层，却隐藏着国际间的暗影斗争，和显著的呈现在眼前。如以新疆为足场而东进的有赤俄势力；从印度起发经西藏伸入西北的有英势力；从云南、西康、青海进足的有法势力。总之，他们所集

中的目标，不外就是这一块广大的市场为中心点。可是，从外蒙
南下的苏俄"赤化"势力，和日本在满蒙的势力，带有危机激突
的孕育，所以要了解蒙古现势社会环境，非先了解亚洲国际间的
斗争的因素不可。由〔以〕近几年来，日本对于东北的加紧工作
和未来明年度的军事预算，以至苏联在边界上增加防卫的实事，
来预测东亚的天地，暗沉氛氲的战气，愈是浓厚，而严重起来了！
这互相峙立的尖锐化，已经造成了剧烈的军备待机出动，或不久
的将来即可实现！在这风云日趋紧张，大陆多事的现在，它们的
角逐更增多了复杂的成分和因果〔素〕。其中最主要的两种因素在
那里进行着的：第一就是帝国主义为实现它们的政策，积极进行
着它们的目标，不顾一切向前进展！现在已经越过了阴山。同时
它们为占领了那广大的草场，和肥沃的原野，以便把它们过剩、
生活无着的人口移来这里，为安定它们根深蒂固的础石之后，再
向世界耀武；第二就是以发起社会主义革命为先锋的苏联，对于
任何国家的威胁挑衅，都不以为意。因为第二次五年计划，尚未
成熟的缘故，暂时抱定"唾面自干"的主义和"你有千条妙计，
吾有一定之规"的信条，去应付时事。同时它们为保全自己的威
望和巩固社会主义的基石起见，亦不肯示弱于他人。并且它们想
把内部整顿和养足锐气后，则进足全部东亚，扶助弱小被压迫的
民族们，使其自决自治，都能沾润着赤色主义的恩典，然后再薰
陶宇宙，它们以为要向世界出发，非由较近的中国入手不可，所
以怀抱抚庇中国的边疆，尤其蒙古，当蒙其先惠了。"日俄战争一
经发生，不仅整个的东三省，便是华北和内外蒙古一带，也要成
为两国作战的中心区域。盖就日本的军事立场来说，战争一经发
动，它就运用它的海陆空军的全力大规模地向苏联防军作大包抄
式的军事行动，而且各地的进攻，一定是同时发动的。海军用炮
舰来攻击苏联远东军事根据地的海参卫港口，而其陆军的活动，

却完全在破坏西伯利亚铁路沿线的苏联军事设备，并且断它的远东方面粮饷运输，和军事联络。所以由海参卫以至伯利、黑河、赤塔等处区域，都要成为日本分兵攻击的目标。因之举凡亚细亚、新疆、蒙古以至华北，都要变成他的作战的区域。……"（见《新中华》三卷十五期，武育幹著之《第二次世界大战与中国前途》）以上的论调，大概无甚相违吧？可是吾们在这场合的环境之下，应该怎样应付这环境而保余命呢？若说自立更生的话，非由以下几条入手不可：第一整顿内部，统一政权，改善喇嘛事业，提倡生产，以增进人口。第二普及教育，启迪民智，分区开发农工商业，以巩固本身经济基础，以免诸多赖助他人，以阿西尼亚精神为精神，去护卫民族，如此不抱悲观，无怀乐观，了解本身所处环境，了解未来光明的前程，方有自立复元的余地吧？

记得世界大战时波兰和捷克人，被支配在两军阵前，彼时若没有毕苏基马萨里辈出来作革命的运动和有意识的参加战争，徒知相互射击，甘受他人之支配时，则波兰的复兴，捷克的建国，虽有大战的机会，亦不能实现吧？

现在，这远东复杂的局势，时刻变化无常的今日，而蒙古民族解放运动，更为时局推演的一个决定要素，也就是一个很好的机会。请自己不要放弃了这良辰！

蒙古是亚洲的脊梁，这是无用详说的，亦是二次世界大战的起发点（因为有很多的逐角点在那里演化着进行着，并且由最近蒙满会议的绝裂，和屡屡侵犯的事件，来瞻观推测，不久最近的将来或可爆发）。同时，它掌握着远东的和平旗。记得在本年三月间伦敦《泰晤斯报》有以下的评论："……在中国支配势力之下的百万蒙民，澎湃间发起了自治的运动和宣言，这首倡的德王，它们对于过去恐怖一扫而净了！为改善民族地位，保种卫族发起这伟大的自治事业，不但对于它们民族的复活表现，而对于极东的情势带有和平性的条件……"（节中大意）它本身是一座装饰的美丽的天堂，四周的邻居都要伸头踏手来领略这座神密的境域，以解她们久慕而不得的愿望。然它的内幕则有一望无垠的草场，与肥沃的田圃，还有黑暗的影幕与悲惨的剧片。至以它的将来不是沦为泯灭的途径，便是成为大战后的捷克第二，因为它的现势社会里，有三分之二的徒为消耗而不能生产的喇嘛（某部分），有很多的剥削与寄生者，人口一天一天的底〔低〕落，经济日甚一日的拮据，还有那无为的黄衣僧侣、狡猾的外商、迷弄讦取俭朴而诚实的牧民，吸饮活泼而万能的蒙民脑汁和骨髓。从此一切的实事来预料，不久，几十年或百年后的蒙古，恐怕只有泯灭的一途吧。

总之，蒙古现势社会是黑暗的、悲惨的、零星的、散漫的，并且，在多角形的接触中心的注射点。那么吾们远瞩它的将来，殆永无光明的瞳影与打破外力的注视，而不能结成一个坚固的新蒙古吗？不，吾们决不承认它是永无晨星，假设昼夜若不经黑暗的晚景，焉得明朝清爽的黎明呢！没有狂风暴雨的过程，怎样有风雨后的气晴呢！而人间的一切，若不经黑暗丑态的阶段，怎能寻到光明美丽的高楼大厦呢！不过社会的万绪千端，在此过流不复的场合下，能否涤其旧习，刷新其内部，则全视其本身能否适应时事耳。

《新蒙古》（月刊）

北平新蒙古月刊社

1935 年 4 卷 6 期

（訾茹　整理）

河北与察哈尔事件

行　撰

因驻津日军向平军分会提出苛刻要求而酿成之河北局势，本刊上期《一月来之中国与世界》中已略记之，兹特再将一月来之经过，略记如次。

自六月四日，驻津日军参谋长与日大使馆武官高桥再度访何应钦后，我中央及地方当局对河北行政及军事上之设施，均略有变更。中央方面之设施，除调河北主席于学忠为"川陕甘剿匪司令"，以省府委员兼民政厅长张厚琬代理主席职务，改天津市为直隶于行政院之市，任王克敏为市长，任商震为天津警备司令外，更将第二、第二十五两师军队移驻河南，宪兵第三团离平南移，令全省各级党部停止活动，工作人员一律给资遣散，文件全部运京。地方当局则有平军分会之裁撤政训处，与严密取缔有害邦交之秘密团体，此外，国民政府更于六月十日颁睦邻敦交明令。于是异常紧张之河北局势，因此渐趋和缓。

在我方施行上述各事期间，日方除加派军舰至塘沽口外，关东军主要人物及华北日方要人均纷纷举行会议，而天津日军在乡军人会、北支那同盟、国防妇人会等团体亦纷纷集议讨论应付策略。关东军主要人物会议之结果，由土肥原少将及仪我大佐于十一日晚由长春携赴天津。十三日，路透社北平电讯，即传日军事当局复委由高桥向我平当局提出更进一步之要求，使已趋和缓之河北局势又突转恶化。传云日方提出要求之理由为：有"关东军特务员"四人于六月五日在张家口乘汽车旅行，未携护照，为宋哲元部下之士兵留宿一宵。关东军员即大为愤怒，视为察哈尔强烈排日之征，故又提出新要求。至新要求之内容，外电亦仅传甚为苛细，何应钦以其万无接受可能而加以拒绝。同时欧美诸国对日本此种行动，亦颇为注意，美参议员金氏且在国会中谓，日本此种行为，违反《九国公约》，美国应予以制止。日方鉴于国际形势之于己不利，乃不得不稍稍改变其强硬态度。故日武官高桥对我国往访之记者，即极力否认又向我提出新要求，并谓河北问题经日方与何应钦商洽后，颇为圆满，而关东军特务员在张被阻事件，亦将由松井与宋哲元在张就地解决，不致扩大。

同日，平军分会委员长何应钦，特由平赴京，报告一切，而冀省府代主席及各厅长，均以时局多故，分电汪院长、蒋委员长、黄郛及何应钦等，恳请准予辞职。汪、黄等除先后分别去电慰留外，国府旋又免除张厚琬代主席职，任商震兼任河北主席，免王克敏天津市长职，改任为代理平政委会主席，另任程克为天津市长。

至张家口"关东军特务员"被阻事件，先由察民政厅长秦德纯于六月十四日会见土肥原，及察省日军事联络员松井等作初次洽商，但无甚结果。而是夜天津日驻屯军司令梅津官舍中，则有重要会议，除梅津外，土肥原、酒井等均列席，密议良久，至十五晨三时始行散会。

六月十七日，酒井与松井偕赴长春向南关东军司令请示，十八日反津，携有关东军对察事之意见。秦德纯即于是晚往访，继续商谈。翌日，国府即明令免察哈尔委员兼主席宋哲元职，以委员兼民政厅长秦德纯代行主席职务。

二十日，土肥原、松井等由津抵平，在日使馆武官室举行重要会议，决定对察事态度。二十二日，秦德纯抵平，往访松井，洽商察事解决办法，未有结果。二十三日夜，中日双方代表在秦德纯住宅中正式继续会商，我方出席者为秦德纯、萧振瀛、程克、陈觉生与张允荣等五人，日方为土肥原、松井与高桥等三人，会商结果，大体顺利，我方将交涉内容及解决步骤电中央请示。日方亦将经过情形电告关东军南司令官。二十五日，中央覆训到平，秦德纯根据中央训示，再与日方谈判。此后又经二度谈判，至二十七日始全部解决。至解〈决〉办法，据秦德纯所发表书面谈话，则为：

（一）处罚事件责任者，撤换一三二师参谋长及军法处长；

（二）互相谅解，以后不再发生此种误会。

察事解决之翌日，日本驻华大使有吉及天津驻军司令梅津均有声明发表，兹特节录其内容，亦以见河北及察哈尔事件经过之经纬也。

（一）日使有吉之声明：

一、此次河北事件及察哈尔事件继续发生，日本帝国军事当局根据停战协定，曾向中国军事当局提出公正之要求，业经中国军事当局容纳该项要求，以致事势转佳，至为庆幸。吾人亦如此次驻华日军司令官之声明所期待，甚望中国方面对该处之和平维持，更增其努力，是所切盼而不已者也。

二、兹为期望日华两国国交之圆满计，认为不仅限于一地，应将中华全国之排日风潮，为之一扫。乃时至今日，该项风潮尚未达到绝迹之境地，吾人值此时机，更宜将中国此次颁布之敦睦邦交命令，促其充分发挥，对于禁绝排日风潮，极望加以更进一步之努力，不胜翘企者也云云。

（二）梅津司令之声明：

中国一部分官民在河北及察省之非法行为问题，中国方面已经允诺日军公明正大要求，行将见诸实施，至为庆幸。吾人承认其诚意，拟暂注视其实行之状态，而待局面之好转。日军在今次交涉所要求者，根据于停战协定之规章，与中日军宪之誓约，责罚违约之责任，变〔铲〕除搅乱之祸根，以重信义，维持和平，除去对于"满洲国"之威胁，与中日亲善之障碍而已。凡故意扩大事态，干涉中国内政等事，决非吾人所曾考虑之事也。中日亲善与提携，为日本文武官等所切望者，然此事决不能以表面的、形式的言辞得期望之，如今次发生之不祥事件，吾人想及其渊源之深远，则实不堪遗憾也。然中国政府日前重发布告，禁止全国排日排外行为，而在除去上述祸根之工作上，进前一步，殊可敬服。吾人切望其不止于一时的办法，日军立场希望中国当局在该地方各方面绝灭一切反日抗"满"行为，特此声明。

《申报月刊》
上海申报馆
1935 年 4 卷 7 期
（朱宪　整理）

西公旗纠纷与蒙政会议

行　撰

内蒙乌拉特旗（即西公旗）老王逝世后，无子嗣，其近族石拉布多威〔尔〕济与依锡大喇嘛为争继王位而以干戈相见者凡八年，迨民国十九年，中央命石为札萨克，依锡之侄巴图百益尔为西协理后，始告解决。但依锡对石之承继王位，终不肯休。年来拉拢前东协理额宝斋父子，以去石王，不遗余力，而额之子曼头更与石有仇，时图报复。本年蒙境设卡征税，德王委曼头为哈德门税局局长，曼乃附势骄横，与石为难。后蒙卜〔卡〕撤销，石派兵捕曼，曼闻讯逃逸。于四月十七日，与乃父额宝〈斋〉暨依锡等率领步骑兵百余，进攻石王府。时石王所部士兵，都分驻外防，王府兵力仅数十人，未便与抗，坚守不出，石在王府被困五十余小时；内外消息隔绝，形势危急。嗣石派保卫团团长色令固之子，星夜单骑突围，驰往包头乞援，经七十师及包头县府前往调解，石始脱险晋省，谒傅主席及王靖国商请解决办法，经官方三次调处，至五月初旬，始告平息。嗣后石王返旗整理旗务，而曼头等以前图未遂，复控石于盟长云王。云王屡传石王到案，石恐有意外，始终拒绝前往。云王以不得行使盟长职权，颇为愤怒，乃以盟长名义发动，经蒙政会之通过，撤石王职，并派兵至西公旗监视交卸。石王拒不交卸，并通电乞援。略谓："札萨克职系属世袭，自清迄今，数百年来，如非大逆，从无革职情事。且为此项权力属之元首，在前清时，系由理藩院奏请，民国则由蒙藏委员会处理。前次西公旗事件，系由曼头首先率兵围攻王府，本人既毫无错误，蒙政会尤无权罢免本人。此种越权命令，本人殊难接受，惟有静候中央处理。"于是石王被免职一案遂成僵局，惟有静候中央派员解决，此九月上旬事也。

中央接得上述纠纷之报告后，即由蒙藏委员会派参事鄂奇光前经〔往〕调处。鄂奉命后，即赴百灵庙会晤德王、云王，商调处方法，不得要领。而内丛〔蒙〕乌、伊两盟各旗札萨克以蒙政会罢免西公旗石王，世袭制度，将失保障，于九月二十六日联电中央，请重申明令，保障旧制。略谓："蒙古原有盟旗制度，自逊清以来历代相沿，已数百年。国民政府成立，十八年一八一次中央政治会议，十九年蒙古会议，及最近颁布之《解决蒙古自治问题办法原则》八项，均明定对于盟旗原有管辖治理之权及王公制度予以保存，不加变更。令文辉煌，举世共鉴。良以我蒙民历史习惯，迥异内地，抚绥维系，全赖旧制。中央明令保存王公，即所以保存蒙古；王公等亦仰体中央扶植盛意，屏困〔藩〕边围〔疆〕，矢志无二。乃者道路传言，有不经中央核准自动撤消王公，改革旧制之说，如此恐蒙旗失却重心，边地势将多事。札萨克等为保存四百年基业，维护二十万蒙民安宁起见，披沥上陈，恳请中央重申明令，保障旧制，以安人心。"至于云王，亦电蒋委员长、汪院长，呈报西公旗纠纷经过，并请维持蒙政系统罢免石王。于是由于德王等与石王不睦所引起之纠纷，遂变为蒙旗制度中纠纷矣。

中央鉴于纠纷之益趋扩大，除电云、石二王静候处理外，更有改派交次俞飞鹏及蒙政会指导长官参赞何竞武前往调处之议，但均以俞、何谦辞未成。刻中央派往调处之大员尚未决定，先由蒙古各盟旗驻京办事处处长吴鹤龄从中调解，冀获较易解决之途径，俾便提出于蒙政会讨论。

　　际此蒙旗纠纷尚未解决之际，第三次蒙政大会亦一再延期，迄十月十九日始获正式开幕。二十一日举行首次大会，到委员陈德钦等十九人，由云委员长主席，席间讨论防共事宜，甚为周密。二十三日，举行第二次大会，决议从速成立自治讲习所。二十六日会议闭幕。至西公旗纠纷事件，则并未讨论云。

《申报月刊》

上海申报馆

1935 年 4 卷 11 号

（丁冉　整理）

蒙古与伪国之地位

C. F. Hudson　　撰　　　壮志　　译

这篇文章，有许多地方还带有白色人种的特殊眼光，所以并不见得适合本地情形，不过字里行间，无形中为我们主持公道，而且是根据国际形势立论，比较看来，还不失为一种公正的批评。所以把它介绍出来，希望国人多加注意。

一

梅特涅（Metternich）有一次说：意大利仅仅是一个地理上的名词而已。关于亚洲方面蒙古这一个区域，有许多方面所抱具的感想，与梅特涅之对意大利亦正相同。不过到了现在，我们渐渐觉得不能再否认蒙古民族，已经发生了一种确定的民族意识；我们假若承认这一句话，那么连带着发生的，自然是"蒙古问题"了。因为蒙古人在政治方面，是并不专注于一方，而兼受四方面的诱致的。不过这四方面的代表政府，其中有两个是非正式的，和没有取得国际地位的；所以这种激进的民族运动，在国际关系上，便成为一个严重的问题。计与蒙人发生关系的四方面如下：（一）苏俄；（二）中国；（三）满洲伪国；（四）蒙古人民共和国（Mongol People's Republic）。在这四方面中，（三）（四）两方面的所谓政府，其统治的范围，是包括在法理上应归中国的领土上，这是世界各国所公认的。所以蒙古人民共和国的主权没有一个承认。至于所谓满洲伪国的，则已有萨尔瓦多（Salvador）这个南美十〔小〕国，曾经盲目地承认过。不过在事实上，满洲伪国与蒙古人民共和国，已完全享受自由的权利，不受中国的控制（按关于满洲伪国之部分，是日本武力造成，我们不必置辩；至于蒙古方面，则近来自从蒙政会设立，与中央异常接近，已有内倾的趋向，本文所述，并不正确），而成为两个邻国——日本与苏俄的羽翼了。

上述的四方面，只有蒙古人民共和国，是由蒙古人组成，而其所代表的，主要地为蒙古人民。因为这个原故，所以从一九二四年到一九三二年，它是始终站在蒙古人方面说话，而且极力地鼓动蒙古人的所谓民族（实际即种族）情感。在领导蒙古人民方面，它（蒙古人民共和国）的唯一敌手，是蒙古柏雷特自治社会主义苏维埃共和国（Mongol–Buryat Autonomous Socialist Soviet Republic）——它是苏维埃联邦共和国中的一部分，由东西比利亚的柏雷〈特〉蒙古人（Buryat Mongols）组成，而这一种蒙古人，原先本是俄罗斯帝国的子民——但自从所谓蒙古人民共和国本身，也与苏联发生密切关系，而且在经济与政治方面，都依赖着它（俄）以后，这两个所谓共和国（蒙古人民共和国与蒙古柏雷特自治社会主义苏维埃共和国）之间，在目的方面，便没有冲突成分存在。虽然一个是包括在苏联的疆土以内，另一个是在它的外面。至于对中国方面的政治关系，则比较淡薄；蒙古人民的心意，有些处所，是不大容易来投合的。

二

但是到一九三二年时，所谓满洲伪国——一个由日本武力一手

造成，由满洲帝王的后裔溥仪做领袖，先号称"执政"，后来公然
称帝——创立了以后，新的局面，便开展了。创造伪国的人们，很
知道这个伪组织的极大资产，是蒙古人对于满洲朝代的信崇与臣
服。为博得好感起见，他们承认了蒙人的区域利益，并且把满洲
方面现有蒙古移殖的一部分土地割开，另行组成一个兴安省，由
一个蒙古王公主持该省的特别治权。这是他们万分狡猾的地方。
自从溥仪公然称帝以后，满洲伪国便成为所谓满洲帝国。在他们
虽然是靦然无耻，不过有许多愚昧的人，怀抱的对于满洲朝代的
愚忠，自从一九一一年革命后，便烟销火灭的，现在又熊熊地勃
发了。一部分蒙古人的民族情感，因为九一八事件发生以后的刺
激，更为旺盛，可惜用之不得其法，他们所谓的蒙古共和国，到
此时居然采取了新计画；它尝试争取更大的权力，实行以前蒙古
人民共和国所不能做到的事情——诱惑内蒙古方面的人，背叛中
国，希望由此取得全蒙古的统治权。现在对蒙古的领导权，发生
争持的，在表面上是满洲伪国与蒙古人民共和国，骨子里面就是
东京和莫斯科。而且这也不仅仅是两个强国的区域利益的冲突；
它是代表着深刻的社会冲突，真正的阶级斗争呢。在蒙古人的生
活中，现在有两个分野：蒙古人民共和国，是代表一种与苏俄处
处相同的社会制度的，而满洲伪国，则是代表古旧制度、佛教及
封建王公的势力的。

三

在一九一〇年，所有蒙古人——除开西比利亚的柏雷特人
Buryats 与在俄罗斯统治下 Volga Kalmuks 的居民——是住在中国领
土上，及绝对听从中国的统治的。那就是说他们是清朝的臣民——
清朝从一六四四年起，便统治全中国。而且他们向来是不以汉族

同类自居的，他们不承认是汉族的臣民；恰恰相反，他们只承认与满洲的关系，他们以为他们和满洲人，都是中国的征服者。因为在十七世纪的初年，满洲的权力是由满洲人与蒙古人的联合成分来代表的；那时满洲王族的领袖努尔哈赤，用非常的神威，在极短的期间，把满洲以及东蒙古的许许多多野蛮民族都克服了，然后他再转过兵来与中国争较短长。在一九一一年，当中国革命获得胜利，满洲皇室宣布退位以后，全世界各国，在法理上、事实上都公认中华民国应该继承了满清的所有土地；而这许多土地，到现在还经各方面认为法理上应属于中国——其中唯一的例外，是前述的萨尔瓦多之承认"满洲国"，不过这个南美小国，是无足轻重的。不过这种自然的原则，有许多蒙古盟旗的王公，并没有加以承认；他们认为只对满洲君主发生关系，自从中国革命以后，这种关系便断绝了。因为这种不正确的思想，遂有一九一一年的叛乱，而外蒙古——并不是内蒙古——因为俄方的赞助，事实上便得到独立。

在这个所谓满蒙联合的集团中间，满洲一部分人，可以说是已经失去了独立的民族性；不过满洲王朝的系统还存在着（指溥仪），而且现在已经把它在努尔哈赤的故乡重建起来了。满洲人所以不复成为一个特殊的种族，有下列的几个原因。满洲人与蒙古人不同的，第一是方言，而且因为传统文化的关系，他们没有具备蒙古人的游牧本能。在好活动与好战争方面，他们是与蒙古人相像的，不过他们原来所处的环境——多高山、森林的东部满洲——与蒙古及西部满洲一望无垠的大草原不同。他们的性质，比较不像蒙人的好动，他们欢喜从事于简单的农业。因为这种原故，所以他们很容易受中国势力的同化。在所谓满蒙集体中，满洲人既然属于特权阶级，在战胜了中国以后，他们有许多便到中国来从事卫戍的职务，尤其多的是到中国来取他们所愿意的东西，而结果被中国本部人民同化了。至于那些留在满洲的人，也为中国人同化；因为中国人移民到满洲的，自从清朝入关以后，便一天天加多起来——因为清朝认为俄人之东下移居，有害于满洲的安全，所以极力鼓励中国本土人民之出关，这宗移民，因为俄国在关外铁路之贯通，而更形踊跃。

四

至于蒙古人，在一九一一年以后，则比较地没有受到满洲人所受到的影响（使满洲人失去其种族性的影响）。他们并没有大规模地移居到中国，他们的国度——不止缺乏铁路，而且没有供运输的河流——与满洲人所居住的地方不同，是不够引诱殖民的。他们的文化，对于中国的同化性，又是有极大的抗拒力的。不过虽然如此，中国的势力，在那里仍旧是在继长增高。在十九世纪后半期，北京的清朝政府，因为恐怕俄国人的势力东下，以至危及中国的安全，于是对蒙古的统治，力求其直接的属于中央。为他们建设起统治制度，主要的行政长官，都是中国人。在长城以外的地方，中国农民开始耕种，使蒙人之营此为生的，颇受打击。中国还有些以放债为生的，对蒙人颇加剥削，王公们对他们的感情也不好。所以在革命军由广东起事，清廷将倒未倒的时候，蒙人之蠢蠢思动的，已经很多。革命一发生，他们就认为时机是成熟了。

在一九一一年清朝政府被推翻了以后，北蒙古各盟旗的王公们，在库伦聚会，宣布该部分的独立，而拥护活佛或 Khutukhtu 为首领——按活佛为蒙古喇嘛庙中最崇高之领袖。在蒙古地方，含有通俗性的组织既然没有，在中国统治权取消了以后，民族运动天然地为势力伟大的佛教所吸收，而受其指挥；此外复因喇嘛的老家——西藏——同时的宣布独立，而得到很大的鼓励。蒙古主张分离运动的人们，在那时居然把中国人在戈壁大沙漠以北（外蒙古）的势力扫除；但是在戈壁与长城之间（内蒙古），中国人的势力，却依然存在。戈壁，我们知道，是一条很宽的沙漠，由西面伸延至东面，把这个区域（内蒙古）完全分开；虽然它并不是一个绝对的藩篱，或一个确定的边界。无论如何，它可以保障外蒙古这个新成立的所谓蒙古人民共和国，不受中国方面的征讨。至于内蒙古，则又不同了；它与北平相距甚近，自治运动在这里每每将要萌芽的时期，便为中国发觉而取消。内外蒙古，因此分道扬镳，外蒙古事实上等于独立，内蒙古则是臣属于中华民国的。与中东铁路毗连的蒙古人居住的区域，也是由中国人管理。

不过中国人对于外蒙古的主权，始终没有承认放弃过；把这一片土〈地〉由他们手中夺去，是他们所不大甘心的。他们时时准备派兵至戈壁以北，来争回已失的主权。不过俄国方面，随时在外交上加以阻挠，来帮助库伦政府；并且促中国接受它所提的妥协条件——让外蒙古保留它新到手的自治，但中国国家主权，仍然由其承认，且得派代表长驻库伦。这办法，后来实行，时间为一九一二年到一九一八年。俄国在外蒙古遂得到确实的经济特权。俄国在那个时候，想利用外蒙古之不顺从中国，而于中渔利的心思，正和日本在亚洲大陆所抱具的心思，一样不可告人。俄日两国，自从一九一〇年，曾密切合作，以增进它们在中国相互的利益范围；同时为蒙蔽主张门户开放的国家的耳目，它们同意把它们的势力范围，完全划清。计俄国得在外蒙古与北满，遂行无上的特权；而日本享受特权的范围，则是内蒙古与南满。

五

不过自从一九一七年俄国发生革命以后，一切情形都变迁了。

俄国在内战的惊慌之中，再不能对库伦的自治政府，予以包庇；中国大兵，又进攻库伦，完全占领。于是取消了自治运动，并给各分离运动者以严厉的惩处。在这方面，这般分离运动者，遂四面寻求救星，终于发现了俄国内乱中的一个冒险家恩藉〔籍〕爵士（Baron Ungern Von Sternberg）；他领导一队被击败的哥萨克士兵，一天到晚，梦想着造成一个俄蒙国家（Russo-Mongol State），其中包罗所有的蒙古人，Transbaikalia 的柏雷特人及蒙古的蒙人；而以佛教为团结各族的工具，因以防止布尔雪维克主义之东向扩充。在一九二一年，恩籍爵士将中国兵击败，迫其退出库伦，恢复活佛之地位，公然宣布蒙古之完全独立。不过在与西比利亚布尔雪维克作对方面，他的成功，并不若前者之大，他旋即为布尔雪维克分子所擒获，且于同年被杀。

恩籍爵士被杀后，随着发生的事情，倒并不是中国势力的恢复，而是苏俄兵力的侵入蒙古。他们对于国际公认的疆界，居然完全不加措意。苏维埃的俄罗斯，对于蒙古，并不想恢复中国的主权，同时他们也不赞助活佛与各盟旗的各王公——沙皇政府与恩籍爵士，长长〔常常〕这样做——他们的希望，只是把全蒙古苏维埃化。但是他们的进行，却极度的小心。他们是希望与中国的国民党人，保持良好的关系的，所以不敢把一块中国的领土，公然合并到苏维埃国度以内，以激发中国人的愤怒。同时他们又不愿对蒙古的现存社会制度，予以突如其来的攻击。因此，他们避免侵犯活佛的安全，同时把青年蒙古人中贫穷的阶级，组织成一个政党，而不断地以马克斯主义来麻醉他们，并以武器供给他们。在一九二四年活佛去世以后，蒙古变成群龙无首；苏维埃化的蒙古人，立刻攫到了大权。大喇嘛、王公及贵族，或被杀，或被驱逐；旋于十一月举行国民会议（Huruldan），宣布成立蒙古人民共和国。所有土地、矿业及天然富源，均布告为公共产业；国外贸易，由政府实行专利；教会与国家分家（政教分离）；工人们都征发加入人民革命军以内。

不过虽然如此，这个共和国并未加入苏维埃联邦或成为一个国际公认的主权国度。苏维埃共和国，仍旧希望由中国的民族主义里面，得到政治的利益；所以对于蒙古在法理上之应为中国领土，依然承认——这是顾全中国颜面的一个方法，同时对苏维埃又毫无害处。齐齐林（Chicherin）在一九二五年曾说过："承认蒙古为中华民国的一部分，不过享有一种自治权，她的所有内部事务，中国都不能加以干涉。"事实上中国对这个新的人民共和国，实在无法控制；他们对中国颇怀敌意，其程度要比活佛时候深得多。恰恰相反，苏俄在库伦方面，却设有一个外交代表，他的权力，差不多等于一个总督。至于政府对国外贸易的专利，则使用于由北平至厄库史克的一段。俄国军队，在占据了四年之后，方才退出；但是俄国军官，仍旧在做专门顾问，或教练官，至于人民革命军所用的武器，也完全是俄国的。

六

一九二四年革命的结果，只是把外蒙古的自治权，大大强化而已——因为人民共和国的武力，要比以前强的多——但是由蒙古方面的民族运动，却因此减弱，他们对于社会问题的态度，从此分歧——戈壁以南及满洲西部的社会秩序，还是同从前一样，这般在中国统治下的蒙古特权阶级，再不能由戈壁以北，希望得到任何兴奋剂。他们自己感觉处于十分可怜的地位，因为一方面中国的统治，使他们很痛苦（？），一方面又是无产阶级的独裁在作祟。专就其和中国的关系而论，在过去十二年来，他们可以说常常感受痛苦，中国的目的，在使内蒙古成为其领土的完整部分，这本来是极端合理的主张。中国政府的办法，是使中国移民迁至该地，并使该地行政制度，和中国本部的完全相同。不过负责的中国官吏，有些未免处置失当；他们只知道保护中国的移民，使他们占有最肥美的土地，常将蒙古人驱开，使他们不能不到不毛的大荒原上托足。在中国统治下的蒙古人，因此不乏外向的心。不过这般喇嘛和贵族，深知道当前的局面，知道要由反封建反宗教的人民共和国，得到援助，一定要先毁灭他们自己现处的地位。所以他们宁愿维持现状，而不肯轻易地勾引外援。不过还有一般非特权阶级，则十分相信库伦方面的宣传；在他们的心中，不知不觉发生出亲俄的感想。因为种种原因的凑拍，在一九二九年，中俄边界上就爆发了战争，结果徒使苏俄的特权，分外加增，而中国的颜面，丧失愈多罢了。

七

这宗局面，也是因为一九三一年日本在满洲的行动而转变过来。日本人对《凯洛公约》的解释，比俄国人一九二九年时所下的宽泛得多；因为所谓自卫的范围，在俄国只能行使到越过满洲边界的一小段路，而在日本使用起来，则北可以到黑龙江，西可以包括热河。张学良氏，先图拒俄未成，后又图拒日，但不幸为日人所逐；于是此一区域，在政治上遂成为群龙无首之局面。乘此机会，日本人方面，极力在满洲寻觅一种仇视国民党及张作霖父子之分子。然则除蒙古人外，尚有何种人最合此资格？最后彼等之机会来临，于是联合建立一满洲伪国，其对蒙人所给予之条件，为代彼等拒绝中国人民之移殖，并尊重彼等之地方自治。翼护"满洲国"之日人，深知蒙古少数民族之赞助，为伪政府一种有价值的资产。因此彼等设立一新省，名曰兴安，将蒙古人居住之区域，包括在内，并为设立特别行政区，使直接受伪国务总理的统治。蒙古宗教信徒与贵族最近遭遇之难关，因此解除。彼等再勿庸徘徊于中国抑布尔雪维克之歧途，而竟投入日人之怀抱矣。

　　不过兴安在种族上，适为其西方各蒙人统治区域之延长。然则满洲伪国之范围，究止于何处？其边界又在何处？这个问题，比其他更甚；在最近的将来，是可以使日本与苏俄之间，发生尖锐的冲突的。满洲伪国的西边一角，为军事上之前线，而非法理上之边疆；其稳定性，以日本军队之前进或后退为转移。依照一九三二—三三年之《满洲年鉴》——按亦出日人之手——"满洲国宣布包罗之领土为：东三省及热河。"但该伪国之西部边疆，则始终未有明白之规定。在满洲伪国不能获取国际承认以前，关于这些，一定还是不能明白规定的。一个未正式成立的国度，是不应该有边界问题的；何况满洲伪国，在中国，在列强，在日内瓦的心目中，都是由日人非法造成，其地位绝对不能成立，而其范围，则完全为中国的领土。那吗〔么〕，它焉能与中国，甚至与同样无存在资格的蒙古人民共和国，发生疆界的争持呢？

　　这里有一句英国成语说：为小羊吊起来值得，但为小绵羊更值得。远东的情形，却大致与此相同。目〔日〕本在满洲，实行它那无理的政策，已经违反了国际公法的要义，并且蔑视那般拥护公约者之举措，以为故常。日内瓦《新记事报》（New Chronicle），对日本均极其愤慨。势已如此，日本为什么不尽量地盲目前进，以期多得实利呢？日本军人，已经无理地侵入热河了，《凯洛公约》对于他们还能有什么作用，即使他们更进一步地攻进察哈尔？日本人已越过大兴安岭（Great Khingan）了，假使它一直侵入大戈壁，谁又敢来轻于激动《国联盟约》，而使之施行制裁呢？日本的领袖，也许感觉到把满洲伪国的境界，再行扩充的危险，所以竟中止了它侵略的行为；不过即使它是真不愿意再前进的话，在这块已占得的土地上面，无穷尽的农野和广泛的草原，连绵不断的高山、森林，都在在使人心悸，而其人民主要地又为游牧民族，政治上又陷入多重的纠纷，使日本的军人，要得到一个最后安息机会的愿望，永远不能到手。

八

满洲伪国的西南方面，是内蒙古的主要部分，计包括察哈尔、绥远、宁夏三省（其次序由东至西），都是在中国统治之下。它的东北面，是蒙古人民共和国。日本的士兵，已经侵入过察哈尔，并且宣布过说长城以外中国领土，全属满洲伪国。假使它这无理的计画，居然办到，那吗〔么〕满洲伪国与蒙古人民共和国，将有绵长的共同界线，并且与该所谓共和国的首都库伦分外相近了。这两个受人卵翼的非法组织，其彼此冲突的机会，也会大大增加了。假使这种冲突，只属于表面的事态的话，那吗〔么〕，还不至于十分严重。不过事实明白地排着：蒙古人民共和国的存在，现在是大受威胁了。在"满洲国"，有许多由外蒙古逃去的蒙人、喇嘛及王公（在一九二四年革命后才逃去的），他们的唯一目的，是把库伦的统治者推翻，让他们自己可以重复得到权位。蒙古的情形，不久有发生内战的可能；场面已经布置好了。提线的人，一面是苏俄，一面是日本。也许由这种间接的争斗，而引起他们直接的战争来。

有些日本人，希望外蒙古人，不费什么力，就合并到"满洲国"里来。K. K. Kawakami 讲兴安省的创设时，特别注意到"满洲国"极西北端的巴加蒙古人（Barga Mongols），他说：

　　假使有一种聪明的方法，一方面容许蒙古人所希望的自治，同时给予她以沿着近代方式向前发展的机会，这个外蒙

古，现在虽然是受俄国的卵翼，也许到那时会投向满洲国这一
方面来，也说不定——外蒙古人对中国不满意（按这完全是
外人的挑拨口吻，实际上并不如此之甚），与苏俄也不见得十
分相得，也许她会转变方向来赞同满洲国呢。

不过这宗政策上的"转向"，非等蒙古人民共和国中自动地发
生内部抗争（一方面由在满洲的蒙古人，予以赞助），不容易达
到；而在这宗情形之下，说俄国不会起而干涉，也是不可能的事，
俄国决不会允许这般蒙古人〔的〕到库伦。因为这宗移动，会使
日本的势力侵入阿尔泰山，而满洲伪国势力的确定扩充，便是俄
国在东西比利亚地位的丧失。

九

对于世界和平的主要威胁，在这里为满洲伪国或蒙古人民共和
国，都没有经国际的承认，而取得主权国的地位（"满洲国"是由
日本与萨尔瓦多承认了的，然而这不能算数）。因此当他们彼此之
间，一旦发生冲突，国际间的共同制裁行动，竟会无法可施，因
为他们根本没有法理上的权利。这两个国度，都建造在中国的土
地上（在法理上公共承认属于中国的土地），而且都是由外国人来
主持政府，由外兵来担任保卫（按中国人在一九二一年时之被逐
出库伦，并不是布尔雪维克人，而是恩籍爵士的白俄；他们在蒙
古的行动，布尔雪维克的人是不能负责的。不过在恩籍失败了以
后，假使不是因为布尔雪维克之占领外蒙古达四年之久，以及尽
量训练外蒙古的军队的话，中国早已恢复了在该地已失的权利了。
李顿报告书，不肯把这两处情形的相同之处，提出比较；不过有
一点十分显明，就是在两地的分离运动，都是由外兵干涉才促成
的。而且在非法参与于始、造成既成事实于后这一点上，前者又

是后者的模范了）。而且他们都是外国的傀儡——虽然这并非出他们的本意，然而被强迫地只有这样办。这里的唯一分别，是日本公然地承认"满洲国"为独立国，而俄方还虚与委蛇，承认外蒙古是中国的一部分土地，不过他们事实上都已脱中国而独立。这宗情形，在世界上是再没有第二处可比的；睛〔假〕使任其如此下去，一定要生很尖锐的不幸结果的。国联会与美国，都深自抑制地不承认这个满洲伪国。他们认为假使对这个事实上由日本非法造成的国家，予以法理上承认，会违反了《国联盟约》的大原则，而造成不良的结果的。

不过虽然如此，这些国家，却并没有设法取消这个非法的国度，或是驱开日本兵使不能袒护她。他们对于这些，都不问不闻，只以为我们不承认，就算尽了责。

这在精神方面，本是一个很好的态度；不过需要勇气来应付它可能的结果才行。"不承认"的方法，并不能消灭这个未经承认的国度（例如苏俄，从前大家都不承认，试问它消灭了没有），只不过把它捐弃在国际关系之外，使它处一种既不能享条约利益，又不受条约约束的地位罢了。有的人以为这两个傀儡，事实上建筑在中国的土地上面，照现在情势看来，非得多少年，中国是无法来驱逐他们；那吗〔么〕，假若承认了它，也许使它与其幕后阴谋国的关系，疏远一些，使它对世界和平的威胁，减少一些，也未可知；因为承认以后，同时将其疆界划定了，它就须受国际条约的约束了。不过这是一个危险的思想，万万不可如此做的。

现在的外交技术，是进步了。往往一件事情，起初看来毫无办法，结果却能别开生面的，把僵局打开，使两方满意而去。列强对于这件事，一定有一种顾全两方颜面，而又无大流弊的办法想出来的。比如说，最近的南匈纠纷，在日内瓦闹得多热，似乎最后冲突，无法避免了；然而居然得到决议，且使两方面感到"我是胜利了"。

《中央时事周报》
南京中央日报社
1935 年 4 卷 19 期
（李红权　整理）

蒙古乡村社会底奴隶制度

庞善守　撰

　　蒙古社会大部分停滞于部落的牧畜形态，逐水草而居，其余部分已经被汉人拖引到农业社会，不过，因为牧畜尚占主要地位，同时奴隶制度仍是屹然存在，支配着蒙古社会里全部人民底生活，所以流行于蒙民间的风俗习惯，便随着这种特殊的社会条件和历史条件，而和汉人大不相同了。

　　蒙古底社会形式是奴隶制度，蒙古底主要生产是牧畜。在这样情形之下，决不会有人口密集的村落出现，更谈不到城市底组织。由此可见，"行国"是牧畜社会底表征，村落是农业社会底表征，而城市是工商业社会底表征了。这都由物质的生产关系来决定，并没有什么幽隐的玄理存乎其间。所以蒙古底社会生活，都是三五人家在旷野的聚居。内蒙一带所谓"该力"（即蒙古包）已不多见，但是一般蒙民底住屋，仍旧十分简单，并且不时随便搬家，决不像汉人那样安土重迁。

　　奴隶制度和牧畜生产方式规定着蒙民的一切社会活动。这种农前期（即在农业社会以前）底社会习惯，可分几方面来叙述。

一　主奴关系

　　在蒙古社会，主奴界限是划分得十分严明的，随唤即到的奴才，对于领主，唯有终身去尽义务，决没有丝毫权利可享。就奴才服役的一般情形来说，每个奴才家庭，至少须有一人前往领主家内终身服役。凡服役的奴才，身体毫无自由：做在人前，吃在人后；起的最早，睡的最迟；吃的是剩茶剩饭，穿的是破衣破裳。尽管没落的领主，对于奴才也要摆着十足的架子。主奴关系温和些的，领主很能体贴奴才，俨如家属；奴才也对主人相当敬爱，不全以贱人自居。不过，大多数的情形并不如此，奴才一般是受领主底薄待，甚至要受不近人情的待遇的。常有应差奴才，从自己家里携带炒米，以备领主给食过少的时候，拿来充饥。所以在蒙古社会里的奴才，可以说是居于"半人"或"次人"的地位，除掉牧放牛羊，在那空阔的野外引吭高歌，享受一点自由的天然幸福外，其他人生乐趣，不用说是完全没有，就有，也轮不着他们享受。

奴才有钱，被领主知道，就要向他告贷。当然，奴才是不敢拒绝的，即或借故推辞，领主便会记在心里，保不住什么时候发作，横加毁骂，以泄私忿。如果借给领主，也是没有任何债权保障，究竟何年月日才能归还，简直只有上天知道。

奴才应差，可以分作长期、短期两种。前面所说的终身服役，一直要到衰老病死，不能工作，才得回家，另送一人前往接替。短期应差是遇有临时事情，除掉长期服役而外，再征若干短差。要男的男去，要女的女去，保不定应个十天八天，也保不定应个一年半载，这当然随领主的兴头，没有一定的规则。

奴才的来源，除掉一般社会发展史上所说擒获的俘虏，或掠得的子女而外，蒙古还有一种特殊来源，就是把私生子女充当奴才。领主人家，寡妇底私生子普通是要保存的，长大以后，就成为娘家或婆家底奴才。

在这种社会中间，我们很可看出主奴观念的如何根深蒂固。奴才对于领主，就是"指鹿为马"，也不敢异议；领主对于奴才，简直已把他们当做一种变相底私有财产。

二　男女关系

男人应差，一去就是好多时不得回家，撇下来的"空帏难独守"的娇妻，住在寂寞的旷野，自然需要临时侣伴。翻过来说，女子应差，已将身体献给领主，任其随心所欲。这时她们离家索居，抑郁寡欢，有时便与应差的同侪男奴互相勾搭，互相结合。于是乎，应差底男女，各有几日几月的情侣；而非应差底男女，也俱有暂时或永久的爱人。更不用说"见了媳妇就磕头"（注一）的喇嘛，工夫有闲，生活优裕，简直东家出去，西家进来。于是非正式的夫妻，非正式的家庭，便也司空见惯，习以为常。至于和马桩子拜天地底女子，社会上更公认其可以自由结合，随便"留髡"（注二），这便是蒙古社会两性生活底一般的情形。

夫妻是一种形式上的结合，同时还可以有另外一种两性关系存在，并不像汉人社会那样"有配偶而与人通奸"，要受刑事上的处分。虽说受了汉人伦理观念底影响，男女交结，亦往往讳莫如深，然而普通蒙古妇女，几乎莫不有其"心坎上供养"底情人。可是另一方面，尽管性底结合可以自由，女子对于丈夫底服侍，仍然十分的殷勤。她们外而牧牛放羊，内而炊爨缝纴，镇日忙个不了，比较汉人乡村妇女底工作能力，确乎大过几倍。

男女订婚，依照普通惯例，也要经过一种手续。男家送给女家若干马牛羊、服饰、财物。不过，领主也有权把他的女奴才，不征求本人同意，随便送给别人为妻。她本人并不敢反抗，领主说声送，她便跟着走，否则就被认为违抗命令，加以"奴欺主"的罪名。

在蒙古社会中，男女离婚绝对自由，不管结婚几年，生育子女若干，如果任何一方，觉得不愿同居，便可自动离异，并没有什么赡养费、赔偿名誉损失等等花样。女子离婚以后，只可以把她底头戴（即首饰）席卷而回娘家，或者另居度日，以后另行改嫁，便与夫主无干。即或有一方面不大愿意，可是女的离开男人，男方既无法邀回；男的遗弃女人，女方亦不能跟追；至于双方情愿离异，那更只要男女二人相背一揖，从此伯劳飞雁，各自西东，毫无瓜葛了。

在上层社会（领主人家），虽说夫妻底离合，男女底交结，不能够像下层奴才社会那样随所欲为，可是习俗相沿，也就无法防止，不免人云亦云，人行亦行了。

三　喇嘛制度

敬神拜佛的迷信思想，充满了每个蒙民底脑海，支配着整个社会底精神生活。治病、敬神、传授经卷（也可以说是教书），都是昭庙内所主办的事务，三位一体地统统由喇嘛执掌。所以蒙古的昭庙，可以说是神、教、医三种事业底综合机关，文化底中心地点。不过，因为喇嘛们一味地只知"皈依"，傻嗒傻念，不解经意，结果遂成为纯迷信的佛像崇拜者，镇日以嗑〔磕〕头为事。

各昭庙都有活佛为之主宰。据说活佛底精神不死，此处圆寂，便在彼处诞生。活佛之下，有掌管庙事底大、二喇嘛。活佛和大、二喇嘛例能认识唐古文（即藏文），许多经卷，诵读如流，然而经内真义，一概茫然不知。喇嘛中之认识蒙古文字者，间亦有之，惟不若唐古字之较为普遍。从西藏或五台山嗑〔磕〕头回来的喇嘛，就是学成归来的大师，特别受人敬重，好似汉人特别看重东、西洋留学生一样。中古时候的欧洲人，要学希腊、拉丁文，现在的汉人要学东洋、西洋文，蒙古底喇嘛要学唐古文，可以说是毫无二致。他们以为非如此，不足以表示其学问造诣的高深。

凡属昭庙，至少也有几千百顷善地（即庙产），以供日常费用。而附近居民，又因求神心切，敬神之物，惟恐不丰不美，不足以得神灵之欢心，遂将各自以为的珍奇肴馔，送给喇嘛，代为供奉佛像。大多数的蒙民，都是有了事，不解决，先去求神问卜；有了病，不请医，先叫喇嘛念经。这使喇嘛随时随地可以获得许多礼物的机会。

喇嘛们除掉办理庙事，便只有喃喃诵经，频频嗑〔磕〕头，每届夏历初一、十五两日，鼓乐喧天，在庙里大诵大嗑〔磕〕。至于一般人民，按照普通惯例，婚丧等事，都须请喇嘛代为祈祷。尤其是丧事，"做七"、"出殡"、"过周年"，往往一连几日诵经嗑〔磕〕头，以超度死者。此种仪式，有些地方或者受了汉人底影响，亦未可知。

总而言之，昭庙不能不说是蒙古社会底文化中心，支配着蒙民全部的精神生活。唯其如此，所以养成了蒙民崇拜鬼神底纯迷信思想。这种迷信思想维系着整个蒙古社会底奴隶制度，成为最重要的一个上层建筑。

四　其他方面

蒙古人底土地，普通都大块地属于几个地主所有，一般人虽没有土地，但可随便地在人家土地上面放牧，因为农业生产未占主要地位，所以土地不被作为主要财产。近来因与汉人往来密切，知道土地可以种植获利，然而土地似乎仍不能如马、牛、羊那样宝贵。不独土地看得较汉人为轻，即货币观念，亦没有汉人那样发达。所以蒙民之论财富，不曰"家有万贯"，而曰"有羊若干，有马牛几何"，于此亦可见其重视牧畜之一般。

　　综观蒙古社会底全部特征，我们很可这样地说：蒙古底社会组织，还停留在主奴隶属的奴隶时代，而家庭组成和夫妻的结合，也没有坚固的定型，近似半开化社会底对偶婚姻。至于昭庙内的喇嘛，大半听从各地统治者底指挥，因为非如此，是得不到他们的布施的。于是乎昭庙就变成了他们底家庙，而喇嘛也就变成了他们底庙祝，假借"冥冥中之神力"，来维持整个奴隶制度和领主底特权，迄于今日。

　　注一：蒙古谚语："喇嘛头，净光油，见了媳妇就嗑〔磕〕头。"净光油，言喇嘛面貌之肥满光泽。

　　注二：蒙古社会习惯，独生女不字人，到了及笄之年，向马桩子嗑〔磕〕过头，即将拖在背后的大辫子，改梳为分垂两耳的"链垂"。这就叫做与马桩子拜天地。

《华年》（周刊）

上海华年周刊社

1935 年 4 卷 37 期

（马语谦　整理）

遗忘了的外蒙

钱实甫 撰

一

中国人永远忘不了我们的东四省被人抢去，因为每年都有一个"九一八"的国耻纪念日来提醒一回。若是被我们遗忘了而渐渐丢掉的土地，自然不会有特别的纪念日刺戟我们，这些故土便始终莫明其妙的和我们脱离了关系。送掉的原因既不可知，丧失的年代亦不可考，甚至于连面积大小都摸不清楚的，实不在少数。

这并非故意的刻薄自己，最近三百年的历史上，先例很多。糊里糊涂而不知去向的土地面积总共八百万方里之上，约合现在全国面积的四分之一，和十八省面积的总和相差无几。到今日我们不但毫无收回的可能和决心，便一个空虚的纪念日也未曾留下。

六十年来不知去向的土地，可以考查的如下：

（一）库页岛——三十万方里

清初本属我国，因其地荒僻，便不设置机关管理，听其自然。以后渐为俄人侵占，日本亦同时潜入，两国即发生地界的缪辕。光绪元年，俄国另以千岛给日，占有全岛。光绪三十年，日俄之役，日胜俄败，南部便割予日本。

（二）布哈尔——三百○七万二百方里

布哈尔在阿富汗之北，元代属于察罕台汗国，明时为属国之一。乾隆时平回疆，请求内附，朝贡不绝。嘉庆十八年，俄国因侵略中央亚细亚战胜波斯以后，即渐渐入其掌握之中。同治七年正式归俄保护。俄国革命时曾一度独立，不久又成了苏维埃联邦之一。

（三）浩罕——九十二万方里

浩罕即汉时大宛、葱岭以西的一个回民族国家，乾隆时奉表内附，同治以后即不得已的降附于俄，其国民对俄人非常仇视，我国却始终忘记了它。

（四）哈萨克——三百六十六万方里

新疆西北的回部，乾隆二十二年降服。嘉庆以后，俄人积极侵略，道光二十二年以后，便完全沦亡。

（五）布鲁特——四十万方里

布鲁特在葱岭以西，乾隆时内附，道光后为俄人渐灭。

（六）琉球——一万四千一百六十七方里

明代内附中国，清代更加亲切。光绪元年以后，日本便积极侵略，五年后完全失去。

（七）不丹——十二万方里

乾隆时入贡，同治四年与英国缔约，受其保护，断绝关系。

（八）尼泊尔——三十二万六千方里

乾隆时降服，嘉庆十九年被英军占去一部，二十年后主权尽丧。

此上这许多土地都是因为中国不去照管，在遗忘中被人略去的。我国历年所丧失的土地极多，除租借、占领、割让、独立的种种损失之外，最可耻的要称这种"遗忘"之地。被人抢去，或侮去的国土，是我们无力量的表示，已经可怜，何况是糊糊涂涂被人拾去的弃地。这已往的旧事早已尽忘，目前许多等于遗失了的土地仍属不少，我们不但未去设法挽回，甚至于连明了的功夫也没做过。

东北四省被人强占去了，因为是用长枪大炮一气抢走的，我们还能够清清楚楚的记得着。像外蒙那样无声无嗅的渐渐脱离关系，我们便毫不感觉，其他新疆、西藏等处的渐被侵略，日久浑忘，更会摸不着头脑。民国二十年以来，只见反日空气的消涨，只见哀悼四省沉亡的文字，敌人只有日本一个，失土只有东北一隅，其实四面的边地大都如此，我们为什么毫无所知？

以外蒙的情形而论，简至是和东北没有区别。东北有傀儡国，外蒙何常〔尝〕没有；东北有太上顾问，外蒙何常〔尝〕没有；东北有外国的将校，外蒙何常〔尝〕没有；东北有无耻的汉奸，外蒙何常〔尝〕没有？然而，在我们的心目中，外蒙是存在的，东北却丢掉了，这原因是东北的脱离有山海关的炮声欢送，外蒙却静悄悄的走了。

六十年以来，中国的边疆早起了大的变化，除了安南、缅甸、朝鲜、台湾等几处本来视为属国的以外，本部的澳门（光绪十三年）、潞江以东一带（光绪二十年）、大金沙江上流以东一带（光绪二十年）、澜沧江以东一带（光绪二十一年）、江东六十四屯（光绪二十六年）以及片马（宣统二年）等地，也陆续的失掉，然而却没有引起政府丝毫的注意。民国二十年的事变以来，我们又知道东北四省已经沦沉，但仍然想不起其他的边疆地方之危险，或许反因收复故土的高潮而完全忘掉了。

最近关于研究边疆问题的出版物也不算少，如《康藏前锋》、《蒙古》、《边疆问题》、《西北与东北》等定期刊，内容虽不如何的丰富，至少也应该引起国人的重视，然而事实何如？

二

　　蒙古和中国有很深长的历史，由古代一个种族之名变为现在的地方之名，其间已经过三四千年。古时的獯鬻或猃狁（又称猃狁），秦汉时的匈奴，掳去晋怀、愍二帝的刘渊，毁灭南宗〔宋〕建立欧亚大帝国的元人，都是他的事业。清代从太宗皇太极在关外时起蒙古族即来归服，入关后即划为国土之一部。雍正五年，中俄订《恰克图条约》，划定蒙俄界限，土地便丧失不少。到了清末以后，这广漠大平原的外部即渐离祖国，在帝国主义者的牢笼手段之下，独立起来。现在所剩的内蒙，虽已改建行省，其危险亦未减轻。

　　外蒙这地方无论怎样的说，已经不是中国的了，和所谓"满洲国"一般无二。

　　最明显的一次，是民国元年十月的蒙俄私订密约，不许中国军队入境，不受中国政府的命令。而且民国十三年以后它的首都便不叫库伦，改称为 Ulan Bator Hoto，其意义即是"赤色英雄的都市"。如今我们看这"外蒙国"和"满洲国"之间的差异，实在找不出什么大的分别来。然而为什么我们那样痛恨日本，留恋东北，对这外蒙便听其糊涂脱离呢。

　　以下先略述外蒙的地理和大势，再详说它与中国的关系。

（一）　面积

　　外蒙原称外蒙古，现称蒙古地方，内分额鲁特蒙古及喀尔喀部两部。喀尔喀部又分四部，即车臣汗、土谢图汗、三音诺颜汗、扎萨克图汗，为外蒙古原有疆域。额鲁特蒙古又分唐努乌梁海与科布多两部，本旧准噶尔之地，清初讨平后即划归蒙古。

　　全地方东西广约四千八百里，南北长约九百余里，面积四百八十八万余方里，占全国面积四分之一，大于日本十倍。

（二）人口

人口旧传为六百十六万人，极不可靠。一九一九至一九二〇年间，苏联曼斯基氏之调查，一九一八年的人口数如下：

男子	二七〇，三〇八
女子	二七二，一九六
合计	五四二，五〇四

又一九二四年外蒙曾设立统计委员会，调查每年人口及家畜的增减，历年的情形如下：

年度	人口	增加百分率
一九二四	五四六，〇〇八	
一九二五	六五一，七〇七	一九·二〔一九·三六〕
一九二六	六八三，九六一	四·九五
一九二七	六九八，七四三	二·一〔二·一六〕
一九二八	七一〇，五四八	一·六八〔一·六九〕
一九二九	七二八，五〇〇	二·五〔二·五三〕
一九三〇	七六〇，〇〇〇	四·三〔四·三二〕

不过这个数目不很可靠，六年间人口增加率几乎超过了百分之二十，此较法国的百分之一〇·一三，德国的〇·七九高出很远，似不能信。据苏联农业部派遣到外蒙的卫生调查队的报告，它的增加率至多不过〇·五，略较近理：

年代	死亡数	生产数	增加数	增加率
一九二五年	三，二〇三	四，一六八	九一五〔九六五〕	〇·一四
一九二六年	八，〇〇二	一一，四二二	三，四二二〔三，四二〇〕	〇·五

又性别的分配如下：

年代	男子	百分比	女子	百分比
一九二四年	二七七，八六三	五〇·八九〔五一·〇八〕	二六六，一四五	四九·一一〔四八·九二〕
一九二五年	三七一，九九四	五〇·七八〔五七·〇八〕	二七九，七一三	四六·二二〔四二·九二〕
一九二六年	三四五，〇四八	五〇·四五	三三八，九〇三	四九·五五
一九二七年	三五二，九八二	五〇·五二	三四五，七六一	四九·四八
一九二八年	三六〇，六四一	五〇·七六	三四九，九〇七	四九·二四

一九三〇年外蒙第六次国民大会曾决定于一九三一年一月六日起，实行的新经济行政区，改变原来的地方组织，共为十三部，其人口的分布情形如下：

部名	人口	面积（方粁）	每方粁平均人口数
1. 东部	七五，八〇〇	二〇二，九〇〇	〇·三六〔〇·三七〕
2. 肯特部	三六，八〇〇	七五，三〇〇	〇·四七〔〇·四九〕
3. 中央部	一一五，八〇〇	一四九，三〇〇	〇·七七〔〇·七八〕
4. 农业部	四一，九〇〇	六九，一〇〇	〇·六〇〔〇·六一〕
5. 科索哥部	六二，七〇〇	一〇七，二〇〇	〇·五八〔〇·五八〕
6. 前翰加部	八〇，六〇〇	一〇七，七〇〇	〇·七四〔〇·七五〕
7. 后翰加部	八三，二〇〇	五七，四〇〇	一·四四〔一·四五〕
8. 萨布宾部	五五，五〇〇	九五，二〇〇	〇·五八
9. 特伯尔杜部〔杜尔伯特部〕	四四，八〇〇	八四，一〇〇	〇·五三
10. 科布多部	四三，一〇〇	七七，九〇〇	〇·五五
11. 阿尔泰部	三九，九〇〇	二〇七，一〇〇	〇·一九
12. 南戈壁部	三九，四〇〇	一五五，四〇〇	〇·二四〔〇·二五〕
13. 北戈壁部	四〇，五〇〇	一六四，九〇〇	〇·二四〔〇·二五〕
合计	七六〇，〇〇〇	一，五五三，五〇〇	〇·四八〔〇·四九〕

（三）喇嘛

喇嘛在外蒙不独握宗教的大权，即文化与政治的大权，也在他们的掌握之中。苏联的势力侵入外蒙以后，首当其冲的便是这般喇嘛。一九二八年十月二十三日，第七次蒙古革命党大会，即决议限制喇嘛庙经济的自由发展，及没收反革命全部资产的政策，以为抵制。其后新的势力渐增，喇嘛的势力逐渐减少。历年来的人数约略如下：

年度	僧数	占人口百分比	占男子百分比
一九一七年	一一六，五七七	二一・四八	四一・九五
一九二四年	一一二，六七二	二〇・六三〔二〇・六四〕	四〇・五五
一九二五年	八六，六七一	一三・三九〔一三・三〇〕	二三・二九〔二三・三〇〕
一九二六年	九一，二六九	一三・三四	二六・四五
一九二七年	九二，三一〇	一三・二一	二六・一五
一九二八年	九四，八五七	一三・三五	二六・三〇
一九三〇年	一一〇，〇〇〇	一五・〇九〔一四・四七〕	——
一九三一年	九三，〇〇〇	——	——
一九三二年	八二，〇〇〇	——	——

（四）教育

蒙古人的文化程度当然较内地为低，但识字的程度却不比内地的人数少。这种好的现象之演成，大半是由于喇嘛读经的结果。

	识字者人数	占人口总数百分比
一九二六年	三〇，五七三	四・四七
一九二七年	二九，〇一五	四・一五
一九二八年	三四，一四八	四・八〇〔四・八一〕

（五）生产

蒙古的喇嘛本来是一种寄生阶级，一切的生活资源都是仰赖于平民，所以生产的人数最多也只能有一半，平均约占百分之四十上下。现在各国平均生产人数，约占全人口总额的百分之四十五，中国内地约占百分之二十五上下，可见蒙古人的劳动非常普遍。要不是这般寄生阶级的喇嘛坐享其成，在世界上很可算是一个全体的劳动集团了。

	男子	女子	合计	占全人口百分比
一九二六	一四九，五五三	一三四，八五七	二八四，四一〇	四一·〇八〔四一·五八〕
一九二七	一五四，七九七	一三八，〇七四	二九二，八七一	四一·九〇〔四一·九一〕
一九二八	一五七，六〇六	一三九，五六〇	二九二，一六六〔二九七，一六六〕	四一·八二

（六）物产

外蒙所产货物，以兽皮为最多，其他矿产虽也不少，现在却还没有充分的利用，只有煤一项稍得出土。

牛皮	三〇〇，〇〇〇枚
马皮	四五，〇〇〇枚
羊皮	二，五〇〇，〇〇〇枚
马毛	二五，〇〇〇捆
羊肠	五〇〇，〇〇〇个
兽脂	三，〇〇〇捆
羊毛	八八九，〇〇〇捆
骆驼毛	六〇，〇〇〇捆
粟〔栗〕鼠皮	三，〇〇〇张
其他皮类	二，〇〇〇张
煤	一三，〇〇〇吨

（七）贸易

外蒙输入的物品，以麦粉、稗、茶、烟草、织物、金属制品、药品、靴、文具等为大宗，输出物品以上项各种皮毛为主。每年贸易总额输出达一千五百万元以上，输入在二千六百万元左右，其中以对苏联的关系最为密切，约占总额的四分之三。一九二七年的情形如下：

1. 输出总数　二〇，〇〇〇，〇〇〇元

（1）中国本部　四，〇〇〇，〇〇〇

（2）外国　一六，〇〇〇，〇〇〇

①苏联　七，〇〇〇，〇〇〇

②美国　六，〇〇〇，〇〇〇

③德国　二，〇〇〇，〇〇〇

④日本　六〇〇，〇〇〇

⑤其他　四〇〇，〇〇〇

2. 输入总额　三〇，〇〇〇，〇〇〇

（1）中国本部　一〇，〇〇〇，〇〇〇

（2）外国　二〇，〇〇〇，〇〇〇

①苏联　一一，七〇〇，〇〇〇

②日本　六，〇〇〇，〇〇〇

③德国　一，五〇〇，〇〇〇

④美国　五〇〇，〇〇〇

⑤其他　三〇〇，〇〇〇

（八）畜牧

蒙古民族的生活完全仰给于家畜，他们的财产也多半以家畜的多少为标准。历年以前其数目约略如下：

年代	家畜总数	比一九二四年增加率	比上年增加率
一九二四年	一三，七七六，一一九	一〇〇	——
一九二五年	一六，四五〇，八九七	一一九	一九·四
一九二六年	一九，二二一，七二四	一三九〔一四〇〕	一六·八
一九二七年	二〇，一四一，八六五	一四六	四·七〔四·八〕
一九二八年	二一，四三五，四二九	一五五〔一五六〕	六·四
一九二九年	二一，九五〇，〇五一	一五九	二·四
一九三〇年	二四，五五二，七五〇	一七八	二·八〔一一·九〕
一九三一年	二五，二〇五，一三〇	一八二〔一八三〕	二·七
一九三二年	二六，〇六六，九四〇	一八九	三·四

　　上列数字，系根据外蒙自治政府附属的苏联财政部顾问事务所的调查，畜疫局的工作亦由苏联负担。从苏联的势力侵外入〔入外〕蒙之后，对于一般僧侣的财产限制极严，所以家畜的数目分配于平民的逐年俱增，贵族阶级的产业几乎是没有什么变动。

	平民所有数	僧侣所有数
一九二四年	一〇，〇六九，四五九	三，七〇六，六六〇
一九二五年	一三，八七一，六八四	二，五七九，二一三
一九二六年	一五，五八八，九五八	三，六三二，七六六
一九二七年	一六，四九一，五二一	三，六五〇，三四四
一九二八年	一七，八三七，三九四	三，五九八，〇三二
一九二九年	一八，六六三，九五一	三，二八六，一〇〇

　　在苏联指导之下的外蒙，由这一方面看来可以发现两个特点：即（一）家畜的数目逐年增加，一九二四年平均每人约有二五·二三头，到一九三〇年即增加到每人平均有三二·三〇头。（二）是平民阶级产财〔财产〕显明的增加，僧侣势力的迅速没落。

三

以上已将外蒙的大势及经济情形略述，社会组织和风俗习惯等因限于篇幅，不及备载，好在读者可由各种刊物上去参阅，并不十分困难。记者既认为外蒙和"满洲国"一样的已脱离我们，便必须将外蒙的近况加以说明，证实它和中国的关系，与"满洲国"相同。叙述近况之先，更不能不追记以往的历史。

（甲）第一次的独立

清初对于外蒙并不十分漠视，除了用宗教的羁縻手段以外，政治的作用亦颇着重。当时驻库伦者有办事大臣一人，总管蒙务；驻乌里雅苏台者有将军一人，统领军队；驻科布多有参赞一人，监督行政。道光以后，这般驻任的官吏渐渐的忘记了任务，只知贪婪枉法，那日形紊乱的蒙古内政，却一概置之不闻不问。中国政府对于这漠北荒凉的国土虽然不甚重视，但接邻的俄帝国确〔却〕异常的动心。俄帝国侵略中央亚细亚此时已逐步成功，于经营西伯利亚之余，即开始向南推进。它恃为唯一利器的，要算是联接京城而直达蒙边的西伯利亚大铁道，这条伟大的交通线，也就是它把握西伯利亚全境的动脉，为西伯利亚的安全计，它更非伸入外蒙作一个缓冲的地带不可。俄帝国既已如此存心，第一步它便找着了为蒙古势力中心的活佛，不惜用种种利诱的手段暗中勾结，以遂其野心。到宣统三年，革命军起清政府倾覆时，它的布置也已成熟，外蒙独立的一幕便乘机展开了。

当时外蒙所发表的宣言是："今日中国各省已脱离清政府而独立，蒙古为保全土地与宗教计，也不得不宣布独立，以期安全。"于是哲布尊丹巴呼图克图（活佛）由四盟王公的推戴，于十月十九日即蒙古独立国皇帝之位。驻库伦的清政府办事大臣三多，立被驱逐出境。这事从七月起即在酝酿，由哲布尊丹巴活佛出面召集库伦的王公和喇嘛等集议，讨论建国的办法。八月十八日再开王公代表大会，决定脱离中国与独立宣言的内容。当时本想联络内蒙一致行动，独立成功后却还未实现。

俄帝国怂恿外蒙脱离中国的挑拨手段既已成功，进一步就是诱惑外蒙和它私订密约，以便完全征服。这个商约的内容（民国元年十月）丧权极多，其大略为：（一）俄国在外蒙所经营的一切事业，皆可免税（第一、第二条）。（二）俄国得自由在外蒙商租土地及划定贸易范围（第六、第九条）。（三）外蒙农林、商矿、交通大权均受俄国支配（第十、第十一、第十二、第十三各条）。在这十七条商约之外，其他还有两项极重要的协定，即（一）中国军队不许开入蒙境；（二）蒙古政府非经俄国政府的允许，不得与中国或他国订立有背《俄蒙协定》的新约。

噩耗传入内地，一时舆论大哗。北京政府外交部立照会驻华的俄国公使，并电驻俄公使刘镜人向俄国政府抗议，声明"蒙古为中国原来的领土，无与他国缔结条约之权。蒙俄间所缔结的一切条约，中国政府均不承认"。时陆征祥继梁如浩为外交部长，即与俄国直接谈判外蒙问题，并议定六项条约，但被参议院否决，陆征祥大愤辞职，孙宝琦继任，于民国二年十一月五日缔结《中俄声明文件》五项及附件四项。

声明文件五项：

1. 俄国承认中国在蒙古之宗主权。

2. 中国承认外蒙之自治权。

3. 中国允不干涉外蒙内政，不派驻兵，不殖民；但可任命大员偕同属员及卫队驻扎库伦，并得派专员赴蒙保护中国人民。

蒙古有解决一切工商业问题的自由权，中国不得加以干涉。

4. 中国声明承受俄国调处，依上大纲及《俄蒙商约》，明定中国与外蒙之关系。

5. 凡关于中国及俄国在外蒙之利益，及各该处因现势发生之各问题均另行商订。

附件四项：

1. 俄国承认外蒙为中国领土之一部分。

2. 外蒙政治上及领土之问题，须由中俄两国政府及外蒙官吏之参加共同协商。

3. 依声明第五条之规定，即由关系三方指定地点，各派代表会议。

4. 外蒙自治之领域，以库伦办事大臣、乌里雅苏台将军及科布多参赞所原来管辖之地为境，其详细界限应在声明第五条所决定之会议内解决之。

此后外蒙即获得自治权，中国所得者只是一个空洞的宗主权，但为宗主权基础的派员、驻兵、殖民三事，中国却一件不能实行，实际上外蒙完全是属于俄国的了。

北京的会议结束，于是中、俄、蒙三方的代表即于民国三年九月，再开会于恰克图，至四年五月结束，缔结三方协定，实行中俄所订的大纲。其内容要点为：（一）外蒙取消独立，承认中国为宗主国。（二）中国承认外蒙自治。（三）外蒙之古〔古之〕博克多哲布尊丹巴呼图克图汗名号保存，并受民国大总统册封。（四）外蒙无与各国订定有关政治及土地关系条约之权，惟许可与各外国订立关于自治外蒙工商事宜之国际条约及协定。

外蒙的独立既已取消，四年六月政府即特派陈箓为都护使，陈毅为副都护使，监视外蒙自治。五年，外蒙也入京呈奉贡品，七月政府又册封活佛。六年四月陈毅继任都护使，八年十月徐树铮任西北筹边使，于是外蒙的自治即被取消。

（乙）　自治的撤销

外蒙受俄国的牢笼独立之后，渐渐的才感觉到了俄人的真心不善，和种种难堪的压迫。民国六年俄国革命发生，外蒙人民更觉俄国之不足恃，加以民国九年后俄旧党谢米诺夫失败入蒙，愈使地方扰乱不堪。于是活佛乃召集全蒙王公会议，讨论善后办法，大多主张撤回自治归政中央。活佛为顺人心计，乃于民国八年十一月十七日，向大总统徐世昌请愿，详诉被俄人压迫之苦。十一月二十二日，徐世昌以大总统名义受理请愿，即特派徐树铮为册封特使，李垣为副使赴蒙，册封活佛为翊善辅仁博克多哲布尊丹巴呼图克图汗。不久又任命徐树铮为西北筹边使，督办一切外蒙善后事宜。

徐树铮受命之后，即在库伦组织公署，命李垣代行，自己却住在北京遥领。不久安福系倒台，徐树铮逃走，九年八月乃改任陈毅为西北筹边使，并兼库乌科唐镇抚使，驻库伦，管理外蒙军民两政。镇抚公署的组织如下：

秘书长兼总务厅厅长

参谋长兼军务厅厅长

内务司司长

交涉司司长

财政司司长

库伦参赞二人

乌里雅苏台正副参赞二人

科布多副参赞一人

唐努乌果〔梁〕海正副参赞二人

恰克图正副民政员二人

四

（丙）第二次独立

外蒙自治撤回之后不久，又发生了第二次的独立运动。第一次的独立完全是一般外蒙贵族受俄人的诱惑而起的，第二次的独立却多半由蒙民直接发动，它的口号也一变为"民族自决"了。

徐树铮做西北筹边使的时代，对于外蒙王公事事压迫，专横已极，很久就引起了贵族们的反感。其次他所统率的边防军四混成旅，并未开入外蒙，完全留在京畿一带防御直系吴佩孚等的势力北侵，真在外蒙驻防的只有褚少〔其〕祥的一旅和高在田的一团，当俄国革命边境多事之秋，这单薄的兵力当然不足维持治安，加以俄国旧党谢米诺夫与恩琴等又尽力的挑拨怂恿，第二次的独立便再发生。

民国十年二月四日，在恩琴领导之下的外蒙人民即陷库伦，重拥活佛再登帝位，二次宣布独立。中国驻军本来单弱，不久恰克图、叨林、乌得、科布多诸地俱失。不过旧党所主持的蒙古政府，却不能满足一般青年及平民的欲望，于是在恰克图另组"蒙古国民党"，建设平民的政府，先成立于唐努乌梁海，反对旧党的专制政府。新派因有苏联的援助，很迅利的便将旧政府打倒，统一全蒙，但仍拥活佛为君，其组织如下：

国务总院，国务总理一人。

内务、陆军、财政、司法、外交五部，各部部长一人，另聘用苏联顾问一人，凡命令、指令均须得其同意。

其他直属机关：

（一）蒙古国民党中央委员会。

（二）蒙古青年党中央委员会（国民党分出，详下）。

（三）学术馆。

（四）国民合作公司中央委〈员〉会。

（五）国民合作公司中央审查会。

当时的政权在蒙人方面还多半操之于旧日的贵族与喇嘛等，所以尚未完全接受苏联的指挥。成立之初，即颁布了四条为苏联所极不满意的宣言，其内容大致为：

（一）蒙古以铲除封建制度为目的，并颁布新法律，规定全国人民不分阶级，一律有服兵役及服裁判的义务。

（二）规定纳税制度，凡人民不分阶级一律有负担租税的义务。

（三）废除奴隶制度。

（四）活佛为立宪君主制之元首，但尽力扩张民权，活佛无批驳权，政权属于国民会议。

这个宣言在蒙人的立场说来，已经是彻底的解放了，但那满怀侵略野心的苏联，却大不以为然。不久它便用强迫的方法威胁蒙古政府，加入下列七项：

（一）外蒙之森林、土地、矿产皆归国营。

（二）外蒙之公共土地，一律分配于贫苦劳动者。

（三）外蒙之天然富源，不得变为私有财产。

（四）外蒙矿产得与苏俄劳动者共同开发。

（五）外蒙金矿让与苏俄工会，并由其管理。

（六）外蒙之土地分配办法，以苏俄之原则为标准。

（七）除专利事业或独占事业以外，日用品之制造权得自由保留。

（丁）苏联的积极侵略

苏联的"赤化"外蒙此时也可算得相当的成功，但它仍不以为满足，定要达到它绝对支配的目的。它很明白所谓蒙古国民党的成员，多半是一般贵族、喇嘛等资产阶级的分子，有十二分右倾的危险，不利于它。在国民党成立的六个月后（民国十年八月），便联络国民党急进分子另组蒙古青年革命党，由苏联派人直接主持。青年党的党员限定不得超过三十九岁，并遣其往莫斯科留学，以便回来活动。最初青年党是属于国民党内的一个小组，其实即是苏联用以防制右倾的一个核心组织。全党党员当时只十三人，到一九二五年即增加到五千人以上了。

青年党成立以后，便开始和右派作种种的斗争，上述新加的七条即其成立后一个多月内（民国十年十月五日）的成绩。事前右派领首〔首领〕本极拒绝，无奈青年党有赤军为其背景，大可强制国民党承认，并用直接的手段将右派领袖巴图鲁、彭次克图尔第、多尔吉、陶克脱呼、丹藏等当作反革命枪毙了，从此青年党即占绝对的优势。据一九二四年的调查，平民占百分之八十八，贵族百分之四，喇嘛百分之八，其后一九二五年再清党一次，全部均属平民。

青年党胜利成功之后，乃于次年（民国十一年七月）开第一次大会发表声明，谓"蒙古青年党，决非共产党，但与指导世界革命的中央机关——第三国际共同行动"，这不啻是一个自供。于是外蒙政府内的要员，除少数的中立派和亲日派之外，大都操于亲苏派之手。

〇国务总理　泰宁多尔吉

副总理　　　贡噶尔（中立）

〇陆军部长　哈腾巴图尔玉麻苏多布

〇外交部长　格里尔脱布

内务部长　　　梯米特尔格奈尔根廷（中立）

财政部长　　　额尔屯格里尔（中立派领袖）

○农商部长——（苏联人）

○教育部长　　布特根（？）

司法部长　　　宗特布（中立）

○参谋长兼中央军事委员长　素威布尔桑

国民保安部长　那尼如脱布（中立）

○中央执行委员会主席　有色特尔斯（领袖）

○国民会议议长　干屯

国民党主席　雅明唐腾（亲日）

注：有○记号者即青年党党员，亲苏派。

　　外蒙有了这样一个左倾的政府，苏联的一切侵略计划自然都能按步的实现，于是乃有民国十二年二月二十日的《苏蒙密约》第二次出现。按这个密约的内容，几乎将所有的权利完全送尽，其大略如左：

　　（一）蒙古政府应宣布将一切森林、矿产、土地收归国有，凡公有土地即分配于蒙古贫民及苏联农民居住。

　　（二）全蒙天然资源不得私有，一切矿区均许苏联实业家及蒙人之使用开采。

　　（三）全蒙矿业由苏联工团及工会承办。

　　（四）废止外蒙贵族所享有之土地权，代以苏维埃之财产制度。

　　（五）外蒙政府应多聘苏联实业家开发富源，振兴工业。

　　（六）外蒙古政府应延请苏联工会参加劳动制度的创设事项，以期完成工人的保护。

　　（七）外蒙政府应尽量延聘各种苏联顾问，任指导之责。

　　（八）外蒙政府一切职权由国民政府行政部施行，并须设立革命委员会及军事委员会，及召集议会制定宪法。

（九）苏联军队得驻扎外蒙，以便协助蒙人保护领土，防御中国之侵略。

（十）活佛及王公等官职一律废除，活佛改任革命委员会委员长。

到了这个阶段，苏联的侵略初衷已经完全成功，它为笼络蒙人的传统心理计，对于活佛尤甚尊崇。民国十三年活佛死掉之后，乃改为民主共和国，不另设大总统，元首由国民会议选举。

（戊）有名无实的《中苏协定》

外蒙完全被苏联攫去之后，我们那半生半死的北京政府究竟敌不过舆论的督促，也勉强的开了一次中苏会议。这时已是民国十三年，华方代表为王正廷，苏方代表为加拉罕，三月十四日即议定《中苏协定》十五条。其中重要的地方为"外蒙为完全民国之一部，苏联应尊重在该领土内中国之主权"，又附带声明："苏联政府在外蒙军队，尽行撤退。"条文虽然如此，事实并未变化，仍旧是受苏联的绝对支配。

这个协定内的第四条本是："前帝俄政府与第三者（指外蒙）所订条约均属无效。"当时外交部长顾维钧认为颇有语病，即帝俄政府已经消灭，原文不能包括苏联的一切行为。于是再与加拉罕谈判，五月十一日另发表声明书，谓："苏联自帝政时代以来，所有与第三者（指外蒙）订立之一切条约，无论现在及将来均属无效。"这种改正当然是必要的，只可惜政府无力，不得实行。

五

在苏联绝对支配之下的外蒙，民国十三年十一月成立不久的蒙古共和国，即在库伦召集正式国会，由喀尔喀四部及科布多代表共九十余人，制定了一部满含着苏维埃色彩的新宪法。全文如下：

（甲）关于劳动权利之部

第一条　蒙古为完全独立之民主共和国，主权属于全体劳动人民。

第二条　蒙古共和国之目的在废除封建的神权制度，巩固民主共和政体之基础。

第三条　蒙古共和国内之土地、矿产、山林、湖沼及其他一切天然资源，均不得归于私有。

第四条　蒙古政府一律废弃在一九二一年革命以前所有与各外国缔结之协约及外债之义务。

第五条　蒙古国民为保持政权，组织新蒙古革命军，并实行武装国民政策，及施行对一般青年之军事教育。

第六条　宗教寺院今后与国家脱离关系，但人民有信教自由之权利。

第七条　蒙古共和国尊重人民之言论自由权，并组织出版事业以启发民智。

第八条　蒙古共和国尊重人民之集会自由权，并供给各种人民团体之适当场所。

第九条　蒙古共和国人民有结社自由权，并对贫苦劳动国民积极援助。

第十条　蒙古共和国之寒贫子弟得受义务教育。

第十一条　蒙古共和国境内居住者，不论民族、宗教、性别有所差异，均属一律平等。

第十二条　过去王公、贵族等名称一律取消，活佛及西比尔干等所有权亦同时废止。

第十三条　世界各国之劳苦民族均应努力覆灭资本主义及

实行共产主义，蒙古共和国有鉴于时势之趋向，故对外政策即期于达到与各被压迫弱小民族，及全世界革命的劳苦民族，采取一致行动之目的。

附则　蒙古共和国因时势之要求，对非持资本〔社会〕主义之各国家，亦可与之发生亲交之关系，但以不危及共和国之主权与独立者为限。

（乙）关于军事之部

第一条　现行之陆军编制与组织法为永久法。

第二条　政府对各军应特别注重文化、政治之教育。

第三条　废除以军队护卫关税之任务，另组征收事务管理巡役代之，其政治的与军事的训练由各军事长官任之。

第四条　改良国民革命军军官家属扶助规程。

第五条　军事会议统一陆军指挥权。

由这个宪法看来，所谓蒙古共和国，不啻即是苏维埃联邦中的许多共和国之一，原文甲部第十三条及青年党的政策中更满含着"赤化"的色彩。蒙古国民革命党改为蒙古国民党以来，赤色的势力即已满布，民国十一年枪杀国务总理巴图鲁、内务总长彭次克图尔第，与司法总长陶克脱呼之后，到民国十四年新政府之成立，旧派分子即无余留。在青年党之中，主干的人物大多系留苏归来的青年，所以一切的组织完全与苏联极似。如最高权力机关为大国民会议，其闭会期间则有小国民会议。更有干部为其核心，这些议员全由十八岁以上的劳动者与兵士选举与当选，若是商人与贵族、喇嘛等，则无选举权与被选举权。尤其惹人注目的是库伦之改名为"赤色英雄的都市"（Ulan Bator Hot）和赤色的国旗。

六

民国十八年七月，中苏问题发生之后，苏联对于外蒙的侵略更加强了一步。此时以前，它的侵略行为还只求在暗中支配，对于中国犹极力敷衍，十八年后却公开的放肆起来。如：〔（甲）〕对于华商的压迫，就是最明显的一事，其详情可举下列四事为证：

第一，中东问题发生以来，在库伦的各政府机关，即由苏联派人主持，并擅改一切制度，完全遵照苏维埃的办法，甚至连度量衡都用苏制。赤军入境之后，张库间的交通即被截断，电讯亦被把持，外蒙古与中国的交通便完全断绝。对于侨蒙的华商立即不许出境，并任意没收财产与拘押人民。

第二，苏联政府与人民均极仇视华商，并特组蒙苏协和贸易公司及苏联贸易公司，专与华商为难，一时华商几至绝迹。以后凡华商赴蒙，必要领所谓一年一换的护照，并规定以旧曾侨蒙者为限。其他捐税之重、手续之繁、待遇之苛、留难之甚，限制之严、压迫之惨，在在使华商无法生存。

第三，苏联为支配外蒙经济权计，特与外蒙政府合组苏蒙银行，发行不兑换纸币，禁用现金，并以强制的手段提高纸币价格。凡华商入境须一律携带现金，但出境时却绝对禁止。华商在这种情形之下，既无利润而反须赔本，自然的便会绝迹。

第四，不但是商人的苦痛如此，即凡住在蒙境的华人，也受尽了它的压迫。比如各种捐税对华人独重，苏人只须百分之一，蒙人及各外国人只须百分之五的，华人则须百分之二十。

走头〔投〕无路的中国商人，政府是从来不会尽一些保护之力的，他们便只有在赤色的高压之下惨绝了。苏联的这个目的达到，它再进一步即是开发外蒙的富源，在"第二五年计划"之内外蒙是和西伯利亚同被称为远东区的，或许经济的意义上更比西伯利亚重要些。

在"第二五年计划"之中，关于外蒙的经济设施很多，一时因查不到全文，仅就手头所有的材料，先提出几处要点来说说：

（一）凡加以〔入〕集团农场的成员，政府即免其食品税三年以上。

（二）外蒙劳动者一律增加工资。

（三）加入赤军之蒙人增加百分之五十粮饷。

（四）外蒙人民所必需之生活品一律免税输入。

和这种侵略政策遥遥相对的中国政府，民国十九年召集的蒙古会议也颁布了一个《解放奴隶办法》，不过此时的外蒙奴隶已经被别人解决很久了。而且这洋洋十一条的法规只能摆在蒙藏委员会里面作档案保存，它自己永久不会飞到外蒙去发生效力，即去也似嫌太迟了。

日本人批评得好，中国的边疆问题为什么不能解决，是因为：（一）毫无力量的南京政府；（二）百事不管的蒙藏委员会；（三）无恶不作的边疆官吏。

在枪炮声中断送的东四省，中国人的耳膜上都似乎有些感觉，心理上也起了一点变化，至少已知道东北如今不是我们的了。如像外蒙便很难清楚，因为它是被我们自己"遗忘"的啊。

"遗忘"，比一切割让、占领、独立而失去的土地更觉可耻、可怜、可恨。但现在以及最近将来的现象还是：（一）毫无力量的〈南〉京政府；（二）百事不管的蒙藏委员会；（三）无恶不作的边疆官吏，替我们办理，解决边疆问题，这只有送尽边疆而后已。

我们记得东北已被人抢走，同时也须记得外蒙已被人偷去，更要记得青海、西藏、新疆以及云南、内蒙等处都正在人家的掌握之中，不久就会抢走或偷去。

三百年来，我们不知不觉已送掉了三千五百万方里的国土，已经比现在的全境还要广大，结果只剩一个"九一八"的纪念，一个"金树仁"受了惩罚。

《三民主义月刊》
广州三民主义月刊社
1935 年 5 卷 5 期
（李红权　整理）

绥远尚欠太原数十万

叔普　撰

顷阅本月于十八日《绥远民国日报》第三版，内载新任财政厅长李居义氏谈话一则，得悉绥远曾向太原借款数十万元，迄今尚未偿还。担保为何？利率若干？债务迟延，应负之约定责任如何？谈话未加表明，吾人欲知而不可得也。且统称太原借款。太原之私人耶？抑太原当局耶？依常识推断，以公家名义，向私人借款，实所罕睹，况向他省之私人，从未有闻也，其为太原当局，殆毋庸疑。若然，则吾人不能无言也。

年来绥远月供太原军政费二十六万，加以禁烟稽查处之收款，每月几达百万，事成例案，从无稍易。绥远民众，早默认为应尽之义务，已不感觉丝毫歧异矣。更就政治关系而言，晋、绥名虽两省，实则形同一体，不能以省与省之正常关系相言，太原当局，统晋亦统绥也。简言〈之〉，太原为绥远之直接上级，而中央不过为绥远之间接上级耳。绥远之一切政治设施，均以太原之马首是瞻，尤于财政方面，因晋绥财政整理处之设立，早失其单一性质，两省已成混同局势。绥省虽有偏苦隐痛，局外人视之，不免发生奇异之感，而绥民对此，则习以为常，更解释有词，尝谓晋、绥土地相连，民俗互同，天然之接近机能颇多，两省政治，溶会为一，乃事所必至，理有固然者也；绥远文化晚开，百事落后，受晋方扶植，居于被治地位，负担无限制、无量数之义务，实为方今弱者应受之通常待遇，毫无足异也。晋、绥关系，既以上述，依常理而论，财政权已无彼此之可分。绥省虽月供数十万乃至百万，为其当然之义务；然偶有所需，由晋方补助若干，亦为义务者培植其偿付能力，应有之权利也。然今竟以向太原借款数十万闻之矣，吾人绞脑枯思，大惑不解，岂进款则晋、绥不分，支款则绥远除外耶？不特止此，因此一事，使吾人对于晋、绥关系，不能不根本发生怀疑，谓之为两省间之通常关系，则财政权各有界限，不能淆混。绥远向太原借款，姑无论事实上能否有此，但其应负债务名义，则事理之当然者也。然则，绥远年来供给太原当局军政各款，亦为借款乎？设今〔令〕非虚，则绥省之地位，诚不为低矣，能与晋方为对等地位，而拥有独立之人格存在，且为晋方之唯一债权人，不能不庆三生有幸。实则大谬不然。贤明当局，固不如此看待，亦不愿如此看待，吾人更知自量，雅不欲好高骛远，故高绥远身价，与晋相比，绥以从属地位自居，以求符合于实际也，是以绥远民众，减衣缩食，敬谨纳贡，虽至饥寒交迫，穷无立锥，甘心服从，屈颜示欢，毫无怨色表示；太原拨款数十万，只能谓之恩助，决不敢以借名之。盖绥远原非独立之人格者，不能为法律上之权利主体，进而与他人为法律行为，订立借贷契约也。况太原当局，在形式上、实质上，又为绥远之太上主人乎？考之社会进化，奴隶社会时代之奴隶，在法律上，居于物之地位，而无法律上之人格，决不能与奴隶所有者成立借贷契约，史实俱在，有目共睹。以绥远今日之地位而论，与奴隶颇相近似，能与太原发生借贷关系，宁非咄咄怪事。或谓如此设喻，未免比拟不伦，然非此将无以说明，殆事实胜于雄辩，有不容吾人讳言者也。由是以观，绥省向太原借款，不能认为晋、绥为通常两省间关系之事实表现也明矣。然则，出于太原当局一时之疏忽，率而以借名之乎？以历来事实昭示吾人者，此种推断，绝非正确。盖太原当局，以谨慎闻于世，虽纤芥细事，必详加考虑，求其至当，失出失入，从所未闻，因数十万借款，遂使晋、绥立于平等关系，自损其地位之尊严，如此推量，未免抹煞聪明也。且全国各省，向中央请求补助，日有所闻，而未见作为借款，记入帐簿，因中央为省之上级，有发展各省，予以助力之责任也。太原当局，既为绥之直接上级，其与绥远关系，较之各省与中央尤为密切，绥远财政支出，予以补助，事至平凡，理至正当，时无论古今，地无论中外，殊难觅其例外，而认为不合常情也，太原当局，对此早在洞鉴之中，毋俟吾人烦赘。然而区区数十万元，竟以借款闻之矣。此且不言，绥远群众，血汗所得，大部供解太原，何啻百倍此数，拨助数十万元，本于恻隐之心，亦似不应以债务责任加诸绥民。情虽近乎乞怜，事实存有公理，若谓太原当局未见及此，吾不信也。是则借款之说，必更有其理由。然其理由，究安在乎？抑太原当局权利心重于他人，仅着眼于支出金钱，即应取得债权，而忘却权利应伴随义务耶？绥远若大进款，按时解送太原，其尾数若干，亦必如数家珍，不论如何健忘，不能去之脑后，而仅念念不忘于数十万元也。吾人推敲至此，脑汁绞尽，不能再作进一步之析求矣，不若追本返源，否认有此事实之存在，反觉万事皆休，哀〔衷〕心痛快。其奈煌煌谈话，载在报纸，稍一寓目，即见有"曾向太原借款数十万元，至今未还"十数字，历历可数，非常显明，试问是认之耶？否认之耶？使人装聋作哑而不得。然"借款"一词，根据何种理由而来，使孔孟复生，恐亦难道其奥窍，求之贤明当局胸中，或可豁然冰释，是说明之责，吾人所不负也。

抑又有言者，不论公私财政，以量入为出为最大之原则，收入减少，而应缩小开支，以期相符。绥远财政实况，虽不敢遽云收支适合，但自信不至相差过甚，维持现状，尚不十分困难也，纵偶有急需，尽可别求挹注之方，不必再向太原借款，使绥民负担债务人之名义，贻羞子孙也。如果本身经济力量，除履行纳贡义务外，不足以支持局面，则可呈请中央或太原，归并于他省，亦不失为不得已中之善后办法，质之高明，以为然乎？

　　　　　　　　　　　　　　　　　　十二月二十三日于中院

　　　　　　　　　　《绥远旅平学会学刊》（月刊）

　　　　　　　　　　北平绥远旅平同学会

　　　　　　　　　　1935 年 6 卷 1 期

　　　　　　　　　　（李红权　整理）

蒙旗的纠纷与中央的筹边

孟方　撰

在杌陧不安局面下的我国，一个小小的事情发生，措置不善，立即有牵一发动全身的倾向。我当局为应付内外环境于万全计，对这次蒙旗的纠纷，不可不万分考虑，尤其是对内蒙政策，要有一个活动的机构，再不可陷于从前颟顸的态度。因为今日的内蒙，大非廿三年前之比，任何一个政论家都见得很明了，引为最担心的一件事体了。即使内蒙宁静无事，外受国际怒涛的冲激，时时有动荡覆没的可虞。在国际风云紧张下前进的政治帆船，全靠把柁这个能手。

不论什么严重事件，在爆发当时，有人认为束手无策，有人还说干得通，及至事机弄成全个僵局，过去的事实，由时间展开，内幕渐渐显明，这个事件已宣告终止，干无可干。试一分析过去，总觉得措置的失当，其中还有相当的对策，这个对策，还可解决过去的现实，施行起来，虽不保无些变动，但总不出这个对策范围。转瞬失去的机会固有，而趑趄不前失去的尤多。统观我国以前对内外蒙有良好裕余的时光以为处理，因循过去，眼见几页外交史上失败的残痕，使人抚卷太息，不无追溯以前政策的错误。

以汉、满、蒙、回、藏结合而成之中华民国，幅员广大，人口繁庶，得有立国最优厚的条件，稍有一个比较贤明的政策，在建国二十余年以来，虽不跻于繁荣，亦可维系不坠。无如军阀割据捣乱，官僚纵横捭阖，将大好的现成局面，打为几块，以饱他的私欲。什么政策，都等于画饼，还能谈到筹边这一个根本大计吗？以前军阀政府对于蒙、藏，纯然放弃，实无所谓政策，对蒙、藏，亦未曾尽过一分政治投资，只望边疆宁静无事，引为满足，视蒙、藏、新的区域，为其外廓。此种传统的思想、敷衍的态度，实在在有发生危险的可能，却忘记国家结成的因素，在于五族人民利害共同之下了。

我们所见得到的军阀所谓筹边政策，在一时期中为徐树铮之经略外蒙，可是徐氏之筹边对外，别有政治的企图，一切设施，为对内战争之准备，反加长蒙人的憎恶。又，西藏达赖与班禅的龃龉，迄无调和的方法，坐视英人政治、经济的侵略范围扩大，这种事体的症结，全因内部政治的复杂，有难言的苦衷，但是一味放弃，得过且过，比观望的政策，其意识还低下一等。什么树立具体的筹边政策，在冥冥不可摸捉之中。

我国边事吃紧，与日加重，外蒙的独立已告一个段落，尤其是自九一八的东北事变以来，大有急转直下的趋势。内蒙介乎外蒙、东北挟持当中，在地理上包含的意义非常严重，加以外缘民族、政治的吸引，尤为加重危险的程度。试披开舆图一看，我国的军事交通枢纽，由腹部移置于华北的平津了。能保障华北局面的稳固，则今日内蒙，为一道屏藩，不必问华北的安危，总可一瞻内蒙什么情形，却思拟到华北局面的变化。这不是一个武断的见解，我以为内蒙的环境所包含意味总是如此。

过去最可忧虑的东北事件严重的时候，某国派员潜入内蒙，施以什么扶助自治、建设蒙古帝国、恢复成吉思汗旧业种种煽动，适其时内蒙王公，忽有电请中央要求内蒙自治的方案。这不是一件很可担心的事吗？幸而中央急派黄季宽氏入蒙，召集内蒙王公会议于百灵庙，一幕的内蒙自治方案得以解决。我们的意见，在国难方殷的时候，地方发生什么事件，摇荡中央政策的不安，这是极不幸的现象。这次内蒙的纠纷，在平宁的环境，本是一个微末事件，不用忧虑，今日内忧外患交煎不已，星星之火，随时可闯燎原的大祸，又何况蒙旗的政情轧轹、处置不善，由个人意气的争执，互相牵引，不难扩大为一个政争恶果。

据电报所载："蒙旗争哄的原因，实缘于蒙政会在乌盟西公旗地设卡，任命该旗协理额勒和多济的儿子曼头，为哈德门沟征收局长。不料他与扎萨克石布拉多尔济感情不洽，发生正面冲突。而要求撤换曼头的呼声，乃随着石王反对的空气而展开，各走极端，演至武装的对立。蒙政会一面调回曼头加以看管，一面传讯石王，可是石王不肯就范，蒙政会遂下令免西公旗石王职，由是，西公旗纠纷发生。乌兰察布、〈伊〉克绍两盟各旗扎萨克，联电中央，请求纠正蒙政会的命令，以维护王公制度。而蒙政会亦电中央，明令免石王职，维持政治的威信。"过去的事实，大略如此。关于这事件的是非曲直，以及促成目前严重局面的责任，此是另一问题，我们形格势禁，可置不论。但是感觉蒙旗此次的纠纷，夹杂私人的恶感与利益为冲激的动力，在政治场合中表演出来，很是可虑。小的来看，可发生内部意外的冲突；从大的来看，直关联于整个国家的统一。

现在，中央已迭派大员，赴蒙彻查这事件的实况，解决的机窍，自然待调查报告后，中央才有一个解决的办法。但派员调查，固为一种固定的政治手续，为处置未然扩大的事件计，中央亦应早确定一个推进内蒙政治的大计，作一大宗政治投资，决心干去。当前的筹边，却比剿匪一样的急迫，即使格于种种形势，最低限度亦能减去蒙旗的纠纷，不致引起外来事件的发生。

此次中央解决蒙旗纠纷的最高方针，须立在公平的原则，持着庄严的法纪，方才能运用最高的权力，以为彻底的解决。在蒙旗的诸王公，须打除恶劣的政治斗争心理，审虑到当前环境的危险，实有互相维系、守望相助的必要。鸡虫之争，是最痛心，最愚蠢不过的。

我国〔们〕对蒙旗纠纷根本解决的意见，综合是：一、派遣蒙旗王公所最信仰、最尊重的大员，前往彻查，并负就地处理纠纷的责任。二、中央根据报告，作一个彻几〔底〕解决纠纷的处置。三、中央速筹划一个具体而有机括的边防政策，按步实施。四、派一有蒙政经验大员，常川驻蒙，指导蒙政委员会的工作。

《汗血月刊》
上海汗血书店
1935 年 6 卷 2 期
（朱宪　整理）

内蒙内哄之危机

近日报纸纷纷记载内蒙西公旗云、石两王之内哄纠纷，因而引起国人对于蒙古之注意。我国一般人对于蒙古之概念，最为薄弱，一向只知其为一片沙漠，一些游牧民族，此外即了无所知。而不知今日蒙古已成为远东问题之中心，蒙古已成为日俄两方之抢夺物，而且已注定为未来日俄战争之大战场。所以以蒙古今日处境之危，而乃有内哄出现，则其事态之严重，实令人不寒而栗。今且将蒙古之实际情况略述于下。

一　蒙古的现状

蒙古是中国北部的屏蔽，以瀚海大沙漠为界，分为内外蒙古。瀚海之北为外蒙古，瀚海之南为内蒙古。内蒙古则已编为热河、察哈尔、绥远等行省，已成为中国本部行省，但外蒙古则依旧分为喀尔喀、科布多、唐努乌梁海三区，自为苏俄煽动以来，对我坚持独立之态，且其间曾经不少纷攘。

当辛亥革命起事之际，哲布宁〔尊〕丹巴呼图克图即乘机宣布独立，并发表宣言，声称蒙古为保护土地、宗教起见，立应宣布独立，旋即自称为独立国皇帝。是时，旧俄帝国即乘机与外蒙签订密约，而成功今日俄国对蒙古在经济上、政治上、文化上以及军事上之统治基础。但于民国元年以迄四年，中、俄、蒙屡开协商会议，并最后亦有所谓协约成立，外蒙古在表面仍为中国领土之一部，因之其独立乃得取消。后徐树铮任西北筹边使，欲以武力迫胁外蒙取消自治，外蒙乃顿呈险恶之现象。

不图徐树铮乃一败涂地，外蒙遂乘时再起，秘密独立，并与俄将谢米诺夫相结纳。此事系起于民国九年八月，该时，镇守使陈毅奋力与俄党、蒙党相周旋，双方相持直至十年三月，城中粮食告罄，陈镇守使乃不得已率部向满洲里退却，恰克图因以失守。至是中国在外蒙之势力遂消灭竟〔净〕尽。

是年二月，俄白党占据库伦，其首领恩勤于三月廿一日，拥活佛重登帝位，并宣布独立，是为外蒙之第二次独立。

活佛哲布尊丹巴第六世，在外蒙之势力至为膨大，因人民热心信仰之也。乃不图于十三年圆寂；而白党恩勤之部队遂为俄国赤卫军所击败，离蒙逸去。于是外蒙遂成为赤俄之囊中物，虽曰蒙古共和国，实际上乃苏维埃联邦中之一邦也。故蒙古中之外蒙早已非我所有矣。至于内蒙现状如何，今亦详叙于下。

内蒙之版图系西起于青海，东达呼伦贝尔，绵延约万里。共辖百余旗，人口约有二百五十余万，全赖牧畜为生。

自九一八事变后，日人手制"满洲国"，并继续派兵煽动东部蒙古，以期完成其一贯之满蒙政策。遂依地理之情势将东蒙划为数省，兹将其兴安南、北、东、中各分省概况略述于下：

（一）东分省以布特哈旗为中心，该地为黑省要埠，日方为求事实上便利计，即派布特哈王鄂伦春为省长。

（二）北分省地当海拉尔，且为东北蒙古重心，乃由日本派呼伦贝尔都统贵福之长子林陞为省长。

（三）南分省系以哲里木盟之中部为范围。

（四）中分省，即将热河以及西喇木伦河以北地带（桌〔卓〕

索图盟）划为中分省。

日本得寸进尺，其野心并不以此为满足，故于划定四分省后，复令"满洲国"将内蒙盟旗原组织变更，以西喇木伦河流域为界，将河之北昭盟十三旗中之六旗划为兴安西省，成功所谓兴安五分省。但因昭盟六旗以及卓盟七旗一致反对此项分划政策之实施，故"满洲国"暂将其划为蒙离居区，以为缓和之步趋也。

总观以上所述，蒙古之外蒙已早成为苏维埃联邦中之一邦，而内蒙中之东部亦已为日本所攫取，故今日之蒙古，为我所有者不过察哈尔、绥远以及附近各盟旗而已。偌大之蒙古已为他人所蚕食待〔殆〕尽，而我国人犹对之漠不关心，可不悲乎！不仅此也，而不幸于今日千钧一发之际，乃有内哄出现，强邻窥视其侧，行将见蒙古完全为他人所吞食，若如是则中国北部屏藩尽失，"国防"可得言乎！

二　内蒙形势之严重

苏俄为实行其"赤化"东亚政策，故年来锐意经营外蒙，复因满洲方面不易下手，乃不得已将中东铁道售与日本，因是其远东政策之实施至是完全托之于外蒙。至于日本为欲贯彻其满蒙政策，且自以"防赤"前线自任，遂倾其全力致力于蒙古及西伯利亚之获得。故今日我国所剩有之内蒙一块地，适为苏俄及日本两大势力冲突之中心点，双方皆欲得而甘之。《满却斯特卫士报》（Manclester Guardian）于内蒙内哄发生之后曾撰文以警告世界曰："今日远东最重要之问题，莫过于蒙古之命运问题，盖今日之蒙古系介于苏俄、日本以及中国之间，但中国对之除经济利益外漠不相关，但在日本、苏俄二者之间则有莫大之政治意义，吾人实不敢担保在最近将来两国在绥远、察哈尔必无冲突实现。"

　　英国报纸有此种言论实现，决非无意义之空谈，实乃感于现状而发也。但自希特勒宣布《凡尔赛条约》失效后，极积〔积极〕整饬武备，无日不在计划其"东进政策"，苏俄因迫于此种威胁，遂注全力以对付欧洲局面，因无暇以顾亚洲，故英报所测度之内蒙形势为之一变，盖今日之内蒙完全任凭日本所计算矣。

　　日本自占热河后，极积〔积极〕准备军事之扩大，第一先图军事运输铁道网之建立，如吉会路与满鲜路之联络，拉宾线之完成，由齐齐哈尔与哈尔滨直达黑河之铁道，由鲜北至宁古塔之横断中东路铁路，由朝阳至承德及赤峰之铁路，均先后一一完成。第二公路之建设亦不遗余力，至今已建有二千二百余启罗米达。第三航空基点飞行场之建设，散落于沈阳、哈尔滨、齐齐哈尔一带，统计已有五十余个之多。日本所以极积〔积极〕建立军备，自必有其目的在，一方固在防俄，一方即在内蒙之获得，此实自〔至〕为明显。观其占领热河后，犹进兵占据多伦，不许我军进驻，而以该地为其扩大经营内蒙之中心点；自后遂多方煽惑内蒙各王公，遂有内蒙高度自治之要求，我中央派内政部长黄绍雄、蒙藏委员会副会长赵丕廉，赴百灵庙与各王公数度商洽，不得不许其成立自治区政府之要求，由此亦可见内蒙已中毒计。今春曼头称兵，与绥省府争持；而今蒙会又擅发命令致掀起内哄之波澜，且将曼头扣押，不听中央制裁，由此种种已完全将内蒙之危机泄露无遗矣。

三　内哄暴发后中日所取之态度

　　本年九月间，蒙自治政府德王因私人关系，突将石王免职，石王因求绥省府之保护，绥省府遂派兵出动，蒙、绥两军因有冲突之纠纷。自此事件发生后，吾人自报端得悉日方已充分利用此时机而有所作为。九月三十日，《大美晚报》载称：

奉天特务机关长土肥原氏，会晤察哈尔省主席秦德纯，绥远省主席傅作义及蒙古德王后，于廿八日由承德乘飞机返奉。午后八时至大和饭店访问南司令官，报告华北情势，蒙、绥两军之现状。……据会见土肥原氏谈"今次旅行之主要目的，为视察内蒙与张家口之现状，曾会见德王及秦德纯等，充分交换意见……又关于察哈尔省内治安之维持问题，新非武装地带蒙古兵保安队之设置，亦曾与各要人充分交换意见。"最后该氏并宣称："今后为蒙古自治政府圆满发达之故，日本方面恐有援助之必要……"

又十月一日《大美晚报》载称：

承德讯，日参事官会议，昨已闭幕，讨论者最注意蒙古盟旗制度改革……

北平讯，奉天特务机关长土肥原氏……往会察省主席，讨论察、绥两省之治安工作。据闻讨论之内容为……鉴于蒙古地方政务委员会及绥远省政府间纷争之激□，讲求圆满收拾之策……

九月二十九日《申报》载：

据某方息，内蒙各蒙旗地方现平静，惟时有某方飞机前往视察，热河军队亦时赴蒙、热边境巡逡。

由以上种种新闻看来，可知日人对内蒙内哄之事件已欲乘机发作，一则曰设置蒙古兵保安队，再则曰援助蒙古自治政府，三则曰改革蒙古盟旗制度。除派重要官员前往实地调查外，并发动军队抵蒙古边境，则由内蒙内哄所引起之严重局面诚足令人不寒而栗。且最近意、阿事变，使全世界列强之耳目皆集中于东菲，则蒙古事变之发展实为大可忧虑矣。

内蒙事变后，日人所取之步趋如此，反观我国，其对内蒙态度

之热烈不及日人万一，两方对照之下，吾人对于蒙古之命运，直
欲痛哭失声矣。

　　盖我国以前军阀政府一向对于蒙古则漠不重视，对蒙政既无具
体方策，即不免因循敷衍，袭用有清以来之治蒙方法，略事变更，
以图应付。此实一则因内地政治尚无善策，边陲游牧之区自更无
从致力；再则因内蒙一二领袖，知中央所以年来重视蒙古之心系
由于国际关系，彼等遂利用机会，图以国际关系，威胁中央，而
谋自身位置之强大，因此遂使中央对蒙渐生姑息一时相安无事之
心；三则因蒙古王公制度，一时不易取消，因而无从改造蒙古，
更兼国人对于蒙古之实际状况多茫然不知，故养成政府及人民对
于蒙古忽视之态度。但今日事态已急，决不容我再坐视不理，须
知内蒙乃我国北部屏藩，若内蒙有失，则华北数省均将危殆，即
我国国防将无从下手。且内蒙系日俄冲突之缓冲地，若一旦内蒙
失于任何一方，则势必立刻引起两方之死战，若如是我国北部诸
省将全充战场，情势之危，曷甚于此！故今日我革命政府乘内蒙
内哄尚未扩大，事犹可为，深望倾全力以图解决之道，并对今后
治蒙能有一彻底之通盘计划，一定之方策！

《汗血月刊》

上海汗血书店

1935 年 6 卷 2 期

（丁冉　整理）

对包头公安局的一点儿意见

的　撰

包头的特种衙门甚多，而公安局者便是其中的一个也！从前是名为"包头市公安局"，同时县政府里面还另外附设了一个"县公安局"。在过去的几位局长老爷，除与太太们〔门〕玩，要烟枪，弄麻雀……以外，便是白明昼夜时时刻刻谋的"吃"洋钱！或者在控烟泡的时候，也是往这一道子上想——怎样能抓回几个要钱的（不论大小，只要不是官人或带有官面子的人），用什么方法可以抓到暗娼的人（避免官人）。所以别的事业就顾不上去想了！——或者也是有点儿思想不到。而所训练下职员、警察，也除会抓赌，抓暗娼，大小便的人，抓跑出街外的猪……便再不懂地能干些别的事，或者街道上能摆几个木偶似的人——警察，呆站在那儿，什么维持市面上的交通，秩序，治安，卫生……似乎都不在他们应该管的责任以内，或者也不懂这些是怎样一回事；只是终日在吃钱上想方法，什么事能吃上钱，便才是他们应所负的责任，腿能跑快一点可以多抓几个进城无知小便的乡下老，耳玲〔灵〕一点可以多抓几个要纸牌的老婆娘，我们还曾听见抓过机关里的官员们所要的麻雀牌么？据听内行的人说，能抓回赌博，暗娼，大小便……的人，全一个分局的人员，都能分红利（即分赃是也），除吃外赂及搜腰是自己的以外，余都按等级、职位来分，而所谓罚金者是按照"知识"、"强弱"（是指人性的强弱而言）、"贫富"

来定多寡，也不按照事的大小轻重和什么违警法之类来走。因了包头人民知识的低落，农村经济的破产，商业的凋弊，而这一类的事情便发生更多，因了人民知识的缺乏和性情的温良，而罚金更可以随便来吓诈，因了只专注意这类的事，事情老是层出不穷，因了事情的层出不穷，而罚款收入更是丰富，因了收入丰富，而职员、警士们的红利更多，因了职员警士们的收入多，而对于这类事更能卖力。所以人人都认为这是肥美之地，都想来这里吃几天肥钱！过去的公安局就是这个样子的情形；自王庆恩局长接任以后，便大加整顿，努力革新，警察的服装都比前整齐，岗警也比较前添多，在各方面都能注意的到，确较以往有相当进步。可是一人的精力有限，再加上县府、市政筹备处、保卫团的诸事，难免有点儿照顾不来，不能专心锐意的整顿改进，其手下的分局长、科长、巡官、督察……不是过去的老干家，便是一些亲戚、朋友和老乡，因了局长无暇来监督指使，便有胡做与不尽职的毛病产生，把坏的名誉却加在局长头上。所以警政的不良，便是因了这个缘故而来；这不是我个人妄自非议，也是事实昭告于人，老百姓说给我们的。

包头是个水陆交通四通八达的一个马头，而在商业方面、经济方面、交通方面、国防方面，都占有重要的地位，在这开发西北的声浪中，更加大它本身的地位，现在地方的军政当局，极力繁荣市面，努力建设，救济农村……已渐渐变成了一个大都市的形式，同时警察的地位更日较重要，我们为包头将来地方打算，为保持王局长过去做的成积〔绩〕着想，将我见到的一些意见写在下面：

（一）提高警察知识及改良警察服务办法：警察本来是一个文武双全的职责，遇到抢人的土匪，须得侦缉，遇到人民的纠纷，须得讲解。消极说是维持交通、治安、秩序，积极说是要转移社会上坏风俗，这样看来他的本身所负的责任是多么大！可是包头（连全绥远都说上）的警察，既不能文，也不能武，只是偶像式的站岗外，别的一概不懂（赌博、暗娼、便溺之类的事除外），倘一开口，嘴里便不干净的乱骂，徒与事无补，反失去自身的威仪。所以一般人民对于警察毫无一点信仰，说什么话都不服从。这种原因，当然是警察缺乏知识和训练的关系；现在虽设有警察训练所，恐怕内里负训练警察的职员，不是不尽责任，便是无警政的常识，我们由近一二年内训练毕业的警察推断，就知其中的毛病在哪里。所以想要有良好的警察，非先提高警察的知识不可，想提高警察知识，非要有适合的训练才能。这是循序的不二法门。

"站岗"，这固然是必须的，但是站岗的地方仅能在繁荣重要的街巷，这些地方当然须要警察来维持秩序、治安、交通，可是离奇古怪的事，往往是发生在偏僻冷静之处，如赌博、斗争、偷盗、杀案及售卖违禁物品，而站岗的地方仅能照顾到一小部分，稍远的地方便没有办法，如果要想补救这个缺点，惟有多规定巡逻的警察，长到各处往来的巡逻，这样恐怕比站岗收效还大。一个警察应该规定好几个钟的站岗，几点钟的巡逻，几点钟的休息，这样大约比站过岗以外，就换上便衣跑出外面去胡蹓跶强一点？

（二）考勤内部职员及实行惩装〔奖〕办法：一件事情绝不是一个人的能力可以办好，当然须要量人共同来做，论到功罪也绝不能归在一个人身上。在过去的内部职员，差不多都是一些亲戚、朋友、老乡的关系，所以也就不问能力和学识如何了！只是挂上一个名额，到期领几个干薪，跑在外面挂上牌子做一点坏事，因为是亲戚、朋友、老乡的面子关系，而上面的人也就不好意思来怪罪、撤职，他们更敢无忌惮的胡来，因为这个缘故，不但做不出成绩，谈不到改进，就是维持旧状况也是困难！过去公安局的坏，恐怕也是因这个原因，我们希望当局用人要多注意，总以才能为用人的标准，少避免用无能无学的亲戚、朋友和老乡，再常能用考勤的办法，这样不至于有不尽职的毛病发生。这已是考试院规定好的办法，而所谓考勤，就如和试验学生相同，并不是表格内填写一些办事谨慎，忠于职责一类的老套子，来欺骗世人的眼。

考勤以后，当然有优劣的区别，优者当然是平日能尽责，才学皆好，而劣者当然是无才能、不尽责的。若再加以惩奖的办法，优良的要加以奖励，如加薪、升职、记功之类，劣者要加以惩罚，如降级、撤职、纪过之类，如此不至于优者心灰，更能尽力负责，劣者有所忌怕，不至于玩职胡为。

这算是我个人所见到的地方，而所说的意见，就以"一得之愚"，聊作当局的参考，对不对只有行务先生们来批断，我既没有住过警察学校，也没有看过警政的书籍，当然有的地方说的惹人可笑——就是说的幼稚。我所说的话在自己也知道这都是任何人能看到的，并没有惊奇的见解，好在作者的用意是在提醒当局者的注意而已。

二十四年三月廿日

《绥远旅平学会学刊》（月刊）

北平绥远旅平同学会

1935 年 6 卷 2 期

（李红权　整理）

县长行政会议感言

李子英　撰

　　一省政治之良窳，胥系乎县政，县政腐陋，省政岂能良乎？绥省府有鉴于此，故有二月二十六号县长行政会议之举，顷据绥报所载此会于三月四日圆满闭举〔幕〕，余见之欣愉异常，然失望之感亦随之而来；所谓圆满是立于何种立场而言，若以官厅利益立场而言，吾人不必竟抱乐观，若以民众利益立场而言，则吾人犹可有□观之希冀，纵令以民众利益为前提，然于实施上不无问题，故吾人对此会议亦不必有过分之希求。

　　县政之能否改进，官民之能否水乳，不在乎会议规模之大小，亦不在乎会议数目之多寡，而全视省当局是否有诚意以行之，如无诚意行之，虽日有会议，复有何用。故余以为此会议之举行，仅能表现当局有改进绥省政治之拟意，而非能表现当局有改进之诚意。或曰：此会举行之目的，为沟通上下之隔碍，为明了各县之民隐，以定未来改进之圭皋〔臬〕。余对此论怀疑殊甚；夫与会之各县县长是否皆能束身自爱，廉而不贪，若不能，则其本身行为已发生问题，沟通上下隔碍云中〔乎〕哉，民众福利云乎哉！假使与会诸县长皆为清廉者，而彼等于会议席上之报告是否皆为属实？是否皆与民间之实况相吻合？恐非无疑问也。况民间之苦痛非以某种会议所能执〔熟〕悉者也，省府真有改进县政之决心，盍多布干探于乡村以查农村生活之真象与夫官吏之称职与否耶。

　　国难日深，危机日迫，绥省位于边陲，若不急早图之，一旦灾祸降临，我绥省民众势为俎上肉矣，望当局对于县政之改革须具诚挚之态度以行之，勿徒倡高调以壮耳闻，绥省政治改进庶有望焉。尤有望者，则勿使此会议之圆满结果——民众利益方方的成为画饼，则为我绥民馨香庆祝者也。

《绥远旅平学会学刊》（月刊）
北平绥远旅平同学会
1935 年 6 卷 2 期
（朱宪　整理）

关于绥蒙征税问题

之 撰

自九一八事变以后，内蒙即设立地方自治政务委员会，而一时无稽谣言消灭，人心亦趋于安定。吾人方庆自始全国上下，一心一德，同舟共济，绝再无枝节问题发生，以救比〔此〕空前未有之国难！不幸近又发生蒙绥税收问题，虽军分会派员赴绥调解，竟未得若何结果而返，税收问题，仍成僵局！

月前蒙政会突提出征税问题，欲在蒙地边界设立税局征税，凡过路客商生畜、皮毛、货物，皆再一律课税，而绥方因全省最大收入即此等陆地税，值此绥远经济无办法中，当然不能全让蒙方征收，而蒙方又势在必行，一般商民终年受此风霜冷冻，塞外沙漠之苦，而所得余利亦不足交纳两方所征之税，势必亏空歇业，则西北商业问题甚或从此绝断？吾人每与西路商人谈及，皆云近年来因受世界经济恐慌影响，生畜、皮毛皆无利可取，终年苦冻，所赚之利，除纳税及护路捐等费外，尚须赔本，因此每年歇业者必有数十家之多，现仅余者亦只收旧账缩小范围而已。故绥远关于此等税收，尚不及十三年之四分之一，由此可以观出西路商业情形如何。蒙方此次忽提出设局征税，以往既无成例，而所据理由又不充足。若谓蒙方因经费不足关系，亦系不得已苦衷，则应可呈请政府帮助，吾人相信近年来政府特别对于蒙人以优待与帮助，若在可能范围以内，亦可尽力帮助扶植。若此双方征税，结果只人民吃苦、商业衰败而已！际此开发西北之时，商业极待励奖与植扶，倘再课以重税，似等于故意摧惨商业，在此减轻人民负担声浪之下，而当局者亦乐意作此摧惨之事乎？

政府为息事宁人计，乃由军分会派遣大员，赴绥蒙联商解决，闻已定两项办法，双方均表示接受，吾人喜庆事告解决，不致再有其他纠葛之事发生。又不幸三月十三日平、津各报登载德王代表包悦卿氏谈话："征税症结问题，为地址关系，黑沙陀、乌苏过苏、巴阴岱庙等地，为绥蒙划地界已归为蒙方，绥省概不得驻军"等语（十六号《华北日报》载）。如税收问题既经两方认可，当然以后应照七与三之比办法实行，此当然不成问题；所谓地址问题，萧振〔仁〕源发表谈话："该事件似已由财政问题，变于政治问题，盖盖里苏、黑沙圯、土阴山岱庙等地，系张垣赴甘肃之孔道，蒙方认为系该地为政会行政区界，要求将进驻该地之绥军撤〔撤〕去，惟按照地图，该地系绥省辖境，故争点在此。"由上段萧氏此话推知，似乎地界问题，尚不明白，既云前已分划清楚，各有管辖地带，当然彼此不能越界，此亦为小枝节问题。至于绥之驻军，仅不过一连之众，是前因剿匪开去，今尚留驻者，不过防御土匪回窜及防御"共匪"耳。蒙方竟认为特别严重，以一连有用之兵，其目的在剿匪"防共"，而蒙方竟小题大做，但绥境以内常有蒙古之游击队驻防，尚须人民供养，并做不规则之事，此又将何如也。吾人就表面而论，此等皆为简单易解之问题，何以竟因此小事而又连及税收问题？

又据十五号北平《益世报》载：萧仁源调解，议定两项办法，双方均表示接受。又云："德王口头声明，张甘汽车公司，经蒙政会立案保护，绥省不得过问。绥方以张甘之车，是否察蒙两方专运特货之事，所谓保护，是否偷漏绥省税收，现所争持者，即此二点。"所谓张甘之车，蒙政会既立案保护，当然绥省亦应加以保护，至所运之货亦应按双方所定之办法征税，以七与三比分配，此为正当之手续。所云"立案保护"、"绥省不得过问"，当然要引起绥远省之疑问："所谓保护者是否偷漏绥省税收？"吾人切盼此种枝节小顾〔事〕，仍取正当方法来解决。

又同日报载有包头商会电呈北平军分会，请设法制止蒙政会设卡征收重税，其电文："……据包头店栈各商，天义长、大恒永……商业素以转运西北客货营业，不料近年将代客发出之货，路经河西达拉界柴磴地方，设有蒙政会税卡，又经杭锦旗哈达免地点，亦有蒙税卡，更形强暴，以致俱被阻拦。驼户回包报告云，两处共拦驼户驮七百余担，非照绥定章，每驮一只征税洋一元，货每担征洋二元，细货临时估价，征收纳税，不准放行，竟将值价数十万元之货物，阻留于旷野之地，殊不免有意外的危险。但不独有害于商家，即于我边疆人民生计，亦大有妨碍也。请求明令免除此项强征暴敛，以恤商难，而维民生是希……"

十五日北平《益世报》载：蒙政会秘书长德王昨电其驻平代表包悦卿，报告已率蒙政会卫队骑兵四百名，由滂江（德王的住地）抵百灵庙，对绥蒙税务问题完全听从平军会意见，请其即日晋谒何委员长，请示办法，俾有遵循……等语。

依据以上二条消息而言，德王即表示一切听从军分会意见，但所派高级参议萧氏赴蒙商决，竟因一些枝节问题，将前种种商妥办法，完全推翻，殊令吾人亦觉遗憾无穷！况税收问题既未解决，而蒙方竟又拦路征税，一只驼须征税一元，一担货征税二元，竟将数十万元之货，阻拦于旷野之外！一面既云听从中央命令，而一面竟设卡收税，此种强征暴敛之不合法行动，吾人殊觉不正〔当〕大光明。兹再录十六号《华北日报》萧仁源氏之谈话如下：

（一）驻兵事与税收纯系二件事，驻兵为防共□匪，关系国防……此事已解决。

（二）税收事，甲、设卡办法，在百灵庙等处，绥蒙双方设立联合稽查处。乙、批〔劈〕税办法，绥七成蒙三成。

（三）经德王亲自签名盖章，嗣德王又提出附件，声明谓张甘汽车公司业经蒙方备案，应由蒙方负责保护，绥不得过问……嗣德王一再妥〔要〕求，故予允携绥商议，事久未决，实因于此。

（四）予到绥，绥方虽亦认予所主持者，惟对附件亦提相当声明，谓凡经绥境者，无论如何运输，均须查核挂号，并税征收〔征收税〕款。予随招集各关系人员，在绥共同议商……双方之连带声明，等折中办法。主张凡西来货物经□联合稽查处，在蒙旗所设之卡查验，驼运者一律运归化，以便商人交易，汽车运输者应将绥省应征之款税一律交清，方许可放行，是已互相承认张甘汽车公司与各方不抵触。

（五）绥远对于屡次之主张，均委曲求全，业已同意，惟蒙政会方面覆电，竟谓前所提附件声明无效时，则对于所提各项一并不承认等语，予因绥方此次态度，完全尊重军分会主张，而蒙方不但反对，但〔且〕将以前种种完全推翻，不料搁延多日之特税问题，仍不能解决，不无遗憾！

又剧〔据〕二十二日消息，德王示仍不弃原意。同时《包头日报》又载，"各蒙旗设立税卡拦征重税，包西商路陷于停顿状态，东西来往货物已断绝运输"，此又一不幸消息，更多使人民吃苦耳！

萧氏负命到绥蒙解决此事，不幸竟无结果而返，其听〔所〕谈之话，当然公正，以实说实。此一切自有公论，吾人不欲再来分析，惟愿双方处处以国家为前题，精诚相谋，亲爱相处，上要体念中央，下要有利人民，共同退步，不要带有恶意或要胁之用意，而使双方恶感愈结愈深。要和〔知〕中华民国乃五族合体，须相亲相爱，共同努力救国。吾人唯状〔望〕事勿扩大，双方自行和解，免政府〈于〉其中作难，而失两方感情，各抱大事化小，小事化无，双方相让，则此事自可迎近〔刃〕而解矣！

二十四年三月二十二日

《绥远旅平学会学刊》（月刊）

北平绥远旅平同学会

1935 年 6 卷 2 期

（李红权　整理）

绥蒙纠纷中之政权问题傅主席电陈汪院长

作者不详

绥蒙税收纠纷发生以来，省府向特缄默态度，近因涉及政权问题，傅（作义）主席〔向〕特电汪院长，对八项原则等法令，详陈解释意见，本省各法团近联名呈中央请制止蒙政会设卡收税，辞极激昂，兹将傅致王〔汪〕电全文觅录如下：

南京行政院院长汪钧鉴：查蒙政会职权范围，在奉颁自治原则八项，蒙政会组织大纲，及划分权限办法等法令中，切有明白规定，乃该会成立迄〔迄〕今，对前项法令任意曲解，纠纷时生，计其大者，约有三点：（一）指自治原则第七项之劈税规定，谓在已设县治之地方税收，尚须劈给蒙古若干。（二）此次违抗厘金命令，到处设卡，滥征税款，谓系政权问题，且指省府在蒙旗旧设稽查各卡，及绥靖公署在哈沙图驻兵，为侵夺该会权限。（三）该会驻平代表到处宣传，要求划界。似此曲解法文，无理取闹，若对于蒙古地方自治各法令，有不明确解释，实无一执野心策士之口，而祛无味之纠纷。谨将职府解释法令之意见，胪陈如左：（一）自治原则八项，系以保持旧例，以免多所纷更为精神，此种立法原意，在本原则第四项"各盟旗管辖治理权一律照旧"一语中，已充分表现，且钧院审查《中央及地方主管机关对于处理蒙古盟旗事项权限划分办法》一案中，亦曾明文引用，根据此种精神，则盟旗职权，实不能逾越其向例所有者，换言之，即凡关盟事项，其向例应由行政院、蒙藏会、省政府处理者，应按旧例由有权管辖之机关处理也，蒙政会设卡征税为向例所无，而省府在蒙旗等处驻兵及征税则为向例所有，该会本身越织〔职〕，乃反指省府为侵反〔犯〕该会权法〔利〕，实属不当。（二）蒙旗自治，仅属职权上之划分，而非地域上之分割，理由有五：（子）原则第七项有"省县在蒙设〔旗〕地方所征之地方税收"一语，果属地域上之分割，则盟旗地方均非省县所辖，省县何反得在盟旗地方征收地方税收。（丑）原则第八项有"但遇必须设治时（指县局而言），亦须征得关系盟旗之同意"云云，果为地域上之分割，则盟旗已非省府之〈范〉围，省府已无权设县，何能征求旗盟之同意。（寅）蒙政会组织大纲第二条，凡遇有关涉省之事件，应与省政府会商办理二语，如系地域分割，则疆域厘然，何事关涉，何需会商。（卯）如系地域分割，则凡属蒙旗，凡属蒙政会之辖境，察、绥、青、宁四省各蒙旗故地，而所有四省蒙汉杂居，划归省府之蒙民，将如何治理，划归蒙政会之汉民又将如何。（辰）在同一领土上，不能同时有两个统治权存在，据此关系，则蒙旗地域，自仍属于察、绥、青、宁四省界域，无非地分割〔?〕，彰彰明甚，如此则何界可划，何疆可分。（三）钧院议决之权限划分办法第二条中，曾明示蒙政会应办事项，依照该会暂行组织大纲规定办理，该会组织大纲第二条则规定该会系办理各盟旗地方自治政务，至省府权，则在省府组织法中规定，有综理全省政务，义至明了，盖由地方自治政务，至省府行政之行使中，将指导各盟旗地方自治之权，划归蒙政会行使，而各盟旗之属于地方自治事项者，则仍由省府行使，换言之，仍归省府行使也，该会自由征收税捐，在法律中既无明文规定，宁非越权。兹在〔再〕将八项原则有关各条，遂〔逐〕项解释如下：（一）第一项既曰"地方自治"，则不属于地方自治事项，如国防、司法等，该会即无权管理，既曰

"经费由中央发给"，则不得就地筹措经费，增加蒙旗负担。（二）第二项，盟旗公署既改称政府，按之法理，除自治事项外，均应隶于省政府之行政系统，自不待言。（三）第四项，此项法意，盖有二面，一以示蒙政会与盟旗政府职权之区别，盖谓各盟旗之管辖治理权，除法今〔令〕上有根据应归蒙政会者外，其向例所有管辖治理之权，现时仍保有之，不因蒙政会成立而被削夺也；一则以示自治原则未颁布前，盟旗管辖治理所不及之事项，及辖区，不因原则颁布而增重旧日管辖治理所及之事项，及管区，不因原则颁布而损削，换言之，即自治原则颁布之日起，溯其向例，其向例因隶属于行政院、蒙藏会、省政府之事项，则仍应照向例隶属也，照旧之意，盖云照旧例，不云恢复，一律照旧云者，盖按向例办理，非云恢复盟旗管辖治理之权至于未设治时之状态也，如云恢复，非仅上述之期，汉、唐、明、清无非适从，抑且与本原则立法精神，大相背谬，即与钧院颁行之权限划分办法，亦不合符。（四）第六项，盟□原有租税及蒙民原有私租，一律保护，是已确定而经法令认可予以保护者，限于原有租税，如欲于原有之外增加新税，则宜依通常之行政手续，经过上级机关之核准。（五）第七项，本项中县治盟旗相对并列，各有含义，不相牵混，已设治地方为县，未设治地方为盟旗。既曰"在盟旗地方"所征税收，则在县治区域内所征之税收不在劈分之列明矣，即〔既〕曰地方税收，则国家税收不在劈分之列明矣，如该会所谓在已设县治之地方税收尚须劈给盟旗，是县治盟旗混为一谈，不知本文"在盟旗地方"一语，将作何解，盟旗县治，又为何别，根本违犯自治原则之精神，及第四项之义意矣。至于劈税者，条文既经明定为盟旗，当然指盟政府，而非蒙政府，其理尤显。（六）第八项，此条只对增设县治加以相当限制，所限制者，既明指为县治、为设治局，则他种机关不在限制之列，其意甚明，且其限制消极的止于以不增县治为原则，非谓不增县治，则省府职权不能达到也。况但书尚有例外规定，无待烦及。以上所陈各条，在指导长官公署未成立前，蒙政与省县之争议甚多，应在法文有明白解释，方免有混。谨电奉陈，伏乞指示，俾有遵循。职傅作义叩。

《绥远旅平学会学刊》（月刊）

北平绥远旅平同学会

1935 年 6 卷 2 期

（李红权　整理）

向包头司法当局进一言

清心　撰

迩来政府司法当局，对于司法方面力图整动〔顿〕革新，恨不得一时使全国司法机关，与欧美司法精神并驾齐名，内可取消治外法权之耻，外可免受中国无司法□讥，而当局者之用心，诚不能不令吾人感佩万分！近如派大员到各国考查司法，设立司法研究会，改三级三审制，又对法官考试之严，保障之密，视察之勤……皆足表现当局对于改革司法之诚心，现虽未能全部计划实现，达到完善之境，但确较前三四年中已有绝大之进步。惜此仅推及于大都市之内，至偏僻之小城镇中，黑暗情形亦与前数世纪同，甚或有过之而无不及也！此实为当局者只注意到都市，而忽略偏城僻镇！此不为无遗憾之处。

绥远司法向在某种势力包办之下，政府亦早视作划外之地，而所有法官类皆党派中之亲信，既非正式出身，又未经正式考试，目的不在为民审判事〔是〕非，只在吃钱卖法，再凭借党势，更可胡作胡为，每审决一事，竟以贿赂多寡来取决胜负！现在绥远全省除省会有一处地方法院，丰、包两县有司法公署外，余皆设承审，附属于县府之内，由此亦可窥出绥远司法情〈形〉现尚在如何状态之下。吾人每悉人民在司法衙门所受之黑暗痛苦，则又不〔形〕由叹息地方人士只在小处斗争，细处着眼，而竟忽略此项大问题也！

　　绥远司法既为某势力所包办，而包头之司法衙门亦附属于此项系统之下，当然亦无例外，且尚为包头著名黑暗衙门之一；惜向少地方人士过问，致每届法官皆能从容实行其敲诈手段，若连任数年即可聚敛为一富翁也！推其能敲诈人民之缘故，一因人民知识缺乏——既不懂法律常识，复带有一种传统之旧观念，认为法官随便有生杀大权，故只有服从，不敢抗犯；二因人民性情温良——人民向来即抱"宁可冤死，勿打官司"之思想，而容认〔忍〕性过大，则易受狗官愚弄诈骗。故金钱可以转移法律，判绝〔决〕书又可随便挖造，而人民亦因无力再诉，只好仰天一叹！至司法公署内所用衙役（即法警），皆为旧时行务老手，全是本地无赖之徒任之，对于打官司之老百姓均有敲诈金钱之妙法，例如有一人因债务关系，拟领纸诉讼，到衙后各衙役群趋包围，先问事主之原因，再用激励之言，使当事人非成讼不可，迨递入纸后，则试探要略钱之话，钱多者首先能将呈纸早可递入。再见被告人之后，则又说几句同情激励帮助之言，则再探要略钱，此为传达处中一般衙役对一般打官司者之剥削敲诈情形。依吾人所想衙役有如此吃钱之方法，而外人尚能知悉，不知久在其中的内行者能漠〈然〉不视乎！恐系互相分红利而点一言也（即略钱）。而且其中之衙役皆形成一派，非外人所能插足其〔找〕间，若遇死亡空缺，亦须由内中之人介绍方可。至于打官司之人，如有〔找〕不到写呈之人，即内里代写，但连写费及起稿费需在二元以上，其中言词语句好坏亦以钱之多寡而定，诉纸为打官司之惟一重要之柄，凡打官司者没有不盼赢〔赢〕之理，故此处略钱颇为兴旺。若遇重大之事，而原告、被告均稍有油水者（指有钱者），即有内里人或外边人来包揽（此所谓包揽诉讼是也），至包揽情形，有托人去说情者而寻找此种人，亦有此种人只专找到事主门上，乃故意挑拨双方是非，专拉入衙门打官司。其中有一最著名者，且包揽之方法亦妙，例如某甲与某乙因债务不清，则往游说某乙：“你何不打官司去？不要紧，我保你官司准贏〔赢〕。”迨诉纸递入，则须交略路钱若干，及事完以后则再交感谢金若干（指贏〔赢〕者）。据笔者所闻，此人曾在绥远某中毕业，因其他事业不能行其道，乃换赚大钱不做大官主义，降身为包头某一镇镇长，甚威赫一时，凡打官司者无不知其人投其门，闻幕府中尚养食客多条，亦依此营业，故此人出入皆乘坐包车，作威作福，亦宛若土皇帝也；至于衙门内之人更嗜好多端，而染有烟癖者亦在十之七八，以一小吏率〔卒〕每月仅有六七元项〔薪〕金，尚能供全家生活之用，及嗜好之费，并可移置田产，吾人殊疑此项金钱除削榨人民身上者以外，则能来之何处？由北〔此〕推上，而上也者之情形如何不问可知也。此为包头司法公署内幕之大略也，无怪人民只叹息“宁可冤死，勿打官司”之语！

但自李审判官到任以后，情形较前略好，革除往习亦多，但无撒〔彻〕底之决心，未能大刀阔斧来改革。吾人再愿提出数点，以供参考：（一）法律不能依人情、金钱而解释。（二）法官应铁面无私，不为势力（人势、钱势）所屈服。（三）应法办在外招谣〔摇〕生事、假借名义之流氓。（四）剔除内中有嗜好之员吏。（五）辨〔办〕案要迅速。（六）监狱须改良。

以上所述六点，仅择其要者而言，至于其中利弊及办法，亦无须再多费唇舌。

现绥远最高法院当局以〔已〕变换其向来党派势力包办之状，将来对于司法方面想必有一审〔番〕改革整〔举〕动，而扫以往恶习，使绥远司法可从此走入正轨，故愿于此际提出数点，以唤醒包头司法当局之注意，吾人虽不敢说“当局者昏而旁观者清”，但确为改革包头司法初步，急要之点。不知李君能否如此，吾人现擦目以待之也。

《绥远旅平学会学刊》（月刊）

北平绥远旅平同学会

1935 年 6 卷 3 期

（李红权　整理）

"免除贪官污吏中饱"之两句老调

王诚　撰

月前省府举行县政会议，专讨论今后绥远各县建设、教育、财政、生产、救济……等等事项，此确为目前当务之急；议案甚夥，皆切时弊，尚少空言，实为绥远未有之创举，关系将来地方一切应兴应革之事，至重具巨，吾人除为绥远民众庆贺以外，惟有祝其见诸实行耳！

绥远民众本困苦久矣！终日在贪官污吏铁蹄蹂躏之下生存，早具"与日偕亡"之意，奈各机关当局常以蒙蔽在上，欺害在下为能，日谋中饱害民之方法，而将有关其他一切利民之事业，则皆置之度外！在官吏目的只在割〔刮〕地剥民，便又不能不与地方上一般之土毫〔豪〕劣绅、地痞流氓之类勾结，被〔彼〕此相互为用，狼狈为奸，而是类败种，关于人民性情状况皆透视明白，若与伊等携手作恶，不但能割〔刮〕地皮吸民膏榨民脂，且保无人告发！设不与是类相勾，不但难找下口之处，且用代表民众名义出头反对。故现在每一县长、区长到任，先须与本地土毫〔豪〕劣伸〔绅〕、地痞流氓接洽勾手，既能贪污中饱，且可巩固地位。至税收机关则显示与民和好平静，实此等机关害民亦甚，少有冲突与纠葛者，因土毫〔豪〕劣绅既与县长、区长勾结，亦无暇顾及其他，且又不仅其中贪法，而人民除知交粮纳税以外，毫无一其他一点知识，只要是官人能想出名义，则可照数交纳，不敢反抗，无论如何昏征暴敛，亦只可仰天叹息而已！因局长徒谋中饱，便不能不使卡长、稽查、开票员之流为之，因县长想割〔刮〕地皮，故不得不与土毫〔豪〕劣绅、区长、乡镇长之辈为之，如此上下一心一德，共同努力作恶，故近年绥远常产生头号之贪官，打破纪录之污吏，如此又也〔怎〕能免除中饱、改革利民，若在上对人民有施惠之处，则千不能获一，若遇征税加捐，则可数倍原初，例如省府摊一元之款，县长则须摊二元，因一方乘机中饱，一方又恐起不足原数，吃罪在上，区长亦具此心理，须摊四元，到镇乡长则须到六元以上。在税收机关只出进省之货及销售之物征税为限（大致是如此），但各局卡竟将出进城门之物一律又课以重税，人民牵一牛进城、背一斗米进城，则强迫认为进城出售，否则即以漏税惩罚，此就普通情形而论，其他离奇而非外人所能知者则更不知凡几！以此类祸害人民之贪官污吏治理，而欲使之改革建设，救人民于水火之中，则岂非梦想？

在县政会议闭幕时，傅主席同李厅长皆有极沉痛之长篇演词，将近年来人民所受之痛苦情形，及今后如何能免除民众痛苦……等语，语重心长，及见当局者对于救济人民迫切之苦心，但不施切实之方法，而只口头劝勉此类贪污成性之官吏，则仍不免贪者自贪，污者自污，若令区长监督乡镇长，县长再监督区长，如此连环监察，真犹若使猫看守肥肉，则也〔焉〕有不下口之礼〔理〕！兹以吾人所见到中胞症结之地，聊作当局之参考：

（一）官吏要避免任用老乡、亲戚、朋友：乡长、局长敢贪而又敢入腰包者，若细察此类人材，皆系亲戚、朋友、老乡之流所包办，无论直接间接没〈有〉不发生此种关系，若此类者当然不靠自身学识才能，只以"面子"来混饭，不但对于地方上一切应兴应革之事毫不知悉，即令维持旧日现状亦难；既是"面子"关系，则可任性胡为，只思割〔刮〕地皮害人民之道而足。在当局亦因"面子"关系，有时亦无可如何，只好装聋作哑。故吾人觉得当局者真有"救护民于水火中之心，欲免除贪官污吏中饱之弊"，则势必在用人上以"才学"为前题，避免亲戚、朋友、老乡关系。若能委以廉洁之官，非靠"面子"混饭，则自身先须谨慎无短弊，不但不与地方上土毫〔豪〕劣绅之流勾结作恶，并可镇压此辈活动，而区长、乡镇长、卡长亦自不敢胡为，所谓"己正而后正人"，若"己身不正，何以正人"？故能委任有才能学识而不靠面子之官吏，则中饱之弊自可免除，人民负担自可减轻也。

（二）赏罚要严明：当局用人有时不能避免亲戚、朋友和老乡关系，亦自有其不得已之苦衷，但任用之后，不但对奖罚惩戒法则毫无，并取不闻不问态度，故使一般官吏恶行日焰。如某一局长或县长，因贪迹如山，被人告发，当局只到万不得已时可暂时免职，而所入腰包之赃亦可从容携走，并不再施以惩办方法，竟可法外逍遥修养，过时则又调任他处，如此不但使贪官污吏壮胆，且使一般廉洁之官灰心，虽不贪者而亦自贪。吾人极盼当局者任人慎重，既委以后，如发现贪污劣迹，即应撤职惩办，永远不再任用，对于有才能之清官，则应有相当之保障，无故绝不能更换，此既可使其贪官污吏心寒，又可促明官廉吏加勉也。

县政为一国之基，若县政不良，则足以危及整个国家前途生命，当此"共匪"西窜，若绥远一切县政速不改良，而仍令一般贪官污吏荼毒人民，则人民更容易受"共匪"之愚弄，故吾人此际愿唤醒各方之注意，一方盼各机关当局，要共同来实现傅主席所言"救绥民于水火之中"之目的，他方更盼当局者要有切实之方法，不然只在口头上唱高调，此徒与免除中饱无补，亦恐更壮其贪官污吏们之狗胆也！至吾人所提两点，虽皆为口头常道之老调，均为人人所共见到之事，但确实能免除贪官污吏中饱，减轻地方人民痛苦，绝非高谈大论所能济事也！俗语所谓"偏方治难症"，今改为"老调治大弊"！其然？岂其然乎？

四月二十八日写于平

《绥远旅平学会学刊》（月刊）

北平绥远旅平同学会

1935 年 6 卷 3 期

（李红权　整理）

杂感录

呆汉 撰

这里所谈的，全是从前所写下的一些零碎东西，既不成为文，更不合乎章，看去非常俗的很，也实在有伤"大雅"，好在作者的意思，并不是想要几套花样，只是想借此表漏〔露〕一点心中所感到的不痛快，所以昨日整理"行囊"（只是一个破箱子），要预备移地避暑休养（其实是回家），想把稿纸本上写的一些东西，一齐恢〔灰〕灭除根，免遗留后患或遗笑大方，可是自己看看又不愿意这样无情的做，总想与大家见见面，要比掉作手纸痛快，因此之故，便又摘录了几段腾〔誊〕在下面。

作者识

一 残余的隐痛

今天因整理抽屉，偶然翻出一篇去年春际写下的文章，题目是《由农教两会的声明看出□□①现在地方情形》，内容的大意是：因为代□所内幕过于黑暗，把一些有车马的人家，竟弄得死活都不能自由，只是在一旁叫苦连天底呻吟。在上的当局是因了那一般人是自己的亲属缘故，专使来剥削人民，好来中饱几个洋钱，让他带回山西老家去作享受荣华富贵之用，地方上的人——所谓土

---

① 此处"□□"为原文所有。——整理者注

〔士〕绅者，是在人家嘴求唾液，一面想常时保持自己的身架〔价〕，一面还想添几个意外地残余，因此便得看眼色行事，随波而逐流，可是只顾自己一时的荣耀——其实是失格，而忘了地方人民所受底痛苦，喜幸地方的人都未起了同化作用，还有个人敢起来大声疾呼底反对这种黑暗事，这样底精神实在今〔令〕人可佩，但是汉奸们徒〔纵〕不能从旁帮助，甚至于装聋作哑也可以，可是为了"献媚"、"上菜"的缘故，竟力〔然〕登出启事声明反对，而县老爷一怒之下，下令凡是反对的人身任公务事者，一律具呈恢〔悔〕过，否则撤职严办，这是令人多么可笑而又可怜啊！那时我自己因了一时的感忿，便把当初一切的情形源源本本写出来，一则是为揭被〔破〕内中的黑幕，二则想替地狱下的人民代呼一口气，不想这文写好之后，竟找不到发表的地方，绥远的各报，因与各位编辑不占〔沾〕亲不带故的原因，当然是不愿意登这类得罪人的东西，只得压到自己的抽屉底中，不想今日又来翻，而那时痛苦心，到现在心里还是隐烁的发痛，还不想把这事忘在脑后，文章可以当废纸扔掉，而事实还是忘不了，所以提起笔又在这里记述一下。

二廿〔月〕八日晚

二　民众代表

想去年十月间，省政府突然下令各县裁局并科，将地方上的教育局、财务局、建设局三机关，都归并到县府第二科，理由是减轻民重〔众〕负担、增加行政效率，这是如何堂皇而正当呢？可是那时我便存了几个疑问：所谓减轻民负而裁局，大约这是三个机关所向人民收的款都一律取消，另从别款来抵补这个窟窿，不然仍是向民征税，何以能说是减轻民负呢！所谓增加行政效率，过去十年内办不到的事，现在一天内就能办了！其余一个附带理由是：为各县长办事统一。这意思就是说要实行军队中的指挥统一和纪律服从，一切地方上人民不能加以过问反对。可是到现在前两项是否办到——减轻民众负担、增加行政效章〔率〕，从事实的表现所照〔昭〕示于人的，我到现在心里还是存一个疑。

当时地方上的民众代表人士，都不约而同，群起反对，上呈文，出宣言，拍快电，这样的忙了一阵，所述的理由十分充足，这姑且不谈，而所说的誓死反对的话如"不达目的，誓不休的〔罢休〕"，精神实在可佩，真不由令人五肢〔体〕投地的佩服。又隔一月，省府与县府又下命令，说是第二科内尽先任用本地人，薪金亦与过去所任之职数目相同，这样一来反对的空气一天比一天稀薄，而至于不反对，这真是不由的要叹服省府有"高人"出此奇谋，一面又不由想到宣言内的"不达目的，誓不罢休"，所谓目的〈二〉字当时不知是何地人，我到现在不明白，又调查了一下第二科尽先任用本〔的〕所指里〔都〕是谁，才知道就是当初"民众的表〔代〕表"！

三月十九写

三　可怜虫

我觉得替人卖笑，看色行事的人，是可怜虫之一种，而绥远的民众也是可怜虫之一种，不过这两种可怜虫是有分别，前面说的可怜虫是能丰衣足食享受荣华富贵，不过只是精神上不自由罢了！而后面所说之可怜虫，不但终日劳苦，尚难一饱，还要受贪官污吏的剥削，土豪劣绅的敲榨，就是这样子受痛苦压迫，还不敢呻吟一下，惟恐再遭受全家的杀戮，这样还说他门〔们〕是命刻〔该〕如此，官所中有什么增加、变动的事，便提出"减轻民众负担的口号"，而地方的士绅们随着又起来反对；谁是谁非，当然无从辨知，因为都是"言之有理，持之有故"，可是可怜虫们还是自始至终一样的照旧——受痛苦压迫。到现在绥远民众不见得比〈前〉怎样好，虽然是他们〔挑是〕挑着为民众谋益的金字牌扁〔匾〕！

三月廿三日写

四　奖学金考试的国文题

在五月一十号由《包头日报》看见教育厅举办奖学金考试的国文题目，初中三年级的是国学常识（何谓二十四史，十三经，六书……），论文（国家兴亡匹夫有责说），白话翻文言（《小坡〈的〉生日》中的一段），二年级是有文言翻白话，有标点，有描写文的题（初夏之夜?），一年级有叙述体的题目，有标点古文，有标点符号的使用法（并举例），如此看来这个出题的先生是用过一凡〔番〕很大的苦心，要使这些初中学生能文能白，古今贯通，这种的用意就是让我们一旁人也应该五肢〔体〕投地的感谢，可是我看过以后一想，又不由的替一般应试的学生担忧，我自己感到这些题目无从下手，同时我又向几位高中和大学生请教，他们也都与我有同样的感觉，我便断定学生中绝没有一个能完全答的满意之，就是连出题的人应试去，也是考不了及格，甚至于把本地土产出的国学专家，文学名流，塞北文毫〔豪〕……也一样的在当堂难能答出，纵就是答出，也未必能及格，我们的圣人尚且如此，而要来考试初中的学生，也未免有点儿太"那个"了。国文先生们除过讲一些唐宋元明清的文章以外，恐怕很少再有其他的材料选择或课外指道〔导〕阅读其他书籍，能文言的人未必说白话文好，能白话文的人未必说文言文好，这样的教员，又能

教导出能文能白的学生，又要会各种文的作法，又要董〔懂〕的
几十卷的二十四史和十三经，千年未弄清的六书等之国学常识，
真是难死先生难死学生。我不是说出这一类的题意思不对，而是
有点不适用；如周作人在评论上说："假如出题目为是要表示考官
的博雅，那么出些古怪难题或者可以夸示一下，若是要试验考生
的能力，这正是缘木求鱼，走了反对的路了。"我们最好请出题委
员，多看这一类书，而国文教员们也少这样来卖石灰。

廿四，五，廿日

绥远通志

　　说起来也还可怜，绥远连过〔通〕志都没有，而县志那更是
谈〔上〕不到了，有许多学者考察点东西，殊感到没下手的方法。
大约在前四五年便设立通志铺〔馆〕，开始收辑材料，那时我们便
想到人材的问题，假若在编辑的人要没有一点学识，胡收一顿，
结果是与现在绥远各县调查概样的乱七八糟，若要让外人看看，
未免遗笑大方。而在本省的人又没有这样的学识，除能写一些烂
调文章以外，恐怕根本谈不到对某种学问"有研究"，所谓通顺还
是用我们的眼光来说，若要让外面学者看到，仍然是狗屁不通。
可是也不能因噎〔咯〕废食，若要请几位名家任编辑，指导编辑
人员去调查工作，也未长〔尝〕不能编出一部书的通志，这种学
者非博学鸿儒不可，对于历史方面和古地理方面都非有一种专门
学识不可，而那时竟请来一位以《世界史纲》著名的李秦芳先生，
李先生固然算一位学者，而要说到博"学"、对于历史和古地理有
研究，那是我们不敢恭维，那结果是预料到不能令人满意，不想
到现在李先生也辞职，"通志"还再〔在〕那理〔里〕没有完成，
这比之于清编四库馆都废时间，说起来也还是可追想的一件事，

不知当局对这事是否想完成。我觉得由省府名义再聘二位一等名学者，并不须要常住在绥远才成。再转请地方有学识者为辑终员，再聘请各县有学识者名为调查员，这样或者在短时间内能编出一部"通志"。

读四十位士绅的联名呈文（四月三日）

从一位朋友处借来一张《绥远民国日报》，看到本省四十余位士绅联名请省政府撤换教育厅长阎伟大状，并胪举六大罪状，作为理由，洋洋万言，颇可作为绥远教育史料，可惜因为其他同学也要抢底〔着〕一读，所以竟没有把这篇文章读熟，现在思想起来也还是一件遗憾的事。迨看过以后的四五日，心理老不由的推想一下：这件事将来会演变到什么样的程度！若遇同学之间有谈论这回事地，自己总不由的听听别人底议论。现在事情不知到了怎样的〔底〕程度，也再得不到任何消息，这样的事将来怎样的演变，我们这无民〔名〕氏之流，也是不得而知，并且我们也是不愿意推测这些"堂皇"（?）而"正大"（?）的事！换句说也□是不必作这类杞人忧天的，管他妈的呢！谁上台也不给咱们一百块钱的"走狗"费，穿不上吃不上务不住自己挨饿受冻，哪能看的上那伙穿洋服登皮鞋，见了人还要歪着眼看人，来一个"狗不理神仙"装腔捏势的孙子样呢?!

别的方面我们很可以抱一种"看它去吧"的态度，我们就临时当作观众，看看舞台上的演员是怎样底在我们面前一幕一幕的表演好了，我们坐在厢的中间儿看罢：如果有眼不清的人，很可以带一显微镜或三棱镜凝精聚神的看一幕趣剧，武功之好，从过去经验便告诉我们说"一定使君满意"，那哩恐怕事要比杨盛春在俄国所演《安天会》更要热闹呀！

　　我们的态度就是这样决定了；不过由内里的话语告诉我们颇引起我们的三种疑问：其中所举的四款，那是事实，谁也是不能给硬嘴来辩获〔护〕，不过举的例子我是想加以补充。因为他们要证明任用私人这句话，便举出一中校长为例，是不是"私人之属，我们无须多劳心去调查他们各家世系"，因为我们不是预备去告人，所以用不着做这凡夫，不过我们说一中校长不够资格，所引了许多部令来证，我是不大以为然，以一个研究院毕业生，来执掌一功〔中〕校长，还算是首创，绥远虽有一些留洋生，也不过是游洋而已，听说是要〔有〕一位要快得博士学位的先生，不过现下仍在洋中。以那样资格来限制，恐怕绥远个哪一〔哪一个〕人没有当一中校长的资格，而其余各学校的校长更是不够格，尤其二中，皆因为有了派别的关系，哪一人恐怕准有一点儿缺，那么品格端正这一条根本是谈不到，论到"办教育有成绩"，那更是灰的谈不起来，过去的不谈，以近三年来看我们办教育的人成绩在哪里，抱上"清一色主义"，"培植私人为目的"的教育，还到哪里去找成绩，除非在毛斯所找他们的成绩——用粉笔写或是小纸条……指出他们的秘密。这正是他们的成绩!?! 至于作教师、教授，恐怕从绥远的风水上窥察，也是没有那一份德行呀。以这样而论，那么就是连四十几位的士绅一其〔起〕捏齐〔起〕来也是不够格的。所以我认为在绥远办教育，不论是学工也罢，学农也罢，只要能以教育为目的，埋头苦干，认清教育的意义，教育的趋势，世界的潮流，不要认为是政治舞台的斗牛场，谁也可以来办，不见得是师范学校或教育系所产出来的人才就能成，若要抱这类思想的人，不但自己现出"平庸"，让人听了也是觉得很可笑，甚至能笑掉前门呀！

　　此话暂且不表，听说樊库先生是一位才学具〔俱〕全的一位博学鸿儒，竟被厅长一怒收回了责任，绥远民众教育馆有怎样的成绩做出我是不知道，因为"一个长官一批人"，而影响到别人的……是可表同情的，依呈文上所叙述的樊先生的功劳，当然再让厅长收回成命，是来不及，我的意思……因为失学了几千的儿童，这几千儿童能没有发明家、文学家、政治家……等等呢？谁不知德国大战前的强盛，还不是靠以前的儿童教育吗？撤换一中的郭先生、教厅的崔先生、二师的米先生，所说这都〈是〉办教育是〔有〕成绩的人，并且还正路牌号出身……都被我们的染料工人的厂长撤换，其余的不必问，但是这几位的思想是否返乎潮流，我是不得而如（我所说的思想是指传统思想），听到在那崔、郭二校长的时候，校里公开能打牌、逛妓，其余成绩为何也是不得而知。这也不谈；包头二中前校长贾武也是被迫辞职，论其个人人格，在绥远说是屈指第一，但是在四十几位士绅呈文中没有提到，现任二中校长据确息说是一位四年师范科毕业，若要论其资格而言，也是一位不够格，那么为何也不列在"任用私人"之数……孩子也能认出……

我说这些话，并没替谁家来做辩护，不过我是觉得那些太有点封建……自家总要把身子站□当，不无尽须露出自己的不高明呀！

五月廿九日

太上科长

有许多的文章是谈教厅的一位太上科长，我这里却是说的安北设治局内第二科科长刘某，因为是局长的老师，一切都是由这位局长老师来设计来干，干的对不对，局长因为师生的关系，也是无可如何，所以也称为太上科长，真是"无独有偶"，传为一对〔时〕佳话，假若这一位太上科长一切都干的对，处处能在百姓上着眼，不但应该我们这里颂扬，更应该送扁〔匾〕立碑以昭永远，但是太上科长的目的，也只是在"排除异己，任用私人"，把握地方一切而已！

谈到把持，这话又得往远说，绥远向来是被外省的人来持把一切，意在"操纵"，我这话并不是有什么封建的意思，就是说：无论什么人来绥远干事，只要在人民上、地方上的利益着眼，谁来也是万分欢迎的，可是抱上把持的主义，想来贪赃吞肥，不论是谁，我们同样底要来反对，可是这位科长，位老西藉〔籍〕，听说很想把安北便〔变〕成他的私有物，下面竟用他的门人、弟子、朋有〔友〕、亲戚、老乡，而排除异己人，这样，我觉得很可把安北用绳子拉回他的家里好！

五月二日

一位骂家

前几天考现代文艺一门，六个题中，有一个是："近来作家颇多，以何人作品为最爱读，为甚么？"（大约这样的意思？）我开首便写：自五四新文化运动以后，接着便产出一大批的作家，这些作家现在都还未死健在，而后面便又造出一批一批的新作家，从前的不死，现在又不断的出产，这样子一来，便感到作家"颇多"……随后便写出我爱读的书，便是鲁迅的作品。这样正要交卷，不想又看到题下"为什么"三字，我就又接着写：我以鲁迅的《杂感集》为最爱读，因为他骂人骂的非常痛快，不但使人看了鼻酸，而心里之中还觉得乐意，他真是一位" "家……我当时没有想到应该称鲁迅翁为一个什么家，现在有人称他为杂感家，他说这是有人故意损他，来封他为一位杂感家，可是再看杨邨人、张资平、叶灵凤、施蛰……他们的作品，得确含有一些讥讽的气味，认为他不能创作，只可杂感而已。"讽刺家"，这是普通人对他的称呼，我觉得这"讽刺"是不大合适，因为他目的是"骂"
而不在"讽"，不如干脆称为一位"骂"家，这倒有用处，"骂"，
是因为中国现在文坛上实须要一位骂人能痛快的一位骂家，这是
所须要而产生的。那时没有填出，所以这里特为补出。

六月廿二日

《绥远旅平学会学刊》（月刊）
北平绥远旅平同学会
1935 年 6 卷 4、5 期合刊
（李红权　整理）

绥远旅平学会欢迎第一师范、中山学院、女子师范来平参观欢迎词

杜炳文　讲

此次诸位同学，不远千里，跋涉风尘，来北平以至于天津，旅行参观，实在是很辛苦得一件事情。在本届学会举行欢迎的今天，承诸位同学很勇〔踊〕跃地来参加我们这个简单的仪式，我们是感到十二分的欣愉。不过我们大家今天的这个欢聚，不单是徒有形式的，并且还有比较深刻一点的意义的。第一就我们绥远来说，在普通一般绥远人的脑海里，对于我们绥远，向来是存着一个轻蔑的印象，他们以为绥远的一切是幼稚的，落后的，不足注意的。同时绥远人以外的一般人们，他们对于绥远，和我们绥远人一样的存着一个轻蔑的印象，他们听着"绥远"这个名词，以为是一个什么粗棱笨角，肮脏不堪的东西。尤其是我们绥远的教育事业，不但是得不着他们的赞扬，而且是被他们俾〔卑〕视的。因为他们对于绥远，曾未加过丝毫的注意，所以他们和绥远的隔膜，是如此的深刻。就如近日吴稚辉〔晖〕先生在某小报上，发表过一段言论，他大言特言地说："比如绥远的女子，不穿□子。"在事实上，我们绥远的女人，是不是不穿□子，是不是和这位吴先生说的一样，自有事实来证明，我们绥远人当然知道，这且不问。可是这位吴先生，他非同常人可比，我们知道，他是党国的元勋，他是目今的伟人，他对于我们绥远，居然如此的隔膜，如此的轻

蔑，其他一般绥远人以外的人们，他们对于我们绥远的印象如何，那就不言可知了。因此他们就用"文化落后，风气晚开"，俗不可耐的几个字，来形容我们绥远，使我们绥远永久的忍受下去。同时这几个字，成了一般人只要提到"绥远"时候的口头禅。假使我们进一步想，在我们绥远，不但是教育事业是幼稚的，落后的，就是一般交通事业，建设事业，生产事业，通通是幼稚的，通通是落后的。假使我们退一步想，在我们绥远，只就教育一项来说，也未就像一般人的脑海里所想像的那样幼稚，那么龌龊。

但是我们绥远这种种的不长进，和受人蔑视的原因，虽说部分的是由于我们绥远人自身的懈怠，自身的不努力，然而大部分的原因，还是因为某一种有强阶级，把我们绥远的血汗、金钱，以至于所有的资力，剥削干尽的原故，才使我们绥远不得长进，不能被人看起，也许会使我们绥远永久不得反身！我们绥远过去的情形，固然是不能被人重视的，不能使人注意的，可是自从东北沦亡以后，我们绥远马上成了国防上的第一道阵线，并且成了共产党将要打通国际路线的马踏之区，因此一般人们，才稍微知道绥远的重要，才觉的绥远有注意的必要。比如一般去西北旅行考查的团体，今年是特别的多，他们所以去绥远观光的原因，不能不说是他们已经注意到绥远的结果所使然吧：那么我们对于现在的绥远，是再不应该轻视的，并且我们有看重绥远的必要。

第二从我们自身来说，我们绥远的一般父老兄弟们，他们所受的剥削，他们所受的压迫，他们所受的种种痛苦，是全望我们这一般青年给他们解除的。那么此次来北平参观的诸位同学，有的还是继续深造，可以说是青云直上，路程万里，前途当然很远大的啦！那时对于国，对于家，自然有很大的贡献啦！就是不打算升学的同学们，当然要在地方上服务的，要和地方直接发生关系的，并且要和一般文〔父〕老兄弟们接近的。所以诸位同学，应该就此次来平参观所得，舍其所短，取其所长，然后运用到我们绥远去。推进我们绥远的教育，是人多事少的，欲想服务地方，实在是不可能的事情。但是我们站在绥远人的立场上说，诸位同学！要知道，绥远人在绥远作事，本来是有事情可以做的，所以没有事情做的原故，是因为某一种人，把我们绥远的事情，大部分占了去的关系，才使我们绥远人在绥远不能做事，也就是无事可做。所以我们要想为绥远做事，要想为地方服务，大家非抱定绥人治绥的主义不可！我们应该认为绥远人才有治理绥远的资格，绥远人以外的人，不足来治理我们绥远的，也就是他们没有治理我们绥远的资格，同时我们绥远也不需要他们来治理，我们绥远人治理绥远，是理所当然的事情，也许还比他们治理的好。我们大家只要永远抱着这个主义的话，不怕我们不能给绥远做事！并且不怕我们绥远永久不长进！更不怕一般人们轻视我们绥远的！这几句语无伦次的话，就算作欢迎诸位同学的意义吧！

五月五日于平大工学院

《绥远旅平学会学刊》（月刊）
北平绥远旅平同学会
1935 年 6 卷 4、5 期合刊
（李红权 整理）

将错就错

松竹　撰

一

昔人有言："人非圣贤，孰能无过，过而能改，善莫大也。"此虽为老生之常谈，然确为入骨之言。为人之有过，为不可避免的，不足为奇，亦无足轻重；但知过之能否认过改过，则关系个人前途之成败甚大；尤以身居要职，为地方之首脑人物者，其思想、言论、行为等一举一动之正误，与有过之能否更改，皆足以影响整个社会之兴亡盛意〔衰〕，不可不深切注意之也。

二

听说去年教育厅长阎伟氏为谋整顿发展全省教育计，曾亲自出巡各县，以明了教育真像；及至和林县时，接得控诉县长太太蒋女士（任教员）函件甚多，厅长阅毕怒甚，遂决意撤换，其用意诚不可谓不善，精神不可谓不佳，处事亦不可谓不公矣。然因厅长未将名字弄清，竟将与校长太太同校执教之另一蒋女士误撤，当时弄得全校莫明其妙，及后经将真像告于厅长时，厅长乃以为事已如此，不便挽回，乃即"将错就错"的下去了。如果此事属实，则使吾人对于阎氏掌握下之绥省教育的前途发展，不禁发生无限之怀疑。

三

此次教育厅，发表《绥远各县局旅外学生津贴过渡办法》后，立即引起全体旅外学生之反感。从前各县之津贴办法，固非毫无修正之必要；学生之反对，固亦因与其自身前途利害有直接关系；然吾人平心而论，亦不能不认为此次规定之取销津贴之过渡的办法，为摧残地方教育之第一声。吾想除阎厅长及与其共同参谋者外，凡稍知人民经济状况，明了全省教育进展原因，且关心教育前途发展者，莫不非议其不当。其后教厅虽又发表《中学生贷款办法》一文，究其内容，款额极其有限（全省每年一千元），手续异常繁杂，虽觉聊胜于无，然吾人亦仅能视作掩饰门面之一种手断〔段〕，绝不能认作代替各县津贴之良好办法。

四

关于教厅规定取消各县津贴之办法的理由，据该文第一条所载，乃为根据本省《减轻民众负担案》而订，但其真正动机，究竟由何而出，则有种种说法：有谓"阎厅长早曾有所表示，谓法国为文明之强国，吾向未见其有津贴之办法，故吾省亦无发给津贴之必要，将须逐个取消之"。有谓"阎在法国勤工俭〔上〕学时，未享有地方之津贴，故认为地方津贴为不必要"者。有谓："今春省府召集县长会议时，曾有县长提出县中津贴之麻烦，请省中规定统一办法者，省府责成教厅拟具具体办法，厅长为解除县长之痛苦，且为取得上峰之欢心计，乃不惜牺牲数百大中学青年之学业，断绝全省教育前途之根芽，而出此取消津贴的过渡办法。"又有谓："阎氏为万世一业计，不得不将有关青年上进之诸种办法，设法取消抑制，故而出此。"又有一说，则谓："阎氏之取消津贴，因其特别注意小学教育及幼稚教育，拟将此节省之款，移而用之。"凡此诸说，虽未必全属可靠，然亦非全出于无稽。唯最后一说虽稍有理由，但该条文中并未提及，则此恐非事实。

如真因此等动机而出此，则阎厅长之不智也甚矣；其结果非但不能达到其目的，且恐将为全省士人所不齿，而遗臭于万年也。即如其自所〔所〕标榜之"为减轻民众担负"的根据，亦毫不能成为正大之理由，只不过为遮掩耳目之美名而已，此已由多数人加以辨〔辩〕驳，无须赘言。

五

总之，吾人如站在发展绥省教育之立场上言，谓教厅此次规定之取消津贴的过渡办法，在任何方面，皆无理由。今为厅长计，应从速收回成命，再征集各方意见，斟酌各县情形，重据〔拟〕妥当办法，则仍不失为贤明的地方教育长官；如若持〔执〕迷不悟，仍抱"将错就错"的态度，以断送全省教育发展之根源，则在众恶之下，必将群起而攻之。吾恐厅长之寿命，亦将随之而断送也！

《绥远旅平学会学刊》（月刊）

北平绥远旅平同学会

1935 年 6 卷 4、5 期合刊

（朱宪 整理）

论省府任用县长

一清　撰

吾人常论，绥远当局，果有改良各县县政，免除贪官污吏，减轻人民负担之诚意，则势必在任用人的方面慎重，若舍本求末，而不在此处着手，只唱几句"堂皇"高论，徒令民众听之灰心叹气外，反激励贪官污吏恶迹日增。但每又细察当局者所谈之话，实具莫大之绝〔决〕心，而一切则又不在根本上着手，则殊又令人犹豫不解其意也。

其他姑先勿论，现仅以任用各县县长而言。吾人以前一再评论，认为县为一国之基准，县长乃直接亲民之长官，设若县政不良，则可危及整个全国生命，故国家之强弱，则恒以一县之县政良否为定，现处此国家多难之秋，而全国上下都集精力于县政及农村方面，故县长任用之审慎，实为极重要之事，若县长不善，不但县政无从改良，农村无从复兴，反更加快促其破产之境地！故县长之任用应须经过正式之考试，相当之训练，多时之视察，方可胜任现在复杂之县政，故县长须有相当之学识，且能认识世界大事，俱〔具〕有新知识者；若想如此，则须有考试，既经考试，再加以训练，使其知识丰富，眼界扩大，认清世界之新趋向，能真了解县长之地位，则对于改进之方法，农村经济之增植，社会经济之关系……都非〔具〕有相当认识，凡此等等，非有专门训练不可；再能派往各县视察，一方面训练其做事之能力，再方面可明悉县政之情形，则将来任事，能力既足，经验亦有，学识更富，无论进行改革，皆能有意义，切时弊，不至成为无措手足之势，一切原因结果，皆可探悉明白，深知其理，任用此种县长，方可谈到改革县政，复兴农村，免除中饱，减轻民负。设非如此之人才，则录而用之，能力、学识既差，丰富经验又无，旧观且尚难维，遑论其改革复兴，更难能够及减轻民负，免中饱之弊害也！

吾人再仔细调查现在各县县长之履历，学识、能力及表现出之成绩而论，皆未经正式考试，又未经过相当训练，更未赴各县作过视察之工作，论其学识仅略知一二，甚至于目不识丁者有之，所谓新知识而能识世界潮流、社会组织、经济情形者则更无，论其经验仅可明悉旧官僚媚上害民之行为及中饱之方法。至其能力，因学识、经验皆缺，则亦响影〔影响〕到成为一流"无能之辈"、"饭桶之类"，尚何用哉！而此类人才，若再细察，皆为有关系之人，不是亲戚、朋友、老乡者，即为有势力者所推荐，甚或靠拍马而荣任者亦有，若依自身才能、学识而获有一县长之位者，几十不得一。此类县长因有此类关系，则可任意胡作胡为，毫无忌惮，县政日坏，农村日破。此皆为事实昭示吾人眼前，而当局者何不定清〔睛〕一视！故今日之绥远，县政日坏，农村更见破产，民负日重，中饱更较往多，此非他故也，实由用人之不得当也！

吾人觉得当局苟有"救民于水火中"之诚意与决心，则非从用人根本上着手不可，否则，谈论其他，建设其他，皆等于废话多事，若想做其他事业，亦是费力而不讨好。

《绥远旅平学会学刊》（月刊）

北平绥远旅平同学会

1935 年 6 卷 4、5 期

（朱宪　整理）

风雨飘摇中的蒙古

甦绿枫　撰

一　苏俄把持下的库伦

外蒙古的政治中心为库伦。库伦的政治时常被苏俄所操纵。俄国自革命成功后，对于库伦政治的劫持，颇为急进。民国十年十月间，苏俄为使外蒙组织苏维埃化，曾向"外蒙国民党政府"提出七项要求。十二年苏俄又与外蒙缔结密约四款：（一）外蒙宣告一切土地、森林、矿产均归国有；（二）无人占领之土地，俱给俄国农民及蒙古贫民耕种；（三）许俄国军队驻扎外蒙；（四）外蒙金矿归俄工团开采。十三年"外蒙国民党政府"之虚名君主哲佛逝世，于是外蒙遂彻底废除帝制，而实行苏维埃式的政治制度。不过，在这个时候，苏俄的国际地位极感孤立，所以它为讨好中国的关系，又毅然的与我缔结《中俄协定》。该协定的主要涵义，就是"苏联政府承认外蒙为完全中华民国之一部分，并尊重该领土内中国之主权"。但是，在实际上，苏俄并不因为这种协定，而放弃它在外蒙的权势。按协定第五款规定，苏俄驻外蒙的军队，必须尽数撤退。然因苏俄一味延宕，终未果行。十四年，苏俄外长齐齐额林又声明："蒙古共和国"有自治权，得执行完全独立的外交，中国不得干涉其内政等语。后来，苏俄乘国民政府与北京政府作战的时候，又将库伦政治完全把握在自己手中。沈变以后的蒙古，一方因中国无暇顾及，一方又因日本积极觊觎，所以苏俄把持库伦政治乃越发的严固起来了。

但是，苏俄虽能操纵外蒙政权，而外蒙内部的政治纠纷还是很严重的存在着。原来，"外蒙共和国"自廓清帝制派的旧势力以后，便发生了内部的政治纠纷问题。这种纠纷的敌对势力，一方是"外蒙国民党"，一方是"青年革命同盟"。前者是保持蒙古本身势力与拥护中国，后者是拥护苏俄。这两派相互仇视，极不相容。二十二年，"外蒙国民青年党"大举反苏的旗帜，于是库伦政情，极为骚动。苏俄旋派数万大兵，实行弹压，结果，国民党的势力大受摧残。二十三年七月十二日，库伦"外蒙共和国"举行十周年纪念会。苏俄特派加拉罕代表参加该会，并将苏俄国产飞机及自动车，赠与蒙古。"青年革命同盟"在举行纪念会的时候，又实行清党运动。结果，他们将国民党的分子，一律肃清，并将"外蒙共和国"的名称，改为"外蒙苏维埃共和国"。据日本边疆问题研究所的调查，"外蒙苏维埃共和国"与苏俄却订立一种密约。该密约的内容是这样：（一）"外蒙苏维埃共和国"由苏联政府的斡旋，加入第三国际；（二）加入苏联及第三国际之一切国家，须承认外蒙改组后的新国家；（三）在俄蒙两国内，不得有相互敌对之团体；（四）俄蒙两国，各设军事防御，如遇战事发生，两国须采一致行动；（五）"外蒙苏维埃政府"须承认苏联政府在蒙之邮电建设权；（六）外蒙政府必须援助苏俄远东之军事建设；（七）外蒙之建设权，特别是"张库铁路"之敷设权，必须让与苏俄；（八）俄蒙两国间之出入口税率，不得超过其他协定税率之上；（九）本条约在一九三三年七月批准，自该日起即生效力。从这个密约看来，库伦的政治生命，完全是握在苏联的手里。不过国民党之势力，还未全然溃散。现在他们在西库伦和霍达森一带，仍然继续活动着。该党现存的实力约有二万余人，将来是否能被"外蒙苏维埃共和国"或苏联所毁灭，尚未可知。

总之，就大体上看来，库伦政治完全握在苏俄手中。所谓"外蒙为中国领土"的话，现在委实是不无问题的。但自东北四省沦陷后，大家视线都集中在对日问题，至于库伦的政治如何，恐怕很少有人注意吧！

二　中日纠纷中的百灵庙

库伦为外蒙的政治中心，百灵庙则为内蒙的政治中心。自日本以暴力占领热河后，东蒙地方亦相继入于日本之手。于是我方向所统辖的百灵庙政治，也渐由日本所染指了。日本对内蒙的阴谋，极为险恶。去春风传日本顾问携某蒙王等七人，乘日本军用飞机，飞往长春。当时日本胁迫他们承认三点：（一）西蒙宣布独立；（二）东蒙各蒙〈旗〉制〔划〕归法王，不再属伪国管理；（三）伪组织以友邦关系，充分接济或扶植此项计划。中国方面见内蒙情势危险，曾派黄绍雄等大员急力宣抚，毕竟，内蒙是中国属地，而内蒙王公对日本的阴谋，亦未尝不怀有戒心。所以黄氏在百灵庙的积极活动，自然是不无相当收获。但是内蒙高度自治的要求，终久是由我政府认可了。

去年十月二十二日某机关情报载称"日人近以其'侵蒙二年计划'实行调员赴滂江、乌得、百灵庙等地，调查矿产、商业、农业、水田、狩猎、牧畜及工商等货物交易，企图确立其产业开发方针，伪国实业部，并在承德设立'临时产业调查局'，实行调查蒙古产业"云云。所谓"侵蒙二年计划"，就是日伪使内蒙脱离中国而从新扶植一个傀儡国之另一种企图。现在日人所修之朝承与朝赤两条铁路，以及赤峰、承德、多伦间之公路，在大体上已竟〔经〕竣工。正在赶修中之公路有三：一为承多线，计长五百二十华里；一为多经线（多伦至经棚），计长四百八十华里；一为多赤线，计长四百六十华里。此外，尚有多伦至张家口线、多伦至古北口线、多伦至宣化线等等。多伦之邮政、电话、无线电台等设备，极为完备。日本之所以积极经营多伦者，就贸易上讲，是很重要的。内蒙货物的出口有两处：一为由多伦经张家口而至天津，一为由多伦经赤峰而至葫芦岛。这两条贸易路线，都以多伦为中心。日本既得多伦，于是不能不发展后者而压抑前者。这是日本对内蒙经济控制的要害。但是日本为实现它的既定计划，除经济外，又不能不采用其他手段。去年夏季，日本为同化内蒙青年计，在我兴安区王爷庙地方，设立一个"兴安军官学校"，该校现有学生二百余人，预计二年毕业后，分别派赴绥远和察哈尔，组织军队以及胁迫蒙古王公宣布独立等等。去年八月间日本派僧侣四人，由东京赴百灵庙，以研究黄教为名，晋谒德王作实际联络的工作。本年一月四日关东军在大连举行会议。未几，察东发生事变。我方因不堪其压迫，遂与日方成立一种"大滩口约"。该口约的要点有四：（一）表示遗憾；（二）保证以后不再发生此类不幸事件；（三）以石头子、南石柱子、东棚子之线为界，互不侵越；（四）放还所收热河民团之枪械子弹。

今后中国应当怎样处置百灵庙的政治，委实是不可忽视的问题。据去年参加蒙古自治政委会成立典礼的何竞武氏谈，中国政府对蒙事应积极提倡者，厥惟移民屯垦一项。他说："内蒙人口号称五十万，而实际最多不过二十万。云王一族有人口六千，其中喇嘛即占一千人。以此推测，则二十万人口中，当有喇嘛三万余人，妇女占八万，老幼占三万；则内蒙壮丁至多不过六万人，以六万壮丁，而望其开发五六百万方里之土地，简直不可能。故欲武装察、绥，必须提倡移民，奖励屯垦，开发民利。借办一切民营事业，使察、绥人口增多，荒地减少，地利兴，而百废举，如此则察、绥之国防建设，始有实力，而不致徒然浪费也。"不过，这种办法是否能积极的和有效的实行，未始不有问题。可知在中日纠纷中百灵庙政治之前途，实在是令人忧惧的。

三　日俄冲突下的内外蒙

为什么日本要积极侵略内蒙呢？我们以为日本侵略内蒙的目标，除巩固伪国和进窥华北与新疆外，最主要的还在对俄作战一点。因此，我们在讨论苏俄之于库伦政治问题，以及中日之于百灵庙政治问题之后，又不得不注意到日俄两国在蒙古的冲突问题。年来，苏俄在沿海及"满"、鲜边境一带，已筑有极巩固的防御工事。在海路上，美国的阿拉斯加半岛与俄国的楚克池土半岛，已有军事上的联络；同时，在陆路上，俄国并拟建设贝加尔、阿穆尔铁路，与西伯利亚铁路相平行。美国的阿留申群岛的荷兰港，在实际上，已与俄属堪察加半岛之比脱洛巴夫洛斯克，联为一气。像这样的军事地位，真是何等的优越。日本自劫持东铁以来，仍惴惴不敢在满边一带对俄启衅的，就是这个缘故。并且，在满边作战，所损失者多为日方的实力；今如由蒙攻俄，则日本纵然失败，也是没有何等损害的。此外，大兴〈安〉岭一带，山路崎岖，在歼灭战略上，极感不便。由此说来，日俄在外蒙的冲突，实在是无疑问的了。

日本对外蒙的觊觎，由来已久。在哲佛时代，日本即利用种种手段胁迫外蒙，并使之脱离中国。不过彼时计不得售，所以它对外蒙，并没有发生何等影响。民国九年九月间，日本曾召白俄党魁谢米维诺夫参加大连会议，结果，由日本供给枪械，使谢率部与蒙匪结合，以攻外蒙。当时，哈尔滨日本军事委员会又与外蒙代表喇嘛桑图楞台吉边勒坤阿，密开会议，并订密约。十年，谢部攻陷库伦，日军官费力独多。虽然白俄与外蒙王公、喇嘛，曾弄一回外蒙二次独立，但后来苏俄势力进入外蒙，日本侵略外蒙的企图，又不得不变成泡影了。

但日本自占领满洲、热河、东蒙以及察东等地以后，对于外蒙攻进的情势，越发的严重起来。哈讷路不久即展筑至黑河，怀远、索伦等线亦将展筑至满洲里或海拉尔，这些铁路修筑的目的，无疑的是在包围外蒙的车臣汗部。日军占据多伦的目的，一方是在侵略西蒙，另一方也是在由此西进夺取张库汽车路，而给外蒙一种极大打击。去年八月间，日人向德王要求在滂江设立无线电台及华北医院。滂江是察哈〈尔〉省北部的一个重镇，距外蒙边境只有百里之遥，日人的用心，可想而知。今年一月的哈尔哈事件，就是日人从中作祟。可惜该事件没有扩大，而日人对俄冲突，也没有即刻实现。据最近报载：日军在索伦、多伦、呼伦贝尔等处的准备，极为巩固；果然，将来日军由张库汽车道进攻土谢图汗南部，或由呼伦贝尔进攻车臣汗部之克鲁伦，在事实上颇为容易。

目前苏俄在外蒙的准备又是怎样呢？这是我们所不能忽略的问题。据去年白云梯在蒙古调查的结果：外蒙现有飞机三百架，张库线内外蒙交界之乌德地方，驻飞机五十架。又据日本边疆问题研究会调查：苏俄派驻外蒙的赤军，共有五师团之众。这些兵配置的地点，为库伦、桑贝子、克鲁伦河左岸、黑新庙及乌尔顺河右岸、根盆帖、乌里雅苏台、次金司比、阿尔帖尼兹乌、汾在耳、买卖城以及西部"国"境线等处。蒙古军共有五万余人。最近该军的编制是这样：独立骑兵团一团，独立骑兵联队一队，国境守备骑兵联队及中队若干队，炮兵大队一队，溜弹炮中队一队，"瑞民呀"加农中队一队，装甲大队一队，飞行中队一队，自动车运输队一队。此外，苏俄在库伦设有大规模之兵营，可容一万八千人。又筑有大飞机场，共有飞机数百架，分驻库伦、乌得、克鲁伦等地。航空学校设在库伦，专门训练外蒙之航空人才。苏俄又招募外蒙青年三万余人，组成蒙古军团。外蒙与黑省之边境地带，蒙军布置甚密，每三四百步，即筑有俄式堡垒，各堡垒间掘成地道以相联络。可见苏俄在外蒙对日作战的准备，异常周密。

　　田中奏章中有云："日本欲征服世界，必先征服中国，欲征服中国，必先征服满蒙。"就现势观之，满洲、热河、东蒙和察东等地，都为日人所霸占，西蒙和察、绥等地，差不多也变成日本的势力范围。所余者只有外蒙地方，尚为苏联所把持。日本为完成"征服满蒙"之政策计，在情在势，一定是要进攻外蒙的。未来日俄的战争，是否将由外蒙问题而爆发，委实是值得玩味的事。

《行健月刊》
北平东北行健学会
1935 年 6 卷 4 期
（朱宪　整理）

察东外交问题与内蒙

林霁融　撰

一　大滩口约之后

日人进迫察东事件，虽然已于本年二月二日以和平方式解决了，但是我们认为察东的外交问题，仍然未能解决，因为大滩会议中日双方代表的口约，中国仅仅在军事方面制止日本前进，在政治方面，仍然保留着日本可以随时侵略的机会！所以我们认为：若想制止日本永远不再由热河西进，非得察东的外交问题得到圆满解决不可。

我们观测日本进迫察省目的，不外以下三项：（一）日本为了给他们制造的"满洲国"建筑西方的屏障，所以想在察东也开辟一个"非武装"区域；因为《塘沽协定》之后，仅仅华北的长城线以内是非武装区，日本虽然于一九三三年占领了多伦，但是沽源一带长城线以东的地方，仍驻有中国军队，因此日本便要驱逐这些地方的中国军队，用武力造成察东的非武装区域，以为热河伪境以西的屏障。（二）察东的多伦、沽源、独石口等地，是通外蒙、内蒙、察、绥以及平绥线各地的要道，所以他们急于拿过去，北可以便利对外蒙的军事，西可以向察、绥用兵或经济侵略（如收买察哈尔蒙盐一类的事），南可以沿沽源、延庆的大路直下康庄，切断平绥路而控制华北。（三）在察东特别区实行所谓自治，使内蒙自动的附日。根据以上三项目的，所以日本必取察东。大滩口约的结果，不但未能避免察东的危机，而且反倒使日本如愿以偿，完成了他们这三项目的的初步工作！所以，今后察哈尔省的危机更大了，内蒙的危机尤其大了，察东外交问题，也愈发的繁杂了。

驻热河的日伪军，于本年一月廿日起，即开始调动。伪第五军管区第一旅张俊哲，第二旅彭金山，驻古北口日军永见俊德，驻多伦伪警备司令李守信，及驻热河日军第七师团杉原部队之藤畸联队等部，均于一月廿三日起，与廿九军宋哲元部发生冲突，次日起双方并发生激战，结果杉原部队的司令藤畸阵亡了，而宋哲元军仍保持独石口长城线的坚固阵地。直到廿七日，双方冲突仍未见胜负，同时日本便因中国方面之请求，而允许和议，于是乃有大滩口会议之口约。

我们试看中日双方公布的大滩口约原文：

（一）中国北平军分会公布：据陆军第廿九军军长宋哲元报告，察东事件，经派第廿九军第三十七师参谋长张樾亭，率同随员沽源县长郭育恺、察省府科长张祖德，于二月二日前往大滩，与日军第七师团第十三旅团长谷实夫、第二十五联队长永见俊德，及松井中佐等，于是日上午十一时，在该处会商，口头约定解决办法如左：察东事件，原出于误会，现双方为和平解决起见，日军即回原防，二十九军亦不"侵"入石头城子、南石柱子、东栅子（长城东侧之村落）之线，及其以东之地域。所有前此二十九军所收热河民团之步枪，计三十七枝，子弹一千五百粒，准于本月七日，由沽源县长如数送到大滩，发还热河民团。

（二）日本关东军司令部公布：关于中国军侵入大滩附近

之善后处置，日华两国代表，于三日午前十一时，在南围子大滩南约五公里地方会见，两方以诚意交涉，正午即归和平解决。首由日本代表谷少将，述此次事件发生之经纬，反责在中国之意，并要求左列事项：（1）中国方面，将来应严禁兵士入"满洲国"，或威胁"满洲国"，或有刺激日本军之行为，并中止以密探侦察关东军之行动。（2）中国如违反上项誓约，而致日本军出以断乎自主的行动时，责任应由中国负之。中国方面之增加兵力，或企图增强阵地，日本即认为系对日本军之挑战行为。（3）中国所没收之"满洲国"民团武器全部应于二月七日前，在南围子返还日本军。宋哲元代表张参谋长，承认谷少将所述事件之经纬，表示谢意，誓不复有此种不法行为，并承认上列三项要求，且速实行第三项，热河西境肃清工作，于以终了。关东军则监视中国方面之诚意实行，并希望以此不幸事件为楔〔契〕机，日华友好关系，得更进一步。

在以上两种文字的口约上，我们固然不能完全根据日方所公布的立论，然而中国公布的文字上，也居然有"二十九军不再侵入石头城子、东栅子"字样，石头城子等地，本来是沽源县所属，这一来，便是由日人划入热河丰宁县了！在以上两种口约之外，还有许多惊人的材料，尤其能证明大滩交涉的结果是使日本如愿以偿。例如：（A）关东军在察东各地发表的声明，其中有云："关东军因迫不得已，近即将以驻热河省兵团之主力军及飞行机一部，扫荡在满洲国丰宁县下之宋哲元军，缘大滩（沽源东方约二十公里）附近，自关东军肃清热河以来，即受满洲国之王道行政，人民均想安居乐业之福，惟自昭和九年后半期以来，宋哲元竟以其部下之步骑兵大队，占领该地要点，更派多数保卫团于其前方，并设行政机关，驯致完全不能行使丰宁县之行政。本军前曾令驻当地机关及热河兵团，以极稳便之手段，数次要求华方撤退，华方比亦悟其非，以驻中国日军为仲介，向我方乞宽恕，并誓约于十二月三十一日为期，将此等侵入军及其他机关一律撤退。军当信赖华方之诚意，监视其实行。华方不仅不守其信约，更反于一月十二、三日在长梁（大滩西南方约十公里）附近增加骑兵队与迫击炮队及各种保卫团，至十五日更有华方骑兵一连侵入乌泥河附近，大施暴举，袭击我自卫团员约四十名，并将之虏至小厂。军鉴及以上状况，乃不得不本满日共同防卫之精神，采取军事行动，将宋哲元军由满洲国领土内驱出，而使满国行政恢复常态……"（按：此项声明，曾由中国军队获得，呈报当局，但报纸上并未发表）（B）日本陆军当局对察东事件，曾于一月十九日发表声明，其中有云："自三四日前，宋哲元军自察哈尔侵入热河省方面，因之关东军对宋哲元，谓若不迅速撤退时，则关东军即将断然之行动。在严重交涉中，但宋军有犯停战协定，恐惹起日军之怒，于己不利，或自动的撤退，但由其后并未迅速撤退，于是关东军遂至声明讨伐之意……"（C）日本外务省当局，对于察事，也曾于一月十八日夜发表声明，其中有云："此次之讨伐热河兵匪，为不得已之行动，即在华北接壤方面，不逞之徒，企图反乱，似有扰乱满洲国安泰之行为，故关东军以担当日满共同防卫责任之见地，当然企图肃清……"

　　在上面的特殊材料中，我们可以看到几项共通之点，就是：第一，日本国内外各当局，对于他们进迫察东，一律称为"讨伐热西兵匪"。第二，对察东各地，认为是热河丰宁县属，而沽源等地之驻守中国军队，他们竟认为是"侵入"的。第三，日方声明中，一致表示中国军队如能撤退，则日本军便可不采取断然处置。由以上各点，我们可以证明日本之进攻察东，实在是企图达到以上所说的三项目的！大滩口约之后，我们认为日本至少已经达到第一、第二两项了（即在热西制成屏障及便利对内外蒙、华北等地军事）。至于第三项目的——在察东实行自治，招致内蒙附日——则我们可于大滩口约之后的日人行动上，就能看到了。

大滩口约成立后，从本年二月初旬起，直到四月中旬止，日人在察东各地，仍然不断的活动，除侵略内蒙事略详见后文外，其前显著者，为下列两项事件：（一）三月六日，北平某军事机关据报：日伪军自占沽源东五乡后，近更有日人率领伪警，前往阿古庙全乡，及扇子梁、口袋营子、二十五号河东村、卡路、双井子、牛角沟等处，测绘地图，登记户口等事。又据报日人三好指挥官，在大滩召集东六乡民众开会，并有预拟呈文，劝令民众署名，向长春伪当局，请求将沽源平定堡划为伪满等情事。现该处虽无军事行动，但当地民众，以为日方仍将企图侵占沽源，大形恐慌。因之今春田地，亦未能如期耕种（按此事发生后，曾由北平军分会派外事组科长朱式勤，赴日使馆访高桥武官交涉，高桥表示，如有此事，决予制止，但迄四月中旬，尚未闻日方加以制止）。（二）察哈尔省民政厅长秦德纯，对日在察东活动事项，及李守信设立"自治行政长官公署"事（详见后文），于三月十五日，谈话如下："外传日在察东组设'特别区行政长官公署'，以李逆守信为'长官'说，查前此日方曾在多伦设伪察东警备司令部并任李为'司令'，顷闻'长官公署'即由伪警备部改组而成，其用意无非作进一步侵略察东之准备。"

上述不过是较为显著的两点，其他种种非法的举动，更是指不胜屈。于此，我们敢大胆的承认：大滩口约，并未能完全制止日人对于察东的侵略，更适予日人以加紧侵略的机会。因为在消极方面，它作了热河以西的屏障，使中国军队与已经丧失了的国土隔离，失掉了收复失地的第一线；在积极方面，它更作了日军的护身符，随时皆可西进！于是，沽源长城线以东的国土，名实皆亡了。而察东外交问题的重心，今后将移于长城线以西的各项纠纷上去了。

二　察东四县与内蒙

察东各县在地理上，是由东北四省通过内外蒙及察、绥、晋等省的要道，日人西侵内蒙，察东各县〈为〉必争之地，各县中尤以沽源、赤城、龙关、延庆四县为最险要。日本的"侵蒙二年计划"除了分期调查西蒙各地的矿产、农产、水田、狩猎、牧畜及商工业等项外，第一步计划，就是进取察东四县。兹将察东四县现状及其与内蒙关系，略述如下：（一）沽源。沽源县东西百二十里，南北亦百余里，全境面积共约一万二千方里，全县共划分为四行政区，按新编村制，一区编十二乡，两特别区间，共四十八编乡，八特别间。该县二、四两区，早已为日伪军占据，仅一、三两区，尚属我国管辖。距该县五十里之五十家村（一区辖）有日军常川驻防，东、西、南三郊距县二十里外，土匪即时常出没，致使我国驻军，无法进剿。大滩会议之后，该县境内日军，更较前增多，所以沽源全县，在实际上已非我有。我们在地理上早已公认沽源为察东的咽喉，现在呢，咽喉是被人家扼住了。（二）赤城。赤城县东西三十里，南北长二百余里，全境面积约一万方里，成为一斜带形。全县分四行政区，共八十余编乡，二百十数村落。该县在明朝时，即为一边防军区，清季仍袭之，康熙初年改设县治后，始有直隶小东农民前往垦荒。惟该县为汉蒙出入要道，如内地商人赴库伦、多伦贸易，及蒙人入内贩卖，咸必经过或集合于此，故商店栉比，不下数百余家。在交通方面，则仅有汽车路可与多伦、张家口等地相通，至如独石口、沽源汽车路，仅备军事方面之用。赤城现在虽然仍在我手，但是本县的粮秣、牲畜、房屋、林产等项，早已被日人调查得详详细细的了。而且最近日方更派有大批的专门人材，到各区调查，携带仪器在该县测量地形的，也数见不鲜。（三）龙关。龙关全县面积，共为二万八千方里，共分五个行政区。在交通方面，与沙城、宣化两地，均有汽车路可通。地方驻军及民间自行组织之保卫团势力尚极雄厚，所以日人在察东各县中，对此县亦极注意。（四）延庆。延庆全县亦分五区，面积为五千三百六十方里。此县日人已修有南北之汽车公路，北通多伦及热河的丰宁等地，南通平绥路的康庄车站，日方一旦有事于西蒙之时，延庆在军事上也占极重要的位置。现在该县虽极平靖，但是日方所派的汉奸，早已布满各区，地方情形，也很复杂。

以上所述察东四县，既与内蒙有密切的关系，则日人于侵蒙之时，先夺取察东各地，定属无疑的了！然而大滩口约之后，察东的许多地方，都被指为热河丰宁所属了，同时中国军队，也是不能"侵"入的了，于是，察东各县的命运，岂不要在察东外交问题的解决之下，而断送于日人之手吗？

其次我们再观察一下内蒙的危机：北平军分会委员何竞武，前于视察内蒙各地归来之后，曾发表一篇谈话，其中有几句道："外蒙和东蒙都已丧失，现在剩下的只有东蒙一部（锡林格勒盟）和西蒙，而他的面积，虽没有统计，大约有五六百万方里，要〈比〉察、绥、宁三区还大的。假定日本一伸手，我们的版图又缩小一大片，同时察、绥、宁三省，立刻就会骚动。满蒙帝国的酝酿已非一日，多伦的日本特务机关，殆无一时一刻不在设法垂手而得蒙古，现在日本已公然向世界宣布东亚领导权，世界公论且不顾，一个荒漠的蒙古，日本更随时都可攫为己有了。我这次奉派赴百灵庙参加蒙古自治政务委员会成立，在极短时间，和一二十位王公及各旗代表讨论蒙古问题，并亲自到蒙古村落中去考察，觉得现在蒙古已和九一八前夜的东三省有同样的危险，仅仅靠三十万

（蒙人自计）毫无自卫力的蒙民，来捍卫几百万方里国土，事实上决不可能。三年来过程，只听社会嚷着收复已失的东三省，却忽略了垂危的蒙古，一般麻木的人，且认为蒙古自治委员会成立后，蒙事就有办法，其实大谬不然。现在要保全蒙古，只有大家起来研究，用政府和社会的力量，来扶持蒙古三十万同胞来任国防前哨，我这次到百灵庙得到的印象，无一事不是惧覆亡之无日……"

内蒙的危机，由上面何君的一片话，便可以完全代表了。末后，我们再从内蒙的交通方面，来证明一下日人侵蒙的便利。

我们知道，内蒙的交通，以百灵庙为中心，南至张家口一千二百里，东至德王府（滂江附近）六百里，再东至多伦六百里，西及宁夏阿拉善旗约一千五六百里，北至外蒙边境，最远不过六百里，如许大的一块草原，无崇山峻岭，无巨流大川，除去长城附近阴山山脉及一二小沙漠外，其余地方完全可通汽车，每日行程至少可走五六百里。由此可知，日本要用武力攫取蒙古，只须在多伦集中一二百辆装甲汽车，一星期间，就蹂躏全蒙，完成其满蒙帝国之计划了。

现在多伦既已非我有，而察东各县，又失掉大半，我们假定一次，假如日人若将察〈东〉各县夺去之后，而实行由各〔此〕出发，侵逼内蒙，岂不比由多伦进兵还要快上一倍吗！

三　日人侵蒙事件述评

我们从事实上证明，大滩口约的结果，实在是日人由察侵蒙的开端。由二月中旬起，察东的日人，就开始种种的活动，兹分别叙述如下：

（一）日方因为内蒙自治政务委员会成立后，中国的自治指导长官公署，迄未开始组织，他们便以为有机可乘，先下手为强，在察东多伦成立一个"察东自治特别区行政长官公署"。他们的目的，在使内蒙对中国长官公署绝望，而自动的投降伪公署（这是察省府某委员所说的），同时北平的关系方面，也接到报告说：二月初日方将察东多伦及沽源二、四两区一带，划为"特别区"，并成立所谓"察东自治特别区行政长官公署"，该"署"设多伦，以李守信为"长官"，以日人中岛荣六为指导官，日前沽源东阿古庙全乡，及扇子梁、口袋营子、二十五号河东村、卡路、双井子、牛角沟等处，发现日人率伪警测绘地图，及召集乡民诱令署名于拟就之呈请伪组织将沽源平定堡一带，划归伪方，即该"公署"派员所为。其后又接到报告称：日在察东成立"自治特别区行政长官公署"后，各"听〔厅〕"、"处"具已次第成立，计设"参谋"、"指导"、"行政"三"听〔厅〕"，每"听〔厅〕"各设二"处"，统由日籍"自治指导官"中岛荣六指挥，察东长城线以东地区，及察北额尔纳哈旗、乌珠穆沁旗等，均被划入"特别区"内。

（二）在军事方面，察东地方，除日军杉原旅团已于三月中旬开回本国外，其永见部队，及伪第五军王静修等部，均在察东各地，配有极厚的兵力，而伪察东特别区警备军司令官李守信亦已于三月初旬，在多伦组设"司令部"，下设"参谋"、"副官"、"军需"、"军法"四处，并将察东伪军改编为两个支队，每支队共骑兵两团，步兵一团，任刘继广为第一支队长，尹宝山为第二支队长，李景珍、陈生、王振华、丁其昌等分任骑兵团长，鲁文广、景德泉分任步兵团长，该部在察东各地活动甚力，伪自治行政长官公署，并编卫队一团，由允山兼任团长。总计察东的日伪军，不下一万余人。

（三）在经济方面，日人最显著的动作，共有两种，一是调查工作，二是收买蒙盐。（甲）关于调查工作，日方所派遣的调查团，不胜枚举，据四月十一日报载：伪组织"实业部"所组织之"调查局"前于三月中旬，组设蒙古调查团，由伪实部嘱托官日人行友领导，偕同伪实部职员日人永井、义劳，翻译官代元正成，及调查局委员等共十一名，由锦州赴热调查东蒙各盟旗之产业经济，该团于本月三日已将热河各盟旗之产业，调查完竣，本月四日，即由承德取道丰宁赴多伦，将由多伦转赴西蒙各盟旗调查一切。其调查之标准为人口、蒙民生活、食盐、牧畜、水利、农业、工业及土地等项，该团并有测量人员及专门技术人员，在蒙调查期间为一个月云。（乙）关于收买蒙盐，日人从二月起即已开始。蒙政会秘书长德王的驻平代表包悦卿，曾于三月六日，公开发表日人侵蒙的事实，其谈话中有云："东乌珠穆沁旗郡王多尔济来平，系因日垂涎该处盐滩，近并派员赴该处视察，希图攫取，复在该方面设立无线电台，传播消息，故来平谒当局，请与日方交涉，设法制止。"又北平某团体接到察东情报，其中也有关于日人收买蒙盐的事实，据载：日在多伦成立"盐务署"后，近派大批盐商约五十余人，由伪署长大冢三次郎率领，经多伦赴锡林格勒盟之喇嘛营子、长都河等地，调查蒙古盐滩，意图强行收买，并勒令该各地蒙人，须赴多伦"盐务署"登记，否则即将以私盐论，实行没收等语。又据四月四日平、津各报载称：日方为收买察哈尔省蒙盐起见，前曾在察东多伦设立盐务公署，专司其事，日方最近复委大批日籍税吏，赴乌兰察布盟，及"察哈尔部"各旗，强行收买，并勒令内蒙各盐商，均须赴多伦盐署交纳盐税。关于此项事件，内蒙某王公，已据情呈报当局，惟以繁难尚多，故尚未开始交涉。现伪组织财政部，已于三月二十九日，在多伦发出布告，其实施蒙古盐务工作，内容共分五点，原文如下：（一）盐之输入，限于持有盐务机关发给之采运单者许可之；（二）依前项规定，输入之盐，均由盐务署赤峰支署，以所定之价格收买之；

（三）收买之盐，运至主要地点，以实际所费，供给盐栈，同时征收所定之盐税；（四）盐应令盐栈、盐店以公平之价格贩卖之；（五）输入之盐，不缴于"政府"，卖与"政府"以外者，或买自"政府"及盐栈、盐店以外者，或无盐务之许可，而贩卖时，均以私盐犯论，依法处办不贷。

四　新危机及我们的建议

内蒙的危机，因大滩口约的限制而益发严重，因察东四县的门户失守和日人积极准备侵蒙的事件，而益发有"蒙亡无日"之感。然而除了以上种种关系而外，内蒙最近又发生了一个"内在的危机"，就是所谓"蒙绥征税纠纷"了。

蒙绥征税纠纷的发生，我们姑无论其咎在谁，然而因此纠纷而影响蒙汉民族间的感情，乃是不可否认的事实。本年二月下旬，蒙绥双方因为蒙边设卡事件而发生争执的时候，绥远的军队王靖国部恰于其时开到蒙边的黑沙陀等地，防堵杨猴小部股匪，于是蒙方乃因此而引起绝大的误会。内蒙政委会的秘书长德王，也率领骑兵四百名开到蒙边布防，蒙绥征税纠纷，其时又忽由经济的争夺，转而为军事的对峙状态了。

其后各关系方面和中央当局，为了避免双方不幸事件的发生，曾一再努力调解，最终才于税务的本身上得到解决。解决的原则有三：（一）绥远省政府在蒙边所设之税卡一律撤消，蒙政会亦不设卡。（二）由甘肃经蒙边运往绥省之货物税收，提成拨给蒙政会。其具体的办法，即由蒙绥派员，在黑沙陀等四处，组织联合稽征处，所得税款，照三七成劈分。（三）特税部分，亦决定办法（按特税乃指某项特别货物征税而言，蒙绥双方争执的焦点即在此。其办法从略）。自从以上三项办法决定后，双方的争执遂告暂息，然而蒙汉民族间的感情，却又多了一层障碍了！

我们知道，蒙绥征税纠纷，乃是与察东事件同时发生的。察东的外交，未能补了内蒙的牢，蒙绥纠纷，又不啻使内蒙更失掉了一只羊。这种新发生的"内在的危机"，并不被当局所注意，乃是我们认为最可怕的事件！

观察蒙方对于税收方面所持的理由，不外以下两种：第一，因为最近察、绥两省的牧畜，时有越界入蒙牧放的情事，所以蒙方才设卡征收牛羊税，来维持他们的土地权和牧畜权。第二，蒙方因经费不足，乃拟以所征的税款，补助地方建设。在绥远方面，则认为内蒙设卡的地方，不尽是已经划入蒙政会管辖的土地。双方因为权限的争执，蒙人遂有被侵夺或被压迫之感，此项问题发生后，蒙人对汉人的感情，也就因之发生绝大的影响了。况且正当此时，日人又对内蒙施行"宣抚"和"调查"的工作，一方面利诱，一方面威迫，蒙方的负责当局虽然一致表示拥护中央，但是假如有少数人意念东向，这种内在的危机，便很容易由潜伏状态中扩大起来！

综上所述，我们知道察东事件和平解决后，内蒙的危机便开始发生，在外力和地理上我们既已证明了内蒙处境的危险，在蒙汉的民族关系上，又发生了这种不可避免的潜伏着的危险，可见今后的察东和内蒙，随时都有灭亡的可能了。

所以，最后，我们提出几个建议，贡献给我们的当局和关心边疆问题的读者：

第一，察东门户既已开放，然而察东四县以西的长城线内，仍然占重要地位，地方当局，至少应该严密的布置，免得侵略者用蚕食政策再向西进。长城以东所有变象的非武装地带，也应当再用外交方法，使其恢复原有状态。

第二，由察东多伦、沽源等地入察、绥及内蒙的日人团体，应当采取有效方法，加以制止。尤其是"察省调查组"、"蒙人宣抚班"，以及"内蒙调查局调查团"等团体，更不可使其深入察、绥及蒙地。

第三，在蒙古盟旗与地方县界不清的局面下，双方各宜避免无谓的争执，免掉恶化民族感情，而兼避免外人引诱的机会。蒙政会的本身，其在西部的土地（绥远已设之十八县除外），亦宜努力开发，改游牧生活为农业生活，并且应当努力繁殖人口，减少喇嘛，使二十万人的蒙古民族，于若干年之内增加若干万。不然，蒙古民族的本身，都有消灭的危险。

第四，政府应当从速成立内蒙自治指导长官公署，免得使中国的蒙古自治，反受日本人的指导。

第五，当局应对于察东和内蒙，在可能范围内，予以实力的援助，因为以局部的力量，是很难支持那种残局的！

五月一日

《外交月报》

北平外交月报社

1935 年 6 卷 6 期

（李红权　整理）

绥远察哈尔盟旗改隶问题

作者不详

  察十二旗改盟，旗民曾两度呈请中央各主管院部，中央以该旗地方设立县治有年，办理行政效率，尚称完善，对旗民请求改盟事，均予批驳，现该十二旗民仍继续请求中。绥远五旗要求归察，该旗旗民愿将旗地让绥省府备价购买，现此事由察、绥双方在商洽中。绥省府主席傅作义前曾访宋哲元商谈此事。察省辖境，计有八旗四部，该五旗地原属察省，前因阎锡山将冀省宣化等十余县划归察省，并将该旗等地亦划入绥远，该旗旗民以地虽属绥远，而人事关系与察省诸旗往返频繁，近遂要求改隶察省云。

《新亚细亚》（月刊）

上海新亚细亚月刊社

1935 年 9 卷 6 期

（朱宪　整理）

蒙政末议

邢事国　撰

引言

蒙古有内外蒙之分，尽人皆知。自民十库伦失陷以后，外蒙之宗主权，渐非我有，浸至名存实亡。内蒙有东西盟之别，其精华所萃，尤在东盟。顾自东北事变后，哲里木盟因之不保，继以热河失陷，而卓索图盟、昭乌达盟亦随之俱去（以上为内蒙中之最富庶者）。蒙古之大部分，丧失殆尽，现今硕果仅存者，不过以前十之二三耳。吾人尝闻"重新疆，所以保蒙古，保蒙古者，所以卫京师"，此逊清筹边之策略也。而今昔情势迥异，蒙古成为欧亚逐鹿之区，而其位置，又为我国防之第一线，其重要，其危急，甚于曩昔者，不啻千百倍焉。嗟呼，破碎河山，仅余兹土，而蒙古问题又波澜迭起，设不再事团结，未雨绸缪，行见炎黄后裔，将有终此沉沦，永难自拔之一日矣。著者于役瀚海，数载于兹，目击边患日深，时切危亡之惧，并尝考查症结所在，冀贡其一得之愚。爰将蒙事之荦荦大者，粗陈概略，以为将来整理蒙政之一助，至于详细策略，因篇幅及事实之限制，容俟异日，尚希海内明达，有以教之。

治蒙政策之纵横观

历来对蒙政策，每因时代之推移，而异其趋向。其目的在求苟安，其手段止于羁縻，以至一误再误，而使同一民族，几如秦越之不相关，不能谓非昧于我国民族历史上之系统者矣。又历来所采之政策，往往助波推澜，使汉蒙间之猜忌，愈积愈深，可慨孰甚。兹将各时期所施之政策，略述如下，借觇其错误所在。

自三代以降，我国北方，虽屡受强胡侵略，顾不为深患。彼辈稍有所获，辄自引去，且数十年不一遇。又以其居止无定，从未加以注意，故书简所载，亦多略而不详。彼时之状态，盖处于混杂之中，更无所谓政策也。

迨乎秦始皇统一寰宇，素以武力自豪，其对外政策，惟以征讨为能事。虽深知劳师动众，无益于边事，而又不肯示弱于人，以自隳其威信。但鉴于攻防之不易为力，乃筑一长城，置戍为守，实行封锁之策，当时虽稍获安定，然汉蒙情感，于兹顿生畛域之见，以形成日后对峙之局，莫不因此消极思想之贻害耳。

汉时，匈奴生聚于漠北者渐众，单于之辈，复多骁勇善战，控甲十万，其势大盛，颇有南窥之势。至汉武帝时，鉴于以前之庸弱不振，致使匈奴坐大，为图一劳永逸计，不惜兴举国之师，以谋镇定。相持多年，迄无大效，卒乃遣使和亲，以通婚媾，而示怀柔之意。彼时，汉蒙关系，渐臻亲密，惜未能发扬光大，阐明汉蒙统一之意旨，确立国家大计。复因为时无几，国内政局嬗易，致使该项政策，不克垂诸永久耳。

唐代幅圆广袤，版图所至，远超前代。非特于漠北各部，著有建树，而于西域及西藏诸邦，亦多方绥抚，边政之制，于焉渐备。太宗雄才大略，深知疆圉之统御匪易，而边区人民之庞杂，习状之相异，决难永久相安，故拟移民殖边，而以该处土著从事内迁，无论为蒙、为回、为藏，咸使其同聚一堂，以谋融和之道，俾黄帝之胄，得以统一图存。事本易行，奈朝臣魏征，谬于成见，力梗其议，致事败垂成，殊足惜耳。

元室肇兴，入主中原，长城之效用，至此已不复有存在之价值。明承元统，重以武力为前驱，边备之严，无与伦比。且大军远征，即今之呼伦贝尔，亦曾为戎马骋驰之区。惟耗费过多，民力大伤，终明之世岁无宁静。迨至清朝，鉴于已往种种失败，始知改弦更张，为不可缓之事。乃以宗教之说，进为愚弄之计。其结果，遂化骁勇为柔慈，以泯其好杀之念。优遇喇嘛，使乐于就戒，而减其生殖能力。终清之世，果开历代未有之承平，无奈使蒙人智识永锢，民众锐减，积弱至今，几一蹶不振。因是强邻生心，岌岌可危，有如今日之局面。谁实为之，孰令致之，是均为偏狭之帝王思想，有以造成之也。我人当疾首痛心于是项政策之恶毒，必尽其全力以驱除之也。

民国以还，中央鉴于五族一家之义，亟拟将民族间历来之谬误，一扫而尽，俾无畛域之分，通力合作，以奠国家于强盛之基。凡足以麻醉蒙民之政治，靡不为之一一解除。如破除迷信，提倡教育，且进作种种设计，以谋纳于正轨。实行之后，收效甚微，而一部分蒙民，甚且加以阻挠，盖积重难返，抑且善恶莫辨矣。政府廉得其情，为催其早日完成计，乃特派徐树铮为宣抚使，入蒙经营，限令执行。徒以为时不久，适值直皖战起，不克竟其全力，终无成效。论者谓其手段过于压迫，致激成外蒙二次独立之动机，实则当时背景甚多，决不如外间所传之简单。倘以成败论事，岂能尽得事理之真耶。

自徐氏而后，国内变乱时起，政局益呈阢陧之象。对于蒙事，已不复能专注。虽有计划，徒托空谈，仅能就其现状，勉为维持，只求相安一时，于愿已足。致渐有生机之蒙政，复呈萎顿之势。中央既抱此方针，凡事依违两可，不免因循而趋于敷衍一途。盖事实上内部自顾之不暇，对边省自有鞭长莫及之感。蒙民未悉此中真意，以为中央殆置蒙民于不顾，其稍趋偏激者，渐生离贰之念。外蒙既终至沉沦，而内蒙之纠纷亦正起伏未已。今者外患日深，边事日亟，设能熟审蒙情，动中肯要，未尝不可于危急中寻求应付之策。惜以前之主蒙政者，对此殊不注意耳。

汉蒙民族一源之考据

汉蒙人民，源出一系，自轩皇以降，均繁殖于西北高原。其后孳息不已，人口日繁，乃分沿黄河而下。南徙者为汉族，北徙者为匈奴（前节所谓强胡），即今之蒙古也。匈奴之先为夏后氏后裔，出自淳维（原为黄帝三子少昊之后）。淳维于殷时奔居北方图腾社会，乃游牧于斯焉。中间曾有多时阻隔，不相问闻。至汉时，始为之一变，复通婚媾，宗室既互为嫁娶，而民间亦盛行一时。迨元室入主中原，汉蒙间血统之关系，更难分解矣。故汉蒙人民之系统，无论如何分辩，在事实上固为不可分离者也。今乃误其源委自外生成，不亦大可嗤乎。详究此项谬见之造成，厥为下列之二因：

一、史乘之错误　自周室分封诸侯，即裂地以守，王室之尊严最著，所谓四海之内，六合之外，皆抚而有之。其为封典所未及者，咸以夷狄目之。顾当时之蒙古，虽为夏侯〔后〕之后裔，惟以远居朔方，地势悬绝，闶于招抚，遂至铸成大错。及秦代励行封锁政策，汉蒙交通既被杜绝，而始皇焚书坑儒之结果，所有史书之尚堪索按者，又被消减殆尽，遂至视蒙人为化外，目为非我族类。后之学者，更未尝深究，信笔书来，一若成为定论者。相沿迄今，我人已大多不自解我国民族固有之历史，而蒙人更无从自辩矣。卒乃另立异说，有《元史》之误。

二、《元史》之误传　在汉人既目蒙人为非族类，而蒙人亦惟有自立其说，以示其出处之不凡。据《元史》所载，则谓"其先代发源于克鲁伦河畔，由狼、鹿之交感，生而为人，颖悟异常。积十传至成吉斯汗，其母孀居，夜梦金甲神入室，寤而有孕"云云，自是无稽之谈。尚有其他类是之传说数种，亦属谰言。推其用意所在，不外游牧时代，以狼鹿为雄伟之兽，含有重视之意，乃故为假借。至于因梦受感，历来与此相似之传说，亦数见不鲜，无非故作神异，以示帝王之出处不凡，而坚蒙民之信仰耳。

汉蒙人民隔阂之由来

因种族系统根本之误解，固为我国人民间隔阂之唯一原因，而文字与语言之不同，情感自难沟通，风俗及习惯之悬殊，乃生鄙视。益以汉商之刁恶，官吏之横暴，互为因果而助长之，此隔阂之由来也。

一、由于风俗、语言及文字等之关系　蒙地因远绝中土，气候严寒，饮食起居，不与内地相类，其风俗自随之而异。又以方位之关系，地高土厚，发音重浊，字韵不同，语言亦异。至于文字，则截止元代初期，尚习用汉文。各史虽无确定纪载，但考诸近年在外蒙发掘之成吉斯汗铁军令，其铁牌上镌制之令字，固汉字也。而同时宰相耶律楚材之神道碑，则以汉文书之，更为显然。其所以必欲令八思巴僧制成蒙古文字者，一则为求读音之便，一则显示其立国后之光荣耳。

二、由于商人之欺诈　蒙人秉性诚朴，不事贸迁。一切日用需要物品，无不仰给内地。汉商之狡点〔黠〕者，察其可欺，视为利薮，辄假经商之名，前往此漫无限制之蒙地，故使狡狯，巧取豪夺。得资既厚，其余相引成习，莫不师为故智，而蒙民不堪其压榨矣。夫经商固在求利，然必取之以道。明知为蒙人日用不可缺之物，故为居奇垄断，以满其无餍之欲壑。不知人之爱惜财力，莫不相同，今乃必以什百倍之利，以吸收其仅有之余剩，其结果直等于商业之自杀耳。以是汉商之地位，渐被外商起而代之，欲求再振，而不可得。既深滋蒙人之痛恶，几视汉人尽为不义之徒，而不可相与者矣。

三、由于官吏之横暴　以前因蒙地交通不便，由政府选派大员驻节其地。虽曰秉命中央，顾政府对于边情殊为茫然，凡有条陈，大多以疆吏之意旨是从。故一切设施，每以个人之意旨为攸归，几如独断擅行。所谓大员者，则唯利是图，否则安肯舍内地之优游，来此荒漠之区哉。其宅心既已如此，而又以中央顾虑难周，益逞其鱼肉之手腕。弊窦丛生，难以尽言。至清季末叶，特为尤甚。库伦办事大臣一缺，视为美差，当其简放之时，例须报效巨款。故其为政也，犹如商人之筹计盈绌，欲其稍顾蒙众之疾苦，岂可得哉。剥削之深，恐蒙民至今犹有余憾焉。

蒙政机关之缺点

蒙政机关，岁费巨额款项，而效率低微，建树甚少，颇为一般所诟病。其主因虽由于国是之未定，致对蒙政策，未能有积极之作为。然另一面则因政治系统之复杂，致事权不一，与夫人才之缺乏，均足为蒙政发展之障碍。

一、政治系统过于复杂　现时蒙藏委员会，虽为中央处理蒙政之最高组织，然其政令是否能完全执行，或行之是否有其他妨害，颇成问题。据调查之结果，过去对蒙政令，实行者极为有限。倘属单纯之蒙事，或则限于经济，或则格于情势，而稍涉复杂之汉蒙关系，则更受多方牵制，实行困难。盖同一地方之管辖权，有兼属于盟旗及省县两方者，每因利害关系，或则互为推诿，或则互为攘夺，故其纠纷，靡有已时。他如政令之传布，文件之往还，几经辗转，大多失其时效，欲收指臂之功，岂可得哉。

二、缺乏真实人才　　蒙政内容既如是之错综复杂，设详为规划，尚恐挂一漏万，况草率从事，不加深究，其何以能收治理之效哉。须知研究蒙事，必先详其历史、政治、风俗、人情等，而于民族之观念，尤须特别清晰，否则必蹈以前之覆辙。然亦非仅托空谈尽于纸上之研究为已足，必先不辞劳苦，亲历其地，通其语言，对一般蒙人有相当之认识，庶或有一得之献。日、俄及欧美等国，反时有专家前往研究，故其所知之情形，反较我人为详尽。中央虽有奖励内地人士赴边区服务之办法，然未见实行，致有是项志愿者，未易致力，徒呼负负而已。反顾在蒙事机关服务人员，未必对所职感有兴趣，而加意讨探。即以蒙藉〔籍〕职员论，似宜因切身之利害，于蒙政特为努力，但事实上则亦未能尽然。故为蒙政前途计，于真实人才之培养，当注意及之。

蒙古内部之骚动

近年以来，蒙地文化渐开，智识大启，已不若前此之闭塞。蒙古青年多来内地求学，受新教育之薰陶，图强之念与日俱进。顾环境之束缚，依照〔旧〕如故，时思有以解除之。因此项思想之激荡，以及权位及系统观念等等，蒙政乃从此多故矣。

一、思想冲突　　因思想之演进，乃有新（青年）旧（王公）之不同，而新派中，复有急进与稳健之分，旧派中，亦有保守与进步之别。凡此，或已为我人所习见而未加注意，或则尚隐伏未发，滋蔓堪虞。中央虽曾努力调解，终因利害关系，不免顾此失彼。青年所提倡者，未必为王公所嘉纳，王公所引为满意者，未必为青年所共谅。此中情形，颇有关于蒙政之筹措，爰为分述如左。

甲、稳健主义　此辈青年，鉴于国家大势，与蒙古今日之现状，虽其自强心理，极为坚毅，然深知当此风雨飘摇之际，决不能再事纷争。故泯除其意气，凡事均由实际着想，拟以和平手段，先求生活之改进，教育之普及等等，以谋将来渐次改善之准备。此等青年，大多在内地求学，观感所及，自较正确，实为蒙古青年中最有希望者。

乙、急进主义　此辈青年，虽同具有图强之意旨，但其思想过于偏激，故所采步骤，大异于前者，对于蒙古实际是否需要，反不计及。希望既奢，而其措置，乃有躐等之嫌，大有一蹴而成之慨。对于我国民族之构成，根本不解其意义所在。如曩昔呼伦贝尔青年党领袖郭道甫辈，盛唱"大蒙古主义"，其贻害国本，危及民族者，岂浅鲜哉。

丙、保守主义　同时处相对地位之王公等，因其一己之利害，每思维持其现状，俾垂诸永久，为其子孙万代之业。对青年之措置，自感不满，乃不惜用强力以镇压之，凡足以助长蒙古进化之道，多被嫉视，以达其闭塞之目的。我人虽明知其所代表者，决非为全体蒙民之真意，然因其地位之特殊，一时亦未便遽加取缔，故蒙政进行之窒碍，大多造端于斯。

丁、进步主义　抱此项主义之王公等，其感觉较为明敏，深知大势所趋，实难抑止，纵能镇压于一时，终必激发。呼伦贝尔事件，可为殷鉴，故不若共同合作，尽量吸收此辈青年，以复兴垂危之蒙古。是以前此蒙古大会，竟有若干王公自愿废除王公制度者。最近如西盟阿王等，将其本旗土地，分给蒙民，或垦或牧，悉听其便。若是至低限度，亦可由游牧进而为定牧，渐达于垦植之途。国家人民，兼蒙其利，卓见远识，实难多得。倘各旗王公咸能闻风兴起，于蒙政裨益良多矣。

二、权位争衡　蒙古因地区之不同，故其进步亦有先后之别。大率接近内地者，进步较速，因而人才亦夥。即以东西盟论，则以东盟为较佳，而尤以东盟科尔沁旗为独盛，几为蒙古人才之集中点。盖其地接中土，于逊清中季，即事垦植，贸迁既盛，文化大兴，故凡中枢之掌蒙政大权者，几莫不尽属该旗人物所相互汲引。惟其势既盛，地方思想，渐有不可破除之慨，以致引起他旗之不满，斥为把持蒙政，而时呈抗衡之势。同时其同一旗间，亦每因利害之关系，与夫所见之各异，时起龃龉，此复杂之内幕，愈演愈烈，终于有爆发之危险。

三、系统观念　蒙旗各长官，有因出身之系统不同，而时呈高下之分。有出自宗室者，为成吉思汗之嫡系，其自视甚高。有非宗室者，则为成吉思汗之臣属，不为一般所重视。而其补官之来历，或系世袭，或系擢升，有时两者之间，不免互存歧视，其思想亦因经历而各异，似有分野之势。迄至最近，此风始稍杀矣。

蒙古自治评议

蒙古地方自治政务委员会，业于去岁宣告成立。其组织及条例等项，亦经中央确经〔定〕公布。以前种种，兹暂勿论，姑就现在情形而言，其自治之意义，或犹未为国人所共晓。当时国人虽曾加以注意，顾综合各方言论，每多抽象之见。著者为详尽其内容起见，特于蒙政会成立之日，前往参加，经蒙友推诚相示，并益以数年来研究之所得，关于自治问题，乃有如下之论断。

一、自治解释　内蒙既有土地与人民，则偶因一时之环境，而改易其政治趋向，原无足异。惟以其土地之大，人民之少，政治之不完备，一旦而遽欲自治，论者颇以为有躐等之嫌，而非适合于现今之蒙古。此为曲解自治者之见解，徒闻其名，不察内容，视为蒙古自治殆欲脱离中央而另有企图者。此种论调实未获事实之真象。盖所谓自治云者，乃中央以行政权之一部付于地方，以促其政治之改进，俾免受多方掣肘，且其所订之自治法，纯为该地之地方行政，与政府之主权初无丝毫损害也。

二、自治动机　当民国二十年四月，国民大会时，有特许外蒙自治一案，彼时内蒙人士，颇有表示欣慕者。惟以当时国内外情形颇佳，对于蒙古各事，亦能多方照顾。迨及东北事变，继以热河失陷，而锡盟各旗因接近热边之故，时被敌骑侵入，侦察形势，勘查矿产，为所欲为。蒙民既不遑宁居，而中央又鞭长莫及，无能为助。锡盟副盟长德木楚克栋鲁普，深惧覆亡之无日，乃联合云王及各方青年等，倡为内蒙自治之说。一则以谋内部之整理，一则以谋外祸之抵御，其旨趣当极纯正也。

三、自治之真正原因　顾以上所述，谓为自治之唯一理由，则尚未是。夫蒙古以风俗情形之不同，政治之设施，自不能强其与内地一致。又因蒙政机关系统复杂，每遇较大事件，倘系取决于中央者，函电相商，非多时莫办。其细微者，更无论矣。以是而欲求蒙政之亟亟改进，似颇困难。故不惜改弦更张，俾于政务之施行，获得绝大之便利与效能。是为要求自治之又一原因也。

四、对自治怀疑之由来　凡抱此项疑虑者，均因对于自治动机，及其原因素未详悉。又适当华北政局未稳之际，突有内蒙自治之举，全国人士，不无惊讶，咸认为或有其他背景。其目标既集中于此点，对于真意所在，反不加研究。同时报纸纪载，多因远道传闻，颇有揣测之词。时适热河亦有名德王者（字松平），曾乘飞机赴长春，于是更以讹传讹。迨百灵庙初次会议时，传闻有日人混迹其间，实则时有日僧名川上者，为班禅大师信徒，以购买经典，道出是间，乘便拟参谒班禅大师。至于其是否有为而来，抑或适逢其会者，殊难定论耳。

夫欲凭借外力以图一时之逞，终必无幸。史乘所载，不鲜其例。所谓赵孟之所贵，赵孟能贱之。聪明如德王等，当不致出此下策也。顾必欲于此时倡行者，盖取其易得政府之注意与允诺耳。故凡事有真正之认识，始不致为流言所惶惑。蒙政会虽成立多日，而国人疑虑尚多，未尽焕然。设此猜忌之心一日不去，则将何以通力合作而收来日之效哉。故不怠详为叙述，以解国人之疑惑焉。

五、组织商榷　蒙古自治政务委员会既告成立，其组织法亦经公布，著者不揣简陋，深愿以一得之愚，略贡微忱。著者对于蒙古自治，夙具同情，前曾著有《外蒙自治之研究》一文（见《大公报》二十年六月九日），论之綦详，且更作自治之设计，与此次内蒙自治需要条件，颇相吻合。惟对于设置大员一事，稍持异议。盖政府对于蒙古既有确定之施政方针，本可按序以进，既令蒙政会负其全责，似无复设置大员之必要。余以为蒙政会之组织，其委员人选，应无论其为汉、蒙而以孚众望，具才能，且有志于边疆事业者充之。今若以蒙政会之组织，其委员人选，尽为蒙古人，故不得不另设长以为指导，此于政治原则，于蒙人心理，全不相合，其结果未必能收实效。深愿当局诸公，于此点详加考虑也。

六、指导长官应注意之点　若政府必〔须〕认为有特派大员，以辅蒙政发展之必要，则于人选，必须特别注意，盖名为指导，实秉重命。蒙政之兴废，即国家之安危，允宜以身负责，黾勉力行。必须切实考察，洞悉症结。蒙政情形，以外表观之，似极简易，而内容之复杂，既如上述。关于建设之计划，竭精殚虑，尚恐不及。故指导长官必须专任，勿使兼职。其驻节地点，应以蒙政会所在地为准，盖百灵庙地处内蒙中心，与各旗距离最多不逾千里，或以车行，或以骑乘，均极便利，而于蒙政会每月例会之时，必须参加。因平时朝夕晤首，自易沟通一切。政府纵因一时无适当人选，或以事实上之便利，不得不以其他长官兼充，亦宜使常临蒙地，勿令仅遥领虚衔已也。

七、自治瞻望　内蒙自治原因，既如上述，其将来能否宏其旨趣，发扬光大，俾政府稍舒内顾之忧，此诚为我人所亟欲知者。或者有人以为此项自治，其内容过于驳杂不纯，一若其前途颇为暗淡者，实则大谬不然，何以言之？

余尝以为汉蒙情形，虽有时而隔膜，然苟经一度之纠正，即不难完全冰释。至于蒙古内部之冲突，向所视为隐忧者，今则因王公等，既得有团结之机会，不难一致合作，以共努力于地方之种种建设。一方因自治实现，既予青年以同情，并赋以相当工作，思想之冲突，当亦可以缓和。蒙古内部之纠纷，既获解决，而汉蒙间由此而引起之隔阂，亦可为之冰释。

纵令现时蒙政会之初，一切建设，或不免稍形迟缓，但若指导长官能规划督促，循循诱掖，使其通力合作，实不难有亟亟的进步，果能无分汉蒙，一以国是为前提，则地方事业之进展，当有莫大之希望也。

蒙古垦植问题之研究

蒙古垦植问题，论者众矣，听之熟矣。附和者有之，抗议者有之，莫不言之成理，持之有故，几成为现今唯一之难题。政府亦踌躇莫决，于政策之施行，殊多妨害。余以为凡事不能尽悉其害者，决不能尽知其利。综观以前之议垦植者，颇多偏见。或则纯属理论，仅就其所到之地，见水草丰茂，以为可种。或则谬持成见，以为天寒地瘠，不宜耕种。类多以此例彼，谓为得其概要，遂至造成种种谬误。在我人则仅见其利，未顾其害。在蒙人则正反是。以此而欲求双方之共趋同轨，岂可得哉。

蒙古地方自治政务委员会之宣告，对于垦植，限制綦严。兹为摘录如下：

> 第五条　各盟旗现有牧地，停止放垦以后，从改良畜牧兴办附业，以发展地方经济（但盟旗自愿垦植者听）。

> 第八条　蒙旗地方，以后不再增设县治或设治局（但遇必须设置时，亦须征得关系盟旗之同意）。

蒙人之不愿垦植，已情见乎词。今设以此为倡，得勿大背蒙情乎。应之曰否否。我人试详审此项意见，非昧于事实之误解，即为图一己之私利。原其用心，大有在使蒙民长处于浑浑噩噩之中，以永维持其优越地位之嫌。余敢谓是项见解，亦未尝为蒙民谋，更未尝为国家地也。近如阿王等自愿将其旗地分给蒙众，俾使垦植，以趋于进步之途，由此可证我言之非诬矣。

尤有进者，我人初非欲将蒙地尽成垦区，不过以其较为重要区域，使从事垦植，俾渐成繁盛之市镇，以促进蒙古经济之发展。我人深知，现时蒙古所需要者正多，如畜牧之改良，教育之普及等等，莫不为当务之急。殊不知事有本末，凡百肇兴，尽以垦植为起点，则安可舍本而求末哉。我人亦知事有缓急，急则治标，缓则治本。垦植之议，似颇繁难而迂远。宁知畜牧之改良，教育之普及，非三五年所能立致，而垦植之兴，其效当年则见。孰急孰缓，了然若揭矣。垦植为蒙古安危所系，为国家大计所在，岂可再事因循，犹豫莫决。兹略述要点，以备参考。

一、垦植之利益　垦植之利，远非游牧所能及，特蒙人不察，以为牛羊繁孳，其乳酪足饮，筋肉足食，蹄角之用，皮毛之利，均取用不绝。殊不知蒙地如此之大，而资以生存者，仅有少数之人民。反视内地各省，有面积小于蒙古十倍，而人口之数量有十数倍于蒙古者。其所以然者，盖由于地之未尽其利也。据精确之农业统计，以同一地质，与同一面积之土地，一事畜牧，一事垦植，其纯益之计算，垦植之利，恒数倍于畜牧。况其影响所及，复能使社会国家日趋强固也耶。

二、保持游牧之谬见　保持游牧之原因，固由于传统观念之故。倘在上者能加以掖劝，晓以利害，未尝不可改其习惯。例如东盟之渐次化为垦区，并未闻有如何之反感，而该处蒙民之程度已提高甚多，且生活亦颇裕如。或有人以为世界有三大牧场，一为澳大利亚，一为加拿大，一即蒙古，故每引此自解，以为保持游牧之理由。殊不知上述二地，其游牧完全为国营之畜牧性质，其从事畜牧之人员，尽系雇佣，而非为部落式之游牧。故于人民之教育，社会之进化，殆无妨害。其在国防上之情形，尤非蒙古所能比拟也。

三、蒙人不事垦植之理由　蒙人之所以不事垦植者，每谓不习耕稼。然则当我人之由游牧，而转变为垦植者，亦岂均索习之耶。或又谓气候严寒，雨量稀少，地质硗瘠，似为最大理由。然当热河全境，卓、昭两盟及哲里木盟等处，未曾开垦之前，亦未尝不以此为虑，迨人口渐繁，遍植森林，防风节水，凿井引渠，以利灌溉，广为施肥，以厚地力，即硗瘠不难化为膏腴。凡此种种，初非空言，按之学理，征以事实，俱有足验也。余曾数临东西各盟，深知西盟各地，因超出水准过高，且地多砂砾，不能与东盟相提并论。然低洼之地，伏流水滨等处，尚可择其宜于垦植者，而开发之，初非一概论也。

四、蒙人对于垦植之怀疑　蒙人对于垦植一事，多怀疑虑，甚有谓为蹙其生计侵其土地者。故于未垦之区，禁止进行，既垦之区，有重改牧地之议，蒙人之不惜背道而驰，盖亦持之有故。原蒙地开垦之初，不能无恃于外来客民，举凡耕耘之法，布种之术，咸承其教，终以非所向习，收获无多。倘稍经灾难，如年岁荒歉、盗贼骚乱等，反觉不如游牧之为愈。客民察知其隐，乃施觊觎，既结纳官府，以行鱼肉，复勾引地痞，互为狼狈，卒使蒙民不安其居，弃地以去。行之稍久，耕地日以广，牧地日以蹙，垦植所得之利，蒙人不与也。因是蒙民生计渐感压迫，遂误为汉人心存攘夺，抱怨无穷。因无知客民之自利行为，使蒙民对垦植事业，加以怀疑，间有明知其利，而亦绝不愿进行，殊为可惜。

个中情景，非久居蒙地者无以言之。曩者余旅次呼伦贝尔时，有蒙友某君，积学多闻，时相顾从。余以蒙人每事保守，故步自封，执以为询。据其解释，汉蒙人情，初无二致。顾种种有利之倡导，蒙人未尽效法者，实有故在也。例如蒙地初无房屋之设，仅列天幕，以避风雨。入其内则光线暗淡，空气污浊，诚不合卫生矣。今有人也，执蒙人而告之曰，我将为汝谋建设，乃去其天幕，鸠工庀材，及期而成，果美轮美奂。顾入居之者，蒙人不与也，反并以前张幕之地而无之。然则彼又何必多此一举，宁保持旧状之为愈也。君不闻一人向隅，满座皆泣之语乎。五族一家之义，君将何以教我耶。余沉思有顷，无以置答，深悟某君之意，诚慨乎其言之矣。

五、蒙古垦民之两重负担　　上节所述，为蒙民垦植能力之不如人及受客民之凌压，因遭失败。然东蒙各地，亦有恃其土地之肥渥，耕耘之勤奋，得有良田百顷，尽堪温饱而有余者。惟开垦有年之地，一经设为县治，其垦植之蒙民，对国库既年须输纳地丁、赋课等税，而于旗署，仍须分担差役、征调等义务，以同一国家之农民，而独令其肩此重负，岂国家奖励垦植之道耶。蒙民担两重税务，年值丰盈，尚可勉为维持，设遇天灾水旱，鲜有不流离失所。致已垦者，深感痛苦，未垦者，视为畏途。明乎此，则知蒙古垦植之阻碍，固在此而不在彼也。

六、强迫划收垦区之不当　以前有若干旗地，如哲盟之通辽〔辽〕一带，当局对于垦植，既不预事提倡，与以便利；经蒙人自行垦植之后，几费苦辛，始蔚为农产殷盛之区，地方当局不特设卡征税，复巧立荒务局名称，将是项垦区，视为官产，重行丈量。其所执之理由，莫非为免除地界之纠葛，确定地主之权利，似甚名正言顺也。顾当时虽勉强获得王公之同意，但一切措置，大多不令参加，上下其手，任意核算。结果王公等所得地价，仅百分之一二耳。有时并此少许者，亦靳而不予。至于为蒙民留出之生计，地既有限，且多为另行指定之硗瘠之区。其已经垦熟之地，反借故划出，以便私相授受，从中渔利，弊窦重重，难以尽言。试思蒙人以血汗经营之地，一旦勒其出让，能不激起反感，肇成动乱耶？虽因无力反抗，强为隐忍，然其衷心之愤忿，岂能完全泯除。且当局所得地价，未尝稍用于蒙旗之建设。以是各旗王公及蒙民等，无不切齿扼腕。此项办法，实无异变相之劫夺行为耳。我人不察，反责蒙人以不顾大义，诋为阻挠垦植，妨害国计，岂事理之平耶。

七、垦植决非为内地人民谋出路　以上所述，关于垦植之利弊及其需要，纯系顾及实际，通盘筹划，并非偏袒一方而不顾蒙民之利害也。查蒙地亦非全利于垦植者，如西盟地方适于垦植者，不过十之二三，果能因地制宜，双方兼顾，于蒙古之畜牧加以改良，则其产量不致减少，而于无形中可增加若干人口，充实国防，一举数得，莫愈于此。年来内地人口，虽有过剩之感，然陕、甘、川、新诸省，沃野尚多，尽足容纳，不必远求荒漠之地，故垦植蒙地，决非为内地人口谋出路，实为蒙古计，为国家地也。我人之本意，甚希望蒙人能自行觉悟，知垦植之重要，与夫进化关系，而努力为之。

八、垦植与蒙古之安危　亚洲风云既如此之紧张，以门户洞开之蒙古，处强邻逼视之下，果能不被蹂躏，长此以保持其固有之面目，则我人又何必愳愳过虑，以强其所不愿为。然目前情势，决不容许如此，此为明白之事实。蒙古地居边疆，故必充实国防，以备万一。惟充实国防，端赖一切建设，而达此目的之唯一阶段则非垦植不为功，否则以旷无人烟之荒漠区域，将何从而建设，何从而充实国防耶。蒙古之安危，即国家之存亡，故断不容我人之稍为忽视也。

九、垦植足以复兴蒙古　成吉思汗之勋功伟业，彪炳环宇，久为国人所崇仰。其成功虽由于游牧民族之英武，然为时不久，仅有八十余载之纪录，在我国历史上，为最寨之一朝。其所以如此者，终由于游牧之关系，内部组织未能充实，易进取而不足守成，是其弊也。况于物质文明之今日，仍欲保持此游牧生活，以与世界潮流相抗衡，非特不能勉步先烈后尘，万一忧患之来，正难设想。故惟有及时奋发，了然于已往之失，于生活方面，毅然改辙，庶教育易施，民智大开，发扬光大，以恢复昔日之荣誉，乃可能耳。

结论

历来对蒙政策之错误，以及汉蒙人民间隔阂之由来，我人可于此篇中获其端倪。考其所以致此，莫非误于民族之见解，设能于此点加以纠正，则一切不难迎刃而解。为今之计，首宜将我国民族之源流考据，详加阐发，列入史地教程暨国民读本中，俾消灭以前之误解，同时于各地蒙旗学校，更详为讲解，则收效益宏。至于商人之前往经商者，倘有居奇垄断及其他不法事项，一经发觉，当立予取缔。并于可能范围内，广设消费合作社，及商品贸易所，作合理之经济建设，其在边区服务之行政人员，应严加考核，并须优其待遇，厚其俸给，并有确实保障，俾使一心奉公。上述三者，倘能确实施行，于蒙政前途，自可大放异彩也。

蒙古自治，虽由于不自然之发展，但政府正可善用时机，以为整理蒙政之图。倘运用适当，则自治之效果，当不仅为蒙民谋幸福而已，国家前途，实利赖之。

《新亚细亚》（月刊）

上海新亚细亚月刊社

1935 年 10 卷 3 期

（李红权　整理）

俄《真理报》传日欲吞并察哈尔

蒋默掀　撰

自日占热河，日人对察哈尔利诱威迫，双管齐下，危急万分。诸如在察遍设"善邻合作社"，赊廉价物品与蒙民，设立医院，施送药品，凡能得蒙人欢心好感之方法，无不用尽。熟悉蒙古社会、善蒙语之蒙古通，充塞察省。利诱之余，继之威迫。察边日机，不时出现，散放传单，百端恫吓，日伪军队在察边境出没，更视为故常。而事实表现，则距多伦二百余里之正白旗盐湖及厢〔镶〕白旗诺儿盐湖，均彼〔被〕伪满占据，实行武装征税。锡盟正盟长索王府及阿部加王府、贝子庙三处均被伪满强架无线电台。察东乌珠穆沁左翼及乌珠穆沁右翼之盐滩，亦均为伪满强占。廿三年十一月十二日英文《满洲日报》载，伪国对东蒙决实施"保护政策"，并在国务总理下设蒙政部。同时日于侵察之中心地点多伦，遍设军政机关，据调查，计有：一、特务机关，二、察东警备司令署，三、察东自治行政长官署，四、日军混成特务队，五、日宪兵分遣队，六、航空队，七、伪警备军千五百名。此外日并于多伦筑〔飞行范围覆盖〕广袤五百余方里之飞机场，由多伦筑公路至承德、赤峰等处。日谋我察，可谓深入堂奥矣。

二十三年十一月十七日《上海法文〔法文上海〕日报》载俄《真理报》上海通讯，指出我国察省之危急。该通讯首言日本已将察省划入伪满地图，九月末日军及日车辆曾开入多伦。继谓日伪以多伦关系伪满经济、军事甚为重大，拟在承德及多伦集议，谋察省吞并之实现云。俄人观察如此，但我方则似仍无所觉，最近来京报告视察内蒙经过之察省府委员萧振瀛廿三年十二月八日在上海对记者称："内蒙领地辽阔，有如茫茫无边之大海，外人欲图占据，实非易事，且蒙民多游牧，散处而不集中，故无论军事、政治，殊不轻易控制云。"吾人不知萧氏据何理由，而作此言，诚哉历史不能教训吾人矣。

《时事月报》

南京时事月报社

1935 年 12 卷 1 期

（李红权　整理）

西公旗纠纷亟须解决

作者不详

内蒙乌兰察布盟乌拉特西公旗札萨克石拉布尔济自本年八月被蒙古地方自治政务委员会免职，抗不奉命，相持月余之久。中央最初曾派蒙藏委员会参事鄂奇光调处，未得结果。嗣后屡传将派大员调解，亦迄延未发表。此事关系蒙古全局甚大，以中央地位，在权责上亟应迅予主持，公正处理，不宜长久放任，致丧威信。吾人因有所感，爰就本案各点，一申言之：

查西公旗纠纷，内容甚为复杂，远之有王位继承之争，近之有围攻王府之乱。至于石王（即石拉布尔济）免职，近之涉及蒙政会权限问题，远之关系蒙古世爵保障，办理稍有疏忽，影响将来甚巨，此吾人所由卒不能已于言者也。所谓王位继承之争者，石王爵职，袭自乃叔，而其叔亦系受命于乃叔之任前一代札萨克者，因当时本生子年龄尚幼，遂传位于侄。其后嗣王无子，竟将应传于前王嫡孙之爵职，又复授之于侄，是为今之石王。彼时即有激烈之争议，盟长云王尤不直石拉布尔济之袭职，赖前绥远都统马福祥调护斡旋之力，卒得承袭。会石王部下有名曼头者，其父旧为王之亲信，后因事交恶，各方构煽，本年四月，曼头突以兵围石王府，风潮甚为严重。缘曼头颇与蒙政会有关系，而政会委员长之云王则固与石王不相容，由此一变而为石王与蒙政会交恶之局。曼头一派既尝控石于蒙政会，叛变后云王又曾召石赴会，谓将代为处决，石衔旧嫌，拒谢不往，八月因有被云王免职之举。关于王位继承之点，业已早成事实，自不容轻易推翻，致滋纷扰。至曼头与石王之争，涉及以下犯上，殊不容率予左袒，故因此推演至于蒙政会下令撤免石王札萨克之职，实为不幸之至。目前问题，不在石王之应否免职，而在蒙政会之能否免石王之职。如曰能之，则应与不应，蒙政会自有裁决之权；如曰不能，则石王纵有不合不法，只能由蒙政会呈请中央，加以处分，不能由该会径行下令罢斥。此事一查法令，即可了然，殊无长虑却顾之必要。查蒙政会职在办理地方自治，权限上实不能罢免蒙旗长官；即云王以盟长地位，虽有综理盟务，监督所属职员及机关之权限，然而按照前清以来之法制，凡旗务之大者，皆由盟长会同札萨克办理，札萨克有不合情事，该盟长察出，应报由理藩院参处，足见盟长对札萨克仅有呈劾之权，不能径予罢免。由此可知不但蒙政会无权撤换西公旗札萨克，该管盟长之云王亦不能不请中央核定而可以独断行之，此乃法制上当然之解释，任何人不能擅为通融者也。本来蒙古世爵制度，由来攸〔悠〕久，前清优待保障，三令五申，民国成立，政府亦尝迭有誓约，加意优容，旨在巩固蒙疆，抚循旗族。今以地方自治之机关，遽下变更世爵之处分，群情惶惑，共请保持，亦固其所。为今之计，政府宜即决定方针，务求情法之平，更谋相安之道。第一，宜严正申明，任何蒙古机关不得侵犯中央政府特简蒙旗长官之权限。此制在现行法令未有变更以前，无论如何，不应破毁。第二，宜劝慰蒙政会，只可借中央之力，团结地方，不应夺政府之权，示威蒙旗。须知蒙政会发号施令，纯本中枢付托，一经逾越范围，本身即失其号召工具，将来抗不奉命者，宁止石王一人？第三，石王树敌太众，殊有自取之咎，如果不问环境，强予维持，事实上亦非和平了事之道。谓宜令云王以盟长资格，列举石拉布尔济人事不宜各情，呈请政府撤去其西公旗札萨克职务，秉公别选适当人物，荐请中央特简。惟不得令曼头等一派继任，以平石王之气。如此庶于法律人情、理论事实胥可兼顾。总之，现在国事阽危，蒙边尤多可虑，务在相安，切戒纷扰，而地方纠葛，往往需要中央裁决，政府固不可轻率处理，致乖情实，亦不宜瞻顾太多，濡滞不断，转辜众望，坐失事机。西公旗事迁延已久，甚愿政府勿再空谈调解，而当痛快主持，早定办法也。

录十月十二日天津《大公报》

《国闻周报》

上海国闻周报社

1935 年 12 卷 41 期

（李红权　整理）

蒙政会二届全委会议案补志

作者不详

蒙政会二届全委会会议案，曾略载上期本栏，兹以其关系重要，特补志其原案组织大纲如左：

【蒙〈古〉自治讲习所组织】第一条，本所定名为蒙古自治讲习所，直辖于蒙古地方自治政务委员会。第二条，本所以训练各盟旗现任公务员及培植自治人才为宗旨。第三条，本所设学员班及学生班。第四条，本所设所长一人，承蒙古地方自治政务委员会之命，综理所务，并设左列各员分任各项事宜：教务长一人，专任教员三人至五人。兼任教员无定额，专任译员三人至五人，兼任译员无定额，管理员一人或二人，事务长一人，事务员二人或三人，书记三人至五人。前项所长由蒙古地方自治政务委员会派充之，教务长、事务长由所长遴员呈请蒙古地方自治政务委员会派充之，教员、译员、管理员由所长聘任，年〔事〕务员、书记由所长委任，均报告蒙古地方自治政务委员会备案。第五条，本所学员班学员，由蒙古地方自治政务委员会分配名额，通令各盟旗就佐领以上现任公务员递送之。第六条，本所学员班学员讲习期同为六个月，期满再招，所有满期学员成绩合格者，均发给证书，由蒙古地方自治政务委员会分发原送盟旗服务，其成绩优良者，并令尽先升用。第七条，本所学生班学生，由蒙古地方自治政务委员会分配名额，通令各盟旗就具备左列各项资格者考选之：（一）年龄在二十岁以上，三十岁以下，身体健全者；（二）在初等以上学校毕业，或具有同等学力者；（三）品行端正，无不良嗜好者；（四）具有身家或妥实保证者。第八条，本所学生班学生讲习期间为一年，期满再招，所有满期学生成绩合格者，均发给证书，由蒙古地方自治政务委员会择其成绩最优者留会任用，其余均分发原送盟旗任用，如有盟旗声请多予分发者得酌量改分。第九条，本所各班讲习学科及各项规则均另定之。第十条，本所经费由蒙古地方自治政务委员会筹拨一半，并请中央补助一半。第十一条，本大纲遇有必要时得修正之。第十二条，本大纲自公布之日施行。

【蒙〈古〉卫生院组织大纲】第一条，本院定名为蒙古卫生院，直隶于蒙古地方自治政务委员会。第二条，本院以办理公共卫生及诊疗疾病为宗旨。第三条，本院设左列四部一队：（一）事务部；（二）公共卫生部；（三）诊疗部；（四）药剂部；（五）巡回医院〔队〕。第四条，本院设院长一人，承蒙古地方自治政务委员会之命，综理院务，并设左列各员分任各项事宜：主任五人，医师五人至十人，药剂师一人或二人，助产士五人至十人，助理员五人至十人，护士六人至十二人，事务员三人至五人，书记一人至二人。前项院长由蒙古地方自治政务委员会派充之，主任由院长遴员呈请蒙古地方自治政务委员会派充之，医师、药剂〈师〉、助产护士由院长聘任，助理员、护士、事务员、书记由院长委用，均报蒙古地方自治政务委员会备案。第五条，本院巡回医队分为若干分队，并划各盟旗为若干巡回区，分别办理公共卫生，及诊疗疾病。第六条，本院办事、应诊、巡回等规则均另定之。第七条，本院经费由蒙古地方自治政务委员会筹拨一半，并呈请中央补助一半。第八条，本大纲遇必要时得修正之。第九条，本大纲自公布之日施行。

【蒙古实验新村组织】第一条，本村定名为蒙古实验新村，直隶于蒙古地方自治政务委员会。第二条，本村以团结蒙古地方自治政务委员会所属员工，实行新生活，并以所得经验为建设各盟旗新村之准则为宗旨。第三条，本村设于蒙古地方自治政务委员会附近，其区域由〈蒙古〉地方自治政务委员会划定之。第四条，本村村民如左：（一）凡服务于蒙古地方自治政务委员会与所属各机关之员工，及其所携眷属，除有特殊情形呈经蒙古地方自治政务委员会核准者外，均须居住本村。（二）前项以外人民呈经蒙古地方自治政务委员会核准者，亦得居住本村。第五条，本村以村民大会为最高权力机关，其决议事宜由村长呈经蒙古地方自治政务委员会核准执行之。第六条，本村设村公所，置村长一人，村副一人或二人，均由蒙古地方自治政务委员会就村民中遴选派充，递承会命，综理村务。第七条，本村村公所视事务之繁简，酌用办事员及书记，佐理各项事务。第八条，本村应有下列各项设备，除住宅一项得由村民依照规定请准私建外，其余均由村公所建设管理之：（一）村民住宅；（二）公共宿舍；（三）礼堂；（四）宾馆；（五）食堂；（六）浴室；（七）商店；（八）菜圃；（九）积谷仓；（十）饮水井；（十一）小学校；（十二）体育场；（十三）阅览室；（十四）游艺会；（十五）公园；（十六）村路；（十七）厕所；（十八）其他必要之设备。第九条，本村公约及各项规则均另定之。第十条，本村建设〈经费〉，由蒙古地方自治政务委员〈会〉筹拨一半，并呈请中央补助一半，其经常费由村民担负，并得呈由蒙古地方自治政务委员会酌量补助之。第十一条，本大纲遇必要时得修正之。第十二条，本大纲自公布之日施行。

【蒙〈古〉文化馆组织大纲】第一条，本馆定〈名〉为蒙古文化馆，直隶于蒙古地方自治政务委员会。第二条，本馆以发扬蒙古固有文化，并输入现代新文化为宗旨。第三条，设左列六部一队：（一）总务部；（二）图书部；（三）博物部；（四）体育部；（五）艺术部；（六）编译部；（七）游行讲演队。第四条，本馆设馆长一人，承蒙古地方自治政务委员会之命综理馆务，并设左列各员分任各项事宜：主任六人，队长一人，事务员二人至四人（事务部），管理员二人至四人（图书、博物二部），指导员二人至四人（体育、艺术二部），编译员五人至十人（出版部），讲演员五人至十人（游行讲演队），助理员十人至十五人，书记六人至十人。前项馆长由蒙古地方自治政务委员会派充之，主任、队长由馆长遴员呈请蒙古地方自治政务委员会派充之，管理员、指导员、编译员、讲演员由馆长聘任，事务员、助理员、书记由馆长委任，均呈报蒙古地方自治政务委员会备案。第五条，本馆游行讲演队分为若干分队，并划分盟旗为若干区，分别游行演讲，并办理本馆委办之关于发展文化各项事宜。第六条，本馆各项规则均另定之。第七条，本馆经费由蒙古地方自治政务委员会筹拨一半，并呈请中央补助一半。第八条，本大纲遇必要时得修正之。第九条，本大纲自公布之日施行。

【蒙古师范学校组织】第一条，本校定名为蒙古师范学校，直隶于蒙古地方自治政务委员会。第二条，本校以养成各项健全师资，以资推进蒙地教育为宗旨。第三条，本校每年招生一班，并酌量情形增设左列各项：（一）简易师范科；（二）乡村师范科；（三）幼稚师范科；（四）特别师范科。本校除本大纲及其他法令别有规定者外，均照现行法令办法。第四条，本校设校长一人，承蒙古地方自治政务委员会之命，综理校务，并设左列各员，任各项事宜：教务主任一人，训育员二人至五人，主任教员每科一人，专任教员每科至少二人，兼任教员无定额，事务主任一人，事务员三人至五人，书记三人至七人。前项校长由蒙古地方自治政务委员会派充之，教务主任、事务主任由校长遴员呈请蒙古地方自治政务委员〈会〉派充，教员、训育员由校长聘任，事务员、书记由校长委任，均报蒙古地方自治政务委员会备案。第五条，本校每届招生，由蒙古地方自治政务委员会分配名额，通令各盟旗保送具有法定资格或同等学力之学生试取，合格者入学肄业。第六条，本校学生修业期满，实习完竣，成绩合格者，发给毕业证书，由蒙古地方自治政务委员会分发各盟旗相当学校服务，其有才堪造〈就〉者，并得保送国内外应行升入之学校肄业。第七条，本校应附设初级中学及补习班，以为各盟旗小学毕业生升学之地，并为升入本校各科师范之预备。第八条，本校得以蒙古实验新村小学或其他附近小学为实习机关。第九条，本校各科除必修学科外，应酌授蒙地相宜之各项职学科。第十条，本校经费由蒙古地方自治政务委员会筹拨一半，并呈请中央补助一半。第十一条，本大纲遇必要时得修正之。第十二条，本大纲自公布之日施行。

【蒙〈古〉生产合作社组织】第一条，本社定名为蒙古生产合作社，直隶于蒙古地方自治政务委员会。第二条，本社以集合群力，经营各种生产事业为宗旨。第三条，本社设左列各部、场：总务部，牧场，农场，工场。第四条，本社设社长一人，承蒙古地方自治政务委员会之命综理社务，并设立左列各员分任各项事宜：主任一人，场长三人，技师（其名额量事务之繁简定之），事务员二人至五人，助理员（其名额量事务之繁简定之），书记二人至五人。前项社长由蒙古地方自治政务委员会派充之，主任、场长由社长遴员呈请蒙古地方自治政务委员会派充之，技师由社长聘任，事务员、助理员、书记由社长委任，均报蒙古地方自治政务委员会备案。第五条，本社牧场先求马、驼、牛、羊等畜产之繁殖，以后次第改善其品种。第六条，本社农场应注意森林、园艺之实验及推广，并讲求已垦地方农产物之增加及改善。第七条，本社工场先设缝纫、印刷、土木等当地应用各科以后，次第增设毛织、制革、炼乳等加工当地原料各科。第八条，本社应劝导各盟旗普遍举办适合当地情形之生产合作社，并对各社尽量协助指导之，但不生统属关系。第九条，本社及各场各项规则及计划均另定之。第十条，本社开办费由蒙古地方自治政务委员会筹拨一半，并请中央补助一半，其经常费由蒙古地方自治政务委员会发给，其收益亦解归蒙古地方自治政务委员会。第十一条，本大纲遇必要时得修正之。第十二条，本大纲自公布之日施行。

【蒙〈古〉贸易合作社组织】第一条，本社定名为蒙古贸易合作社，直隶于蒙古地方自治政务委员会。第二条，本社以输出蒙地各项出产物品、输入蒙地需要各项物品为宗旨。第三条，本社设下列三部：总务部，输出部，输入部。第四条，本社设社长一人，承蒙古地方自治政务委员会之命综理社务，并设左列各员分任各项事宜：主任三人，事务员六人至十五人，书记二人至六人。前项社长由蒙古地方自治政务委员会派充之，主任由社长遴员呈请蒙古地方自治政务委员会派充之，其他人员由社长委任，均报蒙古地方自治政务委员会备案。第五条，本社对于蒙地出产物品随时规定平允价格收买之，尽先供给蒙古生产合作社所需原料，其余运往外埠销售。第六条，本社在外埠采办蒙地需要之各种物品，运入蒙地销售。第七条，本社应劝导各盟举办贸易合作社，并对各社为充分之联络，但各社资产应完全独立。第八条，本社于有关城市得设办事处或办事员。第九条，本社及各社、各办事处各项规则均另定之。第十条，本社资本由蒙古地方自治政务委员会筹拨三分之一，呈请中央拨借三分之一，招募商股三分之一，其经常费由营业收益提拨之，在营业未发达时，得请蒙古地方自治政务委员会补助之。第十一条，本大纲遇必要时得修正之。第十二条，本大纲自公布之日施行。

【蒙〈古〉信用合作社组织】第一条，本社定名为蒙古信用合作社，直隶于蒙古〈地方〉自治政务委员会。第二条，本社以奖励储蓄、活动金融为宗旨。第三条，本社设下列四部：总务部，储蓄部，流通部，证券部。第四条，本社设社长一人，承蒙古地方自治政务委员会之命综理社务，并设左列各员分任各项事宜：主任四人，事务员八人至十二人，书记二人至四人。前项社长由蒙古地方自治政务委员会派充之，主任由社长遴员呈请蒙古地方自治政务委员会派充之，其他人员由社长派充，均报蒙古地方自治政务委员会备案。第五条，蒙古地方自治政务委员会及其附属机关之员工均须按月提出其薪俸之若干成储蓄于本社，至去职时得将储款本息如数提出。此项储蓄成数，由蒙古地方自治政务委员会定之，蒙古地方自治〈政务〉委员会及其附属机关之公款均应存于本社，各盟旗官民之公私款项亦得储蓄于本社。第六条，本社承办蒙地汇兑，并得依照规定办法，以存款借与蒙地官署或人民。第七条，本社得按资本及储款总额之半数，发行代用券，但以流通用于蒙古地方自治政务委员会所属各盟旗为限。第八条，本社于各盟旗及有关城市得酌设分社或办事处。第九条，本社及分社之办事、营业各项规则均另定之。第十条，本社资本由蒙古地方自治政务委员会筹拨三分之一，呈请中央拨给三分之一，招募商股三分之一，其经常费由营业收益提拨之，在营业未发达时，得请蒙古地方自治政务委员会补助之。第十一条，本大纲遇必要时得修正之。第十二条，本大纲自公布之日施行。

【蒙〈古〉公路管理局组织】第一条，本局定名为蒙古公路管理局，直隶于蒙古地方自治政务委员会。第二条，本局以兴办蒙地公路、便利运输为宗旨。第三条，本局设左列三课两队：（一）总务课；（二）工务课；（三）业务课；（四）汽车队；（五）骆驼队。第四条，本局设局长一人，承蒙古地方自治政务委员会之命综理局务，并设左列各员分任各项事宜：课长三人，队长二人，局员五人至十人，技术员二人至四人，书记二人至四人。前项局长由蒙古地方自治政务委员会派充之，课长、队长，由局长遴员呈请蒙古地方自治政务委员会派充之，其他人员由局长委任，均报蒙古地方自治政务［整理］委员会备案。第五条，蒙古地方自治政务委员会及各盟旗间之公路，应由经过地方关系机关共同修治，克期完成。第六条，本局汽车、骆驼，须为有定期之往来，并须于经过路线相当地点设置车站、驼站，以利旅客上下、货物起卸。各站所在地盟旗官署，须予以充分之保护及便利。第七条，本局办事、运输等各项规则均另［定］之。第八条，本局筑路费由蒙古地方自治政务委员会及各路经过地方关系机关分担，并得呈请中央补助之，其经常费由蒙古地方自治政务委员会发给，其营业收益，须按月解归蒙古地方自治政务委员会。第九条，本大纲遇必要时得修正之。第十条，本大纲自公布之日施行。

【蒙〈古〉电业管理局组织】第一条，本局定名为蒙古电业管理局，直隶于蒙古地方自治政务委员会。第二条，本局以办理蒙古地方自治政务委员会及各盟旗专用之无线电报、广播电台、电灯、电话，及其他可由地方经营之各种电气事业为宗旨。第三条，本局设左列课、台、厂：（一）总务课，工务课；（二）无线电台；（三）广播电台；（四）电灯厂；（五）电话厂。第四条，本局设局长一人，承蒙古地方自治政务委员会之命，综理局务，并设左列各员分任各项事宜：课长一〔二〕人，台长二人，厂长二人，局员六人至十二人，技术员六人至十二人，书记六人至十二人。前项局长由蒙古地方自治政务委员会派充之，课长、台长、厂长由局长遴员呈请蒙古地方自治政务委员会派充之，其他各员由局长委任，报请蒙古地方自治政务委员会备案。第五条，本局于各盟旗及其他有关地方分设无线电分台，并直接管理之，但各分台须受所在盟旗及所在地长官之指挥监督。第六条，本局对于各盟旗自办之电灯、电话及其他可由盟旗经营之电气事业，应指导协助之。第七条，本局各项规则均另定之。第八条，本局经费由蒙古地方自治政务委员会筹拨，但开办费得请中央补助之。第九条，本大纲遇必要时得修正之。第十条，本大纲自公布之日施行。

【蒙〈古〉驿站管理局组织】第一条，本局定名为蒙古驿站管理局，直隶于蒙古地方政〔自〕治〈政务〉委员会。第二条，本局以办理蒙古未设邮局地方之驿站、便利通讯为宗旨。第三条，本局设置左列二课：总务课，通讯课。第四条，本局设局长一人，承蒙古地方自治政务委员会之命，综理局务，并设左列各员分任各项事宜：课长二人，局员二人至四人，巡查员二人至四人，书记二人至四人。前项局长由蒙古地方自治政务委员〈会〉派充之，课长由局长遴员呈请蒙古地方自治政务委员〈会〉派充之，其他人员由局长委任，均报蒙古地方自治政务委员会备案。第五条，各盟旗公署所在地未设邮局者，一律由各该盟旗设置驿站，称为某盟旗驿站，并由各该盟旗派定站长、驿差，负责传递各项文书，站长由本局加委，并受本局之指挥监督。各盟旗地方除公署所在地外，有设置驿站必要时，由各该盟旗设之，称为某盟旗某处驿站，余照前项办理。第六条，各驿站及附近各邮局联络路线图，并各驿站间往来班次表，均由本局接洽制定，呈由蒙古地方自治政务委员会公布施行，遇有变更时亦同。第七条，本局及各站各项规则均另定之。第八条，本局经费由蒙古地方自治政务委员会发给，各盟旗驿站之马匹、房舍，由各该盟旗拨给，其薪工、杂费，请中央补助之。第九条，本大纲遇必要时得修正之。第十条，本大纲自公布之日施行。

《时事月报》

南京时事月报社

1935 年 13 卷 1 期

（李红权　整理）

察哈尔事件之始末

陆俊　撰

自五月廿九日以来，平津事件及察省事件相继勃发，中日关系史上突又增最可纪念之一页。平津事件，以我方之力顾大局而解决，已略志前期本栏。兹特将察省事变经过之概要，撮述如左。

先是六月五日，有无照日人四人，旅行至张北，当地驻军照例须查验护照，以四人均无护照，乃向张垣请示，旋奉电覆放行，是殆一极普通事项。日方为此事初由松井向察省当局提出要求，数度谈判后，察方为宁人息事计，已允照办。关东军复于此事，加派土肥原为全权代表到津交涉。松井乃邀秦德纯赴津谈商。秦赴津之第二日，政府更换察主席之命令颁下，一方日方又发布伪丰宁县日伪员警在独石口附近被射击之消息，土肥原遂向秦提出要求，在津商谈无结果。秦德纯因宋离察，一度返察，土肥原亦于廿晚由津偕松井来平，察事遂移平交涉。

日方始终认定此事，应作为地方问题，初拟与宋哲元交涉，既见宋氏去职，乃转而与代理察主席秦德纯交涉，六月廿三日晚秦德纯宅之谈判，为察事之正式谈判。我方出席者五人，为秦德纯、萧振瀛、程克、张允荣、陈觉生。日方三人，土肥原、松井、高桥。是晚会议亘二小时半之久，土肥原等态度颇谦和，惟对所提要求，意志则甚坚决。会谈结果，遂由秦德纯据以电中央请示。廿四日中央当局回训到平，着由军分会各委员与秦德纯就近斟酌办理，并略示中央方针之轮廓。

军分会各委先后开会议三次，秦德纯皆出席。在此数日中，日机每日飞平盘旋。廿四日独石口复发生便衣队百余名前进事件，廿六日古北口、南天门日军四千复作大规模的实弹演习，平市谣诼亦多，形势骤呈紧张。土肥原复对秦德纯等表示至廿六晚为止，如察事不获解决，本人将离平返长。于是秦等于军分会会议结果，再度电中央请示，廿六晚十一时，中央最后回训到平，问题急转直下。当日深夜通知日方，约定于廿七日上午十时，双方在日使馆武官室会晤，完成察事交涉之最后手续。

廿七日上午十时，我方之雷寿荣、陈觉生，即首至日使馆，时土肥原、高桥，均已先到候晤。旋即由雷赴军分会迎秦偕来，在日使馆武官室，与土肥原、高桥会晤，当即举行最终会议，就张北问题，双方意见完全一致，十一时三十五分，互饮香槟，摄影散会。盖察省事件自六月五日发生，至六月廿七日完全解决，先后共历时二十有三日云。

交涉最后手续完成后，秦德纯、土肥原皆有谈话发表。秦之谈话谓关于张北事件，关东军颇坚持其主张，余本中央电令，秉承军分会进行交涉，经在平与土肥原间接数度确商，彼此开诚相见，最后决定：（一）处罚事件责任者，撤换一三二师参谋长及军法处长；（二）互相谅解，以后不发生此项误会。交涉至此解决。其中经过，随时请示中央，完全依照中央回训办理，余惟负地方当局本分内所应尽之责任而已。土肥原谈话则谓张北事件，现已告圆满解决，察省当局之诚意解决，至感愉快，今后中日关系可信能有更进一步之提携。且称古北口日军即可撤退，独石口事件不成问题云。

平津事件及察省事件，表面虽属各别，实系首尾连贯。察省事件，既已于六月廿七日完全解决，天津驻屯军司令梅津，日本驻华大使有吉明，对于上述两事件，均曾于次日（即六月廿八日）

发表声明，虽不免为彼一方之言，而以其为日方之正式表示，用特附录于下，籍〔借〕备参阅：

（1）六月廿八日日梅津司令官之声明

中国一部分官民在华北及察省之行为问题，中国方面已经允诺日军要求，行将见其实施，至为庆幸。吾人承认其诚意，拟日注视其实行之状态，而待局面之好转。日军在今次交涉所要求者，根据于停战协定之规章，与中日军宪之誓约，凡故意扩大事态，干涉中国内政等事，决非吾人所曾考虑之事也。中日亲善与提携，为日本文武官等所切望者。然此事决不能以表面的形式的言辞得期望之，如今次发生之不祥事件，吾人想及其渊源之深远，则实不堪遗憾也。然中国政府日前重发布告禁止全国排日排外行为，而在除去上述之工作上进前一步，殊可敬服。吾人切望其不止于一时的办法，日军立场，希望中国当局在各方面绝灭一切反日行为，特此声明。

（2）六月廿八日日大使有吉明之声明

一、此次华北事件及察哈尔事件继续发生，日本帝国军事当局根据停战协定，曾向中国军事当局提出公正之要求，业经中国军事当局容纳，以致事势转佳，至为庆幸。

吾人亦如此次驻华日军司令官之声明所期待，甚望中国方面对该处之和平维持更增其努力，是所切盼而不已者也。

二、兹为期望日华两国国交之圆满计，认为不仅限于一地，应将中华全国之排日风潮为之一扫。乃时至今日，该项风潮尚未达到绝迹之境地，吾人值此时机，更宜将中国此次颁布之敦睦邦交命令，促其充分发挥。对于禁绝排日风潮，极望加以更进一步之努力，不胜翘企者也。

西公旗纠纷调处中

蒋默掀　撰

内蒙乌兰察布盟乌拉特西公旗札萨克石拉布〈多〉尔济自本年八月被蒙古地方自治政务委员会免职，抗不奉命，迄今已数月，报章杂志，争相记载，足见国人注意边陲。兹为明了真象，特记叙其详情如左。

纠纷近因远因

西公旗纠纷近因，为石王部下有名曼头者，本年四月以兵围石王府，石王迫不得已逃包，双方相持不下。而远因则涉及王位继承问题，原西公旗老王崩后，无嗣，石拉布与其叔依锡达均系王之近族，石王因得东管旗章京额宝齐〔斋〕助，继承札萨克王位。嗣石王又与额宝齐〔斋〕交恶，曼头即额子，年前曼头因某种不法，石王欲杀之，曼头乃往依蒙政会。中间曾由绥省府绥西护路司令部调停，因石王坚持须将额宝齐〔斋〕枪枝缴出，并欲置曼头于法，致无结果。去年石拉布又强夺梅力更召地之税收，于是与梅力更召活佛格格，又起恶感。格格乃控石王于蒙政会。

蒙政会权限问题

石王被免职，系八月间事，其经过为云王先以盟长名义发动，然后经蒙政会执行，蒙政会一面通知绥省府，一面即呈请中央备案，同时即保举西公旗协理台吉恩图巴彦尔（上一代札萨克之嫡传）继任。按云王对石拉布之袭职原极不满，石王被控后，云王屡派人赴包传石王到案，石王拒不往，云王乃免石王职。按之向例，蒙旗实际政权在札克萨，盟长仅一札萨克之领袖，于各旗每十二年①会盟之时，一为主盟而已，若遇札萨克出缺，例由盟长开具该故札萨克之近支子侄数人，详报理藩院，由理藩院奏请简放，盟长只能开具承继人名单，并不能指定任命某人，此外，盟长并无他权，如札萨克失职，例由理藩院或绥远城将军参奏，但亦只限于参奏，参奏后，是否议处，则权在朝廷，原参奏人不能过问，若谓一面参奏，一面即派人接印，即理藩院亦无此权，无论盟长矣，必须有廷谕下，将旧札萨克革职，另简新札萨克，方有接印。但札萨克系世袭爵位，非大逆不道，不能革职，故数百年来革职之事，甚鲜其例，此系数百年旧例，民国以来，亦未变更；至蒙政会系近年方成立之机关，按《自治原则》第四项"各盟旗管辖之权一律照旧"及行政院颁布之处理蒙旗划分权限办法所谓"蒙旗设官、奖惩、铨叙等事项，均系蒙藏委员会对于蒙旗直接主管之范围"，则各旗札萨克之任免，应完全由蒙藏委员会主持，蒙政会为旧例所无，尤不能过问。九月二十六日伊盟副盟长函云王，称石王有过，亦不能骤免职，重则不过罚办，免去顶戴而已。又赵丕廉语记者，亦谓蒙政会乃自治机关，应无罢免札萨克之权，

①　原文如此。——整理者注

如石王有过，蒙政会应建议中央明令处分云。

石王述袭职札萨克经过

　　西公旗事变纠纷，石王袭职支系问题亦为主因之一，因石王自袭职之始，云王即表示反对也。石王支系，外间多不明了，最近石王由包头抵绥，亲口对记者述其世系如下：石王之祖名葛什仑加布，系西公旗上上代札萨克，为葛王，葛王有二子，长子名伊勒登注拉，为石王之伯，次子甲喜诺木达尔，即石王生父，伊勒登注拉于葛王生前即为记名札萨克（有如皇储），但伊记名札萨克早死，葛王逝世后即由伊勒之子郭什吃德力格尔袭职，是为郭王，郭王为石王伯兄，郭王袭职时，石王生父因仍在世，以其长兄为记名札萨克，故葛王死后仍由其侄郭王袭职，郭王无子，逝世时遗命其叔父之子石拉布多尔济袭职，即今之石王，石王之于郭王为兄弟辈，非叔侄辈，郭王逝世时石王之父已死，目前蒙政会所欲任命代理石王职之巴图巴音〔彦〕尔，系三公旗大喇嘛之侄，大喇嘛之父与葛王为从兄弟，故巴图巴音〔彦〕尔之于郭王，支系较石王为远，民国十年，郭王逝世，遗命由石王袭职，大喇嘛一党起而反对，直至民二十年始告平靖，中间石王之被反对，有十年之久，迄今未及五年，反对党又起，石王亦可谓多难。据石王表示，西公旗纠纷，彼全听命于中央，彼在绥欢迎何竞武之来，如何暂不来绥，彼仍返包头守候，暂不返西公旗，返旗当在此事解决之后。关于曼头之谜，石王亦称曼头此刻确在白灵庙云。

乌、伊两盟电请保障世袭制度

　　内蒙乌、伊两盟各旗札萨克，以蒙政会罢免西公旗石王，世袭制度，将失保障，近联电中央，请重申明令，保障旧制，兹录原电如次：查蒙古原有盟旗制度，自逊清以来，历代相沿已数百年，国民政府成立，十八年一八一次中央政治会议，十九年蒙古会议，及最近颁布之解决蒙古自治问题《办法原则》八项，均明定对于盟旗原有管辖治理之权，及王公制度予以保障，不加变更，令文辉煌，举世共鉴，良以我蒙民历史习惯，迥〔迥〕异内地，抚绥维系，全赖旧制，中央明令保存王公，即所以保存蒙古，王公等亦仰体中央扶植盛意，屏藩边爱〔圉〕，矢志无二。乃者道路传言，有不经中央核准，自动撤消王公，改革旧制之说，如此恐蒙旗失却重心，边地势将多事，札萨克等为保存四百年基业，维护二十万蒙民安宁起见，披沥上陈，恳请中央重申明令，保障旧制，以安远人，母〔毋〕任悬企云。

绥省府与西公旗纠纷

西公旗所在地，为陕、甘、宁、青四省特产过绥东来要道之一，蒙政会曾命曼头设征收局卡，近西公旗纠纷扩大，绥省府亦欲过问税收。九月二十七日云王电蒋委员长及汪院长，谓绥军傅作义、王靖国部，已进驻西公旗，与蒙兵相距仅三四里，情势异常严重，请速令绥省撤兵，以免发生意外。但绥方否认与西公旗纠纷有何关系，第七十师王靖国部对报载种种，有所更正，兹录原词如左：查西公旗纠纷之由来，原于今春曼头及伊大喇嘛叛变石王，称兵劫夺王位。嗣以失败，诉诸蒙会。蒙会因召石王到会不至，乃下令免石王职。并派兵数十名，武装接收王府。石王以各旗王公，向系世袭，表示不接受蒙会非法处分，故与蒙会方面发生对抗行动。现正由中央派员调解，以期和平了结，免除纠纷。至敝部向系戍〔戍〕守绥西，与各蒙旗不分畛域，对于剿匪戍边，更无蒙汉地区之别。且敝部担任绥西护路司令职责，由包西通宁、甘、新疆道路，故归敝部负责保护。各处要隘，均有敝军驻守。西地当包、宁交通之要冲，于包宁公路沿线三顶帐房、甲格甲齐等处驻有敝部步兵，担任护路并维持秩序，兵力仅一营长率所属两连。西公旗纠纷，纯为蒙旗间之误会，敝部无左右袒之必要，且与蒙会无直接关系，何能成为对象？蒙会所派兵力，亦不过百数十名，驻西公旗境内梅力更召，与敝部驻军时相往来，且以所带给养不足，尚由敝部通融。报载蒙兵与敝部对峙，完全不确云。

中央调处经过

此次西公旗纠纷，蒙政会呈行政院时，蒙藏会批示候派员查办，并未将石王免职。蒙藏会初派该会驻平办事处副处长兼张家口台站管理局局长鄂奇光调处；蒙藏会并将详情呈报行政院，九月十六日行政院令，转饬云王、石王，静候解决。闻鄂奇光调处办法，系一方令石王亲行到会请罪，他方蒙政会对石王免予停职，卒因蒙政会坚决保持罢免权，致无从协议。九月二十八日何应钦复电蒙政会，嘱对西公旗纠纷，静候中央派员前往调查。嗣中央又欲另派大员前往调处。十月四日吴鹤龄谒汪院长时，汪表示中央对西公旗纠纷，决本公平适当办法解决，使各方乐于接受，希将中央意旨，转达各方，各自退让，勿坚持原议云。

《时事月报》

南京时事月报社

1935 年 13 卷 5 期

（李红权　整理）

蒙政委会三届大会开会

蒋默掀　撰

迩来中日关系混沌，"共匪北窜"，内蒙情势，愈见危急，蒙政委会三届大会适于此际举行，意义重大，为一、二届所未有也。该会于十月九日开幕，到各委及各王公、来宾二百余人，云王因病未到，德王主席，致开会词如左：

蒙政会已正式成立一周年矣，今日乃蒙政会三全大会开幕之日，亦即蒙古自治运动之两周年纪念日。在此两周年中，国人同情者有之，国人怀疑者亦有之，同情者以吾人之自治为遵从总理遗教，实现国内各民族一律平等，求中华整个民族之生存；怀疑者以吾人之自治为脱离中央宣布独立，甚至有误本会有帝国主义为其后盾，检阅吾人两年之历史，服从中央否，背叛中央否，事实昭彰，毋庸置辩。要之蒙古自治，在政治上言，为促进中央行政效率，免中央鞭长及不马腹之苦，在外交上言，为睦邻安邦，在国防上言，为巩固边防，在财政上言，为开发富源，今后仍本初衷，不顾毁誉，不问成败，只知以民族与国家之利益为前提，求整个中华民族之生存与国家之统一，决不毁祖宗历史，以贻子孙万世之羞，成吉思汗之子孙猛醒乎，我黄族子孙知之乎，吾人惟有希望中央之剖视与国民之分析。至于西旗事件，本不值一谈，我蒙政会指导下之盟长，即有任免不法王公之权，此种习惯法，自元朝以迄民国，即以此公正之精神，以维持世袭，我蒙政会之治理旗下，亦即如地方省府之治理县府；孟子云，不以规矩，不能成方圆，不胜感慨系之，深望中央有最后之沉思，是则吾人深所祷矣。值此三全会开幕之始，尤望各委员有切实之提案，以充实自治之精神，方不负国人之厚望与中央之培植也。

蒙政会开幕后，因到会委员尚差数人，乃先开谈话会，从事于议题之研究，二十一日到会委员已足法定人数，遂开正式会议，由云王主席。议案中之重要者，计有两项：一、陕北"共匪"大有北进形势，亟应督率各盟旗，一致防御。二、上届大会决议各案，尚未能一一施行，亟应设法催其实现。席间对防御"共匪"事，讨论甚详。并决定就到会委员分第一、第二两组，分别审查议案。二十二日开第一组第一次审查会议，计到会委员十四人，由召集委员伊德钦主席，当审查本会二十四年度经费，业经中央减缩百分之五，应如何减缩，以期收支适合等案多件。下午开第二组审查会议，计到会委员十四人，由召集委员尼冠洲主席，当审查从速设立自治讲习所案多起。廿四日审查会续开会。

大会于十月廿六日闭幕，云王致闭幕词，略谓本届会议议决要案甚多，结果极圆满，希望大家黾勉从事，于最短期间促其实现。云王于正式会议中曾提出西公旗事，大会未作具体决议，至其他决议，详见附录。大会闭幕后两日（十月廿八日），蒙政委会忽联名电行政院呈请辞职，原电略称"政治、财政均无办法，恐遗误边疆，有负重寄"等语。是蒙政会三届大会后之问题，乃在中央如何援助之矣。

（附）蒙政会三届大会全部决议案

各委员提案：

一、委员长提防御"共匪"保卫地方案。审查意见：拟原案经〔通〕过。决议：照案通过。一、委员长提，阿拉善旗选呈，该旗被宁夏省侵占旗地，请本会从速设法收回案。审查意见：汇案转呈行政院，请准如该旗所请，并指令该旗仍据理力争，及将现况随时报告本会。决议：照审查意见通过。一、委员代表桑噶提议，速将扰乱本旗，不遵会令之西公旗扎萨克彻底查办案。审查意见：拟原案通过。决议：照审查意见通过。一、委员郭尔卓尔扎布及委员代表僧格林沁提议，修缮成吉思汗陵寝案。审查意见：亟应修缮，惟须先派妥员会同陵寝吉农调查、设计、估价后，再行筹款办理。决议：照审查意见通过。

秘书厅提案：

一、秘书长德穆楚克栋鲁普提，为搜罗国内外各大学专门毕业之蒙生，组织蒙事研究会，俾备施政参考案。审查意见：原案通过。惟该会组织章程，责成秘书、参事两厅，会同审核后，呈请委员长批准施行。决议：照审查意见通过，惟其名称，应改为本会专门委员会。一、秘书厅提，本会本年度经费，业经中央减发百分之五，本会一切开支，应如何紧缩案。审查意见：按照本年度中央各机关紧缩通例，酌量裁汰不尽职、不称职之人员，以期收支适合。决议：照审查意见通过。

参事厅提案：

一、请从速领发中央新颁之各盟旗新印，发交蒙古驻京办事处转送本会，以便分发案。审查意见：拟原案通过。决议：照审查意见通过。一、请速办定期刊物案。审查意见：拟原案通过，并拟定名为《蒙古自治月刊》，蒙汉合璧，交文化馆办理。决议：审查照意见通过。一、据达尔汗旗参议色楞都拉玛呈报，该旗经费困难，于今岁未能成立小学等情案。审查意见：该参议所称与各旗情形相同，当转请中央补助。决议：照审查意见通过，一面仍责令该旗从速成立小学。一、据郡王旗参议布林巴达尔胡、扎萨克旗参议满图呼等提，请补助小学经费，并请设法防共案。审查意见：关于小学经费，请中央补助，至请防共一节，与防共案并案办理。决议：照审查意见通过。一、据察哈尔厢〔镶〕红旗参议巴明孝、厢〔镶〕蓝旗参议周自然等提请大会查办巴尔地雅斋庙地亩案。审查意见：由本会派员会同该旗查明后再行核办。决议：照审查意见通过。一、据伊盟参议满都呼等提议，因"共匪"扰害地方，请大会发给枪械，以资防卫案。审查意见：与防共事并案办理。决议：交保安处核办。一、据察哈尔厢〔镶〕红旗参议巴明孝，厢〔镶〕蓝旗参议周自然等提议，关于庚子年赔偿教堂地亩一事，请大会派员查办案。审查意见：由本会派员会同该旗查明后再行核办。决议：照审查意见通过。

民治处提案：

一、请赶急成立卫生院案。审查意见：派妥员加紧筹备，并在最短期内务先请中、西、蒙各医生一人。决议：照审查意见通过。一、成立自治人员训练班案。审查意见：依照第二届大会决议案，从速成立自治讲习所。决议：照审查意见通过。

教育处提案：

一、请迅速成立文化馆案。审查意见：拟原案通过。决议：原案通过。一、请迅予发给补助费并通令各旗，于二十四年度内筹设小学校一所，其已设者得增设一所案。审查意见：先通令各旗即速成立后，再行转呈中央补助。决议：照审查意见通过。一、请迅速成立师范学校案。审查意见：拟原案通过。决议：照原案通过。一、请特别励奖〔奖励〕参加全运之摔角选手，以资提倡蒙古体育案。审查意见：优予奖励，并电谢褚秘书长及南京蒙藏学校何主任，再电总领队及各参加全运之蒙古学生，予以慰勉。决议：照审查意见通过。

实业处提案：

一、请速予成立蒙古生产合作社案。审查意见：拟原案通过。

决议：照原案通过。一、请予改组无线电管理局案。审查意见：拟原案通过。决议：照原案通过。一、准北平邮政管理局函请本会停止进行驿站，另行商办邮寄代办所案。审查意见：驿站照设，关于邮寄代办所，派员妥为接洽。决议：照审查意见通过。一、请汽车管理局经费独立案。审查意见：拟原案通过。决议：照原案通过。一、请开采煤炭矿案。审查意见：并请委员长办理。决议：照审查意见通过。

《时事月报》

南京时事月报社

1935 年 13 卷 6 期

（朱宪　整理）

外蒙之过去与将来

刘桂楠　撰

一　俄国侵略外蒙之开始

十五世纪以来，俄国渐侵略西伯利亚，向东发展。《尼布楚条约》订后四年，中国许俄商人每三年经由蒙古至北京贸易一次，因此俄渐与外蒙之车臣汗部相接触。至康熙三十九年，清圣祖征服准噶尔，外蒙之喀尔喀三部遂来归，俄即派遣使臣来北京，要求画定疆界，订立商约，圣祖不许，时大彼得帝方与瑞典失和，不抱积极之目地〔的〕，遂作罢。雍正五年复遣使来北京，申前请，求画定外蒙与西伯利亚之疆界，世宗亦认有画界之必要，遂诏郡王策凌等，与俄使会议于恰克图，订立条约十一条，其第三条云："中俄两国所定边界，在恰克图河溪之俄国卡伦房屋，在厄尔怀图山之中国卡伦鄂博之中央地方，建立碑界，作为两国边疆贸易地方，由此东至阿巴海图（注一），西至沙宾达巴哈（注二），其间如横有山河，即断山河平分为界，阳面属中国，阴面属俄国。"其他重要者为："贸易人数，仍照原定，不得过二百人，每间三年进京一次，疆界零星贸易，勿庸取税。"于划定交界之处，共立界牌八十七处。此次条约，在表面看来，似甚平等，我国人士亦每以《恰克图条约》与《尼布楚条约》并论，然细度之，则我国失利甚大。考元之版图，北括贝加尔湖，为岭北中书省所辖之地，当时窝阔台汗国封地，即在贝加尔湖以西，俄国扩张势力于其地，远在元朝瓦解后耳！所谓外蒙者，原为大漠以北之蒙古地也，元版图既至贝加尔湖，且其地又皆蒙古民族居住，当然应属之蒙古，而此次条约，竟失此广大地方，而以恰克图为界，不能不谓之失败。且于边境贸易，复许其勿庸纳税，遂为俄以后要求在外蒙各地贸易皆不纳税之借口，故《恰克图条约》实为俄侵略我国之开端。

二　自《北京条约》至外蒙第一次独立

《恰克图条约》订后，俄国侵略外蒙之野心益大，然此后数十年而无事者，盖康雍乾三朝之余威尚在也。迨至鸦片战争，天朝之威严打破。咸丰八年，英法联军，《天津条约》成立，俄亦垂手与战胜国享同等之权利。知我国之易欺，遂在外蒙方面作更进一步之侵略，一面压迫清廷与之订立种种条约，在外蒙获得许多权利，一方利用喇嘛教徒，以收买外蒙之人心，卑词厚币，市惠于活佛、王公，唆使其脱离祖国，以遂其侵略之志愿。

咸丰十年之《北京条约》，俄以调停人索惠，在外蒙方面所得之利益："俄国得由恰克图至北京往来贸易，且可于沿途库伦、张家口等地贩卖零星货物。库伦设俄领事，由俄自费建筑领事官署，及住房、商店、堆栈等，所需之地皮，得商由库伦办事大臣划拨。俄国之边境官吏，得直接与中国边境官吏办理边境事务。"此约成后，库伦俄领事署，即于同治二年全部落成，遂在外蒙内地竖立下侵略的大本营。俄国边境官吏，得直接与我国边境官吏办理交涉一项，看来似不甚重要，应〔其〕实关系重大，盖外人派赴边境之官吏，皆较一般官吏之智识与手段为高，而我国之疆吏，大多皆为无用之辈，以北京清廷之外交，尚时落俄人之圈套中，况无外交智识之疆吏乎？光绪六年《伊犁条约》规定："如将来商务繁盛，俄得在科布多、乌里雅苏台设置领事，其领事署地、房舍、堆栈等，所需之地，商由库伦办事大臣拨给。蒙古各盟旗均准俄人贸易，照旧不约〔纳〕税。"如此广大区域，而许无税通商，实世界各国所未有，而俄更在各通商地带，设立银行支店，与俄国邮便局，所有商权，悉操其手。光绪十八年之《中俄邮政条约》："中国在五年以内，架设北京至恰克图之电线，并承认与俄商协定，得以最廉之费用拍发电报。"以上诸条约次第成立，俄在外蒙之势力，日益膨胀，而根深蒂固。光绪二十五年，《英俄协约》成立，英许俄不干涉其在长城以外建筑铁路，俄遂屡派员查勘路线，并向我国提出要求，许其由恰克图建筑铁路至张家口。会日俄战起，中国欲自筑此路，遂拒绝其要求。日俄战后，俄在南满之权利，皆让与日本，于是不得不变更其侵略之方针，放弃南满，而扩张其在北满与外蒙之势力，而更以仇为友，与日本数次订立协约，以宰割我国之领土。宣统二年，日俄第二两次协约成立，复另订密约，规定日本合并韩国，俄不反对，俄于伊犁蒙古有所进行，日本亦承认之。英日两国，为在亚洲与俄竞争之劲敌，今二国皆许可俄在蒙古之行动自由，彼遂肆无忌惮，数次组织调查团，至外蒙各处调查，以备对我国提出更严重之要求。先时《伊犁条约》，准俄在蒙古各处贸易不纳税，复规定每十年得酌改一次，俟将来商务发达，由两国议定税则，即将免税之例废除。在第一、二两次改约期间，中国因他故未能顾及。宣统二年，为第三次改约时期，是时中国亦醒悟所受损失之大，遂欲收回权利，屡与俄国交涉，协定蒙、新等地之税率，而俄国不但不接受，反向清外务部提出要求以相抗，其要求关系外蒙者则有："蒙古及天山南北诸地方，俄国臣民得自由移居，不受何等独占及禁止之妨害。且一切商品，皆为无税贸易。俄国得在科布多设立领事馆，俄人民在此地，得购买土地，建筑房屋。"其驻北京公使声明："所提各项（共六项）有一不允，俄国政府即不认中国有维持善邻之谊，将取自由行动。"清廷与之往复交涉，彼毫不退让，并令土耳其斯坦驻军，向新疆边境移动。日本因与俄有密约，英又为日之同盟国，故皆坐视，清廷无法，遂悉承认之。

俄国除压迫清廷与之订立条约，在外蒙扩张势力外，复对外蒙之活佛、王公、喇嘛行其怀柔之手段，施以微利，使其渐对中国疏远，煽惑蒙族与内地人民之感情，冀不劳而获外蒙入其掌握之中。自中日战后，清廷感受外国之种种压迫，亟欲励精图治，于蒙古方面，亦思有所振作，故渐抛弃以前之怀柔政策，对外蒙之哲佛、喇嘛等，亦不如从前之优待。山西巡抚胡聘之首倡蒙地放垦，张之洞、刘坤一和之，清廷遂决定实行殖边，内地人民至蒙地开垦者，日益增多。复在库伦举办种种新政，新设立之机关达二十余处，一切费用，皆责诸地方供给。外蒙之王公、喇嘛，对清廷遂起仇视之心，欲依俄以自存，故俄国之怀柔政策，易于收效。在西伯利亚之布里雅特人，亦为蒙古种族，自俄之势力侵入外蒙以后，即利用之与外蒙之喇嘛联络，彼此间多所往还。俄更在西伯利亚边境，建立喇嘛庙一所，以示与蒙古人民同一宗教。其在库伦之领事，亦大事活动，凡商人来库之货物，须首献活佛，以顺其欲。活佛庙中时有俄女出入，以狐媚之手段，行其狼吞之心，日必有多数俄人，往来于活佛之宫殿，又为外蒙王公建筑俄式房屋，以买好其心，而期同化。光绪二十九年，有俄人自清廷获得土谢图汗部之采掘金矿权，事为外蒙王公所反对，俄驻库伦领事暗贿以十万卢布，事遂平息。当拳匪乱时，内蒙外人多遭杀戮，而俄在外蒙反借此以扩张势力，使库伦之电报局职员，散布谣言（因电报局之管理权操于俄人之手），谓接张家口电，拳匪已侵入蒙古境内，到处杀掳，现在预备向外蒙推进。外蒙人心，遂大起恐慌，群请俄领事设法保护，不知正中其计，彼慨然允之，立电调恰克图之哥萨克军四百来库，在其领馆背面山上，建筑炮台、兵营等工程。待后拳匪平定，俄竟以外蒙之救命人自居。综之，凡能引诱、煽惑之方法，俄人无所不用其极，此不过略举实例而已。

俄国之压迫清廷，处处成功，煽惑外蒙，事事奏效，遂怂恿外蒙独立，以干涉我内政。宣统三年六月，外蒙古借会盟为名，召集四盟（注三）王公，密议独立，全体赞成，遂派杭达多尔济亲王、车林齐密特达喇嘛及三音诺颜汗等，赴俄京请求援助，俄立允愿与以军事上及财政上之接济。俄国之驻北京公使，反向我国提出抗议，谓"外蒙王公、喇嘛多人，至俄京请求援助独立。查外蒙与本国边境接近，中国应念中俄睦谊，将一切新政，即日停办，以释蒙人疑惧，否则俄政府不能漠视，必于边境地方筹一对待办法"。其欲援助外蒙，于此可见。外务部当即电询驻库大臣三多，而驻库官员尚未之闻，见电大骇，即求哲佛阻止俄兵来库，允即奏请停止新政。哲佛虽允，然不几日突有俄兵八百余来库，辎重车辆，络绎不绝，三多即诘责外蒙政府谓："一切新政，均已废止，何又调俄兵入境？"并央求活佛，请阻俄兵，活佛应之，然斯时杭达多尔济等仍在俄京，恰、库道上之俄兵，仍继续不断。盖蒙人存一不做二不休之目的，不肯中道废止，而其引狼入室，即欲驱之亦难矣。迨武汉革命之新闻传至外蒙，俄蒙之军队已布置妥当，遂宣言独立，驱逐中国之官员出境。至是俄国在外蒙之种种阴谋，百年之努力，始告成功矣。

三　中、俄、蒙三方条约之前后

当宣统三年七月间，俄国既派兵入库伦，至十月复照会清外部，要求五款：（一）中国须认俄国自库伦至俄边有铁路建筑权。（二）中政府须与外蒙订约声明，不在外蒙境内驻兵、殖民，准许蒙人自治，受办事大臣管辖。（三）中国治蒙主权，改隶办事大臣，中俄交涉，仍由两政府协商。（四）俄领事协助担保蒙人对于中国应尽之义务。（五）中国在外蒙有改革事宜，须先与俄商酌。此项要求，完全暴露俄政府之欲助外蒙独立，特先窥我国之意，苟我国许之，则置外蒙于两国保护之下；如不许，则决助其独立，以为将来之要挟。时清室危殆，无暇与俄交涉，果也，不几日外蒙四盟遂联合以独立闻矣，共举哲布尊丹巴为大皇帝，以共戴为年号。

迨民国成立，袁大总统即电外蒙哲佛，劝其取消独立。彼回电谓："……独立自主，系在清帝辞政以前，业经布告中外，起灭何能自由，必欲如此，请商之邻邦，杜绝异议。"所谓邻邦，即指俄而言，其受俄之操纵，于此可知。时时局粗定，我国遂有征蒙之议，东三省及新疆之军事已有联络。俄人知外蒙之军队不足恃，一经征讨，立即重归我国之版图，遂一面阻抑我国出兵，数次照会抗议，谓我如出兵，俄国决不能漠视，以相恫吓；一面令外蒙政府，雇用俄国军事教官，以训练其军队，在雇用期间，如有战争，俄教官有临前敌指挥各盟旗军队之权，又以快枪四万余枝、大炮八尊，供给其军用，又贷与二百万卢布，充作军费，其条件则必须聘俄人为财政顾问，其顾问有管理及支配外蒙财政之全权。外蒙之军事，既有准备，俄教官即率蒙军攻入科布多城，而俄国军队，亦自西伯利亚占领唐努乌梁海。民国元年九月，俄派使至库伦，劝诱王公、喇嘛订立《俄蒙协约》，其大要为：（一）俄国政府扶助蒙古现已成立之自治秩序，及蒙古编练军队，不准中国军队入蒙境，及以华人移殖蒙地之各种权利。（二）如蒙古政府以为须与中国或别国立约时，无论如何，其所订之新约不经俄国之许可，不能违背或变更此约及专条内各条件。此约签定后，同日又订立《商务专条》，依此《专条》，俄人得在外蒙享有开设银行，建筑工厂，租地开垦，设立邮政，及输出输入各种贸易皆不纳税之特权（因条款太多不列举）。除此二约外，另订有密约，其最重要者有：（一）外蒙境内之矿产，允俄人自由开采。（二）承认俄国在外蒙永远有铁道建筑权，库伦政府欲自行建筑铁路，须先经俄国承诺。（三）俄国得架设自伊尔库斯克至乌里雅苏台电线之权。此数条约成立，外蒙之经济大权，完全操于俄人之手，外蒙虽名为独立，而实即俄之保护国。我国即提出抗议，俄国答覆谓："中国如能承认在外蒙不驻兵、不殖民、不派官，则中俄当另定条约，不然俄国只有维持蒙俄协约。"俄虽不坚持外蒙之独立，而其已得之经济利益，与政治上之地位，决不能放弃。吾人于俄外部大臣萨善诺夫为外蒙事在国会之演讲，即可见其政策之所在也，彼谓："外蒙古之情形与中国迥异，乃一天然之独立区域，然蒙古欲完全独立，既无一统御之人，又乏资力，且少军队，如任其自然，则必为中国所征服，再入其版图，为俄国利益计，岂忍坐视。我国民对蒙方针有二：一则不以一切举动为然，一则亟欲取之为被保护国。此二者皆趋于极端，其不以向外蒙活动为然者，即不欲向东方活动，是直限制我国家之命运；其欲取之为被保护国者，又易使各国知吾有吞并亚洲之野心，亦非得策。以余意见，宜采取二派以折衷之，使中国不驻兵、不殖民、不干涉其政治，以为调停之条件。近来中国坚欲独自解决外蒙之事，而排除我国在蒙之势力，吾人决不因此而中道废止。"

我国出兵征蒙，为俄国所阻，与外蒙直接交涉，则彼又不接收，如再行延宕，恐外蒙问题，益将扩大，故不得不与俄交涉，历时一载，经三外长，俄国之态度始终强硬，坚持其政策，直至民国二年十一月，我国外长孙宝琦始与俄使订立《声明文件》五款，及附件四款，大要为："俄国承认中国在外蒙之宗主权，中国承认外蒙之自治权，及不在外蒙驻兵、殖民、派官，惟中国可任命大员驻库伦，及酌派专员驻外蒙其他地方。外蒙自治区域，以前清库伦办事大臣、乌里雅苏台将军及科布多参赞大臣所辖境为限。关于外蒙之土地、政治交涉事宜，中国允与俄国协商，外蒙亦得参与其事。"依此声明，于民国三年我国派毕桂芳、陈篆等，与俄蒙代表会议于恰克图，历时十月，数次濒于破裂，后经我国再三让步，始缔结中、俄、蒙三方条约，其大要如下：（一）外蒙承认《中俄声明文件》，及承认中国之宗主权，并允即将独立取消。（二）中国承认外蒙之自治权，及与各国订立关于自治外蒙工商事宜等条约之专权。（三）驻库大员及佐理专员驻扎库、乌、科、恰（注四），惟以后经外蒙承认，得另行添设。（四）民国元年之蒙俄《商务专条》仍继续有效。此约订后，俄国在外蒙所得之权利，我国始正式承认之，而我国与外蒙之关系，亦由领土之一部，一变而为名不符实之宗主国与保护国之关系。俄国在政治上，与我立于同等之地位，在经济上则独自垄断。外蒙自治官府，有权与外国订立工商事务之条约，然经济与政治，实难划分清楚，以外蒙之暗庸，焉能不为俄人所愚弄，而随意操纵之。是以与其谓外蒙为我国之领土，无宁谓为俄之被保护国更为切实也。

外蒙既取消独立，改行自治，我国乃颁布官制，派陈篆为第一任驻库大员，其后陈毅继之，皆治理有方，蒙众悦服。我国欲增设唐努乌梁海佐理专员，照《中俄蒙条约》之规定，已经外蒙自治官府同意，而俄国则阻止设立。盖唐努乌梁海之土地肥美，与俄国之交通，又甚便利，俄早欲得之以为殖民地，故坚不返还，会俄本国革命成功，帝制推翻，白党谢米诺夫等退至西伯利亚，复受赤党之攻击，不能立足，拟联合布利〔里〕雅特蒙古及外蒙，成立一蒙古帝国，屡威胁外蒙。外蒙王公、喇嘛自觉前途危险，为图存计，遂不得不依赖中国，民国八年，乃请求撤消自治，归权中央，于是外蒙又为我国之完全领土，我国军队，乃联合蒙军收回唐努乌梁海。然不久谢米诺夫部将恩琴等，受日本之接济，攻入库伦，我军因无援败退，恩琴等再拥哲佛作第二次独立，我国在外蒙之经营，遂完全失败。

四　赤俄势力侵入外蒙与中苏之交涉

当外蒙推行撤治之时，因西北筹边使徐树铮操之过急，复以统治者之态度自居，日本与布里雅特人又加以诱惑，故取消自治不久，外蒙人士又各处奔走，再谋独立。有一部分青年，在达乌里（注五）地方召开会议，组织蒙古政府，谢米诺夫等欲利用之，后因不受其指挥，又将其解散。此辈青年遂投奔赤俄，与布利〔里〕雅特志士，在赤俄指导之下，组织蒙古国民党，并成立临时蒙古政府于恰克图，招编蒙古军队，与巴龙恩琴等羽翼下之库伦外蒙政府，遥相对峙。赤俄之远东共和国，以俄白党占据外蒙多日，不见中国军队往剿，反有东三省当局与之勾结之传闻，遂要求中国政府出兵会剿，而被拒绝。外蒙王公、喇嘛亦因不堪俄白党之压迫，请求中国出兵援助，时国内之军阀正在互争雄长，置若罔闻。苏俄遂乘机派遣军队，会同恰克图之蒙古政府攻入库伦，击散白党，于是外蒙入于国民党之手，并在库伦成立正式政府，仍拥哲佛为君主，盖国民党员素无声望，不得不联合旧派以维系人心也。

外蒙国民党政府成立后，苏俄政府不旋踵即予以承认，派全权与外蒙代表缔结《蒙俄修好条约》于莫斯科，"苏俄承认蒙古国民政府为惟一的合法政府"，并派大使驻库伦，外蒙政府亦派代表驻莫斯科，以相联络。外蒙政府各机关及党之组织中，皆聘有赤俄党人为顾问，此辈俄人，实际即外蒙之监督者，苏俄政府亦即借彼辈以统治外蒙。

外蒙国民党侵入库伦后，即决议建国纲领："废止封建及奴隶制度，各阶级皆有服兵纳税之义务。"此种政治，虽与蒙古历史相背驰，然颇具欧美民主立宪政治之色彩，为苏俄所最不满。盖此时外蒙政府中之主要人物，多半为昔日之王公、喇嘛，不愿完全接受苏俄之共产主义。苏俄之目的，乃在彻底的"赤化"外蒙，是以不得不培植一班新进的平民青年，而组织一青年团，在表面上为国民党之预备党员，然不受国民党之指挥，而自成一系，皆为左倾分子，势力日大。苏俄政府乃于民国十年十月间，向外蒙提出七项要求，概言之，即须外蒙之一切组织皆苏维埃化，此为外蒙政府所不承认，然苏俄之赤军威胁于外，青年团反动于内，遂不得不完全屈服接受。斯后苏俄利用新旧两派之斗争，渐次消灭旧派之势力，即新派中有反共倾向者，亦多遭杀害，于是外蒙政府尽为亲俄分子。民国十二年苏俄与外蒙复缔结密约：（一）外蒙宣告一切土地、森林、矿产均归国有。（二）无人占领之土地，俱给俄国农民及蒙古贫民耕种。（三）许俄国军队驻扎外蒙。（四）外蒙金矿归俄工团开采。苏俄与外蒙缔结此种条约，是直以殖民地视之也，而彼反谓认外蒙为独立国，岂非笑谈。迨至民国十三年，虚名君主哲佛逝世，于是苏俄"赤化"外蒙之障碍尽除，外蒙国民党乃宣言实行苏维埃式之政治，废止帝位，改库伦为乌兰（注六），复发表《蒙古劳动国民权宣言》，一如俄国革命时列宁之宣言，又公布宪法，亦自苏俄宪法抄袭而来，至是苏俄"赤化"

外蒙之阴谋，乃悉告成功。外蒙政府虽有其名，而内部之操实权者非俄人即为布利亚〔里雅〕特人，皆由莫斯科任命而来，一切方针，皆为彼等所左右，内防处、外交处、参谋处之重要职员，皆为俄人充任。军队之编制，亦按照苏俄之制度，其中之教官，亦大半为俄人。

外蒙之"赤化"，不只限于政治与军事，即经济、文化亦大受苏俄势力之影响。先时外蒙之贸易权，大半皆操之于我国商人之手，自苏俄势力侵入后，外蒙之政治变体，竭力压迫我国商人，除须纳之正税外，复课以无限制之营业税，中国商人之产业，彼等随意处置，辄被充公。外蒙政府，又取锁国主义，对外人之出入，限制甚严，我国在外蒙之经济势力，遂亦不复存在。苏俄因在政治上有优越之地位，交通又甚便利，故遂取我国之地位而代之。外蒙出产之货，皆输入苏俄，其入口者，亦皆为俄货，是以苏俄得利甚大，近几年苏俄与外蒙之贸易额，竟年达数千万元之巨，超过其与中国、日本之贸易额。外蒙之交通事业，亦为苏俄所垄断，自其势力侵入后，即开辟汽车道，民国十四年又与外蒙政府订立条约，由俄借款建筑恰库滂（注七）铁路。吾人于此可见苏俄之侵略政策，固未少衰于帝俄时代，其志不只在囊括外蒙而已矣。

外蒙之教育，亦皆"赤化"，库伦之国民大学、师范学校、各中学以及军事学校之教员，除俄人外，即为布里雅特人，实行赤化教育，冀外蒙永远为苏俄之附属国。

此外尚须叙述者，即民国十一年，唐努乌梁海亦仿外蒙办法，成立共和国，与外蒙分离。苏俄之所以如此者，盖其与唐努乌梁海较之与外蒙尤为接近，乌梁海物产之丰，亦不亚于外蒙，故欲使之成为苏维埃联邦之一，且又可分散外蒙之势力。

苏俄政府自一九一七年（即民国六年）成立以来，感国际之孤立，于民八、民九两次发表宣言，愿将帝俄时代在中国所取得之权利，一概无条件归还，冀我国之承认，复派加拉罕来北京，与我国交涉。民国十三年成立《中俄协定》，其第五款规定："苏联政府承认外蒙为完全中华民国之一部分，及尊重该领土内中国之主权。苏联政府声明一俟有关撤退苏联政府驻外蒙军队之问题，即撤兵期限，及彼此边界安宁办法，在本协定第二条所定会议中商定（注八），即将苏联政府一切军队由外蒙尽数撤退。"苏俄既承认外蒙为我国之领土，允尽数撤退驻在外蒙之军队，即应照办，然事实竟完全相反。第二条所定之会议，苏俄始终宕延，至今未开，其在外蒙之军队，不第未尝作撤退之准备，且于缔约后不久，即怂恿外蒙军队西侵阿尔泰，苏俄大使，至今仍驻库伦，其在外蒙之一切权利，更有加无已，将来亦不难成为苏维埃联邦之一。民国十四年苏俄外交部长齐齐额林在中央执行委员会有言曰："吾人承认蒙古共和国为中华民国之一部分，但同时以充分的程度承认蒙古共和国之自治权，使中国不得干涉蒙古之内政，使蒙古得执行完全独立的外交。"是何言耶？既承认外蒙为我完全领土之一部，则又不许干涉其内政与外交，国际间岂有如是之不讲信义者？吾人由此可知苏俄之对华政策，实仍本帝俄时之侵略政策而来，苏俄外长齐齐额林所讲演之政策，与帝俄时外长萨善诺夫所讲演之政策，有何异哉？民国二年时，《中俄声明文件》成立，在极端侵略之帝俄手中，我国尚争回外蒙之主权，得在外蒙设置办事大员及佐理专员，而今标榜不侵略主义之苏俄，则竟据我外蒙为己有，视条约如具文，能不令世人对之怀疑耶？

五　日本觊觎外蒙之由来

一九二八年日本内阁总理田中之奏折内有云："日本欲征服世

界，必先征服中国，欲征服中国，必先征服满蒙。"田中此言，足以代表日本之传统国策。

四十年前，日本尚为一蕞尔小邦，自中日战后，遂有征服世界，囊括亚洲之野心，其势力渐侵入满洲，因而与俄国发生冲突，遂有日俄之战。日俄战后，俄国虽将南满之权利，让与日本，然仍不失为日本在亚洲大陆竞争之劲敌，彼此各不相让。宣统元年，美国提议"满洲铁道独立"，日俄因利害一致，遂彼此携手，划定范围，分侵满蒙，南满、内蒙为日本之侵略范围，北满、外蒙为俄国之侵略范围。及至欧战爆发，俄国内部又发生革命，无暇东顾，日本遂欲借此机会，插足外蒙。后俄国革命成功，日本与帝俄时宰割中国领土之密约，被俄新政府发表，声明作废，日本更怀恨在心，于是一面联合列强出兵西伯利亚，一面欲笼括内外蒙古以实现其征服世界之第一步。民国七年《中日陆军军事协定》第一、第四两款，皆有"日本军队得由库伦进至西伯利亚"之规定，其存心为何，不言而喻。民国八年，外蒙商洽取消自治，归权中央，日本即认为其侵略上之莫大障碍，即对外蒙哲佛施以种种利诱威胁之手段，冀外蒙脱离中国，以遂其侵略之欲，然其计不得售。其后又侦知外蒙对中国不满，有再谋独立之意，遂竭力煽惑，更力助俄白党谢米诺夫，怂恿其联合外蒙独立，以便为所欲为。民国九年九月间，日本曾召谢至大连会议，由日本供给军械，会其残部与蒙匪结合，攻取外蒙为根据地。哈尔滨之日本军事委员会又与外蒙代表喇嘛桑图楞、台吉边勒坤阿密开会议，商订条约于其特务局，所议定之条件大意如下：（一）外蒙向特务局借贷日金六百万元，以外蒙图勒克图山脉一带森林、矿产作押。（二）抵押产自贷款成立后，须由日本派兵保护。（三）购买重要军械，须随带行使人员。（四）外蒙聘用教官，不得用他国人。当时中外报纸，尝载日本当局扰乱外蒙之密电："……《中日军事协定》断不能听其取消。原有军队，应以三分之一扼中东路要扼。近日西北边防军兵力渐懈，我军宜乘此机会力谋进行，现派中山中佐偕同熟悉蒙情游说员四十人，携带巨款，分往蒙古各地，游说王公，陈以利害，并担任军费借款，助其恢复自治权。一方面以金钱结纳各边防军，使其辅助蒙人宣布独立，并召集该处土匪，乘机扰乱边境，使支那军队疲于奔命，则我军进行较易。"（注九）由此可见日本当时扰乱外蒙之情形，其手段之毒辣，较帝俄尤甚。民国十年谢米诺夫部将恩琴等与蒙匪攻入库伦时，其中有日本军官多人指挥作战，故外蒙第二次独立时之扮演者，虽为俄白党与外蒙之王公、喇嘛，然内中之指挥者，实为日本。自外蒙为赤俄占据后，日本之侵略政策，乃归失败，然仍时派精通蒙语之军人、学者，暗中至外蒙考察。

六　近来日俄对于外蒙之暗斗

自九一八事变后，日本攫取东北四省，内蒙之半已入其手，为巩固其在东北之根基，及根本上消灭苏俄在远东之势力起见，故竭全力以建设东北之交通网。计已建筑成功之铁路，有吉会线、拉滨线、哈讷线。在积极建筑中者，有图们江宁古塔线、朝阳承德线、讷河黑河线、怀远索伦线。此外尚有若干正在计划中者。凡此铁路，皆以军事为目的，取最短之距离。吉会路成后，使东北与朝鲜打成一片。拉滨、图宁二线，皆横断中东铁路，使中东路在军事上减少其效用，在经济上亦大受影响。哈讷路不久即可展筑至黑河，怀远索伦线亦计划展筑至海拉尔或满洲里。此两路线，一趋西伯利亚，一包围外蒙之车臣汗部。将来日俄战起，日必进攻，俄则利于防守，此两铁路即为其攻取之工具。自朝鲜之清津港，数日内即可达西伯利亚与外蒙之边境。然据吾人之观察，将来日俄之战，外蒙一方较西伯利亚尤为重要，因俄国在西伯利亚之边防巩固，不易攻取，即使日本能击退俄军，而俄军后退，亦可步步为营，于整个的军事上不能有重大之变化。若日本能夺取外蒙，则数句钟内，可由恰克图达上乌丁斯克，以断西伯利亚铁路，断绝西伯利亚与俄本国之交通，则苏俄在东方之军事，必至一败涂地，而不可收拾。日本之建筑怀远、索伦间之铁路，其意即在此，因索伦为东北通外蒙之要道，清康熙间，准噶尔在外蒙作乱，满洲之大军即驻屯于此。至于日本武装移民于呼伦贝尔，并积极的训练蒙古骑兵，近来又在洮南设立兴安军官学校，招收蒙籍青年二百余人，施以特殊之军事教育，将来即以此辈青年为蒙古军之下级干部，此皆为将来对俄作战之准备，亦即为夺取外蒙之准备。在热河方面，现驻有日军约两师团，并积极的修筑朝阳、承德间之铁路，及各重要地点之汽车路，与承德、赤峰相联络。凡重要地点，皆设有军用电话，按〔安〕置无线电台，及修造坟墓状之炮台。现今又计划修筑朝阳、赤峰间，及赤峰、通辽间之铁路，如将来此两路线成功，则热河与东三省、朝鲜亦将打成一片。今多伦仍在日军手中，与赤峰、承德间之汽车路早已修筑成功，并按〔安〕置无线电台，开辟飞机场。日本之占据多伦，其目的虽在图谋西蒙，而于此可西进以夺取张库汽车道，对外蒙亦一大威胁，因热河与察哈尔之间，有苏克斜鲁山横断于中，且山势西高于东，更不利于交通，惟山南端之多伦为两省交通之孔道，日本占据之，则西可侵略西蒙，北可压迫外蒙，其用心诚不在小。近据报载，今岁八月间有日人至滂江德王府，要求在该处设立无线电台，及华北医院。滂江为察省北边之重镇，离外蒙边境只百里之隔，日本此举，虽在压迫德王，而对外蒙亦显然有所企图。

　　日本自占领东北后，气焰万丈，其交通政策使中东铁路失去其效用，故苏俄不得不忍痛而求售与日。然日本之目的，不只在笼括东北，西伯利亚与外蒙皆为其侵夺之目标，以期实行其大亚细亚主义。苏俄对此，焉能漠视，不但西伯利亚不能许日本侵入，即外蒙方面，十余年来政治为其所独揽，经济亦为其独自垄断，亦断不能许日本染指。故自九一八事变以往，苏俄即使外蒙政府下令封锁其疆土，断绝与邻地之交通，并派遣司令官驻扎外蒙，在库伦建筑大规模之兵营，可容一万八千人，由新编之骑炮及机关枪等混合部队担任防守，新增大炮四十二门，高射炮七门，重关机〔机关〕枪三百二十挺，飞机数十架，装甲汽车甚多。复在库伦建筑大飞机场，为飞行根据地，全外蒙境内，共有飞机数百架，分驻库伦、乌德、克鲁伦等地，又在库伦设立航空学校，派遣教官，训练外蒙飞行人员，并招募外蒙青年军三万余人，成立蒙古军团，积极训练。至于外蒙之交通，恰克图、库伦间之铁路，正在积极建筑中，汽车路网已大半修筑完成，沿途电报电话亦正在置备中。又据日本民族地理学家布利秋，近由外蒙归沈阳云："外蒙与黑省之边境地带，蒙军布置甚密，每三四百步即筑有俄式堡垒，各堡垒间掘地道作联络，贝尔池南有完美之飞行场，外蒙军队及行政机关，均以蒙人为长，俄人副之。"

　　日本对于夺取外蒙之军事，在索伦、多伦、呼伦贝尔等处，积极准备，而苏俄在外蒙之防备，亦积极布置，尤注重克鲁伦与乌得二处。乌得在土谢图汗部南边，当张库汽车道，其原意为门，即外蒙门户之意也，为热、察两省入外蒙之孔道，离多伦不过数百里。克鲁伦为车臣汗部东边之重镇，与呼伦贝尔边境只百里之隔。由此观之，一旦日俄之战争爆发，则外蒙必为两国短兵相接之战场。

七　结论

外蒙为我国之领土，虽自民国十年以来，处于特殊状态之下，然世界各国仍皆认其为我国之领土，即实际上占据外蒙之苏俄，在条约上亦承认其为我国之领土（民十三之《中俄协定》）。今日俄勾心斗角，外蒙将成为战场，而我为外蒙之主权国，则漠不关心。或以为中国之于外蒙已无办法。此则不然，外蒙今日虽然"赤化"，远华而近俄，然我国仍有相当之势力在。民国十三年外蒙国民党宣布之党纲，其第三条云："查中华民国人数众多，省域宗教既各不同，应即分为数部，设为自治之邦，各订章规，为联盟体之中国。我蒙古容入此盟，自无疑义，且南华、北华、川边、回、藏、满、蒙，如分之则为自治，为独立，合之则为联邦，为一国，期勿相害，而御外侮则善矣。"民国十三年中国国民党在广州开第一次全国代表大会时，外蒙政府尚派有代表参加，再三声明愿为中国联邦之一，造成一大中华民国。是以外蒙在形式上虽独立，而在精神上仍未与中国完全分离，此吾人所应知者也。惜国民政府成立以来，未能利用时机，使其来归，实为憾事。外蒙处于中俄两大国之间，其政治、军事、经济皆不能独立，非依赖中国即须依赖俄国，其倾向苏俄，不过为少数之左倾分子，而大多数之民众，仍不忘其祖国也，故虽在赤俄大军威胁之下，仍时起暴动，数年前尚有一部分外蒙人民，不堪苏俄之压迫，逃至内蒙，由此可知其向华之心矣。为今之计，我国亟应派遣熟习外蒙情形之人，及外蒙在内地之王公，至外蒙疏通，陈以利害，又应利用外蒙逃来之民众，使其回外蒙宣传。今中俄国交已复，又应与其速开会议，根据民国十三年之《中俄协定》以收回外蒙，勿使大好山河，徒供人逐鹿也。

（注一）在额尔古纳河边。

（注二）又名莎毕齎岭，在唐努乌梁海最西境，中俄同立牌界〔界牌〕于此。

（注三）即外蒙之喀尔喀四部。

（注四）即库伦、乌里雅苏台、科布多、恰克图。

（注五）在满洲里之西，西伯利亚境内。

（注六）即赤都之意。

（注七）即恰克图、库伦、滂江。

（注八）《中俄协定》第二条："两缔约国政府，允于本协定签字后一个月内，举行会议，按照后列各条之规定，商订一切悬案之详细办法，予以施行。此项详细办法，应从速完成，无论如何，至迟不得过自前项会议开始之日起六个月。"

（注九）见谢彬著《国防与外交》。

《东方杂志》（月刊）

上海商务印书馆东方杂志社

1935 年 32 卷 4 号

（李红权　整理）

中苏间关于《苏蒙互助议定书》之交涉

作者不详

一、中国外交部第一次对苏抗议照会
（二十五年四月七日）

为照会事：本月前准贵大使面交一种文件抄本，称系苏联与外蒙签订之议定书。查民国十三年五月三十一日签订之《中俄解决悬案大纲协定》第五条，规定"苏联政府承认外蒙为完全中华民国之一部分，及尊重在该领土内中国之主权"，外蒙系中华民国之一部，任何国家自不能与之缔结任何条约或协定，兹苏联政府不顾其对于中国政府所为之诺言，而擅与外蒙签订上述议定书，此种行为，侵害中国之主权，违反民国十三年中苏协定之规定，实无疑义。本部长兹特向贵大使提出严重抗议，并声明苏联政府与外蒙签订议定书，系属违法，中国政府断难承认，并不受其拘束。相应照请贵大使查照，转达贵国政府，予以满意之答覆为荷。须至照会者。

二、苏联外交人民委员长答覆照会（四月八日）

本月七日贵代办遵奉贵国政府训令，送交本委员长照会抄件；该照会贵方已于同日面交驻华苏联大使鲍格莫洛夫。该照会理由，因苏联政府与"蒙古人民共和国"于本年三月十二日签订议定书，认为侵害中国主权，并抵触一九二四年五月三十一日中苏协定，为此南京政府认为得以提起抗议。兹对于该照会答覆如下：苏维埃政府对于该照会所载对苏蒙议定书之解释，不能同意；且对于中国政府所提抗议，亦不能认为有根据。议定书之签订与议定书内各条款，均无丝毫损害中国主权处。该议定书并不容许亦不包含苏联共和国对于中国及"蒙古人民共和国"有任何领土之要求。议定书之签订，于中国及苏联共和国间，及苏联共和国与"蒙古人民共和国"间，至今存在之形式的或实际的关系，绝无变更。苏联于签订互助议定书，认为〈对〉一九二四年在北京签订之中苏协定，并无损害，且仍保持其效力。苏维埃政府兹特重行确证上述协定就苏联方面言，仍保持其效力，以及于将来。至于形式上是否有权与中华民国自治部分签订协定问题，兹仅须提及苏维埃政府曾与东三省政府于一九二四年八月廿日在奉天签订协定，此事并未引起中华民国政府之任何抗议，且经其承认。该《奉俄协定》，与北京协定有完全同等之效力。同时应予以注意者：《苏蒙议定书》并不反对第三国之利益，因其仅于苏联或"蒙古人民共和国"成为侵略者之牺牲，并不得不防卫自己之领土时，始发生效力。基于上述理由，苏维埃政府以为不得不拒绝中国政府之抗议，认为并无根据；同时并表示深信中华民国政府必能确信苏蒙议定书并不违反北京协定，且适合于中国人民及蒙古人民之利害也。相应照请贵代办接受本委员长最诚之敬意。中华民国代办使事。（署名）李特维诺夫。

三、中国外交部第二次对苏抗议照会（四月十二日）

为照会事：关于苏联共和国与外蒙签订互助议定书事，本部长业于四月七日向贵大使递送抗议照会，声明该议定书之签订，侵犯中国主权，违反民国十三年中苏协定，中国政府断难承认。本月九日准贵大使递到贵国外交委员长致中华民国驻苏联代办照会抄件一份，答覆本部长上述去照。来照谓"苏维埃政府兹特重行确证上述协定（民国十三年中苏协定）就苏联方面言，仍保持其效力，以及于将来"。苏联政府于此重行确认外蒙为完全中华民国之一部分，及尊重在该领土内中国主权，本部长对于苏联政府此项保证，业已阅悉。惟查苏联政府对于此次苏联与外蒙签订议定书之事项解释，本部长认为并无充分理由，所引民国十三年在奉天所订之《奉俄协定》，尤不能作为先例。来照谓《奉俄协定》之签订，并未引起中华民国政府之抗议一节，适于事实相反。查该协定未经该处地方当局呈经中央核准作为中苏协定之附件以前，迭经前北京外交部于民国十三年八月廿五日、九月十一日先后向彼时贵国驻华大使提出抗议；并经中国驻莫斯科外交代表向苏联政府抗议各在案。嗣该协定经中央政府核准，完成法律手续后，始于民国十四年三月间通知苏联政府，作为民国十三年中苏协定之附件。此项事件，原为贵方违反国际惯例之不合法行为，经中国政府予以纠正，固不得援引为贵方有权向中国地方政府签订任何协定之先例。此次苏联政府与外蒙签订之议定书，侵及中华民国之主权，与民国十三年中苏协定根本抵触，中国政府对于该议定书，不得不重申抗议，并维持上次照会内所表明之态度。相应照请贵大使查照，转达贵国政府为荷。须至照会者。右照会大苏维埃社会主义联邦共和国驻华特命全权大使鲍格莫洛夫。

（附）苏蒙互助议定书草约（据四月八日塔斯电）

苏联政府与蒙古人民共和国，现因两国友谊，自一九二一年蒙古人民共和国得红军之助，将与侵占苏联领土军队互相联络之白卫军队逐出蒙古领土以来，始终不渝。且因两国俱愿维持远东和平，继续巩固两国现存友好关系，故已决定将一九三四年十一月二十七日即已存在之绅士协定，正式改订此项草约，规定以全力互相协助，以避免及防止武装攻击威胁，并于任何第三国攻击苏联或蒙古人民共和国时，彼此协助。为此目的，余等签订此项草约。

第一条　苏联或蒙古人民共和国之领土，如受第三国家或政府之攻击威胁，则苏联及蒙古人民共和国应立即共同考虑发生情形，并采用防卫及保全两国领土所必需之各种方法。

第二条　苏联及蒙古人民共和国政府承认：在缔约国之一国受军事攻击时，相互予以各种援助，包括军事在内。

第三条　苏联及蒙古人民共和国政府认为：缔约国中一国军队根据互助公约为完成第一条或第二条之义务起见，屯驻另一缔约国内，至无此必要时，应立即退出，有如一九二五年苏联军队之退出蒙古人民共和国领土，此乃不言自明。

第四条　此项草约共有两份，一用俄文，一用蒙古文，两份俱有同等效力。

此项草约将于签字后发生效力，于此后十年内继续有效。（二十五年三月十二日签订，签字者为苏联全权代表泰洛夫，及蒙古人民共和国“小库拉尔”主席阿穆尔、总理兼外长赏登。）

《申报年鉴》（年刊）

上海申报年鉴社

1936 年

（李红权　整理）

民意与绥北、绥东

天兽　撰

此处所谓民意有二解释：一者，民众意识。二者，民族意志。在帝国主义、工厂主、军阀、汉奸、官僚、走狗种种交侵重压之下，中华潜伏之民意渐渐伸张，有自己确立起来左右现局之趋势。今次绥北、绥东之抗战不失为吾民民意伸张之良机，不可错过，不可错过！宜群起而紧握之！

吾国民意素好和平，即偶尔诉之战争，意向乃在吊民伐罪，以战止战。百年来骤遇帝国主义惨磔苛酷，假步骤精严之方法，唯以吸收剥削侵夺敲刮为能事，与昔封建君臣等虽均以少数人居权扼势，而资本家党魁之支配与统治之手腕则高乎其高矣！于是吾民劳苦大众一时无所措其手足，社会中种种残余制度复顺降帝国主义旗帜下而曲尽其奴仆之役，恨不能为虎作伥，哀哀羔羊，唯充俎肉而已。此等甘血夜叉讵可望其收心敛意？弱力同胞独有自家坚绝奋斗，急起群结，以申己意，以图光明之一途耳。然在种种奋斗行动中足可暗示民意之伟大，其为性也，独立高超；逆之者终必亡，顺之者终可吉，此非空言，值是过渡之紧急关头，实甚易事实明证者。

九一八以后，国民政府国是、外交屡屡失当，一误再误。吾民劳苦大众思借现当轴之体统稍纵其情而不可能，于是忧凝愤结，怨望无语。政府之不可信赖，解放唯仗自家；此种认识渐渐普遍。

在自由平等争求史上观，固为重要阶梯。

长城血战去兹未逾三年，专政当局、拥兵军阀犹少进步；而吾民劳苦大众之自觉意识则迈进无疆，川流汹涌也。曩者长城各口守将只知其守，不知其攻，只知掩护己势，不知公平联络之道；中央复坐视无觌，接济为虚，致令敌人从容使用其个个击破战略于长城线外；长城之险化为人恃，烈士血迹遂斑斑于汉奸政治之下。为之师者事后则徜徉自恣，不耻欢媚，几忘掉那回事是何所为。呜呼！无名英雄亦冤哉！且〔且〕昔日有以归怨中央，今朝则坐拥残缺不完之两省两市而自图苟安，殊不悟此时犹个个孤立自守，乃敌人可乘之以隙，亦为自蹈灭亡之覆辙。苟出师察北，进攻热蒙，卷取冀东，与抗战之军略构成紧凑之关联，不但自活，亦是活他之道。此乃千钧一发，不容稍示昏沉之秋；岂可漠然不识大义之所在？危乎微哉！风波失所，生亡判若洪沟，吾贤明之当局，其速醒□！绥战爆发近月，全国大众莫不输将倾注，以为援应，较之长城战争时之情绪，质与量均有大进。今日之援助，实无异全体参与民族斗争之最初最热之表示，可谓得未尝有。

不但绥东、绥北不可让失寸土与敌人，即任何已失之土亦绝不承认让与之事；必坚决信认此土彼土乃吾民族发荣滋长之依据，万不容受任何之割取。即属割取，亦为暂时之创伤，终当复元。吾民族虽乐于和平，却对破坏和平扰害人类大义之蠹虫，所谓容忍困顿不过一时，向来则主张严格杜绝。杜绝破坏和平之罪人，乃恪守和平警卫和平者之责任。观于元朝外族之横暴，吾民族忍痛踔厉，未数十年而复国，可以为验。虽云今日之文明外族不可以例昔，但吾民族在种种威迫下急起直趋，当有更高更完善之进步。俄国社会之飞跃，可资观摩。彼亦社会也，我亦社会也，吾何不追彼哉？吾固有自力挺生之道以与之并驾齐驱相为伯仲也。

近日大有人言：绥远地理若何重要，矿产若何丰美，关键若何吃紧。吾人应十分珍惜爱护，不可丢失。此种证明皆属消极论调：可充劝诫之方，而未及抗战之真意。实则绥土不但吾绥同胞之生命线，亦全国同胞生力之所寄。牵一发而动全身，牵绥北、绥东之一线而摇动全民族生命。此语非虚，苟当轴者不若是确认与因应，吾敌人则若是而割我喉；而吾民众亦当愤而补救，横加斗争，以遗弃政府之自害也。为政府当轴个人计，非顺从民意，非以民意为意，不足以自立，尤其危急存亡关头，更宜小心将顺，不可稍逆其锋向。吾想稍具头脑之当局，未有不已觉于此。吾国旧贤之为统治已早有说，如《六韬·文韬·文师第一》云："文王曰：立〔树〕敛何若而天下归之？太公曰：天下非一人之天下，乃天下之天下也。同天下之利者则得天下；擅天下之利者则失天下。天有时，地有财，能与人共之者仁也。仁之所在，天下归之。免人之死，解人之难，救人之患，济人之急者，德也。德之所在，天下归之。与人同忧同乐同好同恶者，义也。义之所在，天下赴之。凡人恶死而乐生，好利〔德〕而归利。能生利者，道也。道之所在，天下归之。"此而言统治，盖亦尽统治之能事矣。苏维埃之领袖可谓有似于文王、武王之御天下。吾望当轴不但要作诸葛亮，还须作姜太公。

是时之绥北、绥东，更可表现：非只绥边人民之绥北、绥东也，乃绥远之北、之东。不仅绥省府之北、之东，乃晋绥、冀察之凭障也。非特华北之凭障，乃全国民意所寄之疆界也。政府诸公、军事长官苟能觉察民意，当立刻对日要求进一步之谈判，还我四省便归无事；否则绝交宣战以继之。除此外不再有任何外交。或则以剿匪除伪为名，进攻东北，取回冀东。治兵贵神速，犹豫为大过；既不可和，则宜速战。先下手为强，后下手遭殃，且长城战争之失，在待击而雌守，绥北、绥东岂可再殉其计？敌所以利用少数匪徒足为患者，乘我之不围攻也。苟察北、绥东加击则匪亡必无日。惜乎！尚有观望待毙之徒为民意之梗。但其败亡亦非遥；无他，敢违民意于其方便挺进之时耳。贤明当局应即挑起战争，以畅伸久受压抑之民意。由绥北、绥东起始打出去，吾民大众必争先恐后热烈跟随。在历史上作一轰轰烈烈之大英雄，此其际矣，千载一时，胡可忽之？

民意之维护自家生存，非以任何条件。民意之复仇雪耻，非以任何条件。民意之拥护启发民意者，非以任何条件。民意之与死敌拼死，非以任何条件。民意之联合一致对外，非以任何条件。民意之欲立即发起民族战，非以任何条件。民意之冲破绥北、绥东之疆界而前，而绝不柔守，而绝不退后，非以任何条件。民意之见逼而非伸张不可，非以任何条件。此殆皆铁铸之信念，铁铸之轨则；无待口舌辩护。自有其活生生坚牢牢之现实性在；先天便储有无量无名英雄之无量汗血膏脑为其策动之渊泉也。

《前哨》（刊期不详）

上海前哨编辑社

1936 年 1 期

（李红菊　整理）

绥远的危机

以荫 撰

自九一八事变，淞沪之战，长城之战以及冯玉祥领导下的察省抗战以来，民众抗日情诸〔绪〕一天天加紧的被压迫着；除了各地方或局部的抗日表示，如一二九以后之学生运动以外，差不多没有一个全国一致的救国行动。最近因绥战的爆发而引起的全国抗敌情形，上至中央要人，下至兵士和囚卒都有热烈的呼声和援助表示，这总算是比较难得的现像。这次伪军在绥东方面几次的进犯都完全失败了，足见中国民众和士兵都是英勇不屈的，同时也可证明只自〔有〕那些"唯武器"论者才是真正亡中国的，五年来节节的退让都是断送在这些人手里。我们现在的境遇不仅是在生死存亡的关头里，事实上我们的肢体已在一对对〔块块〕的被吞割，现在绥远的情况，又不能叫我们乐观，亡国失地的单册上恐怕又将来一笔新帐。

匪军此次经过长期的准备，集合李守信、王英、德王、张海鹏等之部下，实力不下三四万人，武器方面更有日本直接的供给大批飞机、坦克、重炮、毒器等新式军器，同时有二百以上日本军官直接参加到伪军队伍里作指挥和监督的工作，康保、多伦一带更有两旅团以上的日军按着枪机，督促者伪军的前攻。敌人利用察北和绥北之已成势力来作进攻的根据地，他们的实力还是有增无已的，绥东伪军的战败，按正式交战的比例说起来，只能算是前哨战而已，敌人现在已经准备从绥东和绥北分三路成包围势〔式〕进攻，最近期间便可看出危机的开展。

且看我方的应付如何呢？傅将军原有军力本为一军，因"剿共"已损失一师，现在本军的实力不过一万人，此外赵承绥和王静〔靖〕国之军队，是属于阎系的，傅作义当不能自由调动，非正式军队和各种保安队为数极小，自顾不暇，能正式作战的自然很有限了。中央对绥事实上不错，已有相当的准备，但他们准备的真正用意，不得而知。除非他们采取绝对攻势外，我们不能承认他们的目的是单独的为了抗日。阎锡山与傅作义将军之间彼此猜忌的毛病当然希望根本没有，事实上则还待证明。再看察省之二十九军态度如何？察北六县一失，事实上察省所余下的仅只是长城以南之一小部分，较之察省全面积不过十分之一二。廿九军在察省之实力亦甚有限。从今年九一八丰台事件，廿九军放弃丰台，和因冯治安之调任主席，将其所率之廿九军中最精锐的一师南调等事看来，欲求廿九军协助进攻伪军，也是不可能的事。敌军之有强硬背景可以有增无已，而我军仅凭有限的实力和贫乏的物质环境，无论绥军多么的英勇，这样的抗战恐怕是难久持的。

在绥省西南的陕西、山西一带，军力是雄厚而复杂的。共军与东北军半年多以来完全没有接触过，而且赤军年来早已转变了政策，高唱着"中国人不打中国人"的口号，东北军处在这样近朱者赤的境况之下，早已与共军有了谅解，唱着"打回老家去"的调子，在西北事实上已成立了强大的联合战线，他们的实力是很可观的，赤军约有十五万可战者，军备也相当的充足，东北军也有这样的数目，同时中央为了他一贯的"最后关头"政策，惟恐东北军与赤军的东进，如是在陕西和山西一带驻有蒋之最锐部队，有二十万，这样中国的五十万大军自家相持的对峙着，一面袖手着看绥省少数军队去与敌周旋，见难不救，这里明显的暴露了中央的态度。

敌人的攻取绥远是他西进政策一阶段，是他要制服华北和进攻苏联所必取之地，从这里下可取陕西、山西；西可作进占新疆的根据地，将这一条漫长的战线贯通了以后，日本可以把握的驱遂〔逐〕华人作进攻苏联的先锋队。国民党九年来的政策消耗了最大的力量，完全在对付共党，而日本尚觉中国未曾尽力"灭共"，而以共同防共来要胁，这完全是要将中国置于日本对俄的军事附庸国的毒计。如果绥省一去，更是华北特殊化和共同防共的进一步实行了，近日外交方面的沉闷也无非是等待绥局的开展，以后再向中国要求承认"既成事实"罢了。

依目前情势看来，无论我军暂时获得了多少胜利，仍是不容乐观的，在双方实力上说绥省的军队自然太薄弱了，此时如果我们希望真正抗日的东北军或红军来援绥作战也是不可能，红军如果要东进，必须通过中央的〔的〕防线和晋阎的地盘，在现在的环境之下，他们如果行动起来只有增加中国内部的纠纷和危机，所以绥省现在还是守意多而攻意少。中央军在绥东并且绥西布置好的时候，也许是走上调和的步骤。就中央态度来说，守绥的意义或不简单，过去事实，如二八事件十九路军抗战，中央军非但不积亟〔极〕援助反处处拆台，日军三易其帅而取得一点小胜利，结果定下了《上海协定》，上海三十里以内不许驻中国军队，吴淞的炮台从此消毁。长城之役，中央仍以此态度，孤军抗战了一下，终然只有退让，冀、察之有今日，长城之役之赐也！现在绥远的战事，中央还没改变一贯态度，免不了再来个"协定"，将长城以北的地方统统出卖！

目前的援绥运动热烈的在各地发展着，然而我们应当想到，仅仅凭人民的一些儿物质上的援助就能制止当前危机吗？我们不要为这一个烟幕忘掉了根本的办法，除了发动全国大联合的力量作全民族的抗战以外，中国没有第二条路，我们既然认清这一点，就该进一步的尽最大的力量促使政府作全国的抗日整个计划，联合国内一切的势力，和国外以平等待我的国家，发动对帝国主义的大抗战！

《前哨》（刊期不详）

上海前哨编辑社

1936 年 1 期

（丁冉　整理）

绥远政治上的新动向——乡村建设

伯玉　撰

很久以前，便预备写几篇关于绥远乡村建设的文字，一直到现在，更觉得有许多问题，应随时提供于有志绥远乡村建设工作者之前，来共同讨论和研究。

因为这不是一个单纯的理论问题，而是要根据着绥远的客观环境和实际工作中的需要，来探讨我们的工作路线和决定我们的建设目标。如果在我们乡建工作的开始，便发生理论和观念上的谬误，那末，就能毁灭我们这个乡建工作的前途，所以我认为这是一个严重的问题。

绥远的乡村建设运动，一年以前，博主席就在积极的提倡，并创立乡村工作人员训练所，认为这是今后绥远政治上的新生命，便以最大决心来完成这件工作。现在第一期的乡村工作人员已经卒业，并派赴各县开始工作，但是很有许多社会人士和一部分的政府官吏，还没有彻底认识和接受这一有价值的，带有历史性的新使命，共同向一个目标之下来努力，共同来完成这一件困难的任务。不是对于绥远乡村建设工作，根本发生怀疑或否认其可能性，就是不能积极的赞助政府的政策，并另有许多不同的意见，这是绥远乡建工作目前所遇到的最大困难。虽然一切新的事业在初创的时候，免不了会发生这些现像，并且，我们也承认有时不同的意见，也会帮助工作上的改进和进行。但是在目前环境之下，为着用非常的速度和共同的努力来推进乡建工作，我们热烈的希望绥远各界人士能彻底接受这新的使命，共同在政府领导之下来完成绥远的乡村建设！

近几年来，绥远的政治确有相当进步，并且还得到国内外许多人士的称赞，这是很显明的一个事实。但是如果我们要将这几年所有政治上的设施清算一次的话，那末，必须勇敢的承认一句"我们没有作什么"！因为已有这些政治上的成果，还不能应付这非常的局势，还不能完成这非常局势增加给我们的任务，虽然政治当局已经在努力。

因为过去政治上没有做什么，所以现在我们只要做，便是努力；因为过去没有什么成果，所以现在我们只要有一点成果，便是很大的进步。我们政府到底做了些什么成果呢？几年来最大的努力是"肃清土匪，整理金融，取消苛捐杂税"，这几件事都有相当的成功。绥远过去连年闹匪患，成千成百的大股小股，现在总算努力肃清了。过去纸币也闹过毛荒，现在总算稳定了。过去苛捐杂税的数额，要超过正常税款数倍，现在总算减轻许多了。这些工作，都是向着维持社会秩序，安定人民生活，减轻人民负担，这一个目标之下来努力，可以说是政治上的一种消极工作。虽然是政治上的消极工作，但是一切建设的开始，必须先使社会秩序和人民生活能得到安定，才能谈到其他建设。所以过去绥远政治上的整个工作和努力，是一切建设的基础工作，是一切建设的第一步。

当然，绥远省当局也并没有以些许的成果为满足，在绥远社会刚刚得到安宁的时候，几年以来就为着绥远的"繁荣"，企图着在商业上找出路，企图着在工业上谋建设。

绥远过去的商业，因为平绥路交通的便利，在地理上的许许多多优点，能北与外蒙通商，西与新疆、宁夏通商，自然的造成一个西北商业总汇处。自外蒙独立、新疆发生变乱后，绥远的商业便一落千丈。省当局有一个时期是以最大的努力来恢复这两路的贸易，准备重新振兴绥远的商业。但终因种种政治上的关系，西、北两路不能畅通；加之绥远也遭遇到世界经济恐慌的影响，被整个不景气的恶运所笼罩住，很多事实告诉我们，绥远的商业至少在暂时是无出路。

省当局同时也既〔即〕准备发展绥远的轻工业，并且已经筹设几处小规模的近代工厂。依绥远的经济情况来看，这是一种重要的建设工作。因为一般的说，绥远乡村的手工业和城市的手工业做〔作〕坊极不发达，所以最简单的日常用品，都要由外埠输入。但是有几种近代工业上的原料，为〔如〕羊毛、皮革、药材等，不独绥远本省有很大的产量，同时西北各省及内蒙各旗要集中到绥远沿铁路各城镇。这些原料在绥远境内既不能制造成为工艺品，只有原样输出，自然，这是绥远经济上的一大损失。省当局□□□□一点，因为要利用这些贱价的原料，□□□□□□皮□□□，□有其他等厂在筹备和计划中企图□□□□□□□□□，这是由于绥远商业不能向外发展所造成□□□。虽然绥远的轻工业还有其远大的前途，但是以目前绥远的经济环境看去，我绥远本省既然不是一个广大的市场，同时也缺乏大量的资本和众多的熟练工人，这是一切工业发展的先决条件；而我们都不完全，加之绥远农村经济破产，商业停滞，又遇到各国商业上的倾销政策，微弱的绥远轻工业，当头就遇着一棒，这自然是我们轻工业的不幸。

以上不过就年来政府一般政策的趋向，略述大概，当然还有其他许多建树没有提到。但是这已经能看出政府所努力的方向，和努力中所遇到的诸多困难。一年以前，傅主席便很深刻的感觉到，如果要想使绥远的经济基础相当的稳定，政府的政策必须来一个有力的转变，必须寻出一条新的路线。这一个新的转变和新的路线，就是傅主席年来领导的绥远乡村建设，也就是我们绥远政治上的新动向。

乡村建设在绥远，不独经济上有很大的意义；就是从政治本身上说，也有其时代使命。其主要者约有以下数点：

一、使政治走上建设之路：中国上下各级政府的组织缺乏建设力量，并需要改革，已为公认的事实，但绝不能因此便反对政府做建设工作。政治组织不良，无力推进各种建设工作，是一个事实，同时，中国一切建设工作，急需要以政治力量来推动，也是一个事实。尤其是中国目前的乡村建设，必须以全国的政治力量来推动更是一个铁的事实。我们固然承认，一切建设事业，在初创的时候，为一般社会上先觉先进的分子所发动，遂形成一种社会运动，但是如果不为政府所采纳，终久这一种运动无力量、不普遍，不能彻底实现，所以前有些乡建运动者，反对政府来参加这种工作，完全是社会运动的原始现象。绥远的政治机构，不能说较他省为健全，但是省当局已经在准备加强各级政府的组织力量，使他本身能担负起艰巨的建设工作，过去的裁局并科，最近所裁撤各县区长改委为自治指导员，训练自治人员，训练乡村工作指导员等，都是在整顿各级政府，加强其政治能力、建设力量，使其逐渐走入建设之路。

二、树立乡村政治基础：村政组织是政治上的基础机构，但是中国历来漠视村政。近几年来虽然有人在提倡建设村政，然仍未得到全国一致的努力，所以城市政治虽一日千里，但是我们的乡村仍就是古老的乡村。如果以现在各省的村政组织来看，倒不如干脆说一句，"我们没有村政"。就以绥远讲，各村公所设村长、村副、书记各一人，村长有的是以村中大户轮流充当，有的是雇佣能对抗县府的地痞，有的是能包揽官租税款的土豪，形形色色不一而足。但大都目不识丁，不识政令为何物。除掉替政府雇收税款外，再也寻不出能做些什么，这样的政治组织，要想使他能担负建设工作，还不是梦想么？村公所是一个村子的首脑部，如果组织不健全，这一个乡村其他建设事业就无法推动，就打着我们能将村中每项建设工作都派上一个指导员的话，也是节外生枝，发挥不出真力量。所以乡村建设的第一条，必须建设村政，尤其是以政治力量来推动的乡村建设，村政不健全，便无从发挥政治力量，更谈不到领导其他建设。况且不良的村政，有时候还能变为乡村建设的障碍。所以省当局在乡村建设的开始便注意到这一点工作，已分发的乡村工作指导员，都给以指挥村长的权力，并且要他们整顿村公所，先使村政的组织健全起来。村政健全，我们的政治才能发挥出力量，我们的政治基础才能巩固。

三、省令可直达乡村：现在我国上下各级政府的组织，其互相间的连系，极为脆弱，不独省令不能直达乡村，即县府与乡村的关系，大部分是催收税捐的关系，其他政令等如一纸具文。所以这样的政治组织，可以谓之半身不遂罢。政府无论怎样努力改革和建设，结果只变为报纸上的"施政方针"，口头上的"教民大计"，老百姓不独得不到实果，有时候乡村里的农民，对于政府要做的这许多好事，根本就传不到他们的耳朵里去。以绥远村公所讲，村长多半不认识字，政府的公文到村公所后，一变即为糊窗纸。村公所不独不能负起一村的建设责任，就连政府的意旨也不能了解，所以政府的改革和建设的大政方针，一到村下就一无所有。绥省府为着解决这些困难，曾拟定一种简洁的办法，要乡村教员代为宣达政府命令，并准备以后每村派乡村工作指导员一人，这自然是对政令的宣达和执行，有最大的改革。

四、吸受新的政治力量：有很多人说，中国现政治组织没有建设力量，不与民众接近。所谓政府的建设力量，不是单纯指着各级政府应多雇佣些专家技师，而是指着政府能否领导建设，是否能领导地方上的建设力量。因为各种社会建设事业，既不是专为少数人的利益，当然也不是少数政府的领袖和专家所能负起，必须能领导和唤起社会上大多数人的建设热，才能谈到建设。政府不与人民接近，或者说官民不能合作，这也不是单纯的指着政府的官吏应多与民众见面来往，应多请几位地方领袖来做官，这才能算接近能算合作。所谓与人民接近与人民合作，而是必须使政府的政策与大多数人民的利益接近，与社会上的建设力量合作。换句话说，要想使政府的建设力量加强，使政府能与人民接近，必须真正要做到"政府是人民的政府，人民是政府的人民"，官民打成一片。绥远省政府所领导的乡村建设工作，便是准备解决这一问题。训练大批的乡村工作人员，不是为少数的失业人找饭吃，而是为着政治上增强建设力量，唤起大多数人的建设热；也不是为少数人找官做，而是要大多数人都负起建设责任，是为着整个绥远的建设工作，也就是使绥远政治组织能吸受大批的新力量，新活力，新生命，使政治组织更健全，更有力，更与民众接近，更能担负艰巨的建设工作。

五、提高知识分子的政治责任：傅主席常常说："中国现在的知识分子，应该彻底觉悟，将过去'治于人者食人，治人者食于人'以及'无君子莫治野人，无野人莫养君子'等错误心理，士大夫阶级的恶习，必须根本上来一个转变，负起目前救亡图存的责任。"绥远的知识分子，在北伐前后，确是热烈的参加过新中国建设的革命工作，在九一八后，虽然地方上各界领袖对政治发生兴趣，或者因此常常发生小的纠纷，但实际上不是或者没有共同一致的直接来积极促进地方建设，所以几年来的建设工作，虽有些小成就，也没有南几省的成就大。这是我们应当自惭的，以绥远的少数人力、少数财力，必须集中在建设上，绝不允许分散，或者移做他用，这是在目前的环境之下绥远知识分子应有的共同信念。绥远建设工作，绝不是少数现有的公务人员所能负起，已是一个很显明的事实；必须吸受大批的新力量来共同努力，这在前文已经叙说过。尤其是知识分子不能放弃应有的责任，是更须有的觉悟。我们不能只在圈外说政府没有建设力量，应该承认我们过去自己就没有负起民主政治下所给我们的政治建设责任。此次傅主席创立乡训所，目的就是在要各个知识分子负起责任，参加建设工作。

二十四，十二，二十三

《乡村工作》（半月刊）

绥远省政府乡村工作建设委员会训练处

1936 年 1 期

（李红权　整理）

怎样抢救绥远？

森　撰

摆在我们大众生活的前面，最重要的事情，首先，就是怎样抢救绥远被敌人的侵害。为什么原故？

第一点，我们要认清楚，敌人灭亡我中国，早存有野心，实在想吞并我全国。举个例来讲：中国好比一个大饼，敌人是一个很饥饿的人，谁个肚饿不把放在眼前的饼饵来充饥？饼太大了，一口不能吞下，谁个不会把饼分成一块块，然后才咽下呢？日本要吞并中国，也是一样。中国的土地太大，日本一时不能完全吞并，所以他们灭我国的方法，在五年前先抢去东三省，当时，因为我们的国家不抵抗，跟着又抢去热河省，侵犯察哈尔、河北两省。最近指使伪匪进攻到绥远省，一旦绥远省沦亡，华北几省要断送，中国河山就失掉了半壁！华北失守，我们华南广东几省亦要同归于尽，大家便成为亡国奴。如果我们不愿做亡国奴，大家就应该起来抢救绥远！

第二点，在我们本身来讲：近今这几年头，谁个觉得日子好过活？乡里的村友，不少人抛下锄头，成群结队跑到城市，背着席包行李往来马路上；不少被工厂里赶出来的失业工人、乞儿充斥街头。为什么我们会朝不保夕？为什么我们要抵饿捱寒？一句话讲：不外被帝国主义的国家所侵略和榨取吧！例如，我们从前所用的灯是油灯，现在多用火水灯，买火水就要拿钱到外国去。从

前我们的衣服，是用土布来造的，现在多用花布，花布又是外国
货。日常的火柴，火柴枝是向外国人购买。这样，我国的金钱就
自然流到外国去，中国怎样不穷？还有那些无理的赔款，中国人
又要年年向外国人进贡。我们为着改善家无隔宿之粮，这一种凄
凉穷苦的生活，就要反抗帝国主义！现在帝国主义要夺取我们绥
远，要灭亡我中国，我们更要挣扎抗争。

怎样挽救绥远？并不是要我们马上拿枪，跑去绥远来和敌人拼
命。而且，事实做不到。唯一抢救绥远的方法，就是发动全民族
的武力抗战！

首先需要我们赶快集中全国的人力、财力，实际援助绥远苦战
中战士，并集中全民族的武装，实行武力抗争。因为过去的教训，
长城失败，上海失败，都是陷于局部抗战，孤军无援。敌人所以
蚕食吞并，亦在恐怕掀起全民族怒吼的挣扎。针对着敌人的毒计，
争取民族的生存，我们就应该停止个人的仇视，家族的械斗，团
结一致共赴国难！

同时，需求我们全国人民大众，对国难自动的醒觉，自动认清
楚敌人非要我国完全灭亡，决不终止。不独我自己个人明白，最
要紧实在叫个个人都了解日本帝国主义者要灭亡我全国的野心。
那么，我们就应该把敌人的残暴，敌人的野心，逢人便宣传，把
它传到每个荒落的农村，传到深山大岭里的住民。不论男女老幼，
士农工商兵，个个都明白，一致手携手，共同为民族生存而斗争，
使到〔得〕全国的民众，担起救亡的责任，抱负责牺牲的精神，
保卫中华的领土。

进一步，我们大家自从今日起，实在地爱护我们的国族，不买
日本帝国主义的货物，不替日本帝国主义者做工，宁死不受日本
鬼的金钱，不受日本鬼的利用。

同胞们！起来吧！只有发动全〈中〉华民族的抗争，才能挽

救绥远的危亡，中华民族才可以继续生存！

《乡村生活》（半月刊）

广州国立中山大学乡村服务实验区

1936 年 1 期

（李红菊　整理）

从守绥远谈到中国前途

贾一　撰

　　近一月来，绥远危急，西北吃紧，全国同胞的视线都注射到绥远的将士身上，因为他们真正是为国守土的男儿，于溯〔朔〕风凛冽中，冲锋陷阵，斩将搴旗，为了民族的生存，永效马革裹尸的忠勇，哪怕雪地冰天，也奋不顾身的和匪众拼个死活。这种爱国精诚的表现深印于人们的脑海，所以全国踊跃输将，乃至毁家纾难。这便是民族复兴的表现，有了这种爱国热忱，民族精神才能够发挥光大。

　　由这一点我们可以证明，中华民族是具有养精蓄锐的能力，暂时的屈辱足以养成坚强的意志，这是具体事实的表现，而决非空言所能奏效的。我们始终相信，埋头苦干是复兴民族的信念，这并不是煽动家于大群广众的场合里，叫一声"抗敌"的口号，便可以驱使民众，欺骗民众，致陷国家于万劫不复的境地。有了这个信念，那末，绥远将士之所以能抗战的，就是因为他们有了养精蓄锐的能力，有了代表民族精神的意志。他们知道绥远是华北的屏藩，西北的门户，责职所在，义无旁顾，为保全守土的光荣，不得不临阵以待，为扫除一切汉奸的恶势力，更不得不替四万万同胞效点微劳，为国牺牲，为国流血，是最光荣，最可骄傲的事。同时，全国各级学校的绝食、停火，和各界民众的踊跃捐款，并派代表赴绥慰问将士，这都是为了民族的生存，而给予他们以无上的安慰!

古语说"师直为壮",现在绥远将士为民族生存,不得不维护国家主权的独立与领土完整,对于认贼作父的汉奸引狼入室的举动,是坚决反对的。那末,绥远战士的效命,其气足以凌云汉,其志足以泣鬼神,无论匪众怎样借着敌人的势力,亦不足以损我毫毛,所以绥远半月来愉快而热烈的鏖战,与全国人民的一致援助,便是申〔深〕明大义的举动。我们相信国民对于今日的环境,已有正确的认识和沉毅的决心,那末,最后的胜利仍是属于我们的!

据说绥远战士里面有中央军队参加,而且全是中央军中的精锐,所以将士效命,防卫周密,绥远可以固守无虞。这足证中央并未忽视华北的防卫工作,但我们希望中央陆续增派战斗机和大军进剿,务将匪的根据地全部克复,永绝匪的乱源,以巩固我们的建国的实力。我们相信今日华北民众因为绥远将士的抗战和中央军的应援,一片爱国热的情绪忽然紧张起来,"要统一"、"要团结"、"要在整个国策之下保土安民"的呼吁遍应于全国,华北毕竟是中国人的领土,还有什么"特殊化"之可言呢?在过去一年,华北民众——尤其是平、津的同胞,因为求救的心切,希望中央与地方取得密切的联系,共同守土,但因种种困难,未能洽符民意,于是不免有些误会发生,就是中央究竟有无准备?又准备到了什么程度?同时又问地方当局,究竟能否守土?而守土能否有充分的把握?这些问题无疑的是华北民众爱国热的表现,犹之失踪的孩子正在呜咽地啼泣,而期待着慈母的救护哩。

过去几年因为国难的日急,天灾人祸,交相煎逼,一般民众感觉着异常的危险,亡国的惨痛即在目前,大家很沉痛的,尤其是血气方刚的学生,更不甘做亡国奴,不得已才有学生运动。而令〔今〕眼见着前方战士为国守土,节节胜利,不免手舞足蹈,表现民族有了复兴的气象，我们由同胞踊跃输将，和退伍军人北上助战的消息说来，更相信国人的精诚团结，较任何时候还要坚固些，所以感觉中国前途，还有一个新的希望。

我们始终相信，只要是中国人，绝无地域，更无汉、满、蒙、回、藏的区分，大家都〈有〉良心，都有爱国的热忱。由这次绥远剿匪的经验告诉我们，汉蒙军民一致合作，蒙兵作主导，冲破了红格尔图的巢穴，又百灵庙被我军克复之后，达尔旗的同胞扶老携幼的争来慰劳，这十分表现中国已不是老大的国家，更不是人家所谓无组织、无秩序的国家了；只要我们能够忍苦耐劳，我们就有自力更生的信念，以这种信念作复兴民族的基础，中国前途绝不至于失望。在庆祝绥军胜利当中，我希望前方战士向前迈进，以慰国人的厚望哩！

有人说最近国际间的形势瞬息万变，难道不影响于我国吗？例如日德同盟、日义协定，已经正式宣布了，它们以"共同防共"为号召，而结成侵略者的阵线，借以强化反苏的实力，予"法苏协定"以重大的威胁，同时恐吓英国，对于欧洲现势如不跑到侵略者的阵线里去，就要采取更超然的态度，可是英国不甘愿袖手旁观，一方面与美国采取积极联络的方式，一方面予中国以绝大的同情。由此可见国际现势可分为三方面，一为日、德、义，一为法、苏，一为英、美，唯英、美与法、苏易于接近，将来如有重大变化发生时，英、美、法、苏必采一致的步骤。中国此时确是处于困难的境地，与日、德、意携手欤？中国将沦为朝鲜第二；与法、苏合作欤？则须防"赤化"者之侵略，与英、美结合欤？中国恐将处于保护国之地位。那末，中国究竟要怎样，才能够得到相当的保障呢？

这个问题不难答覆，由这次绥军守土所得到的教训，已证明我们有了自立的精神，我们非但不愿人家来侵犯我们，同时更愿贡献绝大的能力，去促进国际间的和平与进步。在过去国内纷乱的时候，自不足以言国际和平，而只任人宰割，不过今日全国已在和平统一状况之下，求民族的生存，视线转趋对外了，所以对于目前国际形势的转移，已成为积极的因素。中国此时自求生存之不暇，将更无意与任何国家订立丧权辱国的条约，此种举动已昭告全世界，同时国际间也认清了中国此时此地所需要的是什么，那末，凡属真心维护世界和平的国家，中国当竭诚地予以援助，哪怕列强今日都在注意中国的动向，在在牵制中国，使中国遇事都受限制，但中国此时一方面积极从事于国内的建设，另一方面造成新兴的自卫能力，用冷静的头脑去观察国际推演的局势，可知中国在目前正是有为的时候，我们不必悲观。倘使我们抱着维护和平的态度，而始终如一的话，世界各国必予以同情，他们由了解中国民族的道德心理，而进于愿与中国采同一步骤，则此时中国也只有竭力去促进世界的和平与进步。

从前中国人对外都抱着畏惧的心理，被人家骂为"东亚的病夫"，于今病夫确已由病榻上跳起来，而至于拔剑击柱了，由被胁迫而至于畏惧，由畏惧而至于忍辱负重，由忍辱负重而至于自立自拔，不屈不挠，以完成其自由、平等、独立的伟大人格，所以今日中国所争的只是民族生存问题。换句话说，不甘愿做亡国奴，不甘愿做人家的保护国，也不愿被人家来分割我们整个的领土，因为中华民族已建立了数百代东亚文化的基础，民众心理已转趋于积极对外。这次绥远胜利是民族复兴的先兆，未来种种尚在惨淡经营期中。中国前途毕竟是有希望的！

《学生动向》（月刊）

北京大学学生动向月刊社

1936 年 1 期

（朱宪　整理）

苏蒙缔结条约对于中国前途

张越茂　撰

　　在过去的二个月中，日苏形势紧张；日以"满洲"地方为控制苏联的根据地；又勾结"内蒙"德王脱离中央，助他一臂的力量。苏联为保护计，便与"外蒙"缔结条约，集中它们的势力，以抵制日本。其实苏联也不过是借保护蒙古为名想吞侵"外蒙"罢了！苏联这种不法的行为，它们居然违反了一九二四年的《中苏协定》，实在是蔑视中国领土和主权。

　　从前李维诺夫说过："对于远东和平，我国完全遵守。"到了日本侵占"满洲"，成立傀儡的伪国，国联始终并未有承认。苏联为着本身利益计，当常常攻击日本破坏和平。自意、阿战起，国联威信更失，因此它居然仿效日本，煽动威胁"外蒙"独立，简直是与日本侵"满"无异。不过苏蒙联合防日，这两国间的钩心斗角，正在日益加深。日本防到苏联会和"外蒙"缔结互助条约，一定不利于日本，它立刻就发出通电来，一方借口维护远东，肃清赤色的恐怖，一方面卫伪国安全，乘机来威迫，要我国采有效的办法，制止苏蒙军事协定，一方面向华紧急侵袭，使我无法应付，敌人毒心毒计，比洪水猛兽厉害得多啊！

　　苏既持这个很坚强吞"蒙"的态度，经我国政府提出二次的抗议，可是它居然不理，假使我们没有相当的办法来应付，使它完全负那破坏远东和平的罪首，实在可以触发第二次大战的导火线——欧洲各国，他们已经饱尝了"欧战"的滋味，谁也想得过且过，德法莱茵问题，也是假作模样罢！至于亚洲方面的"蒙古"，既不是他们的土地，做战场根本于它们没有关系，将来所损失的是哪个呢？也不用说都知道是中国了！我们看到这个的前途，乐观吗？悲观吗？

《救亡月刊》

广州仲元中学校学生救国会

1936 年 2 期

（朱宪　整理）

一年来之绥远乡村工作概况

白映星　撰

绥远僻处边疆，汉蒙杂居。全省面积，约计一百四十九万余方里，人口总数，仅二百三十余万。已设置者，只十六县、两设置〔治〕局。自民国以来，匪患连年，迄无宁止。民十五，国民军由南口西退陕、甘，经二十余万饥军过境，罗掘一空，加以民十七、十八两年大旱，鬻男卖女，惨不忍言。民二十傅作义氏主席绥远，适大兵之复〔后〕，继以荒年，土匪蜂起，民不安忱〔枕〕。而前此地方各银行所发钞票，一元仅值四角，金融紊乱，百业凋残，万孔千疮，诸待补苴。傅氏下车伊始，盱衡现状，首定清剿土匪与整理金融两事为入手之大政方针。经傅氏两年来之惨淡经营，土匪幸告敉平，金融亦渐稳固，人民喘息稍定，政府方图建设；忽九一八事变猝起，继之以热河，继之以冀、察。绥远毗连察境，频惊风鹤，而白灵庙与绥境两蒙古自治政务委员会之先后成立，俱赖傅氏折冲樽俎，肆应得宜，均得相安无事。此时为适应地方之需要，感受潮流之鼓荡，二十三年冬，傅作义氏复注全力于乡村建设，一方面委派多人，研究本省乡建方案，一方面派人往各处考察，参观乡村工作，以备本省建设之参考。

（一）绥远乡村工作训练机关及主管机关成立之经过

二十四年春，特在省城设立乡村工作人员训练所，专培养实施所上〈工作〉需要之人才，所内组织，除由省主席傅作义自兼所长外，委白映星为副所长，下设教务、训导、事务三处。招收初中毕业以上学生二百名，于三月二十日，举行开学。因本省环境迫切，乡村工作刻不容缓，故学生训练时间特别缩短。第一期只训练六个月，课程大别为自卫、经济、教育、政治、卫生等五种；而尤侧重于自卫技术、民众教育及政治常识之训练。其他农业技术等，非短期所能训练，拟俟本省农村自卫队训练完成后，再将工作人员调回，继续训练。所内教员，除聘请本省对于乡村建设素有研究者外，复敦请定县平教会孙伏园、彭一湖、李景汉、张含清诸先生，暨邹平研究院李渊庭先生，作短期讲演。是年九月，第一期学生训练结业，即由省府分发各乡村工作。彼时因乡建工作，全省除训练所外，尚无一适当之主管机关，因之第一期工作人员下乡后，各县县长类皆不明工作真象，故事多扞格，而工作效率，每不能如所预期！傅氏鉴于此种现象，深知如无一主管机关专掌其事，则一切工作均不易推行。同年十月，仍令训练所续继招收二期学员三百人，入所受训。同时复极积筹备乡建工作之主管机关，几经研讨，始于十一月创设绥远省乡村建设委员会。除由省主席傅作义氏自兼委员长，民、财、建、教四厅厅长，省府秘书长，及高等法院院长为当然委员外，并延聘省内外对乡村事业富有学识经验者数人为委员，由委员长就委员中指定七人为常务委员，会内设总干事一人，由委员屠义源兼任，设训练、指导两处，各设主任一人，副主任一人或二人。训练所专办训练乡村工作及全省行政人员事宜。训练主任，由民厅厅长兼委员袁庆曾兼任，即以原有之乡村工作人员训练所，改组为乡村建设委员会训练处。指导处主任，由委员白映星兼任，下设巡回指导员若干人，专司连系省府与各县之意见，并指导已分发各县乡村工作人员之实际工作，并监察其个人行为。此绥远乡建机关成立及组织之概略也。

（二）实施办法及工作人员之分配

绥远幅帧〔帽〕辽阔，除两盟十三旗已成立绥境蒙古地方自治政务委员会外，所有已设置之十八县局，大县面积，有达九万方里，几等江、浙各省一旧制道属；小县亦常在四五万方里，至小亦有内地各省四五县之辖境，加以村落散漫，人口稀少，一切建设工作，均感困难。在此种情况下，实施乡村建设，尤为不易。为适应环境计，于二十四年春，由省府通令各县，将全省所有乡村，共组成一千七百八十九个编乡，每编乡拟派乡村工作指导员一人，共须训练乡村工作人员一千七百八十九名。现在两期受训结业者，共四百七十二人，均已由省府分发各县，派赴各编乡，实施工作。

绥远乡村农民负担：村公所杂项摊款，每超过国税、地方税二三十倍，殊属骇人听闻，而多数农民，大都愚骇不解事，相习成风，徒叹奈何，亦从不过问，此绥远乡村社会之特征，抑亦农民痛苦中之最大者也。此外为乡村患者，莫如土匪，近二三年来，虽省府当局派队痛剿，已告肃清，而匪徒潜伏农村，防范稍有不周，辄复啸聚成伙，打家劫舍之事，尤所难免。去冬陕北"共匪"猖獗，又时有侵扰绥境之虞，因有以上两种原因，故绥远乡村工作不得不权衡轻重，分别缓急，以期次第举办。且每乡设工作指导员一人，每人每月生活费，即以二十元计，全省每年尚需四十余万元，省库支绌，通常政费犹仰赖中央补助，此项巨款，自属无处筹支，若再增加民众负担，则又事实所不许，有此种种原因，遂不得不使绥远乡村工作，另觅一新的方向，而有以异于其他各地也。

因经费无着，省当局审虑至再，始决定以乡村工作指导员兼任乡村小学校长或教员，并兼任乡公所书记，即利用原有教员、书记等薪金，为指导员之生活费，如此两项薪金尚不足二十元者，再由省府筹补，指导员除兼任校长、书记外，尚兼该乡镇之"防共自卫队"队长，此三位一体之特殊办法，实由绥远环境所挤逼而成，非好为标奇立异焉。

指导员兼任乡公所书记，其任务专在整理乡村财政，以期乡公所各项摊款之公允正当，且以杜绝胥役、团丁之勒索，豪绅、土劣之侵渔，试办数月，现已卓著成效，凡设有乡村工作指导员之乡镇，农民不正当之摊派已于无形中逐渐减少，胥隶、走卒之勒索、侵渔，亦渐见绝迹矣。

指导员兼任乡村小学校长或教员，是因彼等在短期内，受过相同之训练，即责成彼等改良乡村小学，规定齐一之课程标准，而尤注意利用导生传习的办法，以期民众教育之普及。此固非极短时期所能收效，然在指导员兼校长或教员之乡镇中，乡镇小学之精神活泼，整齐划一，且渐能引起农民对教育之兴趣，则远非昔比矣。

指导员兼乡镇"防共自卫队"队长：本省环境险恶，已如上述，故拟订乡建工作，亦即以"防共自卫"作基干，以教育辅助之，而以政治力量为之推动。按本省"防共自卫团"组织，系分常备、后备、预备队三种（名称上虽与广西相同，而内容及办法上，则完全两样）。后备队，系凡在十八岁以上四十五岁以下之壮丁，均得编入，即在其本乡，施以一个月之训练。常备队，系集中省城或县城训练，训练期间，为四个月。预备队，系由训练期满退伍回乡之常备队组成，同时复就预备队及后备队中，抽选精明强干之壮丁，编组为服务队，每间暂定为一小队，选出小队长一人，暨政治、文化、经济、卫生队员各一人，总合全力，可以共负维持本乡之治安，个别分散，可以分担各别之任务。惟此种办法，现在加紧进行，尚未普及全省，但已没〔设〕有乡导员之乡镇，本乡匪类，已不能潜伏容留，向有零星股匪，亦无能为役矣。

以上所述，即绥远一年来乡村工作之大概情形也。最近又因诸种关系，使本省乡建工作，不能不有所改进或变更。

1. 因本省训练处第三期学员，已训练期满，原定每乡设指导员一人，兼任乡村小学校长或教员，而许多乡村中，过去即无小学之设，乃复决定利用义教经费，凡未设小学之乡村，即创设短期义教小学一所，由指导员兼任义教教员。

2. 因指导员兼任乡公所书记，虽已收监察乡村开支浮收滥支之效果，但因乡导员兼管收支帐目，事实照顾不到，现为便利工作进行计，每编乡亦拟分设乡村建设委员会，改由指导员兼任秘书，专司指导一切工作，及监督财政，不再管收支帐目。

3. 过去一年来之工作，专全力于训练壮丁，现在后备队已编组完竣，现拟对改良生产、推广合作，及保健设施等，均在设计积极进行中，因限于篇幅，容当另文以详纪也。

《绥远省政府乡村建设委员会会刊》（季刊）

绥远省政府乡村建设委员会

1936 年 2 期

（李红权　整理）

教、养、卫的意义

——二十五年三月二十一日在
乡训处三期开学典礼中训词

傅作义　讲　　张沧　纪录

各位来宾，各位学员：

今天是三届学员开学的日子，我们开宗名〔明〕义第一章，必须知道我们是做什么来啦！我们是要做"教"、"养"、"卫"，乡村工作入〔人〕员，就是要去"教"、"养"、"卫"人民。

怎样"教"呢？你们毕业后，要当乡村小学教员，就是"教"。改良生产，便利运输，成立合作社，就是"养"。第三项是"卫"，"卫"是什么呢？就是你们将来要当乡自卫队队长。现在各乡都有乡自卫队，乡自卫队就是要把人民组织起来，加以训练，使能保卫自己。这三项工作，分开说，就如我刚才所说的这些，简单说，就是"教"、"养"、"卫"。

你们将来出去工作，最低限度，总要能当教员，因为这是立国的根本。依我的计划，今年暑假，全省乡村小学，都要成立起来。再一个即要能当乡队长，这个不用说，我想大家脑筋里都有个影子，知道现在这个时代，什么工作最要紧。因为这个缘故，所以在训练的时候，对于军事训练，要特别加紧。在过去保卫人民，是靠军队，既费钱，效力又小，廿世纪是全国国民武装起来的时代，自己保卫自己的时代，希望大家要特别认识清楚，好好去学，将来好去教导人民自卫的能力。再一个即"养"，如建设厅所办增加生产，便利运输，成立合作社等，这个大家都要特别明白。

我再问大家来这里，存的是什么心理？是不是为造资格、找差事而来？大家若存这种心理，是万分错误！大家第一须抱定牺牲的心理，决心为民众服务，如果大家有为民众服务的志气，不是造资格、找差事、混饭吃而来，我想必定就可得到很好的成绩。如果没有这个志气，就可以不吃这苦，受这罪。

再者，大家出去工作，必须先有基本的智识。在这很短的训练期间，就是教大家学得基本智识，并教大家知道我们乡工的目的，和出去工作的方法。望大家在这受训期间，千万专心学习，万不可轻易放过！

此外，袁厅长刚才又说：各下层政治工作人员，往往不明白乡村工作的意义，以致乡工进行非常迟缓。所以我们这一期要设高级班，把县长及一般公务员中调来许多，加以训练，使他们明白乡工意义以后，便容易和大家合作进行，使乡村建设逐渐成功。

最后，我希望大家不要认为我们这是个学校，我们这是个研究工作方法的地方，大家千万不要拿得文凭的心理。须知文凭是没有用的。我们去到乡村，做出成绩，有了工作报告，那才算达到我们的目的。在训练的期间，大家把这种心里〔理〕务必改变。

大家如果能尽一分力量，乡村人民便得一分福利。所以希望大家在受训的时候，好好去学，将来务必能当一个教员，一个乡队长，以服务为目的，为民众造福利。

《绥远省政府乡村建设委员会会刊》（季刊）

绥远省政府乡村建设委员会

1936 年 2 期

（李红权　整理）

我们的人生观

——二十五年一月十八日对乡建会
训练处二期学员讲演

傅作义　讲演　　王世超　纪录

今天来谈谈我们的人生观。我们随便就事实上抽出一小部分来说，在过去读书的人，统统是为了自己来读书，都是以扬名声、显父母为读书目的，以升官发财来激发读书的志趣，这是几千年来专制政体下的传统思想，同时在专制政体之下，帝王们为了保持皇位，使人不与争夺，必须使所有聪明的人，均有了地位，找到安插；而一般聪明才能之士，为了求一己富贵，亦必尽忠帝王，为一人臣仆。所以当时无论上下之人，完全都是为个人打算，并无为国家、人民计划的。近来，任何事情的不进步，以及多少优秀分子的目的不光大，人生观不正确等等，也就都是受了这种遗毒所致！你们大家想想：人生就为的是吃穿享受吗？当然决不是这样简单！盖过去所以如此，就是过去专制政体的引导所致。在当时一家一姓的天下时，这当然是很好的法子；虽然使一切都不进步，但也可以相安无事。而时至现在，却万不能如此了！我们为求生存，也得有进步，再加之别人时时在改革，日日在维新，也不容我们不振作不努力了！因为我们如果不努力图存，人家会消灭我们的；就是人家不消灭我们，我们自己也会日趋于危亡之

途的。所以国家势不得不求进步，但欲求进步，就不得不依赖我
们青年优秀分子来负这重大责任。所以说大家应该把人生的目的
要认识正确，改变为个人而读书的目的，要为国家，为社会，为
求民族生存，生活改进，才是我们读书的目的。

我们此外并要有墨子兼爱与教士传教的精神，如果没有这种精
神，我想大家出去辛苦作事，一定就觉得很苦恼，如果大家以为
服务社会为读书目的，我想大家一定就都觉〈得〉很快乐。如现
在普通学校都已放寒假了，而我们还在受训；人家在都市里享荣
华，受富贵，听戏，看电影，我们才到乡下吃苦，找罪受。这是
多么悬殊？但惟其如此，我们才算与众不同，我们才是以墨子兼
爱为目的，以传教精神为精神。如教会中之苦修，他们不准寻女
人，吃味美的东西，他们都不以为苦；他们的升迁，反而是由大
都市慢慢的升到无人烟的地方。他们以别人的快乐为苦恼，以别
人的苦恼为快乐，正与普通人相反。像这样的伟大精神，才是我
们应有的精神。按实在说来，我们现在既为中国人，则为救亡图
存，我们就应该自有识之时起到死亡之时止，始终即自己认为
"为人类社会服务为快乐，为民族图存为目的"，才是真正快乐，
伟大目的！所以我今天特别提出这个题目，和大家说说，希望大
家要十分认识清楚。尤以我们现在所处的地位最难，因为我们的
周身人物，都在盼我们升官发财，希望我们驷马高驹，以此我们
更须把自己的不良环境撇开，才可谈到其他。

我们乡建会训练处并不是为个人而设立，是为绥远二百多万民
众而设立。训练处办的有了成绩，不算成绩，在绥远二百多万民
众身上表现了成绩，才算成绩。现在我们回乡村中去，难免被一
般人认为无能，但我们还得感动他们。乡村人民不晓的国家环境
和对外关系，我们要告诉给他们救国救民、复兴民族的责任，是
我们自己的事情。中国人的生活，在世界上比任何国家都不如，

中国人的生活，恐怕没有外国一条狗优越，这就是因为知识分子不与国家负责任的缘故。因此不但不能为民造福，反而是剥削人民的寄生虫。而今我们要将以往须人养活的心理改正过来，不剥削人而去救人，不被人养而去养人。这话我记的早为你们说过了。我们的目的是改进人民生活，增加人民生产，不是顾自己丰衣美食，便算快活，是要使一般人，都得到了我们的恩泽，才算快活。别人以为我们徒步而行是无能，但我们则认为是光荣。能如此，我们的工作才能成功。

我们乡建会训练处的目的，是为解决人民痛苦，并不是大开方便之门，给大家找饭吃。大家必须静心深思，做这种克己利人的事是否有兴趣？如果不以为然，即可不必白受这几个月的训练。大家如以为然，则更不要以为乡村工作事小成绩小，要知道大希望尚在后边，还得努力而为之！如邹平、定县等处的做乡村工作，他们这些人都有很高智识，在都市中吃大菜住洋楼的也未必如他们。然而他们却到乡村中穿布衣，吃粗饭，他们的声望，可以说中外闻名。既没有失败畏惧，又能得到精神上的安慰，所以大家既决定做这乡村工作，更非立定志向，确定人生观不可！切记平平常常的生活是无人生意义的；必须为国家社会做一番事业，才配称国家社会之一员。居今之世，要学那种绅士式的态度，是太无用处，惟有下乡服务，过五年十年有了成绩时，地位自然高了，自然有人推尊了。

现在大家在这很冷冻的时候学军事训练，是很重要的。别国都是国民皆兵，而我们的兵，却是拿钱来雇用。别国的人民当兵，是为国家服务，我国的人民当兵是为赚钱，所以别国强我国弱。我们今后下乡去，要使民众了解了军事训练的意义和好处。我们绥远有二百多万民众，因为没有团结，没有组织，被几千个土匪便放火抢劫，横行无忌。所以我们现在不但要人民纪律化、劳苦化，而且要组织化。要知道现在不是"各人自扫门前雪，不管他人瓦上霜"的时候了，一天没有组织，即一天没有进步。没有组织的话，即修一桥，补一路，也不容易。有组织的话，什么国难，外患，我们是不怕的。无论任何事业，决没有不成功的道理！最后希望大家确定人生观，在这同一方向的道路上去努力。

《绥远省政府乡村建设委员会会刊》（季刊）

绥远省政府乡村建设委员会

1936 年 2 期

（李红权　整理）

绥远省政府乡村建设委员会训练处
第三届招生简章

绥远省政府乡村建设委员会　撰

一、学额　三百名。

二、投考资格　凡籍隶本省，年龄在二十岁以上三十岁以下，具有左列资格之一者，均得报名投考：

甲、初中以上学校毕业者；

乙、经检定合格之乡村小学教员；

丙、曾任区长及助理员者；

丁、各县保送之乡村小学教员及区助理员；

戊、曾在保卫团干部训练所毕业者；

己、现任或曾任委任职公务员二年以上者；

庚、优于以上资格者。

注意：各县保送之乡村小学教员及区助理员，均得履行考试手续，未经取录者，不得入处受训。

三、报名：

甲、报告手续：

（一）缴本人最近四寸半身像片两张（背面书明姓名、年龄、籍贯、略历，取录与否概不退还）；

（二）缴验证明文件。

乙、报告地点　新城内西北城角本处。

丙、报名期限　自二月十六日起至三月五日止。

四、考试科目：

甲、初试　党义、国文、史地、算学。

乙、覆试　口试、体格检验。

五、考试地点　本处。

六、考试日期　初试自三月十日起至三月十一日止。

　　　　　　　覆试自三月十四日起至三月十六日止。

初试不及格者不得参与覆试。

七、考试时间　上午八时至十二时，下午一时至五时。

八、入学手续　凡经本处覆试录取之学生，于榜示三日内须亲到本处注册。

九、入学待遇　每人每月津贴洋十元。

十、训练时期　定为三个月，必要时得延长之。

《绥远省政府乡村建设委员会会刊》（季刊）

绥远省政府乡村建设委员会

1936 年 2 期

（李红权　整理）

"防共自卫团"问答

作者不详

（问）"防共自卫团"是什么？

（答）就是由人民自己联合起来，组织一种保护自己生命财产的团体。

（问）为什么要组织"防共自卫团"？

（答）我们要想不受土匪和"共产党的扰害"，必须要大家联合起来组织自卫团。因为团结才能有力量，要是不团结，就好像一盘散沙，任何人都可以来欺负我们的。

（问）自卫团是属于哪个机关管辖指挥的？

（答）完全由保安总处管辖指挥。关于政治训练部分，由省乡建会负责担任。

（问）自卫团是由哪些人组成的？

（答）凡是中华民国的男丁，在本省居住的，由十八岁起到四十五岁止，都有当团丁的义务。

（问）年龄已届合格的壮丁，既然都有被征集当自卫团团丁的义务，但是，如果有的因身体上发生疾病，或因职业关系发生特殊困难时，难道还能便要强迫他去当团丁吗？

（答）关于这些困难，《自卫团条例》里面业经规定"免征"和"缓征"两条补救的办法。

（问）哪些是应当免征的？

（答）共分为三种：

（一）肢体官能残废，或是发育不健全，不能受军事训练的；

（二）心神丧失的；

（三）确实有痼疾，不堪服役的。

（问）有了这种情形的人，应该用什么手续才能办到免征？

（答）须由本人或是户长，取得医生或本管乡镇长的证明，呈请县保安处查实，转请保安总处核准才行。

（问）哪些是应当缓征的？

（答）共分为五种：

（一）在外有正当职业，或是现任重要公职，确系不能分身的；

（二）现在学校中念书或是充当教职员的；

（三）有专门学术技能，因业务关系，呈经省政府核准的；

（四）现在染着疾病，或是正在治疗中的；

（五）现在受着徒刑及拘役的宣告执行，成〔或〕是正在侦察及审判中的。

（问）现在如果有人染着疾病或是正在治疗中的，要想办到缓征，应该用什么手续？

（答）与要求免征的手续差不多。

（问）如果是贫穷的人家，壮丁只有一个，还得依赖本人工作才能维持全家生活，并且本人工作，还是流动不定的，像这样情形，应该怎么办呢？

（答）应该由本管乡镇长证明，呈请县保安处查实，转报保安总处核准暂缓征集。

（问）本乡镇壮丁，在别的乡镇做生意或做工，而非流动性质的，应该怎么样编组呢？

（答）仍就其所在地编组。

（问）壮丁为人家做佣工，在受训救〔练〕时期，雇主能借口减扣工资吗?

(答)不准许雇主借口减扣工资。

(问)自卫团组成的分子,我们已经完全明白。那么,自卫团内部是怎么组织的?

(答)自卫团内部的组织,分常备队、后备队、预备队三种。

(问)常备队是怎么编成的?

(答)常备队,是挑选十八岁以上三十岁以下的壮丁编成的,也可以说就是由后备队里挑选甲级壮丁编成的。

(问)常备队的编制是怎样?

(答)常备队,是由保安总处设置常备队训练部编练的。其下边的编制是这样:

(一)把全省所有征集的常备队团丁,分编为几个大队,每个大队设一个大队长和一个大队副;

(二)每个大队分编为三个中队,每个中队设一个中队长;

(三)每个中队分编为三个分队,每个分队设一个分队长;

(四)每个分队分编为三个小队,每个小队二十人,各设一个小队长。

(问)这些队长、队副,都派些什么人去担任呢?

(答)由保安总处挑选本省里有军事学识的人去担任为主体。

(问)常备队训练多长时期?

(答)训练四个月,训练期满就教退伍回家。

(问)在什么地方训练?

(答)因为常备队每次训练的人数不多,每个乡镇只能抽调三几个人,所以不能够在本乡镇里训练,大概第一期是在省城里训练,将来或分区或集中在县城里,都还说不定。

(问)常备队团丁的火食和服装,都由哪里供给?

(答)完全由政府发给,绝不增加民众负担。

（问）政府为什么要花许多钱来训练常备队？

（答）因为政府是代表人民兴利除害的机关，要想使全省人民不受土匪和"共党的扰害"，当然要花些钱来训练人民，以充实人民的自卫力量。

（问）常备队的团丁是怎样征集的？

（答）由保安总处按照每次常备队训练的总数，把各县局应该征集的团丁人数规定，命令县保安处照数征送。

（问）县保安处用什〈么〉方法［法］征集呢？

（答）县保安处按照各乡镇甲级壮丁的多寡，把每个乡镇应该征集的壮丁人数规定，并且从各该乡镇甲级（十八岁以上三十岁以下的壮丁）壮丁名册里，圈定应征团丁四倍以上的人数，命令乡镇长会同乡队长再就这个圈定的人数中，挑选半数，送到县保安处，然后由县保安处报请保安总处派员覆验，再挑选半数送到省城里。譬如有一个乡，应该出壮丁一个人，先由县保安处指定四个人，叫乡镇长和乡队长，就这四个里头，挑选两个送到县里，由县里再就这两个里头，挑选一个送到省城。

（问）拿什么标准来挑选呢？

（答）除自己甘心愿意的以外，先就家境比较好，人丁比较多的挑选，如果这几个人，家境和丁口都是相仿佛的，就用抽签或拈票的法子来决定。

（问）后备队是怎样编成的？

（答）把各乡镇所有年龄合格的壮丁，分甲、乙两级编成后备队。

（问）什么叫甲级和乙级？

（答）凡年纪在十八岁以上三十岁以下，而家境比较富裕的，叫做甲级壮丁。三十一岁以上四十五岁以下，或是十八岁以上三十岁以下而家境贫寒的，叫做乙级壮丁。

（问）为什么要这样规定？

（答）全省各县局壮丁人数很多，因年纪大小和家境好坏的关系，当然于体力上和生活上都有连带的影响，为便于召集、训练及担任服务起见，所以才这样规定的。

（问）后备队内部的编组是怎样？

（答）后备队的编组如左：

（一）乡（镇）编组乡（镇）队部，设一个乡队长、两个乡队副，乡队长由乡村工作指导员兼任，乡队副由乡镇长和曾经受过乡干部训练的壮丁担任；

（二）每个乡队，分编为好几个小队，每个小队，分编为好几个班；

（三）每小队设一个小队长，每班设一个班长。小队长和班长，都是从常备队退伍的团丁和后备队团丁里边挑选精干的担任。

（问）只说到乡（镇）方面的编组，那么县城里该当怎么办呢？

（答）县城的编组与镇市相同。不过县城里因为没有设置乡导员，就得由县保安处直接派人编练指挥了。

（问）乡队部设立在什么地方？

（答）设立在乡镇公所里。

（问）乡队长副有没有薪水？

（答）都是为本乡镇里做事，应该尽义务，没有薪水。

（问）后备队在什么时候训练？

（答）在冬天和春天训练，总以不妨碍农人种地为原则。

（问）一共训练多长时间？

（答）至多不过三个月，每天训练一个钟头，或是两个钟头，总共训练一百八十个钟头就行了。

（问）已经训练过的壮丁，以后还训练不训练？

（答）除了每年冬天再召集训练一个礼拜以外，乡队长可以按着地方实际的情形，随时召集讲话或是演习演习。

（问）训练些什么东西？

（答）训练的东西，分为学科和术科两种，学科是公民常识和自卫常识；术科是制式教练、武术、射击和工作实施。这些东西，都是与老百姓有很大的好处。

（问）后备队的团丁，到了多大年纪就退休了？

（答）一直到四十五岁。

（问）在什么地方训练？

（答）在自己的本乡镇里头训练。

（问）常备队和后备队的编组与训练，我们已经都知道了，但是预备队是怎么编成的呢？

（答）预备队是由常备队退伍团丁编成的。

（问）预备队内部的编组是怎样？

（答）预备队的编组和后备队一样。

（问）预备队是在什么地方训练？

（答）也是在自己本乡镇里头。

（问）预备队乡队长副是由什么人担任？

（答）预备队的乡队长副，就由后备队的乡队长副兼任，不另外设置。

（问）那么，还另外设置乡队部不设置？

（答）就由后备队的乡队部兼办，不另外设置了。后备队的乡队部，也就是预备队的乡队部。

（问）预备队乡队长副既然由后备队乡队长副兼任，小队长和班长，是不是也由后备队的小队长和班长兼任呢？

（答）不，还得再另外派人。因为乡导员和乡镇长是全乡（镇）的首领，为的要指挥统一，命令一致，乡（镇）里不能有两个乡队部，所以必须得由他们兼任乡队长副。至于小队和班，都是人数很多，一个人要管两个小队或是两班，精力是兼顾不了的，非得另外再选派小队长和班长不行。

（问）预备队的团丁既然在常备队里受过四个月的训练，以后是否还要再受训练？

（答）常备队的团丁，编成预备队以后，各人仍回到各人的家乡里种地或做生意，除了在每年冬天由乡队长召集训练一个星期以外，以后就是由乡队长看地方的实际情形怎样，随时召集讲讲话或是演习演习。

（问）一个人应该当几年预备队的团丁？

（答）满了四年，就仍归到后备队里。

（问）各乡镇的后备队和预备队是归哪里指［队］挥？

（答）乡队当然是归县保安处管辖指挥。不过全县地域很大，乡队很多，为使各乡队便于联系和指挥起见，各县按自治区每区设一个联队，由自治指导员兼任联队长，担负该区各乡队巡回督练和指挥的责任。

（问）联队设联队部吗？

（答）不设联队部，因为联队长受县保安处正副处长的命令，仅巡回的在本区内负责督练指挥，不需要一个固定的地址，如果遇着有事故发生或要施行检阅的时候，可以在本区内随时择定一个适当的地点，召集全区各乡队或是有关系的几个乡队，就看当时的情况临时来决定。所以没有设置联队部的必要。

（问）常备队、后备队、预备队的编组和训练，我们已经完全明白了，那么，他们各队究竟干些什么事情呢？

（答）总括的说起来，当然都是负担自卫的责任，不过，要详细的分起来，责任上稍微有些不同。

（问）常备队负的什么责任？

（答）常备队是受保安总处的指挥调遣，担任全省防务及剿匪、"防共"的责任。

（问）后备队是负的什么责任？

（答）后备队在平常的时候，各人仍照常做各人的事情，遇着有事的时候，就由乡队长召集起来，协助常备队担任本乡镇附近地带一切警戒和保卫的责任。详细的说来，不外下列十一点：

一、守护本县城及本乡镇的围堡；

二、就近各乡镇间的巡逻会哨；

三、隘口、边境的戒备；

四、各乡、镇、村间的联防；

五、"匪共"的临时缉捕追剿；

六、本区乡镇防御工事和道路的修筑；

七、侦察"匪共"及稽查、保护行旅；

八、协助办理保甲，查报户口异动；

九、担任乡镇消防和救护工作；

十、担任递传哨，传达政令及信件；

十一、其他乡村建设和政府委办的事项。

（问）预备队干些什么事情？

（答）预备队所负的责任，与后备队差不多。不过若遇着地方有事情的时候，常备队力量不够，可以召集预备队帮助；若是还不行，再召集后备队帮助。

（问）预备队、后备队既在本乡镇里担负警卫的责任，如果要常召集，就容易耽误他们的种地或做生意；不常召集，则对于本乡镇警卫的事情，难免有疏忽或照顾不周到的危险。那么，像这种情形，究竟应当怎么办才妥善呢？

（答）关于这一层，政府早已顾虑到，除了有事情的时候，由乡队长召集预备队、后备队担任各该乡镇附近地带警卫的责任以外，在平常时期，各乡镇一切警卫及传达的事情，另由预备队、后备队中挑选些精干的团丁，组织一种服务队来轮流担任，既不妨碍大家种地或做生意，同时又能保护乡镇安全，这可以说是一种最好不过的办法。

（问）服务队是怎么组织的？

（答）服务队是按全乡镇所属各间（直属邻与间一样）每间平均抽调壮丁三人至五人编成，由乡队长兼任队长，统率服务。

（问）按间平均抽调服务队壮丁，当然是很公平的了；不过有的地方，各间壮丁数目多少不同，要是按间平均抽调，岂不是壮丁缺少的间里要吃亏吗？

（答）政府也早想〈到〉这一层了，所以又特别规定一条，如果遇着各间壮丁数目多少不同时，可以由乡队长按人数比例，从壮丁较多的间里多抽调。

（问）服务队团丁，应该受什么训练？

（答）服务队的训练，与其他各队不同。就是一面服务，一面训练，完全把训练和服务打成一片了。详细的说来，就是在初编队时，按照服务队应该做的一切事情，先训练一个星期，教他们都知道了自己的任务和做事的方法以后，就可以开始去服务了。

（问）服务队团丁，每年应该服务多少天？

（答）每人一年应该服务两个月。用轮流的法子，每两个月调换一次，每次调换以二分之一为限。譬如某乡服务队团丁是十个人，由今年一月一号编队，到了二月底就先教他们回去五个人，另外再由回去的间里挑选五个人补上。以后就按着这办法一批一批的轮流调换，既可使得大家劳逸平均，又能使全乡镇团丁都有服务的机会。

（问）乡队长对于服务队团丁，有没有规定集合的时期？

（答）当然要规定的。在农暇时，每天应该集合全队团丁讲话一次，农忙时每个星期一次，如果要遇着有事情的时候，就得随时集合。

（问）要是有的附村，因为距离主村太远，或是交通困难，那不是召集很不容易吗？

（答）要是遇着这种情形时，当然可以变通办理，不必一定拘泥。

（问）服务队团丁，是全体常住在一处？还是仍分住在各人家里？

（答）服务队是规定一种值日的办法，除了每天至少须有两个人至六个人在乡镇公所里值日服务以外，其余的可以仍在各人家里做事，但是不准远出或是离开本乡镇，因为如果遇着本乡镇事务繁忙，或是有要紧事故的时候，乡队长就得随时集合起来服务，绝不能够耽误事情的。

（问）乡镇公所既然有了值日的服务团丁，乡警（或镇警）还要不要？

（答）各乡镇编成服务队以后，乡警就可以逐渐裁撤，不再设置了。

（问）服务队值日团丁，既然须一天到晚在乡镇公所里服务，他们要是每天回家吃几次饭，或是离家太远不方便，岂不是对于公事上难免有些耽误吗？

（答）服务队值日团丁的伙食，乡队长副可以斟酌该乡镇公所经费情形，或在裁撤乡警节余费项下酌量供给，或是由全乡镇家境较好的户中平均公摊，这样就不至于耽误公事了。

（问）服务队有枪枝没有？

（答）服务队当然要有枪枝。全乡镇所有的枪枝，都应该暂时借给服务队团丁使用，如果枪枝不够，可以用戈矛代替。至于有围堡的乡镇，还可以按照手续呈请保安总处发给手溜弹使用。

（问）这许多办法，非常的完善，要是都能够照着这样去做，我们绥远当然就可以永远免掉土匪和"共产党的扰害"了。但是，如果有些人民起初不能完全明了这种好意，对于政府所规定的征集和训练等等办法，不肯遵从，或是故意为难时，那又当怎么办呢？

（答）政府是代表人民做事的机关，办理自卫团完全就是为的保护人民，如果人民对于自卫团不了解，或是不遵从，第一步先劝导，劝导不听，就毫不客气的予以处罚。

（问）怎么样处罚呢？

（答）除了《刑法》或其他特别法令别有规定的以外，普通处置以两个月以下的拘役，或是六十元以下的罚金。

（问）如果受罚金处分而没有钱交纳的，那该当怎么办呢？

（答）每罚金一元，可以折作苦工一天。

（问）处罚的手续和标准是怎么？

（答）可以分为左列四种：

（一）应该处罚一个月以下的拘役，或是三十元以下的罚金的，由县保安处办理，呈请保安总处备核；

（二）应该处罚两个月以下的拘役，或是六十元以下的罚金的，由县保安处拟定，呈请保安总处核办；

（三）判处罚金的，应该按照保安总处规定的单式，分别发给存转，并公布周知；

（四）至于应该处徒刑或按照其他特别法令办理的，就由县保安处呈报保安总处核办。

《绥远省政府乡村建设委员会会刊》（季刊）

绥远省政府乡村建设委员会

1936 年 2 期

（朱宪　整理）

会议纪录

作者不详

一、第二次常会

时间：二十五年元月三十一日下午四时。

地点：本会办公室。

出席者：委员长傅作义，委员袁庆曾、李居义、阎伟、白映星、潘秀仁、余俊、屠义源。

请假委员：冯曦、张钦、曾厚载。

主席：傅作义。纪录：王恩荫。

一、开会。

二、主席恭读总理遗嘱。

三、报告事项：

委员兼总干事报告：

1. 出席、缺席委员人数。

2. 第二次临时会议纪录。

3. 工作报告（另有详细报告式）。

四、讨论事项：

（一）兹拟定《绥远省乡村建设纪念林计划大纲》请公决案。

决议：修正通过。

（二）兹拟定《乡村工作指导员第二期工作纲要》请公决案。

决议：通过。

五、散会。

二、第三次常会

时间：二十五年四月三日上午十时。

地点：本会会议室。

出席者：委员长傅作义，委员冯曦（吴天澈代）、张钦、郭象伋、阎肃、荣祥、李居义、潘秀仁、余俊、白映星、阎伟、袁庆曾、曾厚载、屠义源。

请假委员：于存灏、班浩、温廷相、陈志仁、纪守光。

列席者：周钧、高伯玉。

主席：傅作义。纪录：王恩荫。

一、开会。

二、主席恭读总理遗嘱。

三、报告事项：

委员兼总干事报告：

（一）出席、缺席委员人数。

（二）第二次常会会议纪录。

（三）工作报告（另有详细报告书）。

四、讨论事项：

（一）兹拟定《绥远省防共自卫团条例草案》、《绥远省防共自卫团后备队、常备队、预备队组织规程草案》暨《绥远省防共自卫团征集编练细则草案》请讨论案。

决议：除修正《防共自卫团条例》外，并将各草案送省政府委员会核议。

五、散会。

《绥远省政府乡村建设委员会会刊》（季刊）

绥远省政府乡村建设委员会

1936 年 2 期

（朱宪　整理）

诉讼须知

作者不详

查民众方面，大都欠缺法律知识，一遇民刑事诉讼，便无所措，非特耗费金钱，情殊可悯，抑且多方违误，致遭屈抑。民众对于诉讼上之知识，实有具备之必要。何为民事诉讼？即因私权争执而起诉者也，所谓私权者，乃私法上之权利，例如田宅被人妄争，或不肯履行契约，或不肯偿还债务，或买卖纠葛，或经界纠葛等皆是。何为刑事诉讼？即因身体、财产、生命之被害而起诉者也，例如奸拐命盗及其他触犯刑法者皆是，被害人或亲属，均可向检察官告诉，其他发现他人犯罪者，亦得向检察官告发，至于自诉案件，则可直接向法院起诉。惟民事诉讼与刑事诉讼，其受理机关各别，民事诉状，不可牵涉刑事。刑事诉状，亦不可牵涉民事。又民事与刑事同时发生者，除因犯罪而受损害之人得于刑事诉讼程序附带提起民事诉讼（例如身体被人欧〔殴〕伤，请求赔偿医药费，又如物件被入〔人〕窃去，请求追还赃物等类）者外，其他均须分别起诉，不可将民事与刑事混向一处合并起诉。例如因争财产而加重伤于人，须将财产争执事件向民庭起诉，将伤害事件向检察官告诉，切不可将财产争执事件与伤害事件一并向民庭起诉，亦不可将此两种事件一并向检察官告诉是也。又如因重婚而欲离婚，须将重婚事件向检察官告诉，将离婚事件向民庭起诉，切不可将重婚事件与离婚事件一并向检察官告诉，亦不可将此二者一并向民庭起诉是也。如为单纯民事关系，切勿假托刑事而附带提起民事诉讼，尤不应提起刑事自诉以相胁迫，致受诬告之制裁。要之民刑事诉讼，均有一定程序，法官亦须按照一定程序办理，稍明诉讼程序，自毋庸聘请律师，即讼棍流氓，亦无所施其招摇撞骗伎俩，庶不至因诉讼而遭人敲诈，妄费金钱也。兹为便利民众起见，特将现行法令上关于诉讼人一方之民刑事诉讼程序，摘要列举于下。

民事诉讼部分

（一）法院之管辖　法院之管辖者，即某种事件该法院应管与不应管也。民事起诉，除当事人以合意定第一审管辖法院外，须向应管之法院为之，就最常用者略举如下（其详见《民事诉讼法》第一条至第三十一条）：（甲）通常之民事诉讼，由被告住所地之法院管辖之（《民事诉讼法》第一条）。例如原告住在上海，被告住在汉口，当向汉口地方法院起诉，不应向上海地方法院起诉是也。（乙）婚姻无效，或撤销婚姻，与确认婚姻成立或不成立，及离婚或夫妻同居之诉，专属夫之住所地或其死亡时住所地之法院管辖之（《民事诉讼法》第五百六十四条）。（丙）因不动产之物权或其分割或经界涉讼者，专属不动产所在地之法院管辖，其他因不动产涉讼者，得由不动产所在地之法院管辖之（《民事诉讼法》第十条）。所谓因不动产之物权涉讼者，例如确定物权存否之诉是也；所谓因不动产之分割涉讼者，例如以诉请求分析共有之不动产者是也；所谓因不动产之经界涉讼者，例如以诉求定不动产之界线或设置界标是也；所谓其他因不动产涉讼者，例如关于不动产所受损害之赔偿涉讼是也。（丁）对于生徒受雇人或其他寄寓人因财产权涉讼者，得由寄寓地之法院管辖之（《民事诉讼法》

第四条）。所谓寄寓地者，指寄寓较久之地方而言也。（戊）对于设有事务所或营业所之人因关于其事务所或营业所之业务涉讼者，得由该事务所或营业所所在地之法院管辖之（《民事诉讼法》第六条）。所谓事务所者，例如会计师、医师、律师之事务所是也；所谓营业所者，例如商店、工厂是也。（己）因遗产之继承、分割、特留份或因遗赠，或其他因死亡而生效力之行为涉讼者，得由继承开始时被继承人住所地之法院管辖之（《民事诉讼法》第十八条）。所谓被继承人者，例如继承人之父或母是也。（庚）共同诉讼之被告数人，其住所不在一法院管辖区域内者，各该住所地之法院俱有管辖权，但如数被告有共同之特别审判籍者不在此限（《民事诉讼法》第二十条）。所谓共同诉讼者，例如甲南京人，乙上海人，丙汉口人，共同欠丁借款，丁若向南京法院对甲起诉，则牵连乙、丙二人，又或向上海法院对乙起诉，则牵连甲、丙二人是也；所谓数被告有共同之特别审判籍者，例如数人合伙开一店铺，各股东均因该店铺之业务欠人之款，则其店铺所在地即为各股东之特别审判籍，如对之起诉，应由该店铺所在地之法院管辖是也。（辛）同一诉讼数法院有管辖权者，原告得任向其中一法院起诉（《民事诉讼法》第二十二条）。所谓同一诉讼数法院有管辖权者，例如因被告有侵权行为提起诉讼时，若行为地并非被告住所地，则既可向行为地之法院起诉，亦可向被告住所地之法院起诉是也。

（二）推事之回避　诉讼进行中，当事人如以该推事有依法应自行回避之情形而不自行回避者，不问诉讼程度如何，得详举其应行回避之原因并加以释明，随时向其所属法院声请该推事回避，若认该推事执行职务有偏颇之虞，则必在该诉讼未为声明或陈述前，始得详举其应行回避之原因并加以释明向其所属法院声请该推事回避，如已就该诉讼有所声明或为陈述者，并应释明其回避之原因发生在后或知悉在后之事实（《民事诉讼法》第三十二条至第三十四条）。

（三）诉讼之参加　诉讼参加者，就两造之诉讼有法律上利害关系之第三人，为辅助一造起见，于该诉讼系属中，得参加于该诉讼之谓也，例如甲为债权人，乙为主债务人，丙为保证人，甲向乙提起诉讼，丙因有利害关系，得辅助主债务人乙而参加于该诉讼是也。惟参加应提出参加书状于本诉讼系属之法院为之，且参加书状内应表明本诉讼及当事人，又应表明参加人与本诉讼之利害关系，且应表明参加诉讼之陈述（《民事诉讼法》第五十八条、第五十九条）。

（四）诉讼代理人　本人不自为诉讼行为，或委任律师为诉讼代理人，或委任非律师为诉讼代理人均可。诉讼代理者，惟受当事人或法定代理人之委任而代理一切之诉讼行为也。至代理权之发生，有由于书状委任者，即诉讼代理人于最初为诉讼行为时须提出委任书于法院以证明之；有由于言词委任者，即当事人于开庭讯问之时以言词委任，由法院书记官记明其事于笔录内，得不提出委任书。无论系书状委任或言词委任，均只有普通代理之权限，若舍弃，认诺，撤回，和解，提起上诉，或再审之诉，及关于强制执行之行为或领收所争物等重大事件与本人之利害关系影响较巨者，则非有特别委任不可（《民事诉讼法》第六十八条至第七十条）。于此有应注意者，法院认有讯问本人之必要而传唤本人时，本人仍须到场（《民事诉讼法》第二百零三条）。

（五）诉讼费用及诉讼救助　应缴审判费之数目，各司法机关均有征收讼费表，即依诉讼标的之金额或价额而定征收费用之等差，当事人欲悉何种讼费应缴若干，只须按表检查即知。惟缴纳审判费时，须向收款处掣取收据，并须核对收据上所书之数目是否与所缴金额之数目相符，以便于胜诉后可持此项收据以领回原缴之费用，盖以诉讼费用，将来须由败诉之当事人负担，若缴费之当事人而胜诉，则讼费应由他造当事人偿还故也。他如抄录费之数目，各司法机关亦有征收表。又如送达费之数目，各司法机关均于传票或其他文书上盖有征收若干之图章，只须照数付给，如有额外需索情事，尽可据实指控。以上各费，均谓之诉讼费用（详见《修订诉讼费用规则》），当事人于起诉、上诉或为声请、声明时，均须向法院缴纳，若有未缴或缴不足额者，法院即定相当期间责令当事人照缴或补缴，如逾期不缴，法院即于〔予〕驳回。然当事人委系贫苦无资、力不能预缴诉讼费用者，可用声请诉讼救助之方法补救之，所谓诉讼救助者，只系准其暂缓缴纳诉讼费用，并非特于〔予〕免除，尤须具备二要件，即须当事人无支出诉讼费用之资力及其诉讼须有胜诉之希望者，始可期法院之照准也（《民事诉讼法》第一百零七条、第一百一十条）。

（六）民事诉讼之价额及其缮写方法　　民事诉讼之价额，均于状面上盖有定价若干之图章，只须照数付给，至诉状之缮写方法，应参照民事状纸内所载之普通注意事项及特别注意事项而作成之，自不致误。自己能写能作者，购买状纸后，可以将案情楷书清楚，不能作写者，可持状到法院所设之缮状处说明案情，由该处代为作写。又诉状及其附属文件，除缮呈原本于法院以供法官之裁夺外，并应按应受送达之他造人数另具缮本，提出于书记科，以供送达他造当事人之用（《民事诉讼法》第一百十九条）。

（七）期日及期间之遵守　　无论何种期日或期间，当事人或代理人均有遵守之义务，不得任意违误，而对于不变期间（例如民事上诉限二十日之期间，即为不变期间）尤应特别注意，一经迟误，即丧失其为诉讼行为之权利矣。惟当事人或代理人迟误不变期间系因天灾或其他不应归责于己之事由者，于其原因消灭后十日内如该不变期间少于十日者，于相等之日数内得声请回复原状

（《民事诉讼法》第一百六十四条）。此种手续，关系权利之得丧极为重要，故当事人或代理人对于期日及期间，均应严行遵守，方可进行顺利而达诉讼之目的。

（八）言词辩论　关于诉讼之进行，应有一定之程序，例如当事人应就诉讼关系为事实上及法律上之陈述，对于自己所提出之证据，应详细声明，对于他造所提出之证据，应切实指摘，对于他造当事人有违背诉讼程序之规定者，得提出异议，以及其他之种种攻击或防御之方法，均须于言词辩论终结前为之，若或违误，此后即丧失其主张之权利矣。于此尚有应行注意者，审判官发问后，须和声供述，原告陈述时，被告不可乱辩，俟原告言毕而后答述，否则喧嚣争辩，不特违反法庭辩论之本旨，且妨法庭秩序，审判官得分别处分之，或命其退出法庭，或命看管至闭庭时，或处以拘留或罚锾（《法院组织法》第六十九条）。受处分之当事人无言词辩论之权，而即行判决，其为害可胜言哉，此诉讼人所宜切戒者也。

（九）声请调解　国家为杜息争端、减少讼累起见，特设调解制度，由法院担任调解，两造当事人各得推举一人为调解人协同调解，凡属简易程序之民事诉讼事件及离婚之诉与夫妻同居之诉、终止收养关系之诉均须于起诉前先经法院调解，其他民事诉讼事件，当事人亦得于起诉前声请调解（《民事诉讼法》第四百零九条、第四百二十五条、第五百七十三条、第五百八十三条），调解如果成立，则与诉讼上和解有同一之效力，固可收息讼释争之效（《民事〈诉〉讼法》第四百二十一条），调解而不成立，如一造当事人声请即为诉讼辩论，他造并未声请延展期日，经法院照准后则可视为调解之声请人自声请时已经起诉（《民事诉讼法》第四百十九条），实为便利。

（十）起诉　起诉须先具诉状，起诉后原告应静候法院传讯，不可擅离而去，被告受执达员通知或送达副状后，须预备答辩，依原告之请求无理由处或其他之纠葛一一具状辩明，亦不可避匿他去，因两造中有一造不到案者，法院为保护诉讼人利益起见，得由到场之当事人一造辩论而为判决（《民事诉讼法》第三百八十五条），此诉讼人所宜注意者也。又被告对于原告所提起之诉讼，于言词辩论终结前，得在本诉系属之法院提起反诉（《民事诉讼法》第二百五十九条），例如甲贷乙洋五百元，要求返还提起诉讼，乙亦曾贷甲洋四百元，要求相抵，亦提起诉讼，甲之诉为本诉，乙之诉为反诉，得与本诉同时审理是也。惟反诉亦有加以限制不许提起者（见《民事诉讼法》第二百五十九条、第二百六十条），此则不可不知也。民事起诉以后，如原告不欲讼争，得于判决确定前撤回其诉，但被告已为本案之言词辩论，须得其同意，若被告已提起反诉者，本诉虽已撤回，反诉仍不失其效力（《民事诉讼法》第二百六十二条、第二百六十三条）。

（十一）提出证据　当事人主张有利于己之事实，应就其事实负举证之责，不得空言主张（《民事诉讼法》第二百七十七条），例如原告主张土地、房屋之所有，必须提出契据以证明其所有权之存在，被告抗辩债务业已清偿，必须提出收据，以证明其偿还之事实等是也。其立证之方法，不外人证、书证、鉴定、勘验等。所举之证据如为人证，则可先期状请法院并传，或当庭请求传质。如为书证，不必尽为自己之所持有，即为他造当事人或第三人所执之文书，又或公署保管或公务员执掌之文书，均可使用作证；若为自己所持有之文书，则或连同状纸一并呈递，或至临讯呈交，均无不可；若为他造当事人或第三人所执之文书，即应声请法院命其提出（《民事诉讼法》第三百四十二条、第三百四十六条、第三百五十二条至第三百五十四条）。至须请求鉴定或须到场勘验者，即应缴纳鉴定或勘验所生之费用。此皆举证之法定程序，倘应举证而不举证或竟不能举证者，则适与他造以攻击之机会，而败诉之机立见矣，此为当事人所不可不注意者也。

（十二）和解　讼则终凶，古有垂戒。凡构讼者，动则经年累月，当事人势必以全副之精神赴之，不特荒时失业，亦且虚糜金钱，即幸而获胜，而得不偿失者有之，若其败也，则所受之损失更形巨大，故于未起诉之先，如有调解之可能，自宜先行调解，即令调解不成而至于起诉，在诉讼进行中如有可以协商之机会，亦须尽力和解。和解之方法有二：一、在审判外和解，即由双方当事人协商条件，终止诉讼，和解如已成立，则由原告撤回其诉；二、在审判上和解，即法院不问诉讼程度如何，得于言词辩论或使受命推事或受托推事试行和解，和解成立后，诉讼即行终结。

（十三）听候判决　两造当〈事〉人如均到场为必要之言词辩论以后，即于诉讼程序已尽相当之能事，谁胜谁负，自应静候法院判决，以解纠纷，若当事人之一造于言词辩论期日不到场者，则许到场之当事人一造辩论而为判决，又当事人虽已到场，而于言词辩论时为诉讼标的之舍弃或认诺者，亦即本于其舍弃或认诺而为该当事人败诉之判决，此种程序，于权利之得丧，关系至巨，当事人不可不慎重出之。又在言词辩论终结前，得为关于假执行之声请，即原告能释明在判决确定前不为执行恐受难于抵偿或难于计算之损害者，得声请法院宣告假执行；又虽不为此项释明而已陈明在执行前可供担保者，亦得声请宣告假执行。至于被告能释明因假执行受不能回复之损害者，则可声请法院宣告不准假执行或驳回原告假执行之声请（《民事诉讼法》第三百八十四条、第三百八十五条、第三百九十条、第三百九十一条、第三百九十三条）。迨收到判决书后，如发见判决中有误写、误算或其他类此之显然错误者，当事人可向法院声请更正，如有脱漏未判者，当事人可于判决送达后十日内声请法院补充判决（《民事诉讼法》第二百三十二条、第二百三十三条）。

（十四）上诉及抗告 对于未确定之第一审法院终局判决，得上诉于管辖第二审之法院，对于未确定之第二审法院终局判决，得上诉于管辖第三审之法院，惟关于财产权上之诉讼如因上诉所得受之利益不逾五百元者（此项数额得因地方情形以司法行政最高官署命令减为三百元或增至一千元）则只有二审未有三审，关于上诉状，应向原法院提出民事之上诉期间，从送达判词之翌日起为二十日以内，至被上诉人接到上诉状缮本后，应于辩诉状中一一答辩，如有不服，亦可请求更正原判，谓之附带上诉。附带上诉，系因原上诉而发生，叙明于辩诉状中，故无上诉期间之可言，例如原告请求被告偿还借款洋一千元、账款洋六百元，第一审判令被告偿还借款洋一千元，对于账款洋六百元，驳回原告之请求，被告不服，提起上诉，原告因被告既已不服，遂于辩诉状中节节答辩后，并请求偿还账款洋六百元之类是也。但第三审之上诉，被上诉人不得为附带上诉（《民事诉讼法》第四百三十四条、第四百三十七条、第四百三十八条、第四百五十七条、第四百六十一条、第四百六十三条、第四百六十七条、第四百七十条）。又对于法院所为之裁定，除《民事诉讼法》别有不许抗告之规定者外，通常得为抗告，至抗告期间除经《民事诉讼法》明文规定应于五日内提起者外，通常应于裁定送达后十日之不变期间内为之。又抗告状应向为裁定之原法院或原审判长所属法院提出（《民事诉讼法》第四百七十九条至第四百八十二条、第四百八十四条、第四百八十五条）。

（十五）再审之诉 再审之诉系当事人对于业经确定之终局判决声明不服之方法，应向原判决之法院提起之，但对于同一事件之第一审及第二审判决同时声明不服，或对于第三审之判决声明不服而应为事实上之调查者，即应向原第二审法院提起之，其得为再审之理由如下：一、判决法院之组织不合法者；二、依法律或裁判应回避之推事参与裁判者；三、当事人于诉讼未经合法代理者；四、当事人知他造之住居所指为所在不明而与涉讼者（但他造已承认其诉讼程序者不在此限）；五、参与裁判之推事关于该讼诉违背职务犯刑事上之罪者；六、当事人之代理人或他造或其代理人关于该诉讼有刑事上应罚之行为影响于判决者；七、为判决基础之证物系伪造或变造者；八、证人、鉴定人或通译就为判决基础之证言、鉴定或通译被处伪证之刑者；九、为判决基础之民事或刑事判决及其他裁判或行政处分，依其后之确定裁然〔判〕或行政处分已变更者；十、当事人发见就同一诉讼标的在前已有确定判决或和解调解或得使用该判决或和解调解者；十一、当事人发见未经斟酌之证物，或得使用该证物者但以如经斟酌可受较有利益之裁判者为限（第五款至八款情形，应之宣告有罪之判决已确定或其刑事诉讼不能开始或续行非因证据不足者为限）。凡具有上述各情形之一，得提起再审之诉，但当事人以前已依上诉主张其事由或知其事由而不为主张者，不在此限。又对于财产权上诉讼之第二审判决如因上诉所得受之利益不逾五百元（或不逾司法行政最高官署所定额数）致不能向第三审上诉之事件，除上述第一款至第十一款各情形外，其经第二审确定之判决（如就足影响于判决之重要证物漏未斟酌者）亦得提起再审之诉。当事人提起再审之诉，应自判决确定时起于三十日之不变期间内为之，若当事人于判决确定后始知再审之理由或其理由发生在后者，则提起再审之诉之不变期间，应自知悉时或发生时起算，但判决确定已逾五年者，除以上述第三款、第四款或第十款情形为再审之理由外，即不许再行提起再审之诉耳（《民事诉讼法》第四百九十二条、第四百九十六条）。

（十六）各项声请声明及异议之诉　就最常用者略举如下：

（甲）声请公示送达。假如原告于起诉时或起诉后被告逃匿无踪，原告可声叙其事由，向法院声请公示送达。何谓公示送达？即在法院之牌示处粘贴布告，晓示应受送达人得随时向法院书记官领取应送达之文书，并得将文书之缮本或节本登载于公报或新闻纸以为送达之方法也，其效力与交付于应受送达人相同（《民事诉讼法》第一百四十九条至第一百五十二条）。（乙）声请假扣押。假扣押者，债权人就金钱请求或得易为金钱请求之请求，为保全强制执行起见，向法院声请救济之方法也。假扣押之声请，不特在债务履行期后可以为之，即尚未到期之请求，亦可为之，不特在起诉后可以为之，即在起诉前亦可为之，但以日后有不能强制执行或应在外国为强制〈执〉行或其他甚难执行之虞各情形为限，若不具备上述情形，必遭法院之驳斥，故声请时务须释明请求及假扣押之原因，其请求非系一定金额者，应记载其价额，其依假扣押之标的所在地定法院管辖者，尤应记载假扣押之标的及其所在地。假扣押之声请，须向本案第一审管辖法院或假扣押标的所在地之第一审法院投递状词，若本案已系属于第二审法院者，则应向第二审法院投递状词，经受声请法院裁定提供担保之金额后，应即具状照数呈缴担保金。以上均就债权人方面言之也，至债务人如以本案尚未起诉，得声请法院命债权人于一定期间内起诉，债权人逾期而未起诉或假扣押之原因消灭或其他命假扣押之情事变更者，均得声请法院撤销假扣押之裁定。若假扣押之裁定系因应归责于债权人之事由而撤销者，债务人因假扣押或供担保所受损害，并得请求债权人赔偿，此又债务人所得主张之权利也（《民事诉讼法》第五百一十八条至第五百二十七条）。（丙）声请假处分。假处分者，债权人就金钱请求以外之请求，为保全强制执行起见，向法院声请救济之方法也。例如甲以特定物卖与乙，约期交付，旋发生纠纷，当期限未至之先，乙推知甲有转卖于丙之虞，即得声请法院将甲所卖之特定物预为假处分，使甲不得转卖于丙，以免将来执行困难是也。又争执之法律关系有定暂时状态之必要者，亦得声请假处分，例如甲乙两村互争水利，提起诉讼，当判决确定前，声请法院暂认某村之居民有用水权，俾免两村凶斗之假处分是也。假处分与假扣押同为保全执行之方法，故关于假处分之诉讼程序，除《民事诉讼法》特有规定外，均适用以上假扣押之程序（《民事诉讼法》第五百二十八条至第五百三十四条）。（丁）声请公示催告。公事催告者，对于不分明之相对人令其就所有之权利依照期限向法院申报，逾期而不申报，即使丧失其权利之谓也。例如欲为宣告证券无效而声请公事催告时是也，此种声请，应向证券所载履行地之法院为之，未载履行地者，则向证券发行人住所地或其主营业所所在地之法院为之。公事催告之声请，经法院裁定准许而为公事催告者，声请人得于申报权利之期间已满后三个月内或该期间未满前声请法院为除权判决，以确定因迟误申报权利所受失权之效果，而保交易之安全也（其详见《民事讼诉〔诉讼〕法》第五百三十五条至第五百六十三条）。（戊）声请执行。声请执行者，即当事人对于不履行义务之相对人请求法院按照判决或调解笔录或和解笔录加以强制之执行也，分别叙列于下：（子）执行案件有调查债务人财产之必要时，债权人应负调查报告之义务。（丑）债务人实无财产可供执行或执行后不足清偿债务，由法院令债务〈人〉写立俟有实力后再行偿还之书据者，债权人如查出债务人尚有其他财产时，得执此项书据声请法院更为执行。（寅）当事人或利害关系人关于强制执行之方法及于执行时应遵守之程序，得为声请或声明异议，听候院长裁断。所谓声明异议者，例如拍卖时估价太高，恐不易卖出，债权人可以声明异议；如估价太低，恐遭损失，债务人可以声明异议是也。（卯）对于执行事件，债务人或利害关系之第三人，得提起异议之诉。

所谓债务人异议之诉者，谓债务人主张依债务名义所确定之请求因以后有足以排斥强制执行之原因、事实而请求宣告不许强制执行之诉也，例如判决确定以后，债务人业已全部清偿或抵销，或经债权人免除债务，或约定延期清偿时是也。所谓第三人异议之诉者，谓第三人主张就执行标的物有妨止让与或交付之权利而请求宣告不许就执行标的物为强制执行之诉也，例如债权人因故意或过失竟以债务人之兄弟之财产指为债务人之财产，请为执行，而执行机关因此对于债务人之兄弟之财产为之实施执行者，则其兄弟得于强制执行终结前以债权人为被告向执行法院提起异议之诉是也。第三人证明关于拍卖物提起异议之诉时，得向该法院声请停止拍卖，惟债务人如系串通第三人虚捏排除强制执行之权利而提起异议之诉者，于判决确定后，则将该债务人及第三人送交检察官，函询债权人如愿告诉时，即依《刑法》第三百五十六条追诉，此则不可不知者也。（辰）债权人有多数时，对于执行处所作成之价金分配表有不同意者，应于分配前提出书据向执行法院声明异议，异议未〔未〕经终结者，声明异议人应自分配之日起十日内对于他债权人正式起诉，否则，执行处仍依前定分配表实行分配。（巳）债务人得于不动产查封后之七日内向法院提出现款，声请撤销查封，债务人并得邀同债权人向法院声请展期。（午）已查封之不动产，债务人未依前项规定声请撤销时，债权人得以书状声请法院核准拍卖。（未）已受查封之不动产执行法院认为不必拍卖时，债权人得声请决定管理。（申）确定判决系命债务人容许他人之行为或禁止债务人为一定之行为者，债权人得声请执行法院命债务人供相当之保证金。（酉）债务人对于第三人之债权或其他之财产权，债权人得向执行法院声请禁止债务人处分或命第三人停止支付并转付债权人。（戌）第三人接受前项命令后，于其债权或财产权不承认其存在或于其数额有争论时，应于十日内提出证书向执行法院声明。（亥）债权人若以第三人之声明为不实在，得向有管辖权之法院提起诉讼，请求其履行并通知债务人（以上关于执行程序，其详见《修正民事诉讼执行规则》及《补订民事执行办法》）。

刑事诉讼部分

（一）法院之管辖　诉讼人对于法院之管辖，应先明了，兹将刑事案件关系法院之管辖，分别说明。

（1）事务管辖　即以诉讼案件之性质为标准。

（甲）地方法院之管辖　地方法院对于刑事案件除内乱罪、外患罪、妨害国交罪外有第一审管辖权。

（乙）高等法院之管辖　高等法院，原为第二审管辖法院，但亦兼有第一审管辖权，即：（1）内乱罪、外患罪、妨害国交罪及危害民国罪之第一审案件（《刑事诉讼法》第四条）。（2）不服地方法院及其分院或其他县司法机关之第一审判决而上诉之第二审案件（《法院组织法》第十七条、《刑事诉讼法》第三百五十三条、《修正县知事诉讼章程》第三十条）。（3）不服地方法院及其分院或其他县司〈法〉机关之裁定依照法令而抗告之案件（见《法院组〈织〉法》第十七条及《刑事诉讼法》三百九十五条）。（4）覆判案件（《覆判暂行条例》第一条）。

（丙）最高法院之管辖　最高法院有终审管辖权，即（1）不服高等法院所为之第一审判决而上诉之案件（《刑事诉讼法》第三百六十七条），（2）不服高等法院所为之第二审判决而上诉之案件（《刑事诉讼法》第三百六十七条），（3）不服高等法院之裁定，依照法令而抗告之案件（见《刑事诉讼法》各章条），（4）非常上诉（《刑事诉讼法》非常上诉编）。

（2）土地管辖　系以土地区域与诉讼案件之关系为标准，即被告之审判籍，其犯罪地，或被告之住所、居所，或所在地之法院，均有管辖该案件之权。所谓犯罪地，即行为地或结果地，所谓住所，即被告为生活根据之常驻地，所谓居所，即被告继续居住之处所，所谓所在地，即被告现时身体所在之地。再在民国领域外之民国船舰或航空机内犯罪者，该船舰或航空机之本籍地、航空机出发地或犯人犯罪后船泊停泊地之法院，亦有权管辖（《刑事诉讼法》第五条）。

又牵连案件及同一案件之合并管辖，系法院一方之关系，兹不述及。

（3）指定管辖　数法院于管辖不明或管辖争议时，即（一）数法院于管辖权有争议者，（二）有管辖权之法院，经确定裁判为无管辖权而无其他法院管辖该案者，（三）因管辖区域境界不明致不能辨别有管辖权之法院者，当事人（检察官、自诉人、被告）得以书状叙述理由，声请该数法院之共同直接上级法院，以裁定指定其理辖，该案即应由被指定之法院受理（《刑事诉讼法》第九条、第十一条）。

（4）移转管辖　管辖法院因法律（例如因推事回避）或事实（例如推事疾病、死亡）不能行使审判权，或因特别情形恐审判影响公安，或难期公平（例如一地方负民望者犯政治上之罪或有侮辱法官情事），当事人得以书状叙述理由，声请直接上级法院，以裁定移转有其管辖区域与原法院同级之他法院管辖（《刑事诉讼法》第十条、第十一条）。

当事人声请指定或移转管辖，如涉于二以上高等法院，或高等法院与其分院区域之关系者，则应向最高法院声请裁定。

在兼理司法县政府或司法公署之案件，被告固有声请权，而原告诉人只能请求上级法院检察官声请，不能直接向法院声请指定或移转管辖。

（二）职员之回避　当事人对于法院推事，具有《刑事诉讼法》第十七条之情形而不自行回避，或有其他情形而足认其执行职务有偏颇之虞者，应以书状举其原因，向推事所属法院声请回避。惟以推事有偏颇之虞而声请者，必在该案件未有所声明或陈述前为之，但其声请回避之原因发生或知悉在后者，则虽在有所声明或陈述后，仍得为之。法院书记官及通译、检察官、书记官如有回避情形，亦得声请回避（《刑事诉讼法》第十七条至第二十六条）。

兼理司法之县长、承审员、司法委员，如有回避情形，当事人应向高等法院声请回避，对于书记员声请回避，则向县长或司法委员为之（暂准援用《修正县知事审理诉讼章程》第四条、第八条、第九条）。

（三）刑事诉状　刑事诉讼，除依法得用言词外，须照章购用部颁状纸，其价格已于状面标明。至于缮写方法，应参照刑事状纸内所载之普通注意事项及特别注意事项而作成之。自己能写能作者，购买状纸后，即将案件楷书清楚，不能作写者，可持状到法院（县政府或司法公署）缮状处，说明案情，由该处代为写作，写作费用，均有定章（缮状处挂有牌示），不准额外需索。诉状写好，须亲自署名、盖章或捺指纹，在侦查中，应向检察官收发处投递，自诉或起诉后，则应向法院收发处投递，务须索取收条，查视填写日期，并妥为保存，以备日后调查之用。投递诉状，并无费用。

被告如在监狱或看守所羁押，所有书状，可交由监所长官转递，其不能自作书状者，监所公务员应为代作。

（四）被告之传唤及拘提　讯问被告，须发票传唤。受传唤之被告，有到案之义务，如无正当理由拒绝到案，即得发票拘提。

其犯罪嫌疑重大而有下列情形之一者，即不经传唤，亦得发票提拘：（一）无一定之住居所者；（二）逃亡或〈有〉逃亡之虞；（三）有湮灭、伪造、变造证据或勾串共犯或证人之虞者；（四）所犯为死刑、无期徒刑或最轻本刑为五年以上有期徒刑之罪者（《刑事诉讼法》第七十五条、第七十六条）。

（五）被告之羁押及具保　羁押被告，系为便利诉讼进行，并非断定其犯罪，所以须经讯问后，认为被告有得不经传唤径行拘提之原因，于必要时，始得发押票羁押。被告在押所，如不妨害羁押之目的及押所之秩序，其与外人接见、通信、收受书籍及其他物件或自备饮食及日用必需物品，均可自由。且羁押期间亦有定限，侦查中限为二月，审判中亦不得逾三月，必要时须得延长限期，但每次不得逾二月，侦查中只以一次为限。如所犯最重本刑为三年以下有期徒刑之刑者，审判中以三次为限，并须经过法院裁定之程序。被告及得为其辅佐之人或辩护人均得随时具保，声请停止羁押，但声请人应缴纳相当之保证金，或由第三人缴纳亦可。保证金得以有价证券（如公债票、股票类）或保证书代之，不过保证书以法院所管区域内殷实之人或商铺所具者为限，并注载保证金额、依法缴纳之事由。羁押之被告，有下列情形之一者：（一）所犯最重本刑为六月以下有期徒刑、拘役或专科罚金之罪者；（二）怀胎七月以上或生产后未满一月者；（三）现罹疾病恐因羁押而不能治疗者，如经具保声请停止羁押，法院不得驳回。至于责付或限制居住，为停止羁押之由于法官职权者，则非被告等所得声请（《刑事诉讼法》被告羁押章）。

兼理司法县政府或司法公署羁押刑事被告，亦以三月为期，如须延长，并应经高等法院裁定（暂准援用《修正县知事审理诉讼暂行章程》第十四条）。

（六）人证　到庭作证，原系法律上之一种义务，无论为当事人所举，或法院所指定，一经传唤，即须遵时到庭，陈述所知之事实，并依法具结。陈述如有虚伪，应受刑法上伪证之处罚。如抗传不到，或到而不肯具结，或不肯陈述，亦须受《刑事诉讼法》上之制裁（拘提，罚钱，并赔偿因此所需之费用）。惟有时亦得拒绝具结或陈述，在《刑事诉讼法》第一百六十六条至第一百七十条均已明白规定。证人受传到庭作证，得请求法院发给应得之费用（如旅费是，《刑事诉讼法》人证章）。告诉告发人如经传案作证，而无正当理由不到者，亦受《刑事诉讼法》第一百六十五条规定之制裁。

（七）代理人、辩护人及辅佐人　刑事告诉人、自诉人，均得委任律师代理，即被告就其所犯罪名最重本刑为拘役或专科罚金之案件，亦得委任律师代理。诉讼案件起诉后，刑事被告，并得委任律师为辩护人（至多委任三人），但委任非律师而为诉讼代理人或辩护人，则必须经法院许可。刑事被告，如未委任辩护人，审判长于必要时，得指定辩护人为其辩护。其所犯最轻本刑为五年以上有期徒刑或为高等法院管辖之第一审案件，审判长并应指定辩护人为其辩护，此种指定之辩护人，被告无须给以费用（《刑事诉讼法》辩护人、辅佐人及代理人章）。

辅佐人，非代理人，亦非辩护人，即被告或自诉人之配偶、直系或三亲等内旁系血亲或家长、家属，或被告之法定代理人于起诉后，得随被告或同诉人在法院为辅助人，陈述意见，而辅助其为诉讼行为（《刑事诉讼法》第三十五条）。

（八）刑事文件之送达　送达文件，与诉讼期限有关，当事人等为便利接收送达起见，侦查中应将其住址或事务所向检察官声明，审判中应向法院陈明。如于法院所在地无一定住址，则应选一送达代收人，并将该送达代收人之姓名、住址陈明，以便司法警察就其声明之处所而为送达，惟在监狱或看守所之人因法院应嘱托监狱或看守所之长官送达，毋庸声明其送达之住址（《刑事诉讼法》送达章）。当事人接受送达文件，务于送达证书内注明收受日期，并署名、盖章或捺指纹，以备将来诉讼期限进行之证明，此为应加注意者。

（九）期间之遵守　当事人及其代理人，对于期限均有遵守之义务，切勿任意违误，而对于法定期限（例如上诉期限十日，普通抗告期限七日等类）尤应特别注意，一经违误即丧失其诉讼行为之权利。惟当事人及其代理人非因过失迟误上诉抗告或声请正式审判之期间，或声请撤销或变〈更〉审判长、受命推事、受托推事裁定或检察官命令之期间者，于其原因消灭后五日内，尚得声请回复原状，补行期间内应为之诉讼行为。再此项法定期限，法律上亦有准许延长之规定，即当事人不居住法院所在地者，仍准其扣除在途行走所需之期间（《刑事诉讼法》期日及期间章）。

按照司法行政部令，凡当事人住居地距离法院所在地每水陆路五十里，应扣除在途期间一日，不满五十里而在十里以上者亦同，海路每一海里作三里半计算，其火车、轮船通行之地，则在途期间之全部或一部，依车行或船行期间定之，□若车行或船行期间不满一日者，亦作一日计算，此为应注意者。

（十）告诉、告发、自首　所谓告诉，即被害人（即因犯罪而受害之人）及其法定代理人或配偶，为求诉追起见，得以言词或诉状，向检察官或司法警察官告诉，请求究办。被害人已死亡者，其得由其配偶、直系血亲、三亲等内之旁系血亲、二亲等内之姻亲或家长、家属告诉，但不得与被害人明示之意思相反。又告诉乃论之罪，无得为告诉之人者，利害关系人，得声请检察官指定代行告诉人。至刑法上定明告诉乃论之罪，系以告诉为诉讼条件，其告诉务须适法，无论以言词或书状，应表明请求究办之意思，且须于知悉犯人之时起六个月内为之，一经逾期，告诉即不生效力。此种告诉，于第一审辩论终结前，并得撤回，但本刑为七年以上有期徒刑以上之刑者不得撤回，已撤回者即不得再告诉。其非告诉乃论之罪，则告诉适法与否，无甚关系，且亦无时间之限制。所谓告发，即被害人及有告诉权者以外之第三人，知有犯罪之嫌疑者，得以言词或书状，将犯罪事实向检察官或司法警察官告发，俾得侦查究办。所谓自首，即犯罪人在未发觉前，以言词或书状向检察官或司法警察官自述其犯罪事实，听候诉判（《刑事诉讼法》第二百十一条至第二百二十三条）。

（十一）声请再议　检察官对于不起诉之案件，应制作处分书，并以其正本或节本，送达与〔于〕被告及告诉人，告诉人如不服其处分，应于接收不起诉处分后之翌日起七日内，具状叙述不服之理由，经由原检察官声请再议。原检察官认为有理由者，即撤销其处分，继续侦查或起诉，否则即将案卷送上级检察官核办，经上级检察官驳回再议者，原处分即属确定，不得再行声请再议；但嗣后如发现有新事实、新证据，或有《刑诉法》第四百十三条第一项第一款、第二款、第四款或第五款所定得为再审原因之情形者，仍得请求原检察官究办。惟有声请再议权者，以告诉人为限，告发人不得声请再议（《刑事诉讼法》第二百三十四条至第二百三十七条、第二百三十九条）。

经兼理司法之县长、承审员或司法公署委员予以不起诉处分案件，则应由该管高等法院或分院核办。

（十二）审判之程序　法院审判，当事人及辩护人，应有〔在〕审判长讯问被告、调查证据后，就事实及法律辩论之，言词辩论，须和声申辩，有何意见，尽量陈述，但不得喧闹争论，妨害法庭秩序，致受处分。已辩论者得再为辩论，审判长亦得命再行辩论。审判长于宣示辩论终结前，最后应询问被告有无陈述（《刑事诉讼法》第二百八十二条至第二百八十三条）。

辩论终结，必有判决，其宣示判决，应于辩论终结后七日内为之。宣示判决，不论被告到庭与否，均有效力，惟被告到庭拒绝陈述，或未受许可而退庭，或法院认为应科拘役、罚金，或应谕知免刑或无罪之案件，经传唤无正当理由不到者，即丧失辩论权，得不待其陈述，径行判决（《刑事诉讼法》第二百九十七条、第二百九十八条、第三百零三条）。

庭讯笔录，可请求书记官当庭朗读，笔录如有错误得请求更正，再行署名或捺指纹。

（十三）自诉　犯罪之被害人得提起自诉，但以有行为能力者为限。又对于直系尊亲属或配偶，不得提起自诉。

自诉人得委任律师或其他代理人出庭，所有公诉上检察官于审判期日所得为之辩论行为，均由自诉人行之。

告诉或请求乃论之罪，自诉人在第一审辩论终结前，得撤回其自诉，但本刑为七年以上有期徒刑以上之刑者，不得撤回，经撤回后，即不得再行自诉。告诉或请求自诉人经传唤无正当理由不到庭或到庭不为陈述，或未受许可而退庭者，得不待其陈述而为判决，法院认为必要时并得通知检察官担当诉讼。提起自诉之被害人犯罪而被告为其被害人者，被告得于第一审辩论终结前提起反诉，并不受撤回自诉之影响（以上参照《刑事诉讼法》自诉章）。

（十四）上诉、抗告及声请　被告及自诉人不服下级法院所为之判决，应于接受判决之翌日起十日内，向原审法院提出上诉状，请求上级法院撤销另判，上诉状内即未叙述理由，亦有上诉效力，但第三审之上诉应〈于〉提起上诉后十日内补提理由书于原审法院，否则法院得驳回其上诉。被告之法定代理人或配偶，为被告利益起见，得独立上诉，其辩护人、代理人，虽亦得代被告上诉，但不得与被告明示之意思相反（《刑事诉讼法》第三百三十六条至

第三百四十二条）。

上诉本系一种权利，舍弃或撤回，均无不可，惟舍弃上诉，须于未提起上诉前，明白表示不为上诉之意思，撤回上诉则于未经上诉审裁判前为之。其为被告利益起见而上诉者，非经被告承诺不得撤回，即自诉人撤回上诉，检察官如不同意，亦不发生撤回之效力。一经舍弃或撤回，则自声明之日起，即丧失上诉权，不得再行上诉（《刑事诉讼法》第三百四十六条至第三百四十八条、第三百五十一条）。

上诉第二审者，必为不服地方法院所为之第一审判决，当事人在第二审法院，得提出新事实、新证据，惟被告于第二审开庭审判时，务须至庭候审，如无正当理由而不出庭，法院得不待其陈述，径行判决（《刑事诉讼法》第三百五十三条）。

上诉第三审者，原则上以曾经第二审判决而有不服者为限，但亦有例外之规定，即（1）《刑法》第六十一条所列各罪之案件，经第二审判决后，即属确定，虽有不服，亦不得上诉于第三审；（2）高等法院所为之第一审判决，最高法院即为终审，上诉第三审之理由，限为第二审判决违背法令，但诉讼程序虽系违背法令，而判决显然不受影响者，除《刑诉法》〈第〉三百七十一条规定之各款情形外仍不得为上诉理由（《刑事诉讼法》第三审章）。

告诉人除自诉案件外，对于正式法院之判决，并无上诉权，即对于兼理司法县政府或司法公署之判决，如有不服者，亦只得向第二审之检察官呈诉不服，不能直接提起上诉。再覆判案件经高等法院或分院覆判审，发回或发交兼理司法县政府或司法公署所为之覆审判决，处刑如重于初判，被告仍得上诉于第二审，如轻于初判，则不得上诉，但原告诉人得向第二审之检察官呈诉不服。又高等法院覆判审所为之更正判决，及提审或指定推事莅审所为之判决，处刑如重于初判，被告得上诉于第三审，此应注意者也

（暂准援用《县知事审理诉讼章程》、《覆判暂行条例》）。

自诉人及被告不服法院之裁定，除有明文禁止抗告者外，得以书状叙述不服理由，向原审法院声明抗告，请求直接上级法院撤销或变更。所谓有明文禁止抗告者，即法院于判决前，关于管辖或诉讼程序之裁定，除有特别规定者外，即不得抗告。又对于第三审之裁定，亦不得控告，但关于羁押、具保、责付扣押或扣押物发还及因鉴定将被告送入医院或其他处所之裁定有不服者，亦得抗告，抗告期限，除有特别规定三日者外，普通自送达裁定后五日内为之。惟对于抗告法院之裁定，准许再抗告者，《刑事诉讼法》第四百零七条有明定之范围，非该条所列举之裁定，则不得再抗告。不得上诉于第三审法院之案件，其第二审法院所为裁定不得抗告。

所谓声请，即对于审判长、受命推事、受托推事、检察官（1）关于羁押、具保、责付扣押或扣押物发还及因鉴定将被告送入医院或其他处所之处分；（2）对于证人、鉴定人或通译罚锾之处分，有不服者，应以书状叙述不服之理由，声请该管法院撤销或变更，声请之期间为五日，自处分之日起算，其为送达者，自送达后起算。对于此项声请所为之裁定不得抗告，但对于其就撤销罚锾之声请而为者得提起抗告（以上见《刑事诉讼法》抗告章）。

（十五）提起再审　再审为救济确定判决事实上重大错误之方法，不论第一审、第二审或第三审之确定判决，均得声请再审。凡科刑判决确定后，遇有《刑事诉讼法》第四百十三条所列情形之一，或有《刑诉法》第四百十四条之情形者，受判决人及其法定代理人或配偶，为受判决人之利益得声请再审。受判决人已死亡者，其配偶、直系血亲、三亲等内之旁系血亲、二亲等内之姻亲或家长、家属亦得声请再审。如于有罪无罪免诉或不受理之判决确定后，遇有《刑事诉讼法》第四百十三条第一款、第二款、第四款或第五款之情形者，自诉人为被告不〔之〕利益，亦得声请再审，惟声请再审，应由原判决之法院管辖，判决之一部曾经上诉，一部未经上诉，对于各该部分声请再审而经第二审法院就其上诉审确定之部分为开始再审之裁定者，其对于在第一审确定之部分声请再审，亦应由第二审法院管辖，判决在第三审确定者，对于该判决声请再审，除以第三审法院之推事，有因该案件而犯职务上之罪已经证明而声请再审者外，应由第二审法院管辖之声请再审，应以再审书状叙述理由，附具原判决之缮本及证据，提出于管辖法院为之，于再审判决前并得撤回之（《刑事诉讼法》再审章）。

兼理司法县政府或司法公署之刑事判决，未经上诉或覆判审提审而确定者，其再审由管辖该案之第二审法院管辖之（暂准援用《修正县知事审理诉讼暂行章程》）。

（十六）简易程序　被告对于法院处刑之命令，如有不服，无须上诉，可于五日内为正式审判之声请，法院如以违背程式为理由，而为驳回声请正式审判之裁定，被告仍得于五日内抗告，逾期即属确定，此项声请权，被告可以舍弃，于第一审判决前，亦得将声请撤回（《刑事诉讼法》简易程序章）。

（十七）声明疑义或异议　受刑人对于有罪裁判之解释，如有疑义，得以书状向谕知之裁判法院声明疑义，对于检察官执行之指挥，以为不当，亦得以书状向谕知之裁判法院声明异议，此项声明，于未经裁判前，并得随时撤回，经法院裁定后，如有不服，应于五日内提起抗告（《刑事诉讼法》第四百八十七条至第四百九十条）。

（十八）附带民事诉讼　因犯罪而受损害之人，于刑事案件起诉后第二审辩论终结前，得以书状向刑事诉讼系属之法院，提起附带民事诉讼，请求刑庭一并审判，令被告及其依《民法》负赔偿责任之人赔偿或回复其损害，例如伤害案件，被害人同时可请求赔偿医药费，毁损案件，被害人同时可请求回复原状，但在第一审辩论终结后，尚未上诉第二审前，不得提起此项民事诉讼，与独立民事诉讼不同，无须缴纳诉讼费用（《刑事诉讼法》附带民事诉讼章）。

《绥远省政府乡村建设委员会会刊》（季刊）

绥远省政府乡村建设委员会

1936 年 2 期

（李红权　整理）

绥远各县局设立民众问事处纲要

作者不详

一、本省为免除官民隔阂、政治公开起见，凡各县局均应设立民众问事处。

二、问事处设于县府内大门左右。

三、问事处人员，由各县局得审度情形就县局内各科及承审处人员轮流派充，不另增加经费。

四、民众对于诉讼案件及政府颁布政令有不明了之处，均可于办公时间来处询问。

五、问事处人员对于问事人应诚恳详细解答，不得稍厌烦琐或有轻慢态度。

六、解答人有不明事件，查询后即行解答，有用书面解答之必要时，即用书面解答，但须先呈长官或其他负责人核阅，倘本日不能解答时，须向问事人声明，并约定解答日期，仍由当日解答人承答。

七、关于诉讼案件之在侦讯调查中及应守秘密之事件，概不答覆。

八、问事处应置答问簿，每日应将所问事件及解答意旨摘要填载，送由县局长及有关科处核阅。

九、问事处人员对于问事者如有任意稽延或无故拒绝暨需索等情事，一经查实，立予分别惩处。

十、各县局民众问事处办事细则由各县局自定之。

十一、本纲要自公布之日施行，如有未尽事宜随时修正之。

《绥远省政府乡村建设委员会会刊》（季刊）

绥远省政府乡村建设委员会

1936 年 2 期

（李红权　整理）

绥远省"防共自卫团"条例

作者不详

第一章　总则

第一条　本省为充实人民防共自卫力量，导发地方自治组织起见，特令各县局编组"防共自卫团"（凡下简称自卫团）。

第二条　凡中华民国国籍，居住本省，年在十八岁以上四十五岁以下之男子，均有应征为团丁之义务。

第三条　本省自卫团之征调、编组、训练、指挥均依本条例规定办理。

第二章　编组

第四条　绥远省保安总处为绥远全省"防共自卫团"之统辖机关，其政治训练由省乡建会担任之，组织系统如附图（附件一）①。

第五条　团丁分后备队、常备队、预备队。

常备队由保安总处设常备队训练部直接编练之。

---

①　未见附件。——整理者注

预备队、后备队由县保安处编练指挥之。

第六条 后备队就各县局乡镇所有应征壮丁编成之。凡年在十八岁以上三十岁以下，而家资较裕者，为甲级壮丁。年在三十一岁以上四十五岁以下，或年在十八岁以上三十岁以下，而家境贫寒者，为乙级壮丁。

第七条 后备队以乡镇为单位，其编制如左：

一、乡（镇）编组乡（镇）队部，设乡队长一人，由乡导员兼任（未派乡导员之乡镇，以原任自卫队乡队长担任为原则），乡队副二人，由乡镇长及曾经受过乡干部训练、成绩优良者担任。

乡队部设于乡镇公所内。

二、每乡队分编若干小队，各设小队长一人。

三、每小队分编三班，每班十人，各设班长一人。

四、前列二、三两项小队长及班长，概选常备队退伍之精干团丁充任之，但在初期编练常备队未有退伍团丁以前，或其退伍团丁不足分配时，即由乡队长就后备队团丁中挑选精干而有统率能力者充任之。

五、县城与镇同，由县保安处直接派员编练之。

第八条 其乡镇区域及壮丁人数，有不能完全适合前条之规定者，得变通编组如左：

一、乡镇壮丁总数不足五十人者，得直接分班，不另编设小队。

二、每小队编制，以三班为原则，如有特殊情形时，得酌量增减之。

三、各小队编定以后，如有编余之壮丁人数，在二十人以上不足三十人者，仍得编为一小队，但在二十人以内者，编并其他小队中。

四、各班编定以后，如尚有壮丁人数在七人以上不足十人者，仍得编为一班，但在七人以内者，编并其他班中。

第九条　后备队乡队长副，小队长及班长，均为义务职，但于必要时得呈准由该乡镇公所节余经费项下酌予津贴，不得增加民众负担。

第十条　后备队乡队长副，由县保安处委定，报请保安总处备案，小队长及班长，由乡队长选定，呈请县保安处核委，并转报保安总处备查。

第十一条　常备队由各县局后备队中抽调甲级壮丁编成之。

第十二条　常备队编制如左：

一、将全省所有征集之常备队团丁总数，分编为若干大队，各设大队长副一人。

二、每大队分编为三中队，各设中队长一人。

三、每中队分编为三分队，各设分队长一人。

四、每分队分编为三小队，各设小队长一人。

前项所列各级队长副，均由保安总处选派。其各级队长编制表另定之。

第十三条　常备队干部人员，以选用本省籍贯之军事学校结业者为主体，如其人数不敷用时，除暂以太原教导团肄业学员及第三十五军军官代用外，并由常备队训练部设置干部训练所或干部训练队（学生军训包括在内），选收本省中等学校以上学生训练补充之。前项干部训练所或干部训练队组织规程及训练办法另定之。

第十四条　预备队系由常备队团丁受训期满退伍后，分别在各该县局乡镇内编成之。

第十五条　预备队之编制与后备队同，除小队长、班长另行设置选派外，其乡队长副由后备队乡长副兼任之。

第十六条　各乡镇日常警卫及乡政建设事项，另由后备队、预备队中抽调精干团丁编组服务队，由乡队长统率轮流担任，其编组标准及服务办法另定之。

第十七条　为使各乡队便于联系及指挥起见，每县按自治区分设若干联队，各设联队长一人，由自治指导员兼任之。

第十八条　联队长兼承县保安处正副处长之命，负本区各乡队巡回督练指挥之责，遇有必要时，得随时召集全区各乡队或数乡队实行服务或检阅。

第十九条　各队人员服务细则另定之。

第二十条　除常备队番号由保安总处编定外，其后备队、预备队之番号，由县保安处按各乡镇名称另定之。

第三章　征训

第二十一条　常备队团丁之征集，由保安总处按其需要，命令各县局保安处征集之。

第二十二条　预备队、后备队团丁之征集，由各县局保安处以命令行之。

第二十三条　有左列情事之一者，免予征集：

一、肢体官能残废或发育不健全，不能受军事训练者；

二、心神丧失者；

三、确有痼疾，不堪服役者。

第二十四条　有左列情事之一者，缓予征集：

一、在外有正当职业或现任重要公职，确系不能分身者；

二、现在学校肄业或充任教职员者；

三、有专门学术技能，因业务关系，呈经省政府核准者；

四、现染疾病或在治疗中者；

五、现受徒刑及拘役之宣告执行，或在侦查及审判中者。

第二十五条　后备队之训练时期定为三个月，于每年农隙时，分期实施，以扣足一百八十小时为限。

第二十六条　常备队团丁采集中训练，期限四个月即行退伍为预备队，退伍办法另定之。

第二十七条　预备队团丁每年至少应训练一星期，由乡队部规定适当时期召集之。

第二十八条　各队训练之期间，得因环境需要，延长或缩短之。

第二十九条　各队之训练科目及进度表另定之。

第三十条　保安总处为检查各队成绩与适应需要起见，得临时召集检阅或训练。

第三十一条　常备队训练期满，给与退伍证书，后备队训练期满，给予证明书。

前项证书及证明书，均由保安总处颁发。

第三十二条　各队之征集编练细则另定之。

第四章　服役期限及任务

第三十三条　常备队服役，以四个月之训练期间为限，期满编为预备队，预备队服役期限四年期满，仍编归后备队，后备队服役期限至满四十五岁为止。

第三十四条　各队服役期限，在必要时保安总处得以命令延长之。常备队延长之服役期限，得于预备队服役期限内减除之。

第三十五条　常备队受保安总处之指挥调遣，担任本省防务及剿匪、"防共"之责。

第三十六条　预备队、后备队，除于每年依照规定期限召集训练外，遇有必要时，得由乡队长随时召集，协助常备队担任各该乡镇附近地带一切警卫责任。但在平常时期，预备队、后备队团丁，仍各照常从事业务。

其各该乡镇日常警卫及乡政建设各事项，依本条例第十六条规定，由该两队中抽调精干团丁编组服务队，不分农隙农忙轮流担任之，其任务列举如左：

一、守护本县及本乡镇城堡；

二、附近各乡镇间之巡逻会哨；

三、隘口、边境之戒备；

四、各乡、镇、村间之联防；

五、"匪共"之临时缉捕追剿；

六、本区乡镇防"匪共"事及道路之修筑；

七、侦察"匪共"及稽查、保护行旅；

八、协助办理保甲，查报户口异动；

九、担任乡镇消防及救护工作；

十、担任递传哨，传达政令及信件；

十一、其他乡镇建设及政府委办事项。

第三十七条　后备队、预备队及服务队，在本区各乡镇间，及区或县相交界各乡镇间，平时须互相联防会哨，遇有警报时，应立即赴援协剿，以收守望相助之效，其详细办法另定之。

第三十八条　服务队得设政治、文化、经济、卫生四组，以推进乡政建设工作，其组织及工作纲要另定之。

第三十九条　本省为"防共自卫"，如遇常备队不敷分配时，得依次征调各县预备队及后备队。

第五章　纪律

第四十条　常备队及在召集服役中之预备队、后备队，应守纪律与现役军人同。

第四十一条　违犯本条例，及关于自卫团章则之各项规定者，处以两个月以下之拘役，或六十元以下之罚金。

刑法及其他特别法令不抵触者，仍适用之。

第四十二条　凡受罚金处分，无力缴纳者，每罚金一元，折作苦工一天。

第四十三条　前两条处罚之标准及手续，于判处时依左列各款行之：

一、应处一月以下拘役，或三十元以下之罚金者，由县保安处办理，呈报保安总处备核。

二、应处二月以下之拘役，或六十元以下之罚金者，由县保安处拟定，呈请保安总处核办。

三、应依刑法及其他特别法令处徒刑者，由县保安处呈请保安总处核办。

四、判处罚金者，应照保安总处规定单式，分别发给存转，并公布之。

第六章　经费及器械、服装

第四十四条　自卫团团丁，除常队外，均为义备职，惟必要之办公费，概由乡镇公所拨给之。

第四十五条　常备队官佐及团丁待遇所需经费由省拨给，薪饷表另定之。

第四十六条　团丁所需器械，除常备队外，概以民间枪枝集中使用，如不敷用时，得以刀矛或手溜弹暂行代用。

第四十七条　除常备队团丁服装由公家制备发给外，预备、后备、服务各队团丁，以着短服为原则。

第四十八条　自卫团旗帜及团丁符号，由保安总处颁发制用，其式样另定之。

第七章　附则

第四十九条　自卫团官丁奖励、惩罚及伤亡抚恤各章则另定之。

第五十条　本条例之补充解释，由省政府以命令行之。

第五十一条　本条例经由省政府会议通过后，自公布之日施行。

《绥远省政府乡村建设委员会会刊》（季刊）

绥远省政府乡村建设委员会

1936 年 2 期

（李红权　整理）

绥远省"防共自卫团"征集编练细则

作者不详

第一章　通则

第一条　本细则依据《绥远省防共自卫团条例》第三十二条之规定制定之。

第二条　绥远"防共自卫团"（以下简称自卫团）之征集编练，除条例业有规定外，悉照本细则办理。

第三条　县保安处受保安总处之命，督饬所属各乡镇长及乡队长办理各队征集编练事务。

第四条　联队长秉承县保安处正副处长之命，对于各队征集编练事项，负巡回督导责任。

第五条　关于《自卫团条例》第二十三条免予征集事项，须由本人或户长取据医生或本管乡镇长之证明，呈请县保安处查实转呈保安总处核准。

第六条　关于《自卫团条例》第二十四条第四款缓予征集事项，须由本人或户长取具医生或本管乡镇长之证明，呈经县保安处覆核属实，转报保安总处备案。

第七条　凡家资富裕无丁应征者，或合于《自卫团条例》第二十四条第一至第三各款规定缓应征丁而家资富裕者，应由县保安处酌令出枪或购枪，供该乡自卫使用。

第八条　凡赤贫之户，如壮丁只有一人，须赖本人工作始能维持其一家数口之生活，及本人之工作含有流动性质须时常离开住所，或无一定之住留时间者，须由该管乡镇长证明，呈请县保安处查实，转报保安总处核准暂缓征集，但仍须在后备队名册附记栏注明。

第九条　应征团丁年龄，以其户籍登记簿所载为准。

前项户籍登记簿所载之年龄，如为虚伪之报告，希图规避者，依《自卫团条例》第四十一条处罚其本身或户长。

第十条　团丁有左列情形之一者，依《自卫团条例》第四十一条处罚之：

一、征集时借故规避，或雇人顶替者；

二、训练时无故不到者；

三、在召集或训练时，不服从命令者。

第十一条　依前两条处罚之壮丁，于处罚后仍须应团丁之征集训练。其失察之乡、镇、闾、邻长，亦须连带受罚，但得减轻其处罚之程度。

第二章　后备队

第十二条　由县保安处依照《自卫团条例》第六条规定之年龄，督饬各乡镇按户籍登记簿，分甲、乙两级尽量编成后备队。

第十三条　后备队乡队长附，每年应根据户籍登记簿所载，将已届规定合格年龄之壮丁随时登记编队，其已逾四十五岁者，即令退伍，不再编入，但均须按级呈报稽查。

第十四条　有《自卫团条例》第二十四条各款情形者，均应编队，但可暂缓训练，仍于名册附记栏注明。

第十五条　壮丁如在他处服务，而非流动性质者，仍就其所在地编队。

第十六条　壮丁为人雇佣，在受训练时期，雇主不得借口减扣工资。

第十七条　一户之壮丁年龄，同为甲级或乙级时，应查酌情形，准分两级编配，但须于名册附记栏注明。

第十八条　训练科目如左：

甲、学科：

一、公民常识（新生活运动及"赤匪罪恶"等项包括在内）；

二、自卫常识（保甲、防空、守城、礼节及通信联络等项包括在内）。

乙、术科：

一、制式教练；

二、国术；

三、射击（手溜弹使用法包括在内）；

四、工作实施（一般作业及筑堡练习）。

前项训练材料，由保安总处、省乡建会分别编定分发之。

第十九条　训练时期定为三个月，于每年农隙时分期实施。每日训练时间二小时或三小时，总共以扣足一百八十小时为限。已受训练之后备队团丁，除于每年冬季召集训练一星期外，并须按地方实际情形，随时由乡队长召集训练或演习之。

第二十条　训练地点，以各乡镇内为原则，但于必要时，得由县保安处另指定适当地点训练或会操。

第二十一条　如遇有乡镇壮丁人数过多，训练不便时，得分期轮流训练。

第二十二条　凡人烟稀疏地方或其他特殊情形不易集合者，得就该地之便利，分小队或分班各别训练。其人数过少者，并得不分甲乙级混合训练之。

第二十三条　后备队团丁在受训练期间，必须离家远出谋生时，应报由该管队长查实，按级呈报县保安处核准，转报保安总处备案。

第二十四条　后备队团丁初犯本细则第十条之规定，情有可原或情节较轻者，得减轻其处罚，或免除之。

第二十五条　各乡镇后备队编成后，应造具花名册，按级呈报备案。

第二十六条　乡队部应将训练实施状况，按周呈报县保安处考核。训练期满，由县保安处检阅，并将成绩呈报保安总处备查。

第三章　常备队

第二十七条　关于常备队团丁之征集，应由保安总处按该期应编练之常备队团丁人数，就各县局后备队甲级团丁总额，平均适宜分派，于入伍之两个月前，饬县保安处依限征送。

第二十八条　县保安处奉到征集命令后，根据所属各乡镇后备队甲级团丁总额，将应征团丁人数适当分派，并须就各乡镇甲级壮丁名册中圈定应征团丁四倍以上之人数，令饬各该管乡镇长会同乡队长就圈定人数中挑选半数依限征送，同时并分令各联队长督同办理。

第二十九条　乡镇长与乡队长奉到征集命令后，应即召集所属各闾邻长会商，依照县保安处所圈定之人数中再挑选半数依限征送，除志愿者外，须体察其家境较裕，人数较多者选定之。但其家境及壮丁人数如略相仿佛时，得以抽签法或拈票法决定之。

第三十条　乡镇长与乡队长，对于已决定应征之团丁，须通知其召集日期及地点。

第三十一条　乡镇长与乡队长，应缮具征定之团丁名册，连同团丁依限送交县保安处，俟保安总处派员赴县覆验再行选定其半数后，由县保安处汇造选定团丁名册，派员连同团丁依限送交县保安总处或经保安处指定之地点。

第三十二条　乡镇长与乡队长，对于征集事务办理不力，或延宕疲玩，不依定限征送团丁者，分别依法严惩。

第三十三条　乡镇长与乡队长征集团丁时，应依照规定认真挑选，不得含糊或徇情蒙混。

第三十四条　常备队团丁在受训、服役期间，如有潜逃及拐带枪械、服装情事，除依《自卫团条例》第四十一条及《自卫团征集编练细则》第十一条对于所属户长及该管乡镇长分别予以处罚并责令赔偿外，应由该管乡镇长负责缉捕，送队惩办。

第三十五条　常备队训练办法另定之。

第四章　预备队

第三十六条　常备队团丁服务期满，由该县派送新征［征］团丁人员，率领回县，经县保安处登记，分派各该管乡镇编成预备队后，各归住所。

第三十七条　在初期编练常备队，其退伍之团丁人数过少，在各该乡镇内不能编成预备队时，均暂行分派后备队中担任班长或小队长。

第三十八条　预备队除于每年农隙时召集训练一星期外，并由乡队长按地方实际情形，随时召集训话或演习之。

第三十九条　依《自卫团条例》第三十三条规定，预备队服役四年期满仍编归后备队服役，其预备队编归后备队服役之团丁训练办法另定之。

第五章　服务队

第四十条　各乡镇由后备队、预备队中抽调精神〔退伍〕团丁编组服务队，在初期编练常备队未有退伍团丁以前，完全由后备队团丁中不分甲乙级抽调编组之。

第四十一条　初期服务队团丁，由全乡镇所属各间（直属邻与间同）中平均抽调三人至五人，轮流更换服务，每人每年至少服务两月。但各间壮丁人数如有多寡不同时，得由乡队长副按人数比例，从壮丁较多之间中多抽之。

第四十二条　各间壮丁，均须受该管乡队长副之命，轮流担任服务队团丁义务，不得借故推诿或规避。

第四十三条　服务队团丁服务，每两个月调换一次，每次调换以二分之一为限。

第四十四条　服务队应规定值日办法，每日至少须有值日团丁二人至六人在乡镇公所服务，其轮值表由乡队长副按各该乡镇服务队人数制定公布之。

第四十五条　服务队团丁，以寓训练于服务中为原则，除初编队时，按《自卫〈团〉条例》第三十六条规定事项继续施行训练一星期开始服务外，嗣后乡队长副至少于农暇时每日集合全队团丁讲话一次，农忙时每周一次，并得于必要时随时集合之。

各乡镇如有所属附村，因距离或交通关系召集不便时，得变通办理之。

第四十六条　各乡镇服务队编成后，乡警即逐渐裁撤，不另设置。

第四十七条　服务队值日团丁伙食，得由乡队长副就各该乡镇公所经费及裁撤乡警节余费下酌予供给。

第四十八条　服务队团丁枪枝，除按本细则第七条办理外，必要时应将全乡镇公私枪枝集中使用，以维公安，惟所有权及用毕之保管，仍属于枪主。关于管理及使用损耗补偿办法另定之。

第四十九条　有围堡之乡镇，得按照手续呈请保安总处发给手溜弹使用。

第六章　附则

第五十条　本细则如有未尽事宜，得由保安总处随时呈请修改之。

第五十一条　本细则自公布之日施行。

《绥远省政府乡村建设委员会会刊》（季刊）

绥远省政府乡村建设委员会

1936 年 2 期

（李红权　整理）

绥远省各县（局）长督饬乡村
工作指导员服务办法

民国二十五年一月七日绥远省政府委员会
第三四七次例会会议通过

作者不详

一、绥远省政府为使各县（局）长督饬乡村工作指导员（以下简称乡导员）服务切实有效起见，特制定本办法。

二、各县（局）长对各该县所属乡镇乡导员，除遵照本省其他法令办理外，应依照本办法严格督饬其切实服务，不得稍有懈忽。

三、各县（局）长应依《乡导员服务规程》第四条之规定，于每半年度开始前一个月内，督饬乡导员预拟下期工作计划，切实审核，并签注审核意见，于十日内汇报省府候核。

四、前条工作计划，经省府核准后，应即酌定进度日限，督饬推行，其有时间性者，应提前办理。

五、各县（局）长应于每半年定期召集乡导员开乡村工作讨论会一次，研讨过去得失，规定工作步骤，以备将来改进之资。

前项乡村工作讨论会应备置纪录，于会毕半个月内，呈报省府候核。

六、本府或乡建会颁发各期工作纲要及令乡导员填报文件，各县（局）长奉到后，应即转饬照办，限日办竣呈报，遵限汇报。

七、各县（局）长应随时严密注意各乡导员工作情形，如认为工作步骤、方法有不合时，应即以书面或电话询问纠正之。如遇乡导员到县请示或执行职务发生困难时，应即立刻接见，开诚指示；必要时并应为之设法解除困难，不得延误推诿。

八、各县（局）长应随时注意乡导员之行动，并依《服务规程》第十二条之规定切实处理，乡导员请假事件，于准假、销假之日起，五日内报请备案，如查明有擅离职守者，应即于五日内报请省府依法惩办。

九、各县（局）长应随时召集乡导员个别谈话，以明了乡村实况，指示工作困难，并考查乡导员个性，设法诱导其向上。

十、各县（局）长每遇下乡巡视，应详细考查乡导员之品性、行为与乡民之舆论。其意见隔阂或有误会者，应设法疏解；舆论不洽者，应设法呈请调换，其性情乖张、行为不检或有贪污渎职情事者，应即专案呈请省府查核，分别依法惩办。

前项巡视结束，应于巡视完竣后半个月内，呈报省府候核。

十一、乡导员如有办事不力、擅离职守及贪污渎职情事，经本府查明属实者，各县（局）长应受失察处分；如查有知情故纵情事，并应连带处分。

前项失察处分，如县（局）长事先发觉报请惩办有案者，应免除之。

十二、本办法第三、五、六、八各条及第十条第二项呈报各件，各县局长如逾限不报，以延误呈报文件论。

十三、本办法自公布日施行，如有未尽事宜得随时修正之。

《绥远省政府乡村建设委员会会刊》（季刊）

绥远省政府乡村建设委员会

1936 年 2 期

（李红权·整理）

绥远省政府乡村建设委员会训练处拟调各县局乡村工作指导员来省开会暂行办法

作者不详

第一条　本处为沟通各地工作暨明白各地实际工作情形并商讨解除一切困难、决定今后工作方略、增高工作效率起见，特召集第一届同学（乡村工作指导员）代表大会。

第二条　本处召集各县局乡村工作指导员（以下简称乡导员）代表来省开会，一切待遇暨参加会议事项，均得依照本办法办理之。

第三条　本处开会时，除召集乡导员代表外，并拟调每县自治指导员一人与会。

第四条　本处召集各县局乡导员来省开会代表，须事先将各该县局全体工作实际情况及所有困难预为准备，以便提会讨论。

第五条　本处召集各县局乡导员来省开会代表，统限于二月二十五日来省到处报到，并得将提会案件于开会前一日交代表大会提案审查委员会审查之。

第六条　本处召集各县局乡导员来省开会代表宿舍，暂由本届代表大会筹备委员会就本处宿舍中指定之。

第七条　本处召集各县局乡导员代表大会日期，定于二月二十七、八两日，遇必要时，得延长或缩短之，开会时间，暂定每日上午八时至十一时，下午一时至四时，开会地点，定为本处大礼堂。

第八条　本处召集各县局乡导员来省开会代表,所有路、膳等费,均按路途远近需用多少,由本处呈请建设委员会拨款发给,一律依照《来省开会代表费用表》,到处报到后领取。

第九条　本处召集各县局乡导员来省开会代表,暂由本处规定,除归绥县因人数过多由各中心乡指导员代表外,其他各县局,应按工作人数每三人出代表一人,不足三人之县局,亦得出代表一人,并由本处就各县局全体指导员中指定之。

第十条　本处召集各县局乡导员代表大会之职务如左:

一、接纳并奉行建设委员会或本处交议事项;

二、接纳并采行干事会或本处二届学生大队部报告及交议事项;

三、报告工作经过及本地实际情况;

四、解决工作上之一切困难;

五、讨论今后工作方法;

六、讨论劳动服务团团章及组织系统表;

七、选举劳动服务团负责人员;

八、讨论劳动服务团进行事项;

九、其他。

第十一条　本处召集各县局乡道员来省开会代表,由本处具单呈请建设委员会转请省府电饬各县局政府转知依限到省。

第十二条　本办法如有未尽事宜得随时修改之。

第十三条　本办法经呈奉核准后施行。

《绥远省政府乡村建设委员会会刊》(季刊)

绥远省政府乡村建设委员会

1936 年 2 期

(李红权　整理)

乡村工作指导员第二期工作纲要

二十五年一月起至三月止，二十五年元月三十一日
绥远省政府乡村建设委员会第二次常会决议通过

作者不详

　　查乡村工作指导员（以下简称乡导员）第一期工作纲要，业经本府颁发施行。惟自推行以来，因为时甚暂，尚有须赓续办理以资充实者，亦有须彻底稽核以资完结者。兹根据《乡村工作实施表》，参照本年第一期中心工作及上期工作纲要，并择其本期必须举办者，列举如左，俾与本省要政一致推行，以便督促而期实效：

　　一、整理村财政减轻民负　　整理村财政为减轻民负之必要手段。据查各乡导员兼乡镇公所书记之后，尚有未能切实办理者，殊属不合。在本期内，应即依照本府颁发之《整理乡村财政章程》及《乡导员管理乡镇公所账簿暂行简则》，切实负责整理；自本年一月一日起，改换新式账簿，应用新定表式造预决算，凡收支款项是否冒滥，糜费中饱，摊款曾否经间邻长会议通过、呈县长核准，乡镇长有无浮摊挪移，切须一一详察，所有接管旧账之清理及新管收支各项，均应按月明白依式公布，并随时将整理情形报告备核。

　　二、继续编练自卫队　　上期编练自卫队工作，因系在省训练

各县干部教练，各乡导员仅能为登记壮丁、预选乡干部及实地宣传劝导而已。自本年一月五日起至三月十五日止，为各县局干部正式训练之期，无论其训练为集中县城或分布重要乡镇，各乡导员必须负责协助招集，切实劝导，如发现有敷衍塞责或冒名顶替等情事，应随时设法纠正，并将训练经过情形，详细具报备查。

　　三、整理乡学校准备采用导生传习制度　据报各乡导员兼任校长者多系挂名性质，实际并不担任教课，且校中学生寥寥，甚有全无学生者，似此情形，殊违设学本旨。自本期起各乡导员兼任校长应即实行兼课，并向学生家庭多方联络劝导，力谋充实学生数额，其学生不足二十五人者，应由校长兼任教员，数在四五十人者，除校长兼一教员外，只许留教员一人，有额外设置者，应即呈请县府裁撤，以轻民负，并应准备采用导生传习制度，提倡学童作导生兴趣，以增强教育效能，推进乡村文化，此外并应遵照教厅《学龄儿童调查暂行办法》第七、八两条调查全乡镇学龄儿童。

　　四、宣传并准备实施造林　本省定每年谷雨节为植树节，现在瞬将届临，各乡导员应随时将造林之利益及功效与本省《修正督劝人民种树简章》、《各县局人民造林简章》、《各县局渠岸种树造林办法》及《乡导员纪念林办法》努力宣传，使乡民个个了解，并事先请县府或设法定购树苗，以备植用，俾乡民届时能踊跃参加，一致举行。

　　五、准备实施种痘　本省每当春夏之交，各乡常发现天花，儿童因而牺牲者颇多，本年第一期中心工作，已令县延聘各地医院医师，训练乡村工作人员及乡导员等种痘方法，以便回乡实施种痘，借资预防。各乡导员应即接受训练，将种痘方法传习熟练，准备回乡强迫种痘，并事先加意宣传，破除乡民迷信痘神，俾届时实施种痘工作得以顺利进行。

《绥远省政府乡村建设委员会会刊》（季刊）

绥远省政府乡村建设委员会

1936 年 2 期

（李红权　整理）

乡村工作指导员每周报告说明

作者不详

1. 乡村工作指导员应将服务乡镇政情、农情、匪情、民间疾苦，及其他各种特殊情形，每星期向绥远省政府乡村建设委员会报告一次。

2. 此项报告，务须按期径行呈报，无须呈县转报，并设法使传送敏速为要。

3. 凡已填报工作旬报表内之事项，即无须再列入此项报告，以免重复。

4. 此项报告应自行编号，对外须严守秘密。

5. 报告纸如一张不敷用时，可接写数张，但须标明页数号码。

6. 字迹须真楷，不得潦草。

7. 报告内容务须简明切要，如一次报告内有数条事项者，应分段标明号码。

8. 报告纸由乡建会制发，各乡导员用毕时，可随时具领。

《绥远省政府乡村建设委员会会刊》（季刊）

绥远省政府乡村建设委员会

1936 年 2 期

（李红权　整理）

乡导员经省府委派后应注意事项

作者不详

1. 到县——工作人员于奉到省府分派后，应遵照所派县份按期到各该县政府报到，呈交履历表及呈验文凭并写明详细住址，听候县长召集开会，讨论各项进行问题，及分配各村实际工作，此为初步之预备。

2. 分谒——工作人员于分派到县报到后，应先晋谒县长，并分谒秘书、科长、主任等，与之接洽，详询各该县组织及县府办事细则，以明组织系统，而备将来工作，遇有困难，应与某人商酌解决。

3. 受委——各县政府奉到省颁各工作人员分配表后，即应将拟派指导员之各乡镇详细状况，如户口之多寡，土地之肥瘠，乡款帐目有无纠葛，支款摊派有无流弊，是否有劣绅、土豪从中把持，并有无匪患及其他情形，详告各指导员，县长如有未明了处，可召询各区自治指导员，以因地择人为标准分别加委。而各乡村工作人员既经奉到委令，即不得借词推诿，致碍工作。

4. 请示——工作人员奉委后，即应请示县长，关于所派乡镇有无特殊情形、特别事项，并目下急于办〈理〉事件，以及某人能协助办公，某人应加注意各点，县长应即详为指示，如仍有未明了处，可再询问各区自治指导员，借免到乡村情形隔膜。

5. 呈报省府——工作人员受委至乡时，应将到差日期及各该乡乡长姓名、户口、土地总数，造表二份呈县，转报省府备案。

6. 到乡——各工作人员到乡后，即定期召集各乡长副、间邻长等在乡公所开会，详述受训经过，暨省府对于农村如何重视，如何建设乡村，乡村指导员所负何种任务，如何要与乡民合作等意义，向众讲说，务使听众了解。

7. 视事——各工作人员召集会议后，即将该乡所有户籍册、地亩账簿、壮丁册、学童册等项调齐，详细阅看，如有不明了处，宜详询乡长副或其他绅董，并须说明阅账之意，系为明了乡中实在收支情形，并非接管村务，以免误会。

8. 访问——各工作人员到达所委派乡镇后，择村中人望素孚者，随时访问，注意向来摊款是否公〈平〉？有无抗款之户？及吃村把社之人，与夫挑词架讼，武断乡曲之辈，及其他一切不平事件，一一详询，作为遇事解决参考。

9. 集合——各工作人员视事后，应即指导乡镇长，依法召开乡镇民大会及乡镇务会议，研究此后工作事宜，凡关于已往不平，及今后应行改革事项务期详加讨论，得有结果，一面制成议事录存案，一面呈报县政府核定后施行；但在未奉指令照准之前，万不可着手举办，因恐与其他法令抵触，致遭驳斥也。

10. 训话——各乡所有之壮丁训练，各工作人员到乡时，应召集全体壮丁等训话，说明自卫及军事训练与政治训练之意义，非受训练不能收保卫效果，务使个个壮丁了然；详询乡长及省派训练壮丁之军士，本乡壮丁训练经过，依政会筹议，及开始创立公民训练班（夜校），则此后民团当以工作人员训练有方，能生指挥自如之效。

11. 巡乡——各乡镇均存有户口总表，各工作人员应即按户调查，以明该乡情况，并随时对各住户一一劝导，解释省政府办理农村建设之意旨，并剀切陈说我民族所受压迫，非改良乡村，不足以图生存，各种警惕之语，使之动容。

12. 问农——各工作人员视事后，有暇即应访问民众向来所受痛苦，以何项为最？并如何改善？以及丰收之年是否得有余裕？逐一详记，以备赴县时向县长说明，以资救济。

13. 记载——各工作人员到乡时应有日记，力求简单，关于该乡民众之善恶及有无不公之事端，及应注意改善之点，逐一记载，以免遗忘。

14. 计划——各工作人员，既负一乡镇指导之责，自应将该乡应兴应革事件详细计划，拟具办法及进行步骤，向县府报告，蒙批准后，即着手进行。

15. 筹议——一乡之事，复杂万分，遇事即召开会议，在时间上、人事上诸多不便，最好预为筹议，随时可与乡长副及公正人等，将拟办事项说明，征求有无意见？俟得端倪，则再召集开会议，必有解决之法，否则议论纷纭，莫衷一是！

16. 送案——凡乡中应办事项，或临时发生重大案件，应即迅速详述理由，连同应送物件，缮具呈文送交县府核办，不得擅自主持，致干咎戾。

17. 请示办法——各工作人员，如有自己拟办事件不须经过开会手续者，应将理由、办法详细说明，分呈省县请示办法，自能得到详确指示。

18. 按步工作——各工作人员受委到乡时，宜将缓急事项陈明县政府，逐步实施，万不可顾此失彼，一事无成，所以到县时，即将所派之乡此后应行建设事项明白请示，逐步进行，自能收相当效果。

《绥远省政府乡村建设委员会会刊》（季刊）

绥远省政府乡村建设委员会

1936 年 2 期

（李红权　整理）

乡运消息

作者不详

查本栏上期所登载之本省乡村运动之一切消息，系由各县局乡村工作指导员工作报告中采择。本期乡运消息，采自《绥远朝报》。兹将该报最近所发表之乡运消息择要披露如左。

归绥桥靠中心乡积极训练自卫　积谷九十石县保存

绥远社讯：归绥县桥靠中心乡乡导员周克让，自到该乡工作以来，已将该乡民国二十三及二十四两年所欠积谷，全数积起，共约九十余石，因该乡并未建筑仓库，所有积谷，无法存寄，现正陆续运送归绥县府云。

又：该乡自训练自卫队以来，成绩颇有可观，在春节期间，特放假十日，以资休息，现在假期已满，全数集合，继续训练，并向归绥县政府保安处借用枪支，作实弹射击，不日即行演习云。（二月十一日）

屠义源昨谈各县乡工作人员工作情况

归化社讯：记者昨晤该乡建会总干事屠义源君，据谈：本会初步工作，即训练乡村工作人员，第一届毕业者，派往各县，第二届三月月底亦可竣事，将来仍继续训练，以一乡一人为原则。刻下所派出之指导员，尚能尽其职责，成绩亦有三端：（一）整理财政。过去乡村财政浮滥开支，且胥吏需索，委员支应，成为惯例，指导员管理账簿后，已有相当限制，民负即无形减轻。（二）推进教育。过去各乡小学，徒有其名，学生上课与否，教员不便过问，以致程度太低，经指导员劝导后，父老均明了教育意义，多严令子弟，不敢辍学，并有对父老讲解报纸，耳濡目染，亦可补助教育。（三）主张公道。过去乡村辄有无赖地痞无理取闹，扰害闾阎，良善人民皆敢怒而不敢言，并有以细故争斗，涉讼官厅者，自指导员下乡后，无赖地痞，因有顾忌，稍形敛迹，细小纠纷，极力调解，颇着成效云云。（二月十一日）

乡训处农场改良畜种成绩优良

绥新社讯：乡训处为改良本省猪、羊、鸡种起见，特附设农场一处，曾于去岁由河北定县购至波支种猪、撒冷种羊及耒行鸡、北平油鸡各若干，在新城西北城角内，设场喂养，兹悉此波支猪已于日前产生小猪三只，撒冷羊亦于前（十九）日产生一小羊，体格非常健壮，将来陆续滋生，推广佳种，裨益本省牧畜改良〈殊〉非浅鲜。据该场职员谈：波支猪美国产，系肉用种，最大者有五百斤之多；撒冷羊瑞士产，系乳用种，乳囊非常大，与我国山羊相仿，而乳部则大于二倍以上，容乳当多；至耒行鸡及北平油鸡，平均每只每年可产卵二百个有奇云。

乡导员协乡长擒匪

绥远社武川通讯：本县第八区大有乡五家小泉村村民冯福仁

家，于四日晚九时许正晚餐时、突有匪徒刘来小、四秃子二人，执手枪一支到家，冯家人知非好人，乃让其用饭，匪称不饿，令找一烟灯，迨烟灯找来，二匪吸烟完毕，乃向冯某索要洋钱、烟土，冯答以无有，该剿〔匪〕即以三天后再见之语恫吓后出门而去。匪去后，冯逐〔遂〕驰赴乡公所报告，适该匪等离开五家小泉村后，又转赴半道沟村，闯入李爱河家中，又索灯吸烟，并拟住宿，李某知非好人，遂托词逃出，奔赴乡公所报告。该乡乡长张连，及该乡乡导员杨暄，得冯福仁、李爱河报告之后，即招集壮丁十余名，各持农器，前往缉捕，行至半道沟村时，令壮丁潜避李宅门外，该乡长及乡导员空手进入李宅，该匪正我〔在〕吞云之际，见来势不好，遂出手枪，向张乡长连放三枪，张某情急，遂将刘匪拦腰抱住，按倒炉坑内，杨指导员一声呼唤，众壮丁一拥而进，当场将二匪擒获，于五日解送县府惩办云。（四月七日）

省府嘉奖张永恩

绥远社讯：和林讨速号乡〔乡〕乡导员张永恩，为推进乡村工作起见，特在该乡联合乡、闾、邻长组织委员会，商讨乡中一切进行事宜，故一般民众对之颇有好感，省府以该员既工作努力，又融洽舆情，殊勘嘉许，当依照规则嘉奖一次，以示鼓励云。（四月十一日）

乡导员薛珍记功

绥远社讯：归绥县农圃乡乡村工作指导员薛珍，于本月六日下午二时，偕同自卫队在村中巡逻时，遇一生面之人，当即盘诘检查，据称名王喜鼎，山西阳泉人，年四十二岁，又在王喜鼎身上检出种种证据，并由王喜鼎左股上发觉用墨刺成七字之暗号，由此已证明该王某确系匪探，当押即〔即押〕解归绥县政府惩办。郝（熙元）县长以该自卫队等热心防卫，特偿洋一百元，以资鼓励。该乡导员复于本月十二日偕同乡长巡视各村，又捕获嫌疑犯苏文魁一名，据称年二十二岁，大同籍，并由帽内检出种种证据，当即捆缚解县。郝县长以该乡导员自卫队等屡次缉获匪类，至为嘉许，特将该员等努力自卫〔队〕情形，呈报省府，省府据呈后，以该员等办理"防共自卫"成绩卓著，特记功一次，以资奖励云。

乡导员努力可嘉

绥远社武川通讯：本县第六区自治指导员谢振威氏，为考试受训壮丁成绩，与发扬自卫精神起见，于昨日（十二日）上午九时集合各乡受训壮丁在合乐镇举行结业典礼，应考壮丁共到一千余名，考试各壮丁学术成绩均甚优良。试毕，举行结业典礼，开会如仪，主席谢指导员讲演自卫意旨与勉力各壮丁热心将事等语，继又合乐乡指导员吕培德及各教官一一致词，参观人不下五百，颇极一时之盛云。（四月二十日）

乡导员请修麦达沟

归化社讯：绥远省政府乡村建设委员会，近据萨县麦达镇乡导员王山巍呈报该镇麦达沟出煤丰富，惟道路崎岖，往返运煤人等殊感不便，拟恳转请建厅派人勘验兴修，以利交通，兹悉乡建会已转函建厅查照，建厅将勘验经过情形函覆乡建会后，遂训令萨县政府转饬所属知照云。（四月二十五日）

兴和一匪落乡导员手

绥远社兴和通讯：本县属之高厚乡乡导员苑育才，于日前巡查街道时，拿获土匪曹进福一名，年二十八岁，怀安北沙城人，据称系在二十九军当兵，现驻万泉高庙村一带，于夜间守卫时，乘机潜逃，相偕伙伴三人，均系山东籍，已向张北方面窜逃，并各拐带枪一枝，子弹十余排，现闻该乡导员已将曹进福连同所带枪支子弹，一并解送县政府核办云。（四月二十九日）

乡导员李丕烈获匪

绥远社凉城通讯：本县魁元乡，地处偏僻，人烟稀少，南北三十余里，西约二十余里，方圆之内，一片荒滩，居民散漫，皆不毗连，全乡五家一处者，亦属罕有，故土匪常出没其间，行旅维艰。近日该处曾发现土匪一名，潜伏野外，搁〔拦〕路行抢，后被该乡乡导员李丞〔丕〕烈察知，带领壮丁将其捕获，闻现已解送乡保卫队，转送县府法办云。（四月二十九日）

《绥远省政府乡村建设委员会会刊》（季刊）
绥远省政府乡村建设委员会
1936 年 2 期
（李红权　整理）

外蒙问题的紧急与我们应有的认识

李申夫 撰

一 "满"蒙边境纠纷的透视

近几年来，"满"蒙边界以及满洲与苏俄边界都不断地闹着纠纷，而尤以"满"蒙边界的纠纷，次数最为频繁，程度亦俞〔愈〕趋严重。在好几次冲突之中，双方都动了大规模的近代武器，造成了重大的伤亡数目，若非两方都还有所顾忌，那末，这些冲突是早就会转变为正式的战争。在每一次冲突之后，双方都将冲突的责任互相推诿，由日方所传出的消息，千篇一律地指摘蒙方是事变的祸首，反过来呢，由塔斯社所传出的蒙方报告，则始终坚认每一次冲突，都是由于日"满"军的越境射击或其他不法行为所引起。在这相互矛盾的报告之前，事实的真象到底如何，我们"局外人"，是诚不免有点迷惘！不过有一个事实是很明显的，就是所有这些边界纠纷，都是发生在日本占领满洲之后，在此之前，满蒙方面从未因所谓边界不清而发生过若何冲突，这已是举世皆知的事实。去年五月和九月，"满"蒙两方为解决去年一月发生的哈尔哈庙事件，曾两度在满洲里举行会议，但因日"满"方面的节外生枝，及新边界纠纷之暴发，致该〈会〉议终形破裂。其后，蒙方复提议组织"满"蒙混合委员会，调查"满"蒙边界纠纷，亦因日"满"的多方阻挠，故意刁难，而毫无结果。据最近报载，"满"蒙两方似现又进行设立边委会之谈判，惟该谈判是否即能成功，是不是会为新的纠纷所破坏，我们鉴于以往的事实，诚不能作过分的乐观。不过，由上述的几点启示，（一）"满"蒙纠纷发生于日军占领满洲之后，及（二）解决纠纷的满洲里会议由于日"满"的故意刁难而破裂，我们很可公平地断定，"满"蒙边界的不断纠纷，绝不是一种偶然的事变，而是日"满"的一种故意企图，这一点，现在全世界的公正观察家，都是和我们同感的。

我们现在要进一步问，日本为什么要不断的制造这些边界的纠纷呢？这作用是很显明的：

第一，就是要借此以试探外蒙的虚实，看看外蒙是否有能力抵抗外来的侵略；

第二，就是想借此夸大日俄关系的紧张，使日本民众都翕服于日本军阀统制之下；

第三，就是要在世界帝国主义之前，显示日本是反苏的最勇敢的先锋，而尤其是在对西方的反苏俄先锋的法西斯主义的德国，表示桴鼓之应。

但是，认日本之制造这些纠纷，仅仅在于上述的三种作用，即仅仅在于虚张声势，那还是不够的。我们还要更进一步的认识，这些纠纷的制造，实在是日本对外蒙挑衅的一种企图，就是说，日本是想在某种适宜的时机，借这些边境纠纷的制造，而扩大对外蒙的侵略战争。

二　环绕外蒙之日本军事布置

日本处心积虑想侵略外蒙，是更可以用日本在外蒙的边境所为的军事布置来说明的。日本军队之大批集中北满，以及内蒙之夺取，其用意是在对付外蒙，是不用说了。我们现在要用更具体的事实，来说明日本的这一布置。

据二月一日的《密勒氏评论报》哈尔滨通讯称："包括于满洲国之内蒙的一部分，现已完成其对苏作战准备，这是由该区内所建筑的铁道，均指向外蒙一事，可以推知的：

第一是热河铁道，由热河首府承德至北宁路之锦州站，长四〇七公里，除靠近承德之一部工程尚未竣工外，其余各段，均已通车。又日方于去年九月完成该路之一支线，即由叶柏寿至赤峰，长一四六·九公里，完全为一军用铁道，现该两线均归满铁经理。

第二是长春至海伦阿尔山铁道，长五七四·八公里，此铁道约与中东路平行，其经过的重要地点有扶余、大赉、洮南、索伦，现长春至索伦之一段，业已完工，于去年十一月一日即行通车，由索伦至海伦阿尔山（该地以温泉著名）之一段，则正加工赶建，此铁道之军事重要性，甚为明显，一则可以防止由兴安省西南边而来之外蒙之攻击，同时，该路与吉会路衔接，使日军之运输极为便利。"

又据一较近消息，横亘热河之锦承铁道，不独大部完工，其全部都已通车，试看三月十三日《中华日报》载东北社锦州快讯称："伪组织委托满铁主持建筑及经理之锦承铁道，于本月十日已全行通车矣。又满铁曾于本月一日发表，伪热河省平泉、承德之铁道，计长九十七公里，定于三月十日开始营业。此次泉承线之完成，即所谓锦州、承德间四百三十六里铁道，业已全通矣。该线横断热河，在军事上极占重要地位，一面可以对付苏俄及蒙古，一面又可控制冀、察等省。"

又三月二十二日《中华日报》载华联社天津电称："承德至古北口之铁路线，业经测量完竣，大仓公司顷已派员分赴冀、鲁一带招募工人，准备开工。"

　　日本不独于外蒙边界建这些军事作用的铁道，同时在近几年中，更完成了一包围外蒙的军用公路网。据前述哈尔滨通讯所列举的，其重要干线计如下：

　　一、由通辽经开鲁至林西，长五六六公里。

　　二、由开鲁经赤峰至承德，长五五五公里。

　　三、由锦州经北票至承德，长四一〇公里。

　　四、由林西至赤峰，长一四三公里。

　　五、由赤峰至平泉，长一九〇公里。

　　六、由凌源经凌南至绥中，长一八八公里。

　　七、由昂昂溪经扎兰屯至巴林木，长二二五公里。

　　八、由长春经大赉至洮南，长七六〇公里。

　　九、由承德经丰宁至多伦。

　　十、由海拉尔经将军庙至海伦阿尔山。

　　十一、由洮南至突泉，长一一〇公里。

　　十二、由洮南经大赉至 Fusang，长二三〇公里。

　　此外由中东线（日伪现将此线改名为北满线）之海拉尔、扎赉诺尔、赫尔洪特等地，亦分出若干公路，直往蒙边。

　　日本在满州〔洲〕近几年来所努力完成的这些公路网，不集中于人口繁多、工业发达的满洲中心区域，而都指向荒漠的外蒙边界，其显然是着重在对蒙的军事作用，是不待烦言了。

　　又据前述通讯称："据最近报告，除海伦阿尔山、洮南、赤峰、承德、多伦、锦州等处，已建筑广大飞机场外，其他若海拉尔、扎赉诺尔等地亦已建立飞行场。据传：日满大军现集中于海拉尔、海伦阿尔山以及多伦等地，准备随时向外蒙进攻。"

　　日本除了在"满洲国"境内，作了如上述的对外蒙的种种军事准备外，其最近在华北之整个行动，亦在侵略外蒙的准备工作上，有其重大的意义。察哈尔大部的占领，尤其是张库汽车道重镇之张北之占夺，不仅给予了日本向外蒙进攻的一个军事上的要地，同时并断绝了中国内地与外蒙之联络。此外，若北宁路及平绥路之实际被日军控制，华北日驻防军之强化，以及最近在多伦之新机场之建造，也都说明这同一意义。

现在，我们还要附带报告一个新的事实："自本年六月起，由旅顺要塞舰队，派遣军舰数艘，常川驻津，兹已觅定伏见街十二号巨厦为海军办事处，并积极筹划疏浚大沽口，以便将来大舰进出。"（见三月二十八日《中华日报》载华联社天津电）

对于这一个事实，二月十五日之《密勒氏评论报》，亦有一约莫相同的报告，并对这一事实的意义给予了一个适当的说明，兹摘译该段报告如下："旅顺要塞司令河田氏最近曾偕同若干参谋、官佐，前往天津一行，据云，日本海军拟在大沽口建设海军根据地或海军站，河田此行，即与此计划有关，华盛顿海军会议曾禁止日本在旅顺设立海军根据地，因一旦日本决取道张家口而对外蒙为军事活动时，天津即可成为日本陆海军之主要根据地云。"

像这样个别的事实，我们也再不用多举了，我们在前面已经说过，日本近顷在华北之整个行动——冀东伪组织的制造，内蒙"自治"之鼓动，以及冀、察特殊形势之形成——都是为进攻外蒙以及进而攻击苏俄的准备。广田对华三原则中之华北特殊地位之承认，以及中日联合防共战线的建立，倒是早已把这些事实的意义，显明地昭示给我们了。

三　日本为什么一定要夺取外蒙呢？

日本为什么要这样积极地准备侵略外蒙呢？这道理是很显然的：

第一，夺取外蒙为进攻苏俄之捷径。二月二十二日《字林西报》的东京通讯，关于这点，有很重要的说明："我们要摆开地图看看，我们就会明白，在一旦对俄有事之时，外蒙北部的占据对日本是如何重要的呵！……日军如占领了库伦，就无异握住贝加尔湖的咽喉。从库伦向苏维埃领土进攻是太容易了，而且由此也很容易地占领贝加尔湖区域。贝加尔湖区域占领了，西比利亚铁道，就会中断，苏俄的军队假若在这里溃败了，那末在俄'满'边界的苏俄二十万大军及六百架飞机，日本也用不着顾虑了。"

关于控制外蒙在对俄作战的军事上的重要性，纽约《史霍系报》所载辛斯氏的一文，也有同样的认识："……日本已将俄国军略上之边境，逼退至贝加尔湖，距太平洋海岸已二百英里，倘再控制库伦，则贝加尔湖之阵线亦将受日本威胁，一旦西比利亚铁道在贝加尔湖中断，西比利亚东部，即不能再得外援……"

在日俄关系现在愈趋紧急的时候，这样有着重大战略上的重要性的外蒙地位的获取，对于日本当然是非常切要的呵！

第二，我们要注意的，就是日本为防止中俄将来的可能的联络，也迫使她要占取外蒙。日本和苏俄的敌视，自然是不用说的，日本之对中国虽然是日日高喊"中日亲善"，中日应"共存共荣"，但是日本也晓得在她夺去了中国的广大领土，给予中国以种种难堪的侵略后，要想完全消灭中国的仇日心理，是很难的，难保中国不会在某一适当时机，与某〔其〕邻邦苏俄携手，来共同对付日本，这是日本所最畏忌的。为预防这一着，占取中俄交通的桥梁的外蒙，以切断彼等的可能的联络，自然也是非常切要。

第三，日本想占取外蒙，还有一种动机，那就是想消灭外蒙的社会主义的存在，这是惟〔谁〕都知道的。自外蒙采行社会主义制〔治〕度以来，社会、经济、文化各方面都有长足的进展，这一事实显示了落后的不开化的民族一个可能的解放的前途。在日帝国主义现统制着广大的殖民地并企图努力伸张其统治于其他各弱小民族的时候，这一事实的显示对于她是一个如何重大的恫吓，是不难想像的呵！为了消灭外蒙社会主义的存在所给予各落后的被统治的民族的煽惑，日本也得必要来占取外蒙。

第四，关于日本之亟欲夺取外蒙，还有一种看法，那就是日本想占有外蒙之矿产，尤其是日本需要甚殷而外蒙出产特丰之羊毛。这种看法，自然不是毫无根据的。不过假如我们认定这也是促成日本进取外蒙的一种因素，那末要和前述其他三因素相比也不过是一种次要的罢了。

四　外蒙抵抗侵略的决意

我们说了半天日本如何如何地积极准备进攻外蒙，以及迫使日本要进攻外蒙的诸多因素，那末，是不是外蒙就会像一个待罪的羔羊，将俯首帖耳的受人宰割呢？事实的昭示，是完全相反的。

外蒙虽无向任何方面挑战的野心，但守土的士兵却决对于由任何方面而来的侵略，给予以坚决的排击，日伪不断之挑衅的企图，在这固守和平政策但却决不屈服于任何武力的外蒙战士之前，终究无由施其伎俩。同时，外蒙当局为预防侵略者的万一冒险进攻，特在境内各要害地方，设置重兵，尤其是东境的国防重镇的乌得与首府库伦之间，布置尤为严密。据二月九日《中华日报》华联社哈尔滨电："库伦、乌得间并有三十余辆大型卡车，定期行驶，专作军用。又有库伦、乌得间之定期航空，航行时间不过仅二小时至三小时，故外蒙军向察哈尔省境出动，颇为容易。"

该电义称："库伦陆军军备，计有红军第十四师司令部，并有四十八团部，兵力三千乃至四千，空军有重爆炸机三十二架，轻爆炸机二十四架，战斗机五十一架，侦察机十三架，合共有二百架。大炮方面，溜弹炮有十五门，野战炮四十门，此外尚有多数迫击炮，及装甲汽车，最近增运驻防之赤军及犀利兵器，尚不在内。"

外蒙当局深切了解，要想有效地防止侵略者的进攻，除了自己准备实力，并充实国防外，还得和世界上最坚实的和平力量，密切地联系起来。外蒙与苏俄的特殊关系，这是谁都知道的，最近外蒙鉴于对日伪情势的紧张，和苏俄更进一步地拉起拢〔拢起〕来。去年十二月外蒙之若干重要领袖如"共和国总理"庚登、"军事部长"底米得、"工商部长"孟德、"特务部长"南萨拉依之联袂赴莫斯科访问，以及庚登在莫斯科所发表之亲俄谈话，表示了外蒙与苏俄已在商议进一步的提携，是非常明显的。据最近各方电讯所传，此种提携已由《俄蒙互助公约》的订结而完全具体化了。据国民新闻社二十八日塔斯电传："该约规定外蒙如受日本攻击，苏俄将在军事上之援助，并暗示外蒙方在训练强大之本国军队，而苏俄之陆军一百三十万人，将立刻与之联合，以应付他国之侵入蒙境云。"再证以史塔林对美记者郝渥德氏之谈话，谓苏俄决助外蒙抗日，以及最近苏俄《消息报》之显然陈述："苏俄业已屡次尽量坦明阐述其政策，谓彼对蒙古人民共和国之完整，深为关切，倘该国受攻击时，彼不能坐视。"（见三月三十一《大公报》载莫斯科电），是苏俄与外蒙业已成立互助公约，或军事同盟，是毫无疑问的了。

由上述的事实，我们当可完全明了，外蒙对于侵略者所取的态度，并不是投降，并不是屈服，而是用强厚的军力并与世界上最坚实的和平力量来提携以建筑起一最坚厚的反侵略的堡垒，亦惟有外蒙树立了这样的堡垒，这才使侵略者于冒险侵略以前，不得不再三审慎，日伪之虽不断在蒙边制造纠纷，而终于不敢即时发动对蒙战争者，就是这个原因，这一事实所给予处在被人侵略的地位的一切国家和民族的教训，该如何重大而深刻啊！

五　一个重要的指明

最后，还有极重要的一点，我们要特别指明的，就是在日本加紧侵略外蒙的准备过程中，她必更要加紧侵略中国本部，尤其是华北，以便把全中国，至少是华北拉到她底反苏战线里。这样在一方可积极地加强她进攻外蒙与反苏战争的力量，同时在消极方面，也可防止在反苏战争中，中国在后方牵扯。同时，日本对中国的控制要愈形强化，那末，她的侵略外蒙及反苏的行动，也必愈趋激进。在这里事态的演变，已经把中国前进的运命显示得异常清楚了，谁是我们的敌人，谁是我们的战友，是再不用我们分辩了。

《西北向导》（旬刊）

西安西北向导社

1936 年 2 期

（李红菊　整理）

日人亡我察北及其统治之种种毒法

张家口通讯

一民 撰

一、断绝交通。自日伪占张北后，东自延庆西至商都，所有各道口完全设兵把守。除日伪军队和蒙古的军队外，其余的人概不准通过。即有行旅的回家的出入经过，都须要严搜恐吓，因之道路以目，行人就裹足了。以此货物的运输亦因而断绝。往年口外的粮食、皮毛、牲畜都到口上来买卖，自交通断绝后，完全不能进来，以致口内各县物价腾贵，口外各县货物充塞，没有办法。人民的苦痛，立时增加。日伪恐怕这些害人的方法为大众所知道，索性把电信的交通，也给完全断绝了。原来口内外或有亲戚关系，或有商户来往，突然受此阻难，什么也不能相通。这是他断绝交通，制我们死命的办法。

二、货物停滞。往年张家口的鸡子很便宜（每元约九十至一百个），并且是运往北平的大宗货物，自从张北被占，现在鸡子不来，口上鸡子已贵到一毛钱只能买到三个了。往年沿口内各县粮食、柴草，大半赖口外运来，自被封锁后，柴比往年贵一倍以上，粮比往年贵五分之二，如面粉往年每百斤合五元来钱，现在须八九元。往年独石口、赤城一带商业很发达，今口外被占，交通阻绝，商业完全倒闭，人民亦大半迁去。

三、迁移不自由。凡口外人民家内所有东西、人畜，均由伪国警察查清，记入调查簿内，不经他知道，不惟不准随便迁移，就是鸡、猪、牛、羊都不准随便由此地移到另一个地方去，更不准移送口内，甚至柴草也是一样。无论什么东西，只要私自移动，被他查着，不惟柴草、粮食焚毁，鸡、猪、牛、羊充公，并且连人也轻者入狱重者打死。

四、愚民政策。他们——日伪——又怕自己监视不周，招集了许多土棍、汉奸，专干沿边劫夺运物车辆的勾当，口外老百姓也不敢去报告。那些土棍、汉奸依他们为靠山，甚至来口内劫路。百姓到队伍里一报告，如果队伍把劫路人抓住，日伪即派人来要，说他不是劫路，是派来捉伪国的汉奸的，也就不能不放走了。因为断绝了交通，各地各界人民等对于任何事都成聋子、哑子，他们却可借着捏造种种谣言，使口外的老百姓都失却了认识力，只听他们信口胡说，而丧失了对于本国本族的自信力和信仰力，然后就可以随时随地随便愚弄利用，来达他们无缝不入的祸害我们的国家侵略我们的土地的目的。例如李守信打沽源，明是日人浅海机关长在张垣要求，要蒙古保安队占张北以北各县，未能如愿，关东军即下令叫李守信打沽源、宝昌，而日人却造谣说是李守信自己来打的，于他不相干，而李守信则对于人民表示说他是中国人，实不愿打沽源、宝昌，被日人逼迫的，不得不来，要不来，我们立刻就要被日本消灭。只要中国当局抗日，我李守信就立刻向日本反攻，当先锋队。中国当局要不抗日，我们现在也没有办法，只好保存实力，暂待时机云云。以上这都是口外人民及各县逃回来的人口述的话，所以老百姓认识不清楚的原因，就是被他们的宣传给麻胡了。你要想叫口外老百姓明白政府是怎样回事，现在是办不到的。在口内几县，如果赶快使用最好的宣传方法，还可以叫老百姓明白；不然，还照这样不死不活下去，那就连口内的老百姓，也不知道你是干什么的了。

《华北》（半月刊）

北平砥柱社

1936 年 3 期

（丁冉　整理）

成吉思汗逝世七百十年祭

吕知止　撰

矢忠内向的绥境蒙政会将在成吉思汗墓地（即伊金霍洛，见注一）成立（注二），大汗的不肖子孙却已在张北僭用他的纪元年号（注三），今年的伊金霍洛祠〔祀〕典又似乎受着不景气的侵袭，显着异常的衰微（注四），这一横跨欧亚的怪杰，倘若地下有灵的话，正不知作何感想。

铁木真以一个式微的游牧世族，崛起漠北，于九死一生之余，努力挣扎，始得逐渐剪灭巨仇，统一部落，攻金征夏，征服花剌子模，更派遣大军远征欧俄，远达克里米亚半岛。当时欧人惊相告语，谓为天意示惩，结果竟建立起历史上空前绝后的伟大帝国，把东西几万里的疆域揉成一片，形成近代东西文化合流的先导。虽然他的结局仅仅如梁任公之言"曾不百年，子孙沦灭，退伏沙漠，正如世界历史上一飓风。"然而这一飓风来势的凶猛，影响的伟大，无论在建设方面或破坏方面都有不可磨灭的价值和意义，是人类进化纪录上的一个伟大奇迹。

历来的人士对于成吉思汗不是尊如超人的神明，便是詈为野蛮的恶魔。平心而论，他的残酷横暴，固然是千真万确的事实，但比起各时代的侵略者，尤其是〈以〉启迪黑人文化掩护其用飞机肆行轰炸无辜的国家，假借共存共荣暗施其侵略魔手的无赖，似乎还是那中世纪的魔王更具备一些"人性"：第一，他的侵略往往的确具有一些不得已的理由（注五），而不仅仅是找一个可以做为借口的题目；其次，他固然利用残杀巩固他的统治，但只是用之于战时，在两军对垒的场合原不必斤斤于宋襄之仁，在平时他的统治却是充满了仁慈和智慧，所以连西方的马可波罗对他都有"他死了，这是廉明的人之大损失"（注六）。平心而论，在主观上，以成吉思汗自身的立场而言，他确已尽了一个游牧部落的最大使命，在客观上他的蹂躏文化，正是为新的文化开辟一条新的道路。

因为文献的缺略，我们对于这一旷世英杰的嘉言懿行，已经无从窥其全豹，仅仅可以知道他的确具有异常的智慧与才能，辅以坚强的意志，严肃公正的纪律。他是由艰辛磨难中锻炼出来的"天才"，并不是个超人的神明，这从今日仅存的他的名言中可以看出：

　　朕居北野，每一衣一食与牛竖马圉共弊同饗，视民如赤子，养士若兄弟，谋素和，恩素畜，练万众以身人之先，临百阵无念我之后（注七）。

　　智勇兼备者，使之典兵；活泼跷〔骁〕捷者，使之看守辎重；愚钝之人则付以鞭，使之看守牲畜。我由我意，并由次序、纪律之维持，所以威权日增，如同新月（注八）。

　　先是窃盗、奸通之事甚多，子不从父教，弟不从兄教，夫疑其妻，妻疑其夫，富不济贫，下不敬上，而盗贼无罚。然至我统一此种民族于我治下以后，我首先着手之事，则在使之有秩序及正义（注九）。

　　马肥时能疾驰，瘦时亦驰，肥瘦得中亦驰，乃为良马。临民之道如乳牛，临敌之道如鸷鸟。

　　能治家者即能治国，能辖十人者即能辖千人万人。出一令发一言，必三人谓然，而后可行（注十）。

仅仅这些吉光片羽已足告诉我们，成吉思汗的成功和胜利并非由于偶然或幸致，他确是具备了致胜的条件。

然而成吉思汗也有失败的一方面：他被自然环境所限，没有力量使他自己部落在经济上赶上当时其他民族的水准，而仅仅能仍留原始的游牧节段，因而蒙古的文化也无从提高。他的帝国瞬即解体，散在亚欧各地的这种战胜者，不是被推翻驱逐（如在中国），便是被当地文化同化（如钦察、伊尔诸汗国），其原因也只有从经济原因里寻求。

成吉思汗的后裔中，到现在还有人在憧憬着以往蒙古民族的光辉，企图恢复大汗的伟业，这不仅是一种梦呓，而且正足以形成今日最毒辣的帝国主义者的伥鬼。成吉思汗的时代已然是过去了，以帖木耳和林丹汗那样的枭杰，在三数百年以前，还不能有很大的成就，何况在资本主义发展到最后节段的现代。但是这种幻想虽然没有实现的可能，它的目的却恰与帝国主义的侵略目的一致，于是大汗的后裔竟有人变成了傀儡，他们的前途自然不免与亡国的国民同其命运。

在这举行伊金霍洛祀典的期间，我们愿以赤诚与蒙古同胞相见：我们现在同是式微了的民族，同是帝国主义者侵略的对象，我们的利害是一致，所以我们应该精诚团结，与任何侵略恶魔相对抗，以取得民族的自由和平等，只有这样才能保守我们已往的民族光明，才对得起我们已往历史上的英灵！

（注一）伊金霍洛在河套鄂尔多斯东胜县境内，据传为成吉思汗灵寝所在，此问题在二十年前曾引起学术界上一段剧烈争论。张相文氏亲至鄂尔多斯考察，发现其地，著文介绍于世，屠寄则著文驳之。张氏为地理学家，其论文颇着重当地考察所得；屠氏为元史专家，其考证则注意搜集史料上之证据。双方往复辩驳，形成学术界上一重要公案。考张氏所据，除当地蒙人传说外，仅

《理藩院则例》、《蒙古源流》诸书，距元世已远。屠氏所据之《黑鞑事略》、拉施哀丁《蒙古史》诸书，或则出自当时目睹，或则根据《蒙古秘史》，自较张氏诸证据为可靠。据屠氏之考订，成吉思汗灵寝当在外蒙克鲁伦河之侧，即今东库伦左近，但因蒙俗对葬事极守秘密，且湮灭遗迹，致已不能确指其处；至于河套之伊金霍洛，殆为有明中叶达延汗南徙时所置，亦狐死首丘之意（因行箧无书，仅记其约略如此）。据著者所知，如箭内亘、李思纯及美人拉丁摩（Owen Lattimore，见去岁五月十四日《大公报》第四版）均左袒屠寄之说，即多桑《蒙古史》亦根据拉施哀丁、马可波罗、宋君荣之说，肯定成吉思汗墓在克鲁伦、斡难两水发源地之附近，此说似已成定案。至于伊金霍洛之毡幕，则当以拉丁摩认为系衣冠冢之说为近是。

（注二）最近又有移设东西公旗境内之说。

（注三）按据《元秘史》及拉施哀丁之说，成吉思汗实生于一一五五年，距今为七百八十一年，而张北伪蒙政府竟署七百三十六年，岂对于其祖远〔远祖〕生年尚有所不明耶？

（注四）见天津《大公报》四月十日第十版。

（注五）见陈译《蒙古史研究》第八十二页。

（注六）见冯译《蒙古史略》第二十七页。

（注七）见陶宗仪《辍耕录·成吉思汗致长春真人邱处机书》。

（注八）见冯译《多桑蒙古史》第一五七页。

（注九）见前书第一六一页。

（注十）两条并见《蒙古史研究》第九十一页。

《西北向导》（旬刊）

西安西北向导社

1936 年 3 期

（朱宪　整理）

关于绥远

邹如 撰

果然不出一般人所料，日本又开始了她对绥远的侵略。自从九一八日本毫不费力的得了东北之后，她们又在七天内占了热河。接着发生的有长城战争及河北事件，结果造成了冀东的傀儡组织，及冀察的半独立状态。现在更进一步的又向中国政府提出了华北特殊化及共同防共两项无理的要求。原来日本政府目的是想用外交的方式使中国承认她侵略华北有法律上的根据。但是从两个月交涉的结果，她觉得这条路大概是走不通了。这样日本军部又决定了第二个策略——武力侵占——以制造"既成事实"。这种伎俩已被日人用过很多次，不乏先例证明。应付的办法，一方面固须保持外交的壁垒，另一方面更须要实力上的防守。

从事实的证明，日本现在并没有直接侵略我们，而是利用汉奸、土匪及蒙人来攻占绥远，她们仅供给军火及其他侧面的援助而已。不过我们相信如果这样得不到胜利的话，敌人终久有"亲自出马"的一天。现在请先将绥远情况及她在国防上的重要性叙述一下。

现在的绥远还居住着很多的蒙古人。共为乌、伊两盟十三旗，绥东四旗，及土默特一旗，合为十八旗。人民的生活大部以畜牧为生，从事农、工、商的甚少。地利未开，文化程度甚为低落。大部分的蒙人还过着原始时代的游牧生活。因为历来地方官吏对他们施行高压政策的结果，所以他们对于国家观念甚为淡薄，对汉人统治也不大欢迎，又加上某方特务人员，络绎不绝的向蒙人的各王公威胁利诱他们"自治"，另一方面造出许多的谣言离间汉蒙间的感情。前年的"蒙古自治"运动就是基于以上的理由而发生的。那时热河方失，东蒙已入他人之手，只剩下察、绥蒙旗。经过中央的一再考虑，允设立蒙政会，不再受省政府的管辖。中央的原意本想这样一来或可免去许多纠纷，使他们效力国家。但是在实际上却纠纷愈多，误会日深。始而因特税而发生争执，继之则有西公旗的纠纷，一直到较近的百灵庙保安队的哗变，省、蒙两方面的裂痕越加深刻。这种情形对敌人当然是个绝好的机会。去年秋天西公旗事变再度发生的时候，敌人借机向西公旗用飞机发传单示威事，就是日人利用这种机会的证明。中央当局经过缜密考虑结果认为蒙古自治区域太广，以致难于统治，遂于今春明令成立绥、察两境蒙政会，施行分区自治，减轻省行政与蒙自治的矛盾。从此察蒙失去指挥全蒙的能力。虽然在实际上察蒙会不啻百灵庙蒙政会缩小范围东迁，而绥境国防从此之后却免去了蒙古问题的打扰，变成了单纯的守土问题。不过现在某方正利用察蒙会为基础侵略绥远，以遂造成蒙古帝国的目的。现在绥境蒙旗与绥远省政府的感情虽然十分融洽，但是实际上蒙人文化甚为低落，近来蒙人虽曾编练军队，但因无有固定之粮饷，又乏良好军火及训练，可谓毫无抵抗敌人煽惑侵略能力。所以要想救蒙古只有实力援助一途。

　　如果你要打开地图一看，你立刻会感觉到绥远实在是西北的门户。西北和内地交通要道有二：一条是经过陕西，另外一条就是经过绥远的。陕西处在我国内地，非某方势力所能及。所以现在某方要想侵夺西北只有从绥远进攻。况且西北因交通不便，为中央监督力所不及，以致政治黑暗达于极点，赋税奇重，人民多愿逃亡。加之民族复杂，各民族间之感情极坏。陕、甘、宁、青各地回民甚多，某方久有使之成立一回教国之企图。回民性强，又以宗教之故，一旦敌计得售，西北将为东北之继。所幸绥远为西北之门户，仍在我手，尚可为西北相当之屏蔽。现在仅有百灵庙为伪军所占，已使敌人特务遍布西北，极尽煽惑离间之能事，倘整个绥远皆落敌人之手，则西北危机当千百倍于目前。

日本夺取绥远的目的，有的人以为是想隔断中俄的联络及造成防共战线的大包围。我以为除了以上两个目的之外还有侵夺整个西北的企图。他们宣传所谓造成防共战线不过是施放烟幕以取得外人的谅解而已。根本的计划，是想先征服中国，然后再谈对俄。要想征服中国，只有实行满蒙政策。现在"满"已入手中，所缺的只有"蒙"了。敌人的计划是由热、察、绥而宁夏而新疆。这样可切断中俄关系，同时在地理势形〔形势〕上也占着绝对的优越。然后再踞高临下，左右夹攻中原。有如"探囊取物"之易。清朝征服中国就是用的这个方策。所以绥远不仅是西北的门户，同时也是全国的门户了。

绥远整个国防之重要已如上述，同时过去的经验又告诉我们，敌人的欲望是无尽的，而我们的土地却是有限的。如果为贪图一时的苟安而把我们祖宗血汗所经营的河山拱手献给敌人，把我们亲爱的同胞供人奴役来去满足敌人的欲望，这正中了他们蚕食中〈国〉的计策。有的人说今天我们答应他五省独立，如果他在十年之后再要求华南独立，也许我们还能作十年教练、十年生育的好梦。但是如果他紧接着就要华南独立，我们是不是忍痛再让一步，而自己退守到怕〔帕〕米尔高原上去呢？况且一再的畏缩退步，希图苟安，更可以助长敌人侵略的勇气。所以中华民族要想独立，要想生存，我不得不用全力来防守这民族的壁垒——绥远。

从报纸上及其他各方面报告，我们知道最近几年来政府在国防上已经下了很大的工夫，尤其在国防前线上的绥远早已建筑了坚固的防御工事。这真是值得令人兴奋的消息。自从在绥远战事开始之后，我们更可以看出政府确实已有抗战的决心。蒋委员长最近到太原及济南就是政府准备的一个事实的明证。在全国国民抗战情绪弥漫中的今日，我原意提两点出来，希望我国全体人民以及政府当局注意：

（一）我们现在需要的是全民族的自卫战争，而不是局部的、地方的防卫。因为敌人现在全国的兵力只有二十一师团，除去本国需要六师团，朝鲜及东北各须要五师团维持秩序外，剩下的只有五师团是可以随时调到中国作侵略工具。他们看到自己的弱点，所以他们的侵略工作也只得作局部的"蚕食"不敢为全体的"鲸吞"。如果我也只作局部的抵御，那真是称了他们的心。况且我国的交通不便，军队集中甚为困难，而敌军由海运之因而调动甚为灵活，敌军今天侵略山东则我费了九牛二虎之力把军队调到山东去抵御，敌军明天又夺海州，我们又得赶快到海州去抵挡，这样即使我们能赶到"照〔招〕架"，恐怕我军也要"疲于奔命"了。假使我们能作全面的自卫斗争，把战线尽量延长，敌人因为人数过少不敷分配，这样我们当然占着相当的优势了。就以这次绥远战争来说，某方的主谋及接济匪军已有很明显的证据。匪军的枪械以及给养有很大是由中国国有平绥铁路输送，而且匪军的根据地又在中国完整领土之察北，对察北六县之统辖权依然存在，何以中央不令冀察当局制止平绥路军火之运输及协同剿平匪军之根据地？中央及冀察当局或虑问题扩大而牵及外患，则仅可声明此举乃为清除匪患，并无对外意味，若并此而遭干涉，则不啻某方自认协助匪军侵扰我国，我国更不应坐视主谋或协助叛乱者逍遥法外。国事危急至此，国人当全体奋起为自卫之斗争，决不能坐待敌人蚕食零割我国之领土。

（二）力量是由团结发生的，颇〔团〕结越坚则所生的力量愈大，这是千古不灭的定理，也是人人公认的事实。中国国〔因〕为教育的失败，人民缺乏民族思想及服从纪律的精神，倡言自由，每以扰乱纪律反对政府为尚，故政府稍有不能尽满人意之处，则多方攻击、宣扬不遗余力，有时甚至把敌人特意造谣政府的事情信为真实不惜为之义务宣传，以致政府因无人民之拥护而缺乏力量。敌人之所以敢一再侵略我们，也是因为这个原故。所以在这千钧一发的时节，我们如果要想独立，要想生存，要想雪耻，唯有拥护政府，服从政府的命令及指导，在统一步调之下挽救当前的危难。

《双十半月刊》

天津双十半月刊社

1936 年 4 期

（李红权　整理）

为《苏蒙协定》向俄抗议是不应该的吗

辟《平津学生周报》东方君之论谬

平斯 撰

远东风云，一天紧张一天，中华民族的运命，便也一天危殆一天。一方面，东北四省已被敌人武力占领，成立了傀儡组织——"满洲国"，内蒙、冀、察，事实上又已入于××帝国主义者掌握之中，遭受着××帝国主义者武力的控制。整个华北以至全中国，因××帝国主义的迫害，已临近了灭亡线上，这是至为了然的事实。另一方面，苏俄又与外蒙古缔结了互助协定，无论事实上，理论上，外蒙古皆已成为苏俄支配之一隅。所谓"外蒙古共和国"的建立，与"满洲国"傀儡的登场，同样的是帝国主义者勾心斗角的前哨战，是暴风雨到来的先声。一旦时机成熟，两个凶残的帝国主义，便要开始其疯狂似的撕杀，而最可悲的，首遭蹂躏的，却是我们中国的领土，首受牺牲的，却是我们中国的同胞。天地间最伤心的事，恐怕无过于此了。

外蒙古和东四省，同是中国的领土，"满洲国"和"外蒙古共和国"两个傀儡组织的建立，又同样的是帝国主义者侵害我主权，割裂我领土的结果。溥仪、郑孝胥、殷汝耕辈之为××帝国主义的奴才，与外蒙古青年党徒之为苏俄的工具，又恰恰是半斤八两，无分轩轾。所不同的是：东四省的丧失，我们全国的人民知道一致呼号，抗争；除了极少数无耻的利令智昏之徒甘供敌人驱使利用外，任何一个中国国民都不会忘记东四省，不甘放弃东四省；至于外蒙古的情形却有些异样，不但外蒙古青年党徒甘做苏俄爪牙，而且国内到处还有无数的苏俄的孝子贤孙们在活跃着。他们不特对苏俄之支配外蒙古表示庆幸，而且还正在企图着把整个中国都送给苏俄，变成苏俄的一个附庸，这种恬不知耻的分子，即在我们纯洁的学生界中亦复大有其人。

这次苏俄擅与外蒙古签订《互助协定》，原与民国二十年××帝国主义者与伪满洲国签订《日满议定书》，正是异曲同工，同样的是侵害我国主权的行为，我国政府因而向苏俄提出抗议，正是天经地义，应该而又应该的，乃最近出版的《平津学生周报·创刊号》里东方君的《论苏蒙互助》一文中竟写着：

> 中国政府竟于四月七日向苏俄政府提出抗议，大显其大中华民国政府之威风。其抗议苏联，即所以献媚日本。九日，此项抗议完全为苏联政府据理驳斥。十一日，复递出第二次抗议照会。且有主张诉诸国联者，此种荒谬行为，简直是敌友不分，徒然传为全世界的话柄，丧失自己的国格。

假使我们不留心这个刊物的通讯处是燕京大学转交的话，我们真要怀疑这篇大文的作者东方君，到底是中国人还是俄国人了。你瞧他因为中国政府向苏俄提出了抗议，竟是这样的忿怒：与那奴才们看见自己的主子受了委屈损了威风，因而切齿咆哮，恰是一模一样。

外蒙古是中国的领土，这是世界所公认的。即以苏俄而论，民国十三年五月三十一日签订的《中俄协定》第五条，也曾明白规定："苏联政府承认外蒙为完全中华民国之一部分及尊重在该领土内中国之主权。"现在，苏联政府不与中国政府交涉，未得中国政府同意，擅自与中国领土一部分的地方当局的外蒙古政府签订攻守同盟的协定，这自然是侵害中国的主权，破坏中国的领土之完整，违反国际公法的原则，违反《中俄协定》的规定，中国政府起而抗议，宣布其为违法，无效，声明不受其拘束，正是理直气壮，义正词严。倘非存心臣事苏俄，甘愿认人作父的汉奸，谁也不会说中国政府的抗议，是不应该，"是荒谬的行为"吧！

中国政府第一次抗议提出之后，苏俄即于九日正式答覆，不承认中国政府的抗议有何根据。覆文的第一要点谓：《苏蒙协定》之签订与协定书内各条款，均无丝毫捐〔损〕害中国主权之处；第二，援引《奉俄协定》的前例，谓《奉俄协定》既未引起中国政府之任何抗议，且经承认与《北京协定》有同等效力，则此次《苏蒙协定》之签订自亦不能视为违法。

苏俄既于一九二四年的《中俄协定》中明明承认外蒙古是中国的领土，并声明尊重中国在外蒙古的主权；此次覆文，又有"苏维埃政府，兹特重行确证上述协定（指《中俄协定》），就苏联方面言，仍保持其效力以及于将来"之自白，则苏俄政府之尊重中国在外蒙之主权，固始终无异，今昔如一。但是这次《苏蒙协定》之签订，苏俄即未与我国中央政府商议，且事先亦未通知一声，其为破坏中国主权的行为，实已不容狡赖，所谓"条文中各条款，均无丝毫损害中国主权之处"云云，尤属欺人的诡辩，盖侵害他国主权，而必在条文中规定，天下宁有此傻事！至所援引《奉俄协定》一节，姑勿论根本与事实不符，且即令有此事实，那也是苏俄违反国际惯例之不合法行为，自不能再度引用为掩饰违法事实之根据。我国二次抗议，对此已详加驳斥。而且，这次《苏蒙协定》，苏俄是以所谓"蒙古共和国"为对象，协定内容，又与《奉俄协定》之限于商务、交通等事项者大不相同。协定中有"于任何第三国攻击苏联或蒙古人民共和国时，彼此援助"之文句。其所谓第三国，在苏蒙双方，或已意有所指，但解释上，中国亦可算在第三国之列。如此，苏俄所谓"尊重中国在外蒙主权"，已系自欺欺人之谈；所谓"并未破坏中国主权"之为强词夺理的狡辩，盖已至为显然！东方君所谓"此项抗议，完全为苏联政府据理驳斥"，真不知是何心肠，有何论据！

凡是破坏中国的领土，侵害中国的主权的，都是中国的"敌"，哪里还谈得上什么友不友!？纵然仇恨有深浅之别，纵然在外交政策上我们要避免同时对付两个"敌"，纵然外蒙古和中国的关系，事实上不如东四省与中国关系之密切，然而，我们总不能说甲强盗夺去了我们的东境，我们便应该把西境送给乙强盗！我们总不能说，日本占领了我们的东四省，我们抗议，呼吁国联，既然无效，不能收复河山，因之对于苏俄侵害我国在外蒙古的主权，便也应该默认为合法！

事实上，中国政府这次的抗议，正是所以维持自己的国格，保留日后说话的权利。否则，一个国家对于他人侵害自己主权所产生的私生子似的结果，不但不能以有力的手腕去解决，连抗议也不敢提一声，那才是最无耻的王八行径！东方君认中国政府这次的抗议，"徒然传为全世界的话柄，丧失自己的国格"，倘非颠倒是非的胡说，便是缺乏常识的判断！至谓中国政府向俄抗议，即是取媚日本，那又近于是替苏俄来责难中国了。

当然，抗议，呼吁，都不是保全领土主权的有效的办法。这一点，我们曾屡次论及。中国既不能以抗议，吁请国联来收复东四省，则此次对俄抗议之又将一无结果，殆意料中事。惨痛的经验告诉了我们，要保全自己的国土国权，还要靠自己的实力！中国政府对于自己领土主权之被侵害，除了抗议、呼吁以外，竟不能更用别的有力的方法来抗争，这是我们最引为痛心、可耻的事，也是过去、现在的政府当局不能不负责任的。当此对俄一再抗议毫无结果的时候，我们深盼全国上下痛彻觉悟，一致团结，力图自拔！

一九三六，五，六

《正声》（月刊）
北平大学政治学系一九三七级
1936 年 4 期
（朱宪　整理）

援助绥东

在本月日〔月〕初，伪军李守信各匪军在某方的督促之下，大举由察北向绥东进攻。经了一度冲突之后，因为绥军傅作义部的防御，伪军终究没有成功。据十四日中央社北平电，察、绥边境麇集伪军数约七八千人，称为"蒙古边防自治军"，与傅军正在对峙中。同时日本关东军参谋长板垣中将，也在二十五日特地飞到绥远，拜访傅作义氏，有所商谈。

××帝国主义在这次对于绥东底进攻，决不是一个偶然的事实，也不仅是察北六县事件底再演，其中的确酝蓄了更大的阴谋。分析起来，约可归纳成下列三种原因：

（一）进攻西北的中国民族解放的根据地。西北是中国的腹心，它是全国所一致公认的对×作战的后防。在那里，有中国所稀有的富源（如石油），有民气激昂而且不小部分已组织起来了的抗×民众，有抱着抗×决心的民众正规军队。这些都是中国抗×的中心力量。××帝国主义者企图经过绥东，把它的力量深入晋、陕等省，来破坏这成为民族解放根据地的西北。

（二）断绝中国本部与苏联、外蒙古之间的联络。五年来惨痛的教训，使中国大多数人民具有了抗×救国的决心，同时更有许多人明了，只有联络世界上以平等待我之民族，如苏联和土耳其，才能够获得进攻××帝国主义者的最大力量。××帝国主义者对于这一点是深切明了的。他一方面要用占领内蒙来隔断中苏两大民族之间的友谊的联络，另一方面又可以完成它对于苏联的大包围，有利于它的对苏联进攻。

（三）完成××帝国主义缔造华北傀儡国的梦想。自从去年夏天以来，××帝国主义者就企图以华北五省建立一个独立国，后来没有成功，单只制造了冀、察两省的自治政权。半年来不断地继续努力，××帝国主义者拉拢了山东，最近更预备进占晋、绥，一方面以便深进西北内地，一方面以便反转而与占领冀、察、鲁相呼应，以完成它一贯的梦想。

××帝国主义者进攻绥东的时候，正当中国革命势力在西北获得了很大的力量，同其他地方的革命力量要取得直接汇合的时候，正当着南京亲×独裁者以全国军队进攻广西，没有方法来阻止革命力量底直接汇合。因此绥东事件便在这个紧急的关头，在××帝国主义者底直接策动底下爆发。××帝国主义者主要地是借用防共的口号来掩饰它侵占内蒙的阴谋，一方面来蒙蔽中国民众，一方面来欺骗其他帝国主义。

××进攻绥东，无疑地是依然保守着它一贯的侵华策略——不战而胜。它企图不费一兵一矢，把绥远和山西放在它的掌握之下。因此它一方面以大军来威胁绥远，一方面必定派遣军政人员去拉拢傅作义，去欺骗傅作义，使傅作义变成第二个冀察当局，屈伏于××势力之下。最近坂垣的飞抵绥远，也不外是这种拉拢利诱的作用。

南京独裁者对于绥东事件，与××帝国主义者无疑地是有一种默契。因为他一方面宁可牺牲绥远来消灭广西，不肯因为绥东事件而解广西之围，一方面又因为中国革命势力之发展，竟使他反而想借重××帝国主义的力量，来消灭中国的革命势力。这种无耻卑鄙的阴谋，更加爆〔暴〕露了独裁者的卖国的实质。

　　在这种外患的压迫之下，傅作义可能有两种前途，或是投降××帝国主义，出卖绥远和山西，或是同××势力相抗战，作为中国军人英勇的模范。他到底会走到哪一条路上去，那要看全国的军队对它的应援，和全国的民众给它的援助怎样。因此一方面广西事件的开展下去，将会给傅氏以相当的援助，一方面全国民众的响应，北平学生和天津学生代表团体出发，各地救亡团体对绥东事件的声援，各地捐款底积极筹备，这无疑都是给绥军底极大的刺激。傅作义的能够坚持与否，主要的是要由民众自己的力量来决定。

　　绥东和广西现在是全国民族解放战争底两个中心，这两个是在相辅相成、互相援助的。如果绥东的抗战爆发，那就不啻是解了广西之围，广西的战事爆发，对绥东也有莫大的援助。支持广西，支持绥东，也就是促进中国民族革命战争的迅速发动，也就是促进亲×独裁政权的加紧崩溃。全国一切反×的民众，将以这个为他们今后工作的目标。

《长城杂志》（旬刊）

北平长城杂志社

1936 年 5 期

（李红权　整理）

绥远之重要

金竞 撰

自察北沦亡之后，我亲善之友邦，为满足其一贯之政策，秣兵厉焉〔马〕，积极预备西侵，故在此为时未及一年之中，若收买汉奸，煽惑蒙军，以及测影绘图，屯粮积草之工作，无时忽〔或〕已。迨及最近，厥之此项工作告成，而绥东之战争，因之亦爆发。斯种预为而不可避免之事实，吾人早已洞悉，且深知其奸，故全国上下，在过去一年之中，已切实注意，严密防御，以待其来侵，时至今日，果然不出吾人所料。强敌诚又用运其惯技，驱使大批匪伪，前仆后继之猛烈进攻，而卒因吾人有相当之准备，使敌无机可乘，且一战挫其锋，再战扫其锐，我军已数度小胜矣！然敌绝不因迭次受挫，屡屡败北，而放弃其一切野心，故愿吾国人，以缜密之眼光，前视绥事，万勿因小胜而骄兵，与敌以进攻之隙，盖绥省之得失，关系我国防洵非浅鲜，今仅将其利害缕述之。

日帝国主义，年来因更感于赤色者之威胁，故焦思苦虑，竭其精力，来急图我西北诸省，以偿其包围赤色者之计画。而绥远适为此数省之门户，其交通，西沿黄河可入陇，南沿平绥可入塞，近年又复筑公路，直达宁、秦，故绥远与此数省，实有唇亡齿寒之相关，绥远保，此数省赖以存，否则南窥秦、晋，西取宁、陇，四面受敌，殊不堪言矣。此其一。

吾国与国际间之交通，向来多借于水道，故东北及西北之陆路，因鲜于来往，遂使国人毫不重视，然殊不知西北之陆路，实吾人之生命线也。盖吾国苟一旦对日宣战，海岸例被封锁，东北又不属吾有，所赖者唯西北一线耳。今若西北不保，将何以与国际间交通。此其二。

吾国地势，西北高而东南低，在过去历史中，每见占据西北部者，以居高临下之势，常吞食南部，反之据南而北进者，实属鲜见，此地势驱使然也，所以绥远绝不可失。此其三。

再就绥省物产论，若毛革、杂粮、牲畜等，每岁输入内地之量，甚为可观。而此项产物，亦为内地诸省所需求。且夫频年来，又经傅主席之惨淡经营，努力改良，产量之增加，品质之优美，已逐见日上，而牧畜、垦荒、水利等诸利源之开辟，亦渐次发展，故其兴起，指日可待，今若一旦丢失，不惟吾人减去一肥厚利源，且与他人增强一分侵吾之力，两者相较，其利害若何！此其四。

综上四点观之，绥远之得失问题，亦即我民族之存亡关头，换言之，若绥远一日不亡，我民族即一日能生存世界，是故绥远之重要，大矣哉！

《雁北学刊》（季刊）

北平雁北学会

1936 年 6 期

（丁冉　整理）

援绥运动的几点意见

铁材 撰

在民族解放的声浪中，日本帝国主义挟了大批匪伪，不惜粮秣的牺牲，军火的消耗，以及国际舆论的指责，而又进袭绥远了，但是我们为民族生命的继续，我们国民有群起抵抗我们敌人的必要。在原则上，我们国民应当冲出我们的田庄、食〔家〕庭、课堂、工厂，走向前线去，去抵抗我们的压榨者，以鲜红的热血洒在我们的边土上，去洗掉我们的国耻，挣〔争〕取我们的民族自由。然而事实告诉我们说：这样无组织无纪律的去救国，无疑义的是给敌人来消灭我们抗敌实力的一个绝好机会，虽在这样客观环境不允许之下，我们为了争取我们民族生存权，我们不能因为直接不能与敌人拼，我们因此消弭了我你抗日圣神的决心，更不能因了某项事情的发生，转移了我们抗敌的视线，我们要在坚苦奋斗的漫漫长夜里，挣〔争〕取我们的自由。但是在这长期的抗敌的过程中，固然一方我们要磨快我们的枪刀，以及准备国防上应用的东西，如飞机、毒气等等，但是我们为了这些，而忘却了我们现下在冰天雪地的战士，民族解放的英雄，我们不但有愧为黄帝的后裔，而且我们不配为中国的国民，因为忽视现下的抗敌战士，无异自己摧残自己的台柱，自己消灭自己的抗敌实力，所以我们在抗敌斗争中，不但要努力办到我们抗敌的一切事项，同时我们要本着国民天职尽最大的努力，来援助绥远抗敌的战士，使绥远战士在永久抗敌之下，冰天雪地之中，爆出伟大的民族解放的吼声！这吼声我们希望它震撼全世界帝国主义的基石，刺破每一个被压民众的心灵，向我们的敌人作一次最后的清算！在这行将开始的民族解放的怒潮中，我们对于援绥运动有必要使它扩散到每一个角落中，但是它是基于永久抗敌条件之下的，所以有详加商榷的必要，换言之，我们在抗敌过程中，为了我们的阵线巩固，有详加阐明每一件抗敌事项的必要。兹略加分述援绥运动几点意见如下：

（一）组成坚固长期的后援会——谁都明白刻下中国的民族已经涉于最后的阶段，如果能在这千钧一发的危局中，得到安全，则它的生命是无尽期的，它的前途是光明的、磊落的、不可限量的，若因某项事件的不周全，而将巩固的抗敌阵线被敌摧毁，不但东亚和平从此破裂，即吾民族亦从此堕入深渊，而不克自拔。但如何使我们的抗敌阵线坚固起来，这是一个很大而且很复杂的问题，现在我们只就它本身的一方面去观察。我们知道在抗敌路途上，敌人欲以最大的火力，期以最短的时间来摧毁我们的防线，而且敌人也只有这样才有希望来取得胜利，但是我们的民族解放斗争，是长期的，是永久的，换句话说，就是我们只有在长期的坚苦斗争中，才会取得民族的自由。但是如何使我们的阵线巩固起来？如何长久的巩固起来？这便是我们所要研究的核心。成立巩固而长期的后援会，在这个旗帜之下我们聚各地的有力分子，组成健全的抗敌后援会，一面以有效的办法，扩大捐助运动，以期来源之不竭，一面视前线战士的需求，予以适宜而合理的援助，若能善于运用，不但我们的阵线由此巩固而延长，即我们的最后胜利，亦可指日而得也。

（二）合理分配捐助办法——这个问题，本应搁在另一个题目下去探讨，但是我们又觉得一个问题，在事实上如果对于抗敌有相当的裨益的话，也有拉在这里重新阐明的必要。我们知道在日本帝国主义炮火轰击下的中国民众，不论你是资产阶级也好，劳动阶级也好，而所蒙到的要〔损〕害是一样的严重，但这一种严重分明具有差别的；换句话说，也就是资本家所蒙到的苦痛，是利润的紧缩，于本身的享受，可以不受到丝毫影响，但是一般贫农、工人、小书记、小职员呢？他们所受到的苦痛该是如何的严重！所以在抗敌的情绪下，一般大众昭示于我们的是如何的伟大！是如何的令我们下泪！激动！只要检查历来的捐款报告我们便可以分晓，固然我们不能抹煞阎百川先生的毁家救国，前方将士的电请捐薪，以及牺牲爱人的纪念品——戒指等等的捐助，但是我们能因为这些而把一群便便的大腹卖〔贾〕遗漏于捐款之外吗？不，我们绝对不让他们逍遥网外，尤其我们基于抗敌原则之下，我们要分出他们一些油来，去润润我们在冰天雪地战士冰冷的双手，大家以为不对吗？固然捐款应在自由捐助之下去努力，但是我们为了民族解放去抗战，为了阵线的更形巩固与长期，我们以有效的办法，去向这住洋楼，穿羊皮，玩洋娃娃的大人先生多哀求几文，谁曰不宜？不过这种哀求不是叫化子式的，而是摊配式的，是在自由捐助之外，另形组成特种捐助会，以一般村绅，县老，住洋楼，坐市虎，踏高跟的为对象，一面竭力提倡，一面请求政府从中帮助，若能风行全国，不但可以符一般人民之希求，即抗敌阵线之巩固与否，亦实赖之，爱国志士，盍兴乎起！

（三）关于处理捐款问题——这一问题，似乎没有必要在这里再来讨论，因为我们在报章上已经看到许多的文字来详述这个问题，在各地已经成立什么保管捐款委员会等等，而且傅主席为这个问题也曾发表好多意见，足见该问题之严重，就因为这样，所以我们也有贡献一点意见的必要，作为当事者的参考。

自九一八以后，五年之中，我国民众在日本帝国主义铁蹄之下所遭遇的苦痛，自不可言语形容，更非书生之笔所能述，在反应于另一方面的抗战声亦日渐接踵，所以在这五年的袭击之下，我国民众所受到的创伤至重且巨，但是警惕于我国民众的亦非浅鲜，只要我们留心国事，随时随地都可以看到这样中国民众迈进的事实，因之，在每一次抗敌的演变中，我们到处都可以看到民众的勇跃输将，将他们的血汗赠与国家，赠予战士，使前防的战士以最大的决心抗抵顽强的敌人，盼前方将领，以最大的努力冲杀敌人，像这一种以赤诚相见的民众心理，是使人如何的五内具〔俱〕震呢？但是事实昭示于我们的是失望，悲愤，望失地而兴叹，固然环境可以使我们的民族英雄陷于孤立，不克自振，以至终被强敌解决，但是一部抗敌将领，借抗敌之名，施侵吞之实者，亦不乏其人，当然这不是自扬劣迹，故意使亲者所痛，仇者所快，而是事实的告诉，所以我们为了爱护我们的抗敌将领的名誉，为了我们的抗敌阵线巩固，在公在私，都紧要一个健全组织的出现，来处理这大批的捐款，一不负民众期望之重，二不使前方将士有望云不雨之感，则于人民于国家皆不无裨益也。

　　总之，我们在这暴日侵略，行将爆发大战的前夕，我们为了我们长期抗敌阵线的巩固，为了我们民族生存的延续，我们都应当尽我们最大限度的国民天职，在"有人出人，有钱出钱"的原则之下，在合致动作，一致要求之中，我们完成健全的组织，以精神或物质的东西，以策励我们的战士，鼓舞我们的将领，若能前后兼顾，运用自如，不惟吾民族之解放，由斯时而实现，即我民族之复兴亦由此而举矣。

《雁北学刊》（季刊）

北平雁北学会

1936 年 6 期

（李红权　整理）

绥远问题的必然性

吴家驹　撰

在高喊邦交亲善声中，敌人于十一月九日又开始进袭我们的绥远了。本来敌人的欲壑是永远没有满足的时候，这是我们早已料想到的事。从五年前炮轰北大营开始，一直到现在，敌人的侵略工作，一时也未放松过，占据沈阳不久，锦州又告失陷，继之又引起热河、长城之战，《塘沽协定》甫经订定，继之又是冀东傀儡政府之出现及察北山河之变色，现在又企图着进占我们的绥省，这几天全国沸腾，上下震惊，四万万同胞的视线又集中到了绥省，于是援绥声浪，满布全国，好像绥远问题才惹起了国人的注意。其实我们稍为冷静的去想，绥远问题并不是始于十一月九日敌人的进袭，这是敌人早已计划着准备着的预定行动，这是敌人大陆政策的发展应有的逻辑结论。所以我们认为绥远问题必然要发生，因为有它必然发生的理由存在着。现在分两方面说明其必然发生的理由：

（一）对中国的意义　谁都知道敌人进袭绥远，当然不以得到绥远便认为满足，这是灭亡整个中华民族的步骤，攫到了绥远以后，必然更要进一步的去侵略西北数省。将来的宁夏问题、甘肃问题、新疆问题以至于整个中华民族的生死存亡问题，也都要逐渐发生，并且现在敌人已越过绥远，在宁夏境内的阿拉善旗、额济纳旗也进行着灭亡中国的工作。据说敌人在那里已经修好了飞机场，并且有特务机关的设置，这都足以证明敌人的野心是没有停止的时候，敌人的欲壑是没有满足的一日，将来如果绥远不保，则西北数省，立刻会感到极大的威胁，同时华北也必然的入于敌人的控制下了。所以从绥远现在所处的地位上说，绥远是西北数省的唯一屏障，同时也是中国的最后国防，失掉了绥远，不但会促成西北数省的边区沦亡，更可以招致全国领土的支解，绥远问题在目下说是比较任何问题都严重的问题。比如最近敌人向我们政府提出的所谓共同防共及华北特殊化两个骇人听闻的要求，折冲了多日，我们的政府虽然还未公然承认，可是敌人如果得到了绥远，则所谓上述两个要求在事实上就等于自行执行了一样，如果绥远不保，则华北想不受敌人的控制，那是决不可能的事。所谓华北特殊化是必然要实现的，至于共同防共，敌人也可以说完全成功，无疑的占据了绥远以后，就逐渐迫近"匪区"，敌人当然可以直接行动了。此外敌人更企图着建立所谓进攻苏联的包围线，这也是敌人防共工作之一，夺取了绥远，对于此项计划，自有极大的利益。关于此点，留待下节再详为说明。所以绥远问题不是绥远的地方问题，而是决定整个中华民族的生死存亡问题。绥远的存否，无论从敌人灭亡中国的计划上说，或者从中华民族生死存亡的关键上说，都具有很深刻很严重的意义。

（二）国际意义　敌人进袭绥远的对华意义，已如上述。此外还有一个更阴谋更深刻的国际意义，即对苏联的意义。日苏间的矛盾，是举世皆知的事实。在不久以前，"满"苏间国境纠纷的不断发生，就是反映着日苏关系的恶化尖锐。又如在最近日本与德国签订的德日同盟，其最重要的意义，当然在对付苏联，不过苏联方面在他的第二五年计划还没有完成以前，于远东方面仍然维持着他的防守政策。所以两国的关系虽然是已经极度的紧张，却仍未至爆发的时期。但是这里我们要知道，日苏间的冲突是终于不可避免，因此双方均在积极准备，以图一逞。这次敌人侵袭我们的绥远，便是进行着反苏联工作中的一个重要步骤，无疑的敌人是企图着建立一个所谓进攻苏联的包围线，从朝鲜起经过辽宁、热河、察哈尔、绥远、宁夏、甘肃直达新疆，绥远正是这样包围线的中点。绥远以东的数省，是早已入了敌人的掌握中，假如想再往西发展的话，第一个关头便是绥远了，那么绥远在敌人这个计划上是居于如何重要的地位，这是可以想像到的。这个计划果能实现的话，则苏联亚洲境内的西伯利亚铁路沿线，当然都陷于敌人的严重威胁下了，万一远东发生冲突的时候，则敌人随时可以袭击其后路，以增加其后顾之忧。这个计划在敌人进攻苏联的军事策略上是有莫大的价值，所以我们的敌人抱着极大的决心，不惜牺牲一切，来夺取这个文化低落、产业不丰的荒凉区域——绥远，因为在敌人的眼中看来，恐怕比直接进占华北还有意义呀。我们的绥远是处在这样的情势下，如无相当的方法应付，恐怕绥省是终于要成为敌人政策下的牺牲品。万一绥远丢了，则整个的中华民族也都要陷于危险状态中，所以我们认为绥远问题决不是绥远的地方问题，而是整个中华民族的生死存亡问题，我们只有动员我们全国的人力、物力、财力来对付我们的民族敌人，否则绥远是决不会保守的住。

　　根据上面两个理由，我们认为绥远问题是必然要发生。但这个空前的民族危机能否克服，却要看我们四万万五千万同胞的努力如何而定了。

十二月三日于平大法商

《雁北学刊》（季刊）
北平雁北学会
1936 年 6 期
（李红菊　整理）

内蒙地方之现势与其危机

胡雨林　撰

从最近日俄形势的紧张，和蒙苏协定这一类新发生的事实来看，国人一定很敏感的意识到我们西北的边陲，现在已经到了如何危险的地步，而关于西北的边陲内蒙一带现在的实际状况怎样？恐怕也是国内忧时之士所急需明了的事吧！

月初平绥路局组织了一个西北考察团，考察的行程是察哈尔、绥远一带地方，本人很荣幸的得以借此机会，到内蒙一带实地的去看看当地的情况。可是因为时间的仓促，交通的不便，和特殊情形的阻碍（详后），好些地方我们未能到达，这是本人引以为最大遗憾的。本人经过此次旅行，所得的资料虽然是很有限的，只是一鳞半爪片段的印象，但这是真实的本来面目。以此介绍于国人，借引起国人对于西北边疆问题加以更深切的注意，引起更深切的研究，这也是应该做的事吧！

说到西北边疆，尤其是说到蒙古，我们很痛心的看到了外蒙早受了俄国的操纵而独立。内蒙在日本大陆政策进行之下，丧失了东蒙半壁，现在这仅存的西蒙地方，又陷于风雨飘澟〔零〕，摇摇欲坠的状态了。我们为彻底明了内蒙现在的形势和将来的趋势起见，那么对于内蒙各方面的轮廓，以及过去的历史，便先有概括说明的必要。

一、内蒙的境界　我们自整个蒙古而言，蒙古位于长城之北，

新疆之东，辽宁、黑龙江省之西，苏俄属西伯利亚之南，乃一广
大的高原。其中因有大戈壁沙漠之横亘，分蒙古为漠南、漠北，
漠北为外蒙古，漠南即内蒙古。现在的热河、察哈尔、绥远三省，
即为内蒙古的境界。内蒙邻近的地方，东边是辽宁、黑龙江二省，
西边是甘肃、新疆，南边邻近河北、山西、陕西三省，北边与外
蒙古相隔一大沙漠。内蒙原分六盟，以察哈尔为中心。在东为东
四盟，即哲里木盟（Cheriul）、卓索图盟（Chosotu）、昭乌达盟
（Chaouda）、锡林果勒盟（Silinghol），在西为西二盟，即乌兰察布
盟（Ulauchab）、伊昭克〔克昭〕盟（IkhChao）。现中央于二十三
年二月二十八日，中央政治会议决议将原来察哈尔（Chakhar）部
改称为盟，故内蒙原为六盟，现已增为七盟矣。其余尚有归化土
默特部之四特别旗，亦属于内蒙之境内。此外又有东部蒙古与东
部内蒙古之分，民国四年日本所出之"廿一条"中，要求列有东
部内蒙古一条。以后日方即利用此两种地城〔域〕名词之混淆，
而将察哈尔与热河两省，均划入东部内蒙古范围以内，以便于借
口作条约上的根据，而为侵占的事实。其实东部内蒙古实际上仅
限于辽、吉、黑省内之哲里木一盟而已，可知人之谋我内蒙已早
有事实表现矣。

　　二、内蒙之历史　考蒙古族，其本乃为突厥，我国唐时蒙兀室
韦之一部，亦称蒙兀儿，金人称为鞑靼，亦称达达儿，其兴起在
东胡、突厥相继衰亡之后。当十二世纪之末，铁木真崛起于肯特
山之阴，自号成吉思汗（元太祖），其兵力所至，西进抵里海大败
俄军。及后，其子窝阔台（元太宗）继立，再度进兵西侵，夺取
俄罗斯，大破匈牙利、波兰及日耳曼联军，声威大震，欧人目之
为黄祸。三传至忽必烈，复南下灭宋，征服安南、西藏，定都燕
京，统一中国。但因其族人不谙政治之故，所略夺各地域未能久
保，即统治中国之元朝，亦仅及九十年（一二七九——一三八六

〔六八〕）之历史，而为明太祖朱元璋所逐，遁回漠北。自此蒙古在中国本部之势力已廓〔廓〕清无余矣。蒙人自退回塞北后，又因内部之分裂，而势日衰。及明季中页，其裔人达延汗始统一大漠南北，十六世纪初达延南下，留其第三子格埒森札扎赉尔居漠北，号所部为喀尔喀，分为三汗（土谢图、车臣、札萨克），是为外蒙古之始。而达延本人则与其嫡孙卜赤居漠南东半部，是为察哈尔部之始。其子巴尔色，居于漠南西半部，巴死后其长子究哩弼克继承，居河套，后为内蒙鄂尔多斯，其次子居归化城之西，是为内蒙归化土默特之始。此即内蒙诸部之起源。

　　清兵入关后，蒙人亦相继投降，但清初仍封蒙人之嫡裔为亲王。及康熙〔二〕十四年（一六七五）其裔人布尔尼被诛，清乃夺蒙人之自治权，直接受满清之管辖。但恐蒙人反抗起见，乃设盟旗制度，以分散蒙族之团结，以羁縻政策，怀柔蒙族之内向。是乃清季蒙族与中国本部之关系。

　　辛亥军兴，外蒙在俄人嗾使之下宣布独立，而内蒙则屹然未动。民十外蒙二次独立，内蒙仍未附和，可知内蒙人心向汉。十八年间国民政府将热、察、绥三特别区改建行省，是为内蒙省县与盟旗二重组织之始。及九一八事变后，日本非法武力占据辽、吉、黑三省，东部内蒙哲里木盟随之陷落。廿二年间日本又占据热河之昭乌达、卓索图两盟，故现时内蒙七盟实际上已去其半，现仅存锡林果勒（在察哈尔境内）、乌兰察布（绥远境）、伊克昭（绥远境）三盟，及察哈尔盟与土默特部（归绥本部）而已。

　　三、内蒙自治运动　内蒙之自治运动，爆发于民国廿三年间。其原因颇为复杂，约言之有二，其一为外来原因，日本对于内蒙全境，早蓄侵占野心，而遂其第二傀儡组织"蒙古大源共和国"之计划，因之其对于内蒙各地无时无地不积极策动。而于《华北停战协定》之后，日本又将察东之多伦占据，作进窥西蒙之根据，同时又在多伦设立特务机关，直接对西蒙策动。平时日方更以小德小惠笼络西蒙各旗盟王公、青年，一面则施用"以华攻华"之策略以使蒙汉离间，甚至造成蒙汉人民互相屠杀之事实，更一面不时派遣武装军人不时游历，及日、韩浪人从事扰乱，以使各旗盟王公心理上惶恐不安。西蒙王公、青年怵于外来之威胁，感觉本身有团结必要，乃有自治运动之倡导。其二为内在的原因，内在的原因有二：一为政治的原因，此由于民国以来政府对蒙事的漠视，北京政府时代固内战之不暇无由及此，即国府奠都南京后，虽有蒙藏委员会之设立，实际上对于蒙古王公向少连络，于是蒙情不能上达，政令不能下行，中央之政治设施，蒙人对之无关痛痒。而在握有内蒙政治实权之各盟旗王公，在清季时代政府年俸甚多，王公生活优裕，民国以来政府断其年俸，王公因不甘贫苦，难免存心离贰。再则王公赴京活动时，政府方面对其并不注视，以使其对政府感觉失望。如二十一年冬，德王、卓王等十余王公曾一度赴京，向中央贡献治蒙意见，居京多日未得要领，乃愤而离京返蒙，以是德王乃有领导各王公发动自治运动之决心。此外又如蒙古在国内外留学之青年，因感于出校后在国内服务机会很少，于是乃回蒙怂恿各王公从事自治运动，以为个人出路打算。又如近年来内蒙之设省县制以分化盟旗之政治势力，亦为蒙人最所不满者。至于经济上的原因亦甚重要，因年来国内各省饥荒连年，有识之士均主张移民西北开垦农业，于是内蒙境内之往经营农业者日众，农田土地日增，内地人口移植者亦日众，于是引起蒙人之恐慌心理。由以上外来的、内在的、政治上的、经济上的原因，加以由国内外留学回蒙之青年，以在外受新思想之薰陶，尤以受孙中山先生民族自决主张之影响，于是内蒙自治运动乃应时而生。

主持自治运动最烈者，乃东蒙锡林果勒盟副盟长德穆楚克栋鲁普（简称德王）。德王年事不过三十许，幼时受教育于绥远，对于汉语文极精通，而又富于资才，平日广交蒙藉〔籍〕青年，在外留学青年回蒙者德王多录而用之，故德王乃以青年派领袖自居。德王平时既受帐下青年之鼓动，又怵于西蒙之危机，于是奋起联合绥远境内乌、伊二盟组织自治政府。但德王因年龄及爵位均不足压服群王公，乃就教于乌兰察布之云王，召会议于百灵庙。一面德王又利用班禅在滂江之故，奉班禅为首领，假班禅为倡导自治之人，以号召各盟王公附和。一面德王又设立军事学校，训练蒙藉〔籍〕青年军事干部人才，以为自治运动之军事准备。德王之各方面布置既定，乃向外大事宣布，各地蒙旗王公及旅外蒙人多群起响应。民国二十二年五月间，一度集会讨论自治问题，嗣以人数不多议而未决。后又于七月二十六日，在百灵庙召集内蒙全体长官会议，到会为三盟正副盟长，及各旗扎萨克多人，均主采用高度自治，组织内蒙自治政府。并于八月十四日，向中央发出要求准许自治之电文，中央接得此项电文时，一时惊慌失措如大梦初醒。中央各要员几经磋商，乃决定派内政部长黄绍雄，与蒙藏委员会副委员长赵丕廉二氏，前往巡视内蒙情形。黄、赵二氏于二十二年十月廿一日自京起程，沿途颇多耽搁，至十一月十日抵百灵庙，与各盟旗王公交换对于自治意见，至十九日始离百灵庙。及黄氏返京后，中央政治会议乃于二十三年一月十七日，通过《蒙古自治办法》十一条。时内蒙晋京代表认为，此十一条与黄氏在百灵庙所磋商者不符，坚决表示不愿接受。嗣经多方吁请，又经当局再度磋商结果，乃于二月十八日，中政会议另行通过解决蒙古自治问题之办法八项，将一月十七日所通过之十一条方案撤销。这八项自治办法是：

　　（一）在蒙古适宜地点，设一蒙古地方自治政务委员会，直隶于行政院，并受中央主管机关之指导，总理各盟旗政务；

其委员长、委员以用蒙古人为原则；经费则由中央发给，中央另派大员驻在该委员所在地指导之，并就近开解盟旗省县之争议。

（二）各盟公署改称为盟政府，旗公署改称为旗政府，其组织不变更，盟政府经费由中央补助之。

（三）察哈尔部改称为"盟"，以昭一律，其系统组织照旧。

（四）各盟旗管辖治理权，一律照旧。

（五）各盟旗现有牧地停止放垦以后，从改良牧畜，并兴办附带工业方面发展地方经济（但盟旗自愿垦植者听）。

（六）盟旗原有租税及蒙民原有私租，一律予以保障。

（七）省县立〔及〕盟旗地方所征之各项税收，须劈给盟旗若干成，以为各项建设费，其劈税办法另订之。

（八）盟旗地方以后不再增设县治或设治局（但遇必要时，亦得征关系盟旗之同意）。

此外，又在三月七日中央政治会议通过特派何应钦为蒙古地方自治指导长官，赵戴文为副指导长官；任命云王、德王、沙王、索王、潘王、吴鹤龄、白云梯、克兴额、恩克巴图等二十四人，为蒙古地方自治政务委员会委员；并指定云王为委员长，索王、沙王为副委员长。于是此一段举世瞩目之内蒙自治问题，才得暂时告一段落。

四、内蒙地方之现势　六盟已去其三的内蒙地方，自二十三年间成立百灵庙蒙政会以来，虽仅仅两年期间，而形势已非两年前可比。近百灵庙之蒙政会早已名存实亡，中央又于本年一月二十五日发表明令，另设立绥省境内各盟旗地方自治政务委员会。此中经过情形实大堪注目，本人缘就此次内蒙之行观感所得，约略述之，以供国内注意西北边疆现势者之参考。

此次内蒙政委员〔会〕之分立，原因颇为复杂。约言之，亦有外来的原因与内在的原因两种：

先就外来的原因而言，日本之谋我内蒙蓄意已久，而其所谋亦日益进展。在政治方面，则用种种方式煽惑西蒙王公造成半独立的局面，而后再将东西蒙合成一片，以实现其"蒙古大源共和国"的计划。故当二十二年间西蒙各盟长、王公，在百灵庙倡议自治正盛〔时〕之时，日本方面派人积极就中活动，并在多伦两度召开会议，希望各王公入其圈套。日本原来的计划：第一步是使西蒙建立半独立局面的自治政府；第二步则由伪满直接承认西蒙自治政府；第三步则由伪满扶助东蒙与西蒙共同建立"蒙古大源共和国"，以实行其最终吞并朝鲜、满州〔洲〕之故伎。但当时蒙古王公终未受其煽惑，只是派遣代表往多伦与日方虚与委蛇而已。日方因为未达到比〔此〕项目的，故对西蒙所采政治手段愈趋积极，并且在多伦方面所设日方之特务机关，因此对内蒙之策动更步步紧逼。

在交通方面，日本为贯彻其对西蒙军事、经济侵略起见，一面在东蒙热河方面积极的修筑汽车路与铁道，如北票到至朝阳间铁道已筑成，朝阳至平泉段亦正赶筑，平泉至承德段亦正在计划；汽车路方面则分两干线，一由朝阳、延平达赤峰，另一条则由朝阳经凌源而达承德。并再拟自多伦横贯察哈尔境锡林果勒盟，而达溻江、百灵庙间筑成铁道。此外又在锡盟苏尼特左旗装设无线电台。这都可以表明日本对西蒙的积极布置。

在军事方面，当去秋华北局势吃紧期间，内蒙方面同时告急。日方利用伪军李守信部，将察东之沽源、宝昌、张北、商都、康保、华德六县占据。事后我方向日方交涉撤退伪军，而日关东军方面表示，察北六县由蒙古保安队驻扎，早成为来〔事〕实，现〔力〕时察东六县，实际上已与冀东之情形相同，察省府已无管辖权。此次当本人随西北考察团抵张家口时，闻张家口与蒙古、内地之交易近来颇为清谈〔淡〕，因途中须经过张北一带。本人曾往张家口大境门外参观蒙人与汉人交易之商行，询知其近日生意几陷于停顿状态，可知察东情形变态之一斑。此外日人方面不时有武装军人往内蒙各盟旗调查各方面情况，及测量地势；间又有开入坦克车前往巡视，及派飞机前往侦察。因之使各盟地〔旗〕王公心理上常感恐惧。

　　以上乃就外来的原因述及内蒙方面处境的危险，在此种情势之下，各盟旗王公中其意志薄弱，与对中央信心不坚者，每易屈服于某国人之威迫利诱之下而为虎作伥。其对汉族仍保持有相当历史上的好感，与不甘心为人利用者，则必图另立门户，改弦易辙以为远祸之策。

　　兹再就内在的原因而论，亦有二端：

　　其一为内蒙土地辽阔交通不便，内蒙各盟旗分治之习惯相沿已久，今强而同隶于百灵庙一个单位统治之下，因各地之情形互异，自不免发生人事方面之纠纷。因之百灵庙蒙政会成立两年来，对内对外之工作均无从进行。其实当民国二十二年间，蒙古王公倡导自治之际，中央派黄绍雄赴百灵庙磋商自治办法时，结果决定甲、乙两次〔项〕办法之假定：其甲项办法中，即拟定设立内蒙第一、第二两自治区政府，并拟定以锡林果勒盟及察哈尔部各旗，编为第一自治区政府；乌、伊两盟暨土默特旗、阿拉善、额济纳各旗（绥境）编为第二〔区〕自治〈区〉政府。同年一月十七日中政会通过之十一条自治方案中，亦决定于察、绥两省，各设一自治区政府，而且当时绥境各盟旗长官，即有分盟办理自治之准备。是可知内蒙地方自治政委会之分裂已早兆征，不过中央当时考虑，分治不若整个进行较易奏效，故以后改订之原则，未规定分治之办法耳。

其二为绥境各王公不甘于德王之操纵把持，始有另组绥境蒙政会之准备。缘民国二十二年间之内蒙自治运动，最初纯为德王一人之主张，德王本人年事既轻，而地位又仅为副盟长，不足以压服绥境王公之望。德王之所以能发动自治运动者，皆因当时班禅在蒙，及拥戴乌兰察布盟长之云王以资号召，关于此点，前节曾述及之。及后百灵庙蒙政会成立后，在名义上云王虽为蒙政会之委员长，实际上一切大权均操于秘书长德王一人之手，德王大权在握，乃极尽其操纵把持之能事。即在最初自治运动初发生之际，虽曾五度开自治会议，事实上每次开会时，会场中之议案多为德王一人事先已经决定者，不过交付会场上各王公表决而已。因之百灵庙蒙政会成立后，尤以绥境各王公对德王之举措极为不满，云王于去岁蒙政会未分裂前，常因德王之过分专权，而与德王几度发生激烈的冲突，因此遂种下蒙政会分裂之肇端矣。

由以上种种外来的内在的原因，在百灵庙蒙政会方面德王所领导的系统下，必然会走向某种方面的，因之当有内蒙德王宣布独立的消息传出后，虽经德王声明辟谣，但不会是空隙来风。以后从事实方面表现出来的，如一月十七日德王未经中央之允许，即将察省左翼四旗及四个牧群，改为察哈尔盟一事；及一月二十三日发生中委兼蒙委尼玛鄂特索尔，与德王商议察旗问〈题〉后，返张家口途中被刺殒命事件，此中虽难免有其他第三者的关系，但德王对此事有无牵涉，也是很难说的。又如蒙政会委员前赴蒙谒德王被扣于德王府中，迄仍无消息；及蒙政会科长云继先等联合职员百余人，官兵千余人，离开百灵庙，电京报告离庙情形，电文中有"……自去冬德王东去不返，庙方环境日非，或谓西苏尼特旗已组军政府，或谓德王委李守信为军政部长，或谓察北六县改年建号，谣诼繁多，莫衷一是……会中负责者一切均讳莫如深，甚至有危害生命"等语。同时当本人此次随西北考察团行抵绥远的时候，原拟随北平朝阳大学边政系参加考察团的同学，再向百灵庙一行，当未出发以前，朝大曾与蒙政会驻平办事处主任包悦卿数度交涉，电知百灵庙方面，请示对于北平同学前往参观之意，去三电而未得一覆。及朝大同学抵绥远后，又与百灵庙蒙政会驻绥办事处主任亢仁再度交涉，而亢又一再支吾其词，窥其意似有不愿国内青年前往游历的意向。尤使人惊异者，当我等抵绥时，同时亦有某国特务长数人，亦拟往百灵庙一行，但闻某国人次日即可成行，而亢独对我等前去加以延阻，实使人难解。后余等晤及绥主席傅作义，对余等百灵庙之行亦好意加以劝阻，并表示如诸君坚欲前往，则绥省府实不能保障诸君之安全，因此余等百灵庙之行，只得作罢。由这些事实的表现，我们想起了百灵庙及德王领导下之盟旗地方的现状，实在使我们不寒而栗。

百灵庙蒙政会之情形既如此，绥远境内之乌兰察布及伊克昭两盟十三旗王公，为避免同流合污，自求保全起见，于是乃吁请中央，准许设立绥境蒙旗地方自治政务委员会。中央亦颇争〔尊〕重地方公意，于一月二十五日发表命令，设立绥省境内蒙古各盟旗地方自治政务委员会，以乌、伊两盟各旗扎萨克，右翼四旗及土点〔默〕特总管为委员，伊盟盟长沙王为委员长，会址设于蒙古圣地伊金霍洛（即成吉思汗陵寝所在地），国府又于二月十三日明令发表阎锡山为绥境蒙政会之指导长官。同时行政院又以察哈尔右翼四旗处于绥东五县，行政指挥上颇为不便，特令绥东四旗各总管自一月十八日起，统由绥省府指导管辖，此亦由于察哈右翼四旗自动请求之故也。绥境蒙政会乃于二月二十三日在归绥开成立大会，各蒙政委及各扎萨克、总管均到会宣誓就职，阎锡山以事不克赴绥，于二十五日在太原宣布就职，蒙政会并发表成立宣言。此乃绥境蒙政会成立之经过情形。本人随西北考察团抵绥时，亦曾往绥境蒙政会参观，蒙政会方面，闻讯特开茶话会欢迎，时该会委员长沙王等，因往伊金霍洛参加成吉思汗祭典未回，乃由土默特旗总管，现任该会委员兼教育处长荣祥出而招待，荣年约三四十许，对于汉学造诣极深，素为蒙人中之所推崇。后该会代委员长康达多尔济亦赶到出席茶会，康王年约二十许，为人颇精干，为蒙古王公中青年有为之士，操汉语亦极流畅。席间由荣祥致辞，阐述过去蒙汉之关系，及报告绥蒙会之经过情形，颇足代表蒙人对汉族观念之一斑，实为研究内蒙问题者之宝贵资料，因录出以供国人参考。

过去国内人士对于蒙事不甚注意，因之对蒙古地方情形甚为隔膜。民国二十年来，多是这样情形。

先就蒙古过去历史言，从清季说起。满清对于治理蒙人所采取种种的方法，在蒙人本身方面很是模糊，并不十分了解，所以清季几次大乱，蒙人皆出兵帮助清廷平乱，如三藩之乱、洪杨之乱、捻匪之乱、新疆之乱，蒙人都是竭力助清平乱，而且人口损伤极重，这可以表明蒙人在清时对国家的忠诚拥护。民国改元后，在北京政府时代，仍沿清例设蒙藏院治理蒙旗事件，但实际上只等于虚设机关，对于蒙事并不能改进。

蒙古文化本落后，故蒙人对于国家政治的变迁，并不注意，而且也没有感到政府对于蒙人好不好的问题。及北伐成功后，国府奠都南京，国民党人对于蒙古问题，亦不甚注意。近年来因为外交种种方面不安定，国人才注意到蒙古问题。

在清时蒙古方面的情形，是不准读汉书，尊喇嘛教，加重徭役，但这是对于普通蒙人的情形。至若对于充当喇嘛的人，不但可以免除徭役，而且还享受种种优待。因之蒙人多使其子弟充当喇嘛，这实在是使蒙古人口减少重大的原因。至于土默特旗方面的情形，在明朝还是游牧地方，清朝而后才由游牧改为农学。但也还是不准读汉书，本人（荣祥自己称）幼时读汉书，也不是正式学得的，是自己私下磨练的，但当时学习蒙文的正式学校也不多，所以蒙古人对于本身的认识，也还是不清楚，一直到最近才有大转变。譬如近年蒙古青年子弟，也有很多在国内大学读书，甚至出国留学的也很有些。德王前次倡导自治的时候，幕后主张的人多半是国内读书的大学生。到此时国家与蒙人本身均同感问题之重要，所以才有百灵庙第一次蒙政会的成立。在当时国民政府方面，希望百灵庙的蒙政会成立后，能领导各旗，团结力量，来巩固国防。但以后又立了第二个蒙政会的原因，便是因为百灵庙的蒙政会不能达到此项目的，而且常此下去，还发生其他的危险，因为蒙政会的自治范围很广大，若一旦发生危险，则对整个蒙古以及青海都有很大的影响。因为这样，所以才成立了本会（绥境蒙政会），便是含纠有〔有纠〕正百灵庙蒙政会的意义。盖中央方面亦颇注意本会，而使其走向好的方向。本会现在与百灵庙蒙政会分区而治，本会所辖的是乌、伊两盟十三旗，察哈尔在〔左〕右翼四旗，及土默特一旗，共十八旗。百灵庙蒙政会所辖的是西蒙与察哈尔境内其他各旗，一共也是十八旗。而本会今后所做的工作，第一便是在团结力量，走向拥护中央的道路，以为百灵庙蒙政会的榜样。

但蒙人本为文化落后的民族，若全靠蒙人本身自治，人才与经济方面均感不足，所以将来一切建设工作，仍须仰赖国内智识青年领导前进。因为蒙族还是好像未曾着色的单纯民族，今后若能得到好的领导，亦能成一优秀民族。这尤希望于国内智识青年的领导。（下略）

我们听到荣总管这篇演说后，使我们更明了蒙人对国家忠诚的态度，再从最近绥境蒙政会副委员长潘王等，晋京直接对中央请命一事，尤足证明绥境蒙旗王〈公〉团结力量，拥护中央的决心。

所以我们此次赴内蒙各地考察的结果，虽然从直接间接的看到听到内蒙各地危险的状态，但我们并不感到对内蒙的失望，因为当前内蒙的危险是一时环境所造成的。根本上蒙族对汉人的历史上的好感，还是根深蒂固的保持着。尤其是绥境蒙人差不多已经汉族化了，所以最近某方对内蒙唯一的策略，便是离间蒙汉间的情感，盖必如此而后始能达到其吞并的目的。但近来蒙人中颇不乏有识之士，对于某方的所施伎俩也看得很明白，甘心为他人利用的也很少，所以只要政府有解决整个问题的办法，不但现时百灵庙方面不稳的情势可以挽回，便是东蒙已陷的各盟旗地方，也有倒戈反向的可能。所以我们认为此时政府方面，对于百灵庙方面各种情势，应该一面积极的予以注意，随时应有准备，消极的对德王个人，以宽大为怀，不究即〔既〕往的态度，切实的助其规划排除一切困难，务使其能与绥境蒙政会〔在〕站〈在〉同一的立场，共同走向维护国家领土主权完整的方向。因此我们深深的感到现阶段的内蒙问题，已经从地方自治与中央集权的问题，而进展到如何共同维护国家领土主权完整的问题了。

很显然的，内蒙对于我们国家，要从经济观点说，内蒙的畜产、农产、矿产的丰富，有些地方还有过于内地各省，尤以蒙古的皮革，是军需工业上的不可缺少的原料，毛产是工业上不可少的原料，马产是军事上、农业上重要的工具。总之，内蒙是我们国家正待开发的经济富源。从国防上说，内蒙位于东四省、外蒙、华北之间，有了内蒙，进便可以图谋恢复失地，挽回主权，退亦可以作保卫华北，安定内地有力的屏障。我们要想为中华民族打开一条出路，只有从西北方面谋发展。所以内蒙在现时中国的地位说，是中国的生命线，内蒙存在一天，中国便有希望一天，否则中国只有一天天的向深渊里堕落。所以今日的内蒙问题，已是中华民族的存亡问题，然而内蒙现时是这样危机四伏，虎视眈眈，而我们所有的实力在内蒙的是这样单薄，一旦发生事故，必然将陷于手足无措的地步，这实在是国家前途极大的隐忧。以此提示于国人今后对于内蒙情势的发展，实有严密的加以注意，切实的从事准备的必要，必如此庶可达到民族复兴的大道。

　　　　　　　　　　　　一九三六，四，二〇，于北平旧参议院

《真理评论》（半月刊）

北平真理评论社

1936 年 7 期

（朱宪　整理）